最新

仲 裁
法律法规全编

（含劳动仲裁）

中国法治出版社
CHINA LEGAL PUBLISHING HOUSE

编辑说明

法律会适时修改，而与之相关的配套规定难以第一时间调整引用的旧法条文序号。此时，我们难免会有这样的困扰：（1）不知其中仍是旧法条文序号而误用；（2）知道其中是旧法条文序号，却找不到或找错对应的新法条文序号；（3）为找到旧法对应最新条款，来回翻找，浪费很多宝贵时间。本丛书针对性地为读者朋友们解决这一问题，独具以下特色：

1. 标注变动后的最新条文序号

本丛书以页边码（如 22 ）的形式，在出现条文序号已发生变化的条款同一行的左右侧空白位置——标注变动后的最新条文序号；如果一行有两个以上条款的序号已发生变化，分先后顺序上下标注变动后的最新条文序号（如 288 289 ）；如一个条款变动后分为了两个以上条款，标注在同一个格子里（如 538 539 ）；× 表示该条已被删除。

2. 附录新旧条文内容对照表

为更好地适应新形势新任务，第十四届全国人民代表大会常务委员会第十七次会议于 2025 年 9 月 12 日对《中华人民共和国仲裁法》进行了修订。为进一步帮助读者学习新法，特制作《中华人民共和国仲裁法》修改前后对照表。读者可利用此表快速定位旧法条款对应的最新条款，并重点学习其中的增改删内容。

3. 精选典型案例，以案释法

本丛书收录各领域最高人民法院、最高人民检察院等发布的典型案例，方便读者以案例为指导进一步掌握如何适用法律及司法解释。

4. 内容全面，文本权威

本丛书将各个领域的核心法律作为"主法"，围绕"主法"全面收录相关司法解释及配套法律法规；收录文件均为经过清理修改的现行有效标准文本，以供读者全面掌握权威法律文件。

目　录*

一、民商事仲裁

1. 综合

---

* 编者按：本目录中的时间为法律文件的公布时间或最后一次修正、修订公布时间。

3. 仲裁协议

4. 申请撤销裁决

5. 执行

二、体育仲裁

三、劳动仲裁

四、农村土地承包经营纠纷仲裁

实用附录

中华人民共和国仲裁法

（1994 年 8 月 31 日第八届全国人民代表大会常务委员会第九次会议通过 根据 2009 年 8 月 27 日第十一届全国人民代表大会常务委员会第十次会议《关于修改部分法律的决定》第一次修正 根据 2017 年 9 月 1 日第十二届全国人民代表大会常务委员会第二十九次会议《关于修改〈中华人民共和国法官法〉等八部法律的决定》第二次修正 2025 年 9 月 12 日第十四届全国人民代表大会常务委员会第十七次会议修订 2025 年 9 月 12 日中华人民共和国主席令第 54 号公布 自 2026 年 3 月 1 日起施行）

第一章 总 则

第一条 为了保证公正、及时仲裁经济纠纷，保护当事人的合法权益，保障社会主义市场经济健康发展，制定本法。

第二条 仲裁事业的发展贯彻落实中国共产党和国家的路线方针政策、决策部署，服务国家高质量发展和高水平对外开放，营造市场化、法治化、国际化营商环境，发挥化解经济纠纷的作用。

第三条 平等主体的自然人、法人、非法人组织之间发生的合同纠纷和其他财产权益纠纷，可以仲裁。

下列纠纷不能仲裁：

（一）婚姻、收养、监护、扶养、继承纠纷；

（二）依法应当由行政机关处理的行政争议。

第四条 当事人选择仲裁方式解决纠纷，应当遵循自愿原则，达成仲裁协议。没有仲裁协议，一方申请仲裁的，仲裁机构不予受理。

第五条 当事人达成仲裁协议，一方向人民法院提起诉讼的，人民法院不予受理，但仲裁协议无效或者法律另有规定的除外。

第六条 仲裁机构应当由当事人协议选定。

仲裁不实行级别管辖和地域管辖。

第七条 仲裁应当根据事实，符合法律规定，公平合理地解决纠纷。

第八条 仲裁应当遵循诚信原则。

第九条 仲裁依法独立进行，不受行政机关、社会团体和个人的干涉。

第十条 仲裁实行一裁终局的制度。裁决作出后，当事人就同一纠纷再申请仲裁或者向人民法院提起诉讼的，仲裁机构或者人民法院不予受理。

裁决被人民法院依法裁定撤销或者不予执行的，当事人就该纠纷可以根据双方重新达成的仲裁协议申请仲裁，也可以向人民法院提起诉讼。

第十一条 仲裁活动可以通过信息网络在线进行，但当事人明确表示不同意的除外。

仲裁活动通过信息网络在线进行的，与线下仲裁活动具有同等法律效力。

第十二条 国家支持仲裁机构加强与境外仲裁机构和有关国际组织的交流合作，积极参与国际仲裁规则的制定。

第二章　仲裁机构、仲裁员和仲裁协会

第十三条 仲裁机构可以在直辖市和省、自治区人民政府所在地的市设立，也可以根据需要在其他设区的市设立，不按行政区划层层设立。

仲裁机构由前款规定的市的人民政府组织有关部门和商会统一组建，属于公益性非营利法人。

第十四条 依据本法第十三条设立的仲裁机构，应当经省、自治区、直辖市人民政府司法行政部门登记。

经国务院批准由中国国际商会组织设立的仲裁机构向国务院司法行政部门备案。

仲裁机构登记管理的具体办法由国务院制定。

第十五条 仲裁机构应当具备下列条件：

（一）有自己的名称、住所和章程；

（二）有必要的财产；

（三）有符合本法规定的组成人员；

（四）有聘任的仲裁员。

仲裁机构的章程应当依照本法制定。

第十六条 仲裁机构变更名称、住所、章程、法定代表人、组成人员的，应当提出申请，依法办理变更登记。

第十七条 仲裁机构终止的，依法办理注销登记。

第十八条 仲裁机构的组成人员包括主任一人、副主任二至四人和委员七至十一人。

仲裁机构的组成人员由法律、经济贸易、科学技术专家和有实际工作经验的人员担任。仲裁机构的组成人员中，法律、经济贸易、科学技术专家不得少于三分之二。

仲裁机构的组成人员每届任期五年，任期届满的应当依法换届，更换不少于三分之一的组成人员。

第十九条 仲裁机构应当依照法律法规和章程规定，建立健全内部治理结构，明确决策、执行、监督等方面的职责权限和程序。

仲裁机构应当建立健全民主议事、人员管理、收费与财务管理、文件管理、投诉处理等制度。

仲裁机构应当加强对组成人员、工作人员及仲裁员的监督，对其在仲裁活动中的违法违纪行为及时依法调查处理；需要追究法律责任的，及时移送有关机关予以处理。

第二十条 仲裁机构应当建立信息公开制度，及时向社会公开章程、登记备案、仲裁规则、仲裁员名册、服务流程、收费标准、年度业务报告和财务报告等信息，主动接受社会监督。

第二十一条 仲裁机构聘任的仲裁员应当公道正派，具备良好的专业素质，勤勉尽责，清正廉明，恪守职业道德。

第二十二条 仲裁员应当符合下列条件之一：

（一）通过国家统一法律职业资格考试取得法律职业资格，从事仲裁工作满八年的；

（二）律师执业满八年的；

（三）曾任法官、检察官满八年的；

（四）从事法律研究、教学工作并具有高级职称的；

（五）具有法律知识，从事法律、经济贸易、海事海商、科学技术等专业工作，并具有高级职称或者具有同等专业水平的。

《中华人民共和国监察官法》、《中华人民共和国法官法》、《中华人民共和国检察官法》等法律规定有关公职人员不得兼任仲裁员的，依照其规定；其他公职人员兼任仲裁员的，应当遵守有关规定。

仲裁机构可以从具有法律、经济贸易、海事海商、科学技术等专门知识的境外人士中聘任仲裁员。

第二十三条 仲裁机构按照不同专业设仲裁员名册。

仲裁员有被开除公职、吊销律师执业证书或者被撤销高级职称等不再具备担任仲裁员条件情形的，仲裁机构应当将其除名。

第二十四条 仲裁机构独立于行政机关，与行政机关没有隶属关系。

仲裁机构之间没有隶属关系。

第二十五条 中国仲裁协会是社会团体法人。仲裁机构是中国仲裁协会的会员。中国仲裁协会的章程由全国会员大会制定。

中国仲裁协会是仲裁机构的自律性组织，根据章程对仲裁机构及其组成人员、工作人员，以及仲裁员在仲裁活动中的行为进行监督。

中国仲裁协会依照本法和《中华人民共和国民事诉讼法》的有关规定制定示范仲裁规则。

第二十六条 国务院司法行政部门依法指导、监督全国仲裁工作，完善相关工作制度，统筹规划仲裁事业发展。

省、自治区、直辖市人民政府司法行政部门依法指导、监督本行政区域内仲裁工作。

第三章 仲 裁 协 议

第二十七条 仲裁协议包括合同中订立的仲裁条款和以其他书面方式在纠纷发生前或者纠纷发生后达成的请求仲裁的协议。

仲裁协议应当具有下列内容：

（一）请求仲裁的意思表示；

（二）仲裁事项；

（三）选定的仲裁机构。

一方当事人在申请仲裁时主张有仲裁协议，另一方当事人在首次开庭前不予否认的，经仲裁庭提示并记录，视为当事人之间存在仲裁协议。

第二十八条 有下列情形之一的，仲裁协议无效：

（一）约定的仲裁事项超出法律规定的仲裁范围；

（二）无民事行为能力人或者限制民事行为能力人订立的仲裁协议；

（三）一方采取胁迫手段，迫使对方订立仲裁协议。

第二十九条 仲裁协议对仲裁事项或者仲裁机构没有约定或者约定不明确的，当事人可以补充协议；达不成补充协议的，仲裁协议无效。

第三十条 仲裁协议独立存在。合同是否成立及其变更、不生效、终止、被撤销或者无效，不影响已经达成的仲裁协议的效力。

仲裁庭有权确认合同的效力。

第三十一条 当事人对仲裁协议的效力有异议的，可以请求仲裁机构或者仲裁庭作出决定，也可以请求人民法院作出裁定。一方请求仲裁机构或者仲裁庭作出决定，另一方请求人民法院作出裁定的，由人民法院裁定。

当事人对仲裁协议的效力有异议，应当在仲裁庭首次开庭前提出。

第四章 仲 裁 程 序

第一节 申请和受理

第三十二条 当事人申请仲裁应当符合下列条件：

（一）有仲裁协议；

（二）有具体的仲裁请求和事实、理由；

（三）属于仲裁机构的受理范围。

第三十三条 当事人申请仲裁，应当向仲裁机构递交仲裁协议、仲裁申请书及副本。

第三十四条 仲裁申请书应当载明下列事项：

（一）当事人的姓名、性别、年龄、职业、工作单位、住所、联系方式，法人或者非法人组织的名称、住所和法定代表人或者主要负责人的姓名、职务、联系方式；

（二）仲裁请求和所根据的事实与理由；

（三）证据和证据来源，证人姓名和住所。

第三十五条 仲裁机构收到仲裁申请书之日起五日内，认为符合受理条件的，应当受理，并通知申请人；认为不符合受理条件的，应当书面通知申请人不予受理，并说明理由。

第三十六条 仲裁机构受理仲裁申请后，应当在仲裁规则规定的期限内将仲裁规则和仲裁员名册送达申请人，并将仲裁申请书副本和仲裁规则、仲裁员名册送达被申请人。

被申请人收到仲裁申请书副本后，应当在仲裁规则规定的期限内向仲裁机构提交答辩书。仲裁机构收到答辩书后，应当在仲裁规则规定的期限内将答辩书副本送达申请人。被申请人未提交答辩书的，不影响仲裁程序的进行。

第三十七条 当事人达成仲裁协议，一方向人民法院提起诉讼未声明有仲裁协议，人民法院受理后，另一方在首次开庭前提交仲裁协议的，人民法院应当驳回起诉，但仲裁协议无效或者法律另有规定的除外；另一方在首次开庭前未对人民法院受理该案提出异议的，视为放弃仲裁协议，人民法院应当继续审理。

第三十八条 申请人可以放弃或者变更仲裁请求。被申请人可以承认或者反驳仲裁请求，有权提出反请求。

第三十九条 一方当事人因另一方当事人的行为或者其他原因，可能使裁决难以执行或者造成当事人其他损害的，可以申请财产保全、请求责令另一方当事人作出一定行为或者禁止其作出一定行为。当事人申请保全的，仲裁机构应当将当事人的申请依照《中华人民共和国民事诉讼法》的有关规定提交人民法院，人民法院应当依法及时处理。

因情况紧急，仲裁协议的当事人可以在申请仲裁前依照《中华人民共和国民事诉讼法》的有关规定向人民法院申请财产保全、请求责令另一方当事人作出一定行为或者禁止其作出一定行为。当事人申请保全的，人民法院应当依法及时处理。

申请有错误的，申请人应当赔偿被申请人因保全所遭受的损失。

第四十条 当事人、法定代理人可以委托律师和其他代理人进行仲裁活动。委托律师和其他代理人进行仲裁活动的，应当向仲裁机构提交授权委托书。

第四十一条 仲裁文件应当以当事人约定的合理方式送达；当事人没有约定或者约定不明确的，按照仲裁规则规定的方式送达。

第二节 仲裁庭的组成

第四十二条 仲裁庭可以由三名仲裁员或者一名仲裁员组成。由三名仲裁员组成的，设首席仲裁员。

第四十三条 当事人约定由三名仲裁员组成仲裁庭的，应当各自选定或者各自委托仲裁机构主任按照仲裁规则确定的程序指定一名仲裁员；第三名仲裁员由当事人共同选定，也可以由当事人共同委托仲裁机构主任按照仲裁规则确定的程序指定。当事人约定第三名仲裁员由其各自选定的仲裁员共同选定的，从其约定。第三名仲裁员是首席仲裁员。

当事人约定由一名仲裁员成立仲裁庭的，仲裁员由当事人共同选定，也可以由当事人共同委托仲裁机构主任按照仲裁规则确定的程序指定。

第四十四条 当事人没有在仲裁规则规定的期限内约定仲裁庭的组成方式或者选定仲裁员的，由仲裁机构主任按照仲裁规则确定的程序确定或者指定。

第四十五条 仲裁员存在可能导致当事人对其独立性、公正性产生合理怀疑情形的，该仲裁员应当及时向仲裁机构书面披露。

仲裁机构应当将仲裁员书面披露情况、仲裁庭的组成情况书面通知当事人。

第四十六条 仲裁员有下列情形之一的，必须回避，当事人也有权提出回避申请：

（一）是本案当事人、代理人，或者当事人、代理人的近亲属；

（二）与本案有利害关系；

（三）与本案当事人、代理人有其他关系，可能影响公正仲裁；

（四）私自会见当事人、代理人，或者接受当事人、代理人的请客送礼。

第四十七条 当事人提出回避申请，应当说明理由，在首次开庭前提出。回避事由在首次开庭后知道的，可以在最后一次开庭终结前提出。

第四十八条 仲裁员是否回避，由仲裁机构主任决定；仲裁机构主任担任仲裁员时，其是否回避由仲裁机构的其他组成人员集体决定。

第四十九条 仲裁员因回避或者其他原因不能履行职责的，应当依照本法规定重新选定或者指定仲裁员。

因回避而重新选定或者指定仲裁员后，当事人可以请求已进行的仲裁程序重新进行，是否准许，由仲裁庭决定；仲裁庭也可以自行决定已进行的仲裁程序是否重新进行。

第五十条 仲裁员有本法第四十六条第四项规定的情形，情节严重的，或者有本法第七十一条第一款第六项规定的情形的，应当依法承担法律责任，仲裁机构应当将其除名。

第三节　开庭和裁决

第五十一条　仲裁应当开庭进行。当事人协议不开庭的，仲裁庭可以根据仲裁申请书、答辩书以及其他材料作出裁决。

第五十二条　仲裁不公开进行。当事人协议公开的，可以公开进行，但涉及国家秘密、他人的商业秘密或者个人隐私的除外。

第五十三条　仲裁机构应当在仲裁规则规定的期限内将开庭日期通知双方当事人。当事人有正当理由的，可以在仲裁规则规定的期限内请求延期开庭。是否延期，由仲裁庭决定。

第五十四条　申请人经书面通知，无正当理由不到庭或者未经仲裁庭许可中途退庭的，可以视为撤回仲裁申请。

被申请人经书面通知，无正当理由不到庭或者未经仲裁庭许可中途退庭的，可以缺席裁决。

第五十五条　当事人应当对自己的主张提供证据。

仲裁庭认为有必要收集的证据，可以自行收集；必要时，可以请求有关方面依法予以协助。

第五十六条　当事人可以就查明事实的专门性问题向仲裁庭申请鉴定。仲裁庭根据当事人的申请或者自行判断认为对专门性问题需要鉴定的，可以交由当事人约定的鉴定人鉴定，也可以由仲裁庭指定的鉴定人鉴定。

根据当事人的请求或者仲裁庭的要求，经仲裁庭通知，鉴定人应当参加开庭。当事人经仲裁庭许可，可以向鉴定人提问。

第五十七条　证据应当在开庭时出示，当事人可以质证。

第五十八条　在证据可能灭失或者以后难以取得的情况下，当事人可以申请证据保全。当事人申请证据保全的，仲裁机构应当将当事人的申请提交证据所在地的基层人民法院，人民法院应当依法及时处理。

因情况紧急，仲裁协议的当事人可以在申请仲裁前依照《中华人民共和国民事诉讼法》的有关规定向人民法院申请证据保全。当事人申请证据保全的，人民法院应当依法及时处理。

第五十九条　当事人在仲裁过程中有权进行辩论。辩论终结时，首席仲裁员或者独任仲裁员应当征询当事人的最后意见。

第六十条　仲裁庭应当将开庭情况记入笔录。当事人和其他仲裁参与人认为对自己陈述的记录有遗漏或者差错的，有权申请补正。如果不予补正，应当记录该申请。

笔录由仲裁员、记录人员、当事人和其他仲裁参与人签名或者盖章。

第六十一条 仲裁庭发现当事人单方捏造基本事实申请仲裁或者当事人之间恶意串通，企图通过仲裁方式侵害国家利益、社会公共利益或者他人合法权益的，应当驳回其仲裁请求。

第六十二条 当事人申请仲裁后，可以自行和解。达成和解协议的，可以请求仲裁庭根据和解协议作出裁决书，也可以撤回仲裁申请。

第六十三条 当事人达成和解协议，撤回仲裁申请后反悔的，可以根据仲裁协议申请仲裁。

第六十四条 仲裁庭在作出裁决前，可以先行调解。当事人自愿调解的，仲裁庭应当调解。调解不成的，应当及时作出裁决。

调解达成协议的，仲裁庭应当制作调解书或者根据协议的结果制作裁决书。调解书与裁决书具有同等法律效力。

第六十五条 调解书应当写明仲裁请求和当事人协议的结果。调解书由仲裁员签名，加盖仲裁机构印章，送达双方当事人。

调解书经双方当事人签收后，即发生法律效力。

在调解书签收前当事人反悔的，仲裁庭应当及时作出裁决。

第六十六条 裁决应当按照多数仲裁员的意见作出，少数仲裁员的不同意见可以记入笔录。仲裁庭不能形成多数意见时，裁决应当按照首席仲裁员的意见作出。

第六十七条 裁决书应当写明仲裁请求、争议事实、裁决理由、裁决结果、仲裁费用的负担和裁决日期。当事人协议不愿写明争议事实和裁决理由的，可以不写。裁决书由仲裁员签名，加盖仲裁机构印章。对裁决持不同意见的仲裁员，可以签名，也可以不签名。

第六十八条 仲裁庭仲裁纠纷时，其中一部分事实已经清楚，可以就该部分先行裁决。

第六十九条 对裁决书中的文字、计算错误或者仲裁庭已经裁决但在裁决书中遗漏的事项，仲裁庭应当补正；当事人自收到裁决书之日起三十日内，可以请求仲裁庭补正。

第七十条 裁决书自作出之日起发生法律效力。

第五章　申请撤销裁决

第七十一条　当事人提出证据证明裁决有下列情形之一的，可以向仲裁机构所在地的中级人民法院申请撤销裁决：

（一）没有仲裁协议；

（二）裁决的事项不属于仲裁协议的范围或者仲裁机构无权仲裁；

（三）仲裁庭的组成或者仲裁的程序违反法定程序；

（四）裁决所根据的证据是伪造的；

（五）对方当事人隐瞒了足以影响公正裁决的证据；

（六）仲裁员在仲裁该案时有索贿受贿、徇私舞弊、枉法裁决行为。

人民法院经组成合议庭审查核实裁决有前款规定情形之一的，应当裁定撤销。

人民法院认定该裁决违背公共利益的，应当裁定撤销。

第七十二条　当事人申请撤销裁决的，应当自收到裁决书之日起三个月内提出。

第七十三条　人民法院应当在受理撤销裁决申请之日起两个月内作出撤销裁决或者驳回申请的裁定。

第七十四条　人民法院受理撤销裁决的申请后，认为可以由仲裁庭重新仲裁的，通知仲裁庭在一定期限内重新仲裁，并裁定中止撤销程序。仲裁庭开始重新仲裁的，人民法院应当裁定终结撤销程序。仲裁庭拒绝重新仲裁的，人民法院应当裁定恢复撤销程序。

第六章　执　　行

第七十五条　当事人应当履行裁决。一方当事人不履行的，另一方当事人可以依照《中华人民共和国民事诉讼法》的有关规定向人民法院申请执行。受申请的人民法院应当执行。

第七十六条　被申请人提出证据证明裁决有本法第七十一条第一款规定的情形之一的，经人民法院组成合议庭审查核实，裁定不予执行。

人民法院认定执行该裁决违背公共利益的，应当裁定不予执行。

第七十七条　一方当事人申请执行裁决，另一方当事人申请撤销裁决的，人民法院应当裁定中止执行。

人民法院裁定撤销裁决的，应当裁定终结执行。撤销裁决的申请被裁定驳回的，人民法院应当裁定恢复执行。

第七章　涉外仲裁的特别规定

第七十八条　涉外经济贸易、运输、海事纠纷以及其他涉外纠纷的仲裁，适用本章规定；本章没有规定的，适用本法其他有关规定。

第七十九条　涉外仲裁的当事人申请证据保全的，仲裁机构应当将当事人的申请提交证据所在地的中级人民法院，人民法院应当依法及时处理。

第八十条　涉外仲裁的仲裁庭可以将开庭情况记入笔录，或者作出笔录要点，笔录要点可以由当事人和其他仲裁参与人签名或者盖章。

第八十一条　当事人可以书面约定仲裁地。除当事人对仲裁程序的适用法另有约定外，以仲裁地作为仲裁程序的适用法及司法管辖法院的确定依据。仲裁裁决视为在仲裁地作出。

当事人对仲裁地没有约定或者约定不明确的，根据当事人约定的仲裁规则确定仲裁地；仲裁规则没有规定的，由仲裁庭根据案件情况，按照便利争议解决的原则确定仲裁地。

第八十二条　涉外海事纠纷或者在经国务院批准设立的自由贸易试验区、海南自由贸易港以及国家规定的其他区域内设立登记的企业之间发生的涉外纠纷，当事人书面约定仲裁的，可以选择由仲裁机构进行；也可以选择以中华人民共和国为仲裁地，由符合本法规定条件的人员组成仲裁庭按照约定的仲裁规则进行，该仲裁庭应当在组庭后三个工作日内将当事人名称、仲裁地、仲裁庭的组成情况、仲裁规则向仲裁协会备案。

当事人申请财产保全、证据保全、请求责令另一方当事人作出一定行为或者禁止其作出一定行为的，仲裁庭应当依法将当事人的申请提交人民法院，人民法院应当依法及时处理。

第八十三条　当事人提出证据证明涉外仲裁裁决有下列情形之一的，经人民法院组成合议庭审查核实，裁定撤销：

（一）没有仲裁协议；

（二）被申请人没有得到指定仲裁员或者进行仲裁程序的通知，或者由于其他不属于被申请人负责的原因未能陈述意见；

（三）仲裁庭的组成或者仲裁的程序与仲裁规则不符；

（四）裁决的事项不属于仲裁协议的范围或者仲裁机构无权仲裁。

人民法院认定该裁决违背公共利益的，应当裁定撤销。

第八十四条 被申请人提出证据证明涉外仲裁裁决有本法第八十三条第一款规定的情形之一的，经人民法院组成合议庭审查核实，裁定不予执行。

人民法院认定执行该裁决违背公共利益的，应当裁定不予执行。

第八十五条 在中华人民共和国领域内作出的发生法律效力的仲裁裁决，当事人请求执行的，如果被执行人或者其财产不在中华人民共和国领域内，当事人可以直接向有管辖权的外国法院申请承认和执行。

第八十六条 支持仲裁机构到中华人民共和国境外设立业务机构，开展仲裁活动。

根据经济社会发展和改革开放需要，可以允许境外仲裁机构在国务院批准设立的自由贸易试验区、海南自由贸易港等区域内依照国家有关规定设立业务机构，开展涉外仲裁活动。

第八十七条 鼓励涉外仲裁当事人选择中华人民共和国（包括特别行政区）的仲裁机构、约定中华人民共和国（包括特别行政区）作为仲裁地进行仲裁。

第八十八条 在中华人民共和国领域外作出的发生法律效力的仲裁裁决，需要人民法院承认和执行的，当事人可以直接向被执行人住所地或者其财产所在地的中级人民法院申请。被执行人住所地或者其财产不在中华人民共和国领域内的，当事人可以向申请人住所地或者与裁决的纠纷有适当联系的地点的中级人民法院申请。人民法院应当依照中华人民共和国缔结或者参加的国际条约，或者按照互惠原则办理。

外国仲裁机构对中华人民共和国的公民、法人和其他组织的合法权益加以限制、歧视的，中华人民共和国有关机构有权对该国公民、企业和其他组织实行对等原则。

第八章　附　　则

第八十九条 本法所称的仲裁机构包括依法设立的仲裁委员会、仲裁院等机构。

第九十条 法律对仲裁时效有规定的，依照其规定；没有规定的，适用诉讼时效的规定。

第九十一条 仲裁机构依照本法和《中华人民共和国民事诉讼法》的有关规定，可以参照中国仲裁协会制定的示范仲裁规则制定仲裁规则。

第九十二条 当事人应当按照规定交纳仲裁费用。

仲裁机构根据国家有关规定，制定收取仲裁费用的办法。

第九十三条 劳动争议仲裁、农村土地承包经营纠纷仲裁和体育仲裁等，适用《中华人民共和国劳动争议调解仲裁法》、《中华人民共和国农村土地承包经营纠纷调解仲裁法》、《中华人民共和国体育法》等有关法律的规定。

第九十四条 仲裁机构、仲裁庭可以依照有关国际投资条约、协定关于将投资争端提交仲裁的规定，按照争议双方约定的仲裁规则办理国际投资仲裁案件。

第九十五条 违反仲裁机构登记管理规定的，依照有关法律、行政法规的规定处理。

第九十六条 本法自 2026 年 3 月 1 日起施行。

一、民商事仲裁

1. 综 合

中华人民共和国民法典（节录）

（2020 年 5 月 28 日第十三届全国人民代表大会第三次会议通过　2020 年 5 月 28 日中华人民共和国主席令第 45 号公布　自 2021 年 1 月 1 日起施行）

第一编 总 则

第一章 基 本 规 定

第一条 　【立法目的和依据】* 为了保护民事主体的合法权益，调整民事关系，维护社会和经济秩序，适应中国特色社会主义发展要求，弘扬社会主义核心价值观，根据宪法，制定本法。

第二条 　【调整范围】民法调整平等主体的自然人、法人和非法人组织之间的人身关系和财产关系。

第三条 　【民事权利及其他合法权益受法律保护】民事主体的人身权利、财产权利以及其他合法权益受法律保护，任何组织或者个人不得侵犯。

第四条 　【平等原则】民事主体在民事活动中的法律地位一律平等。

第五条 　【自愿原则】民事主体从事民事活动，应当遵循自愿原则，按照自己的意思设立、变更、终止民事法律关系。

第六条 　【公平原则】民事主体从事民事活动，应当遵循公平原则，合理确定各方的权利和义务。

---

* 条文主旨为编者所加，全书同。

第七条 　【诚信原则】民事主体从事民事活动，应当遵循诚信原则，秉持诚实，恪守承诺。

第八条 　【守法与公序良俗原则】民事主体从事民事活动，不得违反法律，不得违背公序良俗。

第九条 　【绿色原则】民事主体从事民事活动，应当有利于节约资源、保护生态环境。

第十条 　【处理民事纠纷的依据】处理民事纠纷，应当依照法律；法律没有规定的，可以适用习惯，但是不得违背公序良俗。

第十一条 　【特别法优先】其他法律对民事关系有特别规定的，依照其规定。

第十二条 　【民法的效力范围】中华人民共和国领域内的民事活动，适用中华人民共和国法律。法律另有规定的，依照其规定。

第二章　自　然　人

第一节　民事权利能力和民事行为能力

第十三条 　【自然人民事权利能力的起止时间】自然人从出生时起到死亡时止，具有民事权利能力，依法享有民事权利，承担民事义务。

第十四条 　【民事权利能力平等】自然人的民事权利能力一律平等。

第十五条 　【出生和死亡时间的认定】自然人的出生时间和死亡时间，以出生证明、死亡证明记载的时间为准；没有出生证明、死亡证明的，以户籍登记或者其他有效身份登记记载的时间为准。有其他证据足以推翻以上记载时间的，以该证据证明的时间为准。

第十六条 　【胎儿利益保护】涉及遗产继承、接受赠与等胎儿利益保护的，胎儿视为具有民事权利能力。但是，胎儿娩出时为死体的，其民事权利能力自始不存在。

第十七条 　【成年时间】十八周岁以上的自然人为成年人。不满十八周岁的自然人为未成年人。

第十八条 　【完全民事行为能力人】成年人为完全民事行为能力人，可以独立实施民事法律行为。

十六周岁以上的未成年人，以自己的劳动收入为主要生活来源的，视为完全民事行为能力人。

第十九条 【限制民事行为能力的未成年人】八周岁以上的未成年人为限制民事行为能力人，实施民事法律行为由其法定代理人代理或者经其法定代理人同意、追认；但是，可以独立实施纯获利益的民事法律行为或者与其年龄、智力相适应的民事法律行为。

第二十条 【无民事行为能力的未成年人】不满八周岁的未成年人为无民事行为能力人，由其法定代理人代理实施民事法律行为。

第二十一条 【无民事行为能力的成年人】不能辨认自己行为的成年人为无民事行为能力人，由其法定代理人代理实施民事法律行为。

八周岁以上的未成年人不能辨认自己行为的，适用前款规定。

第二十二条 【限制民事行为能力的成年人】不能完全辨认自己行为的成年人为限制民事行为能力人，实施民事法律行为由其法定代理人代理或者经其法定代理人同意、追认；但是，可以独立实施纯获利益的民事法律行为或者与其智力、精神健康状况相适应的民事法律行为。

第二十三条 【非完全民事行为能力人的法定代理人】无民事行为能力人、限制民事行为能力人的监护人是其法定代理人。

第二十四条 【民事行为能力的认定及恢复】不能辨认或者不能完全辨认自己行为的成年人，其利害关系人或者有关组织，可以向人民法院申请认定该成年人为无民事行为能力人或者限制民事行为能力人。

被人民法院认定为无民事行为能力人或者限制民事行为能力人的，经本人、利害关系人或者有关组织申请，人民法院可以根据其智力、精神健康恢复的状况，认定该成年人恢复为限制民事行为能力人或者完全民事行为能力人。

本条规定的有关组织包括：居民委员会、村民委员会、学校、医疗机构、妇女联合会、残疾人联合会、依法设立的老年人组织、民政部门等。

第二十五条 【自然人的住所】自然人以户籍登记或者其他有效身份登记记载的居所为住所；经常居所与住所不一致的，经常居所视为住所。

第二节 监 护

第二十六条 【父母子女之间的法律义务】父母对未成年子女负有抚养、教育和保护的义务。

成年子女对父母负有赡养、扶助和保护的义务。

第二十七条 【未成年人的监护人】 父母是未成年子女的监护人。

未成年人的父母已经死亡或者没有监护能力的，由下列有监护能力的人按顺序担任监护人：

（一）祖父母、外祖父母；

（二）兄、姐；

（三）其他愿意担任监护人的个人或者组织，但是须经未成年人住所地的居民委员会、村民委员会或者民政部门同意。

第二十八条 【非完全民事行为能力成年人的监护人】 无民事行为能力或者限制民事行为能力的成年人，由下列有监护能力的人按顺序担任监护人：

（一）配偶；

（二）父母、子女；

（三）其他近亲属；

（四）其他愿意担任监护人的个人或者组织，但是须经被监护人住所地的居民委员会、村民委员会或者民政部门同意。

第二十九条 【遗嘱指定监护】 被监护人的父母担任监护人的，可以通过遗嘱指定监护人。

第三十条 【协议确定监护人】 依法具有监护资格的人之间可以协议确定监护人。协议确定监护人应当尊重被监护人的真实意愿。

第三十一条 【监护争议解决程序】 对监护人的确定有争议的，由被监护人住所地的居民委员会、村民委员会或者民政部门指定监护人，有关当事人对指定不服的，可以向人民法院申请指定监护人；有关当事人也可以直接向人民法院申请指定监护人。

居民委员会、村民委员会、民政部门或者人民法院应当尊重被监护人的真实意愿，按照最有利于被监护人的原则在依法具有监护资格的人中指定监护人。

依据本条第一款规定指定监护人前，被监护人的人身权利、财产权利以及其他合法权益处于无人保护状态的，由被监护人住所地的居民委员会、村民委员会、法律规定的有关组织或者民政部门担任临时监护人。

监护人被指定后，不得擅自变更；擅自变更的，不免除被指定的监护人的责任。

第三十二条 【公职监护人】没有依法具有监护资格的人的，监护人由民政部门担任，也可以由具备履行监护职责条件的被监护人住所地的居民委员会、村民委员会担任。

第三十三条 【意定监护】具有完全民事行为能力的成年人，可以与其近亲属、其他愿意担任监护人的个人或者组织事先协商，以书面形式确定自己的监护人，在自己丧失或者部分丧失民事行为能力时，由该监护人履行监护职责。

第三十四条 【监护职责及临时生活照料】监护人的职责是代理被监护人实施民事法律行为，保护被监护人的人身权利、财产权利以及其他合法权益等。

监护人依法履行监护职责产生的权利，受法律保护。

监护人不履行监护职责或者侵害被监护人合法权益的，应当承担法律责任。

因发生突发事件等紧急情况，监护人暂时无法履行监护职责，被监护人的生活处于无人照料状态的，被监护人住所地的居民委员会、村民委员会或者民政部门应当为被监护人安排必要的临时生活照料措施。

第三十五条 【履行监护职责应遵循的原则】监护人应当按照最有利于被监护人的原则履行监护职责。监护人除为维护被监护人利益外，不得处分被监护人的财产。

未成年人的监护人履行监护职责，在作出与被监护人利益有关的决定时，应当根据被监护人的年龄和智力状况，尊重被监护人的真实意愿。

成年人的监护人履行监护职责，应当最大程度地尊重被监护人的真实意愿，保障并协助被监护人实施与其智力、精神健康状况相适应的民事法律行为。对被监护人有能力独立处理的事务，监护人不得干涉。

第三十六条 【监护人资格的撤销】监护人有下列情形之一的，人民法院根据有关个人或者组织的申请，撤销其监护人资格，安排必要的临时监护措施，并按照最有利于被监护人的原则依法指定监护人：

（一）实施严重损害被监护人身心健康的行为；

（二）怠于履行监护职责，或者无法履行监护职责且拒绝将监护职责部分或者全部委托给他人，导致被监护人处于危困状态；

（三）实施严重侵害被监护人合法权益的其他行为。

本条规定的有关个人、组织包括：其他依法具有监护资格的人、居民委员会、村民委员会、学校、医疗机构、妇女联合会、残疾人联合会、未成年人保护组织、依法设立的老年人组织、民政部门等。

前款规定的个人和民政部门以外的组织未及时向人民法院申请撤销监护人资格的，民政部门应当向人民法院申请。

第三十七条　【监护人资格撤销后的义务】依法负担被监护人抚养费、赡养费、扶养费的父母、子女、配偶等，被人民法院撤销监护人资格后，应当继续履行负担的义务。

第三十八条　【监护人资格的恢复】被监护人的父母或者子女被人民法院撤销监护人资格后，除对被监护人实施故意犯罪的外，确有悔改表现的，经其申请，人民法院可以在尊重被监护人真实意愿的前提下，视情况恢复其监护人资格，人民法院指定的监护人与被监护人的监护关系同时终止。

第三十九条　【监护关系的终止】有下列情形之一的，监护关系终止：

（一）被监护人取得或者恢复完全民事行为能力；

（二）监护人丧失监护能力；

（三）被监护人或者监护人死亡；

（四）人民法院认定监护关系终止的其他情形。

监护关系终止后，被监护人仍然需要监护的，应当依法另行确定监护人。

第三节　宣告失踪和宣告死亡

第四十条　【宣告失踪】自然人下落不明满二年的，利害关系人可以向人民法院申请宣告该自然人为失踪人。

第四十一条　【下落不明的起算时间】自然人下落不明的时间自其失去音讯之日起计算。战争期间下落不明的，下落不明的时间自战争结束之日或者有关机关确定的下落不明之日起计算。

第四十二条　【财产代管人】失踪人的财产由其配偶、成年子女、父母或者其他愿意担任财产代管人的人代管。

代管有争议，没有前款规定的人，或者前款规定的人无代管能力的，由人民法院指定的人代管。

第四十三条 【财产代管人的职责】财产代管人应当妥善管理失踪人的财产，维护其财产权益。

失踪人所欠税款、债务和应付的其他费用，由财产代管人从失踪人的财产中支付。

财产代管人因故意或者重大过失造成失踪人财产损失的，应当承担赔偿责任。

第四十四条 【财产代管人的变更】财产代管人不履行代管职责、侵害失踪人财产权益或者丧失代管能力的，失踪人的利害关系人可以向人民法院申请变更财产代管人。

财产代管人有正当理由的，可以向人民法院申请变更财产代管人。

人民法院变更财产代管人的，变更后的财产代管人有权请求原财产代管人及时移交有关财产并报告财产代管情况。

第四十五条 【失踪宣告的撤销】失踪人重新出现，经本人或者利害关系人申请，人民法院应当撤销失踪宣告。

失踪人重新出现，有权请求财产代管人及时移交有关财产并报告财产代管情况。

第四十六条 【宣告死亡】自然人有下列情形之一的，利害关系人可以向人民法院申请宣告该自然人死亡：

（一）下落不明满四年；

（二）因意外事件，下落不明满二年。

因意外事件下落不明，经有关机关证明该自然人不可能生存的，申请宣告死亡不受二年时间的限制。

第四十七条 【宣告失踪与宣告死亡申请的竞合】对同一自然人，有的利害关系人申请宣告死亡，有的利害关系人申请宣告失踪，符合本法规定的宣告死亡条件的，人民法院应当宣告死亡。

第四十八条 【死亡日期的确定】被宣告死亡的人，人民法院宣告死亡的判决作出之日视为其死亡的日期；因意外事件下落不明宣告死亡的，意外事件发生之日视为其死亡的日期。

第四十九条 【被宣告死亡人实际生存时的行为效力】自然人被宣告

死亡但是并未死亡的，不影响该自然人在被宣告死亡期间实施的民事法律行为的效力。

第五十条 【死亡宣告的撤销】被宣告死亡的人重新出现，经本人或者利害关系人申请，人民法院应当撤销死亡宣告。

第五十一条 【宣告死亡及其撤销后婚姻关系的效力】被宣告死亡的人的婚姻关系，自死亡宣告之日起消除。死亡宣告被撤销的，婚姻关系自撤销死亡宣告之日起自行恢复。但是，其配偶再婚或者向婚姻登记机关书面声明不愿意恢复的除外。

第五十二条 【死亡宣告撤销后子女被收养的效力】被宣告死亡的人在被宣告死亡期间，其子女被他人依法收养的，在死亡宣告被撤销后，不得以未经本人同意为由主张收养行为无效。

第五十三条 【死亡宣告撤销后的财产返还与赔偿责任】被撤销死亡宣告的人有权请求依照本法第六编取得其财产的民事主体返还财产；无法返还的，应当给予适当补偿。

利害关系人隐瞒真实情况，致使他人被宣告死亡而取得其财产的，除应当返还财产外，还应当对由此造成的损失承担赔偿责任。

……

第三章 法 人

第一节 一般规定

第五十七条 【法人的定义】法人是具有民事权利能力和民事行为能力，依法独立享有民事权利和承担民事义务的组织。

第五十八条 【法人的成立】法人应当依法成立。

法人应当有自己的名称、组织机构、住所、财产或者经费。法人成立的具体条件和程序，依照法律、行政法规的规定。

设立法人，法律、行政法规规定须经有关机关批准的，依照其规定。

第五十九条 【法人的民事权利能力和民事行为能力】法人的民事权利能力和民事行为能力，从法人成立时产生，到法人终止时消灭。

第六十条 【法人的民事责任承担】法人以其全部财产独立承担民事责任。

第六十一条 【法定代表人】依照法律或者法人章程的规定，代表法人从事民事活动的负责人，为法人的法定代表人。

法定代表人以法人名义从事的民事活动，其法律后果由法人承受。

法人章程或者法人权力机构对法定代表人代表权的限制，不得对抗善意相对人。

第六十二条 【法定代表人职务行为的法律责任】法定代表人因执行职务造成他人损害的，由法人承担民事责任。

法人承担民事责任后，依照法律或者法人章程的规定，可以向有过错的法定代表人追偿。

第六十三条 【法人的住所】法人以其主要办事机构所在地为住所。依法需要办理法人登记的，应当将主要办事机构所在地登记为住所。

第六十四条 【法人的变更登记】法人存续期间登记事项发生变化的，应当依法向登记机关申请变更登记。

第六十五条 【法人登记的对抗效力】法人的实际情况与登记的事项不一致的，不得对抗善意相对人。

第六十六条 【法人登记公示制度】登记机关应当依法及时公示法人登记的有关信息。

第六十七条 【法人合并、分立后的权利义务承担】法人合并的，其权利和义务由合并后的法人享有和承担。

法人分立的，其权利和义务由分立后的法人享有连带债权，承担连带债务，但是债权人和债务人另有约定的除外。

第六十八条 【法人的终止】有下列原因之一并依法完成清算、注销登记的，法人终止：

（一）法人解散；

（二）法人被宣告破产；

（三）法律规定的其他原因。

法人终止，法律、行政法规规定须经有关机关批准的，依照其规定。

第六十九条 【法人的解散】有下列情形之一的，法人解散：

（一）法人章程规定的存续期间届满或者法人章程规定的其他解散事由出现；

（二）法人的权力机构决议解散；

（三）因法人合并或者分立需要解散；

（四）法人依法被吊销营业执照、登记证书，被责令关闭或者被撤销；

（五）法律规定的其他情形。

第七十条　【法人解散后的清算】法人解散的，除合并或者分立的情形外，清算义务人应当及时组成清算组进行清算。

法人的董事、理事等执行机构或者决策机构的成员为清算义务人。法律、行政法规另有规定的，依照其规定。

清算义务人未及时履行清算义务，造成损害的，应当承担民事责任；主管机关或者利害关系人可以申请人民法院指定有关人员组成清算组进行清算。

第七十一条　【法人清算的法律适用】法人的清算程序和清算组职权，依照有关法律的规定；没有规定的，参照适用公司法律的有关规定。

第七十二条　【清算的法律效果】清算期间法人存续，但是不得从事与清算无关的活动。

法人清算后的剩余财产，按照法人章程的规定或者法人权力机构的决议处理。法律另有规定的，依照其规定。

清算结束并完成法人注销登记时，法人终止；依法不需要办理法人登记的，清算结束时，法人终止。

第七十三条　【法人因破产而终止】法人被宣告破产的，依法进行破产清算并完成法人注销登记时，法人终止。

第七十四条　【法人的分支机构】法人可以依法设立分支机构。法律、行政法规规定分支机构应当登记的，依照其规定。

分支机构以自己的名义从事民事活动，产生的民事责任由法人承担；也可以先以该分支机构管理的财产承担，不足以承担的，由法人承担。

第七十五条　【法人设立行为的法律后果】设立人为设立法人从事的民事活动，其法律后果由法人承受；法人未成立的，其法律后果由设立人承受，设立人为二人以上的，享有连带债权，承担连带债务。

设立人为设立法人以自己的名义从事民事活动产生的民事责任，第三人有权选择请求法人或者设立人承担。

……

第五章 民事权利

第一百零九条 【一般人格权】自然人的人身自由、人格尊严受法律保护。

第一百一十条 【民事主体的人格权】自然人享有生命权、身体权、健康权、姓名权、肖像权、名誉权、荣誉权、隐私权、婚姻自主权等权利。

法人、非法人组织享有名称权、名誉权和荣誉权。

第一百一十一条 【个人信息受法律保护】自然人的个人信息受法律保护。任何组织或者个人需要获取他人个人信息的，应当依法取得并确保信息安全，不得非法收集、使用、加工、传输他人个人信息，不得非法买卖、提供或者公开他人个人信息。

第一百一十二条 【婚姻家庭关系等产生的人身权利】自然人因婚姻家庭关系等产生的人身权利受法律保护。

第一百一十三条 【财产权受法律平等保护】民事主体的财产权利受法律平等保护。

第一百一十四条 【物权的定义及类型】民事主体依法享有物权。

物权是权利人依法对特定的物享有直接支配和排他的权利，包括所有权、用益物权和担保物权。

第一百一十五条 【物权的客体】物包括不动产和动产。法律规定权利作为物权客体的，依照其规定。

第一百一十六条 【物权法定原则】物权的种类和内容，由法律规定。

第一百一十七条 【征收与征用】为了公共利益的需要，依照法律规定的权限和程序征收、征用不动产或者动产的，应当给予公平、合理的补偿。

第一百一十八条 【债权的定义】民事主体依法享有债权。

债权是因合同、侵权行为、无因管理、不当得利以及法律的其他规定，权利人请求特定义务人为或者不为一定行为的权利。

第一百一十九条 【合同之债】依法成立的合同，对当事人具有法律约束力。

第一百二十条 【侵权之债】民事权益受到侵害的，被侵权人有权请求侵权人承担侵权责任。

第一百二十一条　【无因管理之债】没有法定的或者约定的义务，为避免他人利益受损失而进行管理的人，有权请求受益人偿还由此支出的必要费用。

第一百二十二条　【不当得利之债】因他人没有法律根据，取得不当利益，受损失的人有权请求其返还不当利益。

第一百二十三条　【知识产权及其客体】民事主体依法享有知识产权。

知识产权是权利人依法就下列客体享有的专有的权利：

（一）作品；

（二）发明、实用新型、外观设计；

（三）商标；

（四）地理标志；

（五）商业秘密；

（六）集成电路布图设计；

（七）植物新品种；

（八）法律规定的其他客体。

第一百二十四条　【继承权及其客体】自然人依法享有继承权。

自然人合法的私有财产，可以依法继承。

第一百二十五条　【投资性权利】民事主体依法享有股权和其他投资性权利。

第一百二十六条　【其他民事权益】民事主体享有法律规定的其他民事权利和利益。

第一百二十七条　【对数据和网络虚拟财产的保护】法律对数据、网络虚拟财产的保护有规定的，依照其规定。

第一百二十八条　【对弱势群体的特别保护】法律对未成年人、老年人、残疾人、妇女、消费者等的民事权利保护有特别规定的，依照其规定。

第一百二十九条　【民事权利的取得方式】民事权利可以依据民事法律行为、事实行为、法律规定的事件或者法律规定的其他方式取得。

第一百三十条　【权利行使的自愿原则】民事主体按照自己的意愿依法行使民事权利，不受干涉。

第一百三十一条 　【权利人的义务履行】民事主体行使权利时，应当履行法律规定的和当事人约定的义务。

第一百三十二条 　【禁止权利滥用】民事主体不得滥用民事权利损害国家利益、社会公共利益或者他人合法权益。

第六章　民事法律行为

第一节　一般规定

第一百三十三条 　【民事法律行为的定义】民事法律行为是民事主体通过意思表示设立、变更、终止民事法律关系的行为。

第一百三十四条 　【民事法律行为的成立】民事法律行为可以基于双方或者多方的意思表示一致成立，也可以基于单方的意思表示成立。

法人、非法人组织依照法律或者章程规定的议事方式和表决程序作出决议的，该决议行为成立。

第一百三十五条 　【民事法律行为的形式】民事法律行为可以采用书面形式、口头形式或者其他形式；法律、行政法规规定或者当事人约定采用特定形式的，应当采用特定形式。

第一百三十六条 　【民事法律行为的生效】民事法律行为自成立时生效，但是法律另有规定或者当事人另有约定的除外。

行为人非依法律规定或者未经对方同意，不得擅自变更或者解除民事法律行为。

第二节　意思表示

第一百三十七条 　【有相对人的意思表示的生效时间】以对话方式作出的意思表示，相对人知道其内容时生效。

以非对话方式作出的意思表示，到达相对人时生效。以非对话方式作出的采用数据电文形式的意思表示，相对人指定特定系统接收数据电文的，该数据电文进入该特定系统时生效；未指定特定系统的，相对人知道或者应当知道该数据电文进入其系统时生效。当事人对采用数据电文形式的意思表示的生效时间另有约定的，按照其约定。

第一百三十八条 　【无相对人的意思表示的生效时间】无相对人的意

思表示，表示完成时生效。法律另有规定的，依照其规定。

第一百三十九条　【公告的意思表示的生效时间】以公告方式作出的意思表示，公告发布时生效。

第一百四十条　【意思表示的方式】行为人可以明示或者默示作出意思表示。

沉默只有在有法律规定、当事人约定或者符合当事人之间的交易习惯时，才可以视为意思表示。

第一百四十一条　【意思表示的撤回】行为人可以撤回意思表示。撤回意思表示的通知应当在意思表示到达相对人前或者与意思表示同时到达相对人。

第一百四十二条　【意思表示的解释】有相对人的意思表示的解释，应当按照所使用的词句，结合相关条款、行为的性质和目的、习惯以及诚信原则，确定意思表示的含义。

无相对人的意思表示的解释，不能完全拘泥于所使用的词句，而应当结合相关条款、行为的性质和目的、习惯以及诚信原则，确定行为人的真实意思。

第三节　民事法律行为的效力

第一百四十三条　【民事法律行为的有效条件】具备下列条件的民事法律行为有效：

（一）行为人具有相应的民事行为能力；

（二）意思表示真实；

（三）不违反法律、行政法规的强制性规定，不违背公序良俗。

第一百四十四条　【无民事行为能力人实施的民事法律行为】无民事行为能力人实施的民事法律行为无效。

第一百四十五条　【限制民事行为能力人实施的民事法律行为】限制民事行为能力人实施的纯获利益的民事法律行为或者与其年龄、智力、精神健康状况相适应的民事法律行为有效；实施的其他民事法律行为经法定代理人同意或者追认后有效。

相对人可以催告法定代理人自收到通知之日起三十日内予以追认。法定代理人未作表示的，视为拒绝追认。民事法律行为被追认前，善意相对人有撤销的权利。撤销应当以通知的方式作出。

第一百四十六条 【虚假表示与隐藏行为效力】行为人与相对人以虚假的意思表示实施的民事法律行为无效。

以虚假的意思表示隐藏的民事法律行为的效力，依照有关法律规定处理。

第一百四十七条 【重大误解】基于重大误解实施的民事法律行为，行为人有权请求人民法院或者仲裁机构予以撤销。

第一百四十八条 【欺诈】一方以欺诈手段，使对方在违背真实意思的情况下实施的民事法律行为，受欺诈方有权请求人民法院或者仲裁机构予以撤销。

第一百四十九条 【第三人欺诈】第三人实施欺诈行为，使一方在违背真实意思的情况下实施的民事法律行为，对方知道或者应当知道该欺诈行为的，受欺诈方有权请求人民法院或者仲裁机构予以撤销。

第一百五十条 【胁迫】一方或者第三人以胁迫手段，使对方在违背真实意思的情况下实施的民事法律行为，受胁迫方有权请求人民法院或者仲裁机构予以撤销。

第一百五十一条 【乘人之危导致的显失公平】一方利用对方处于危困状态、缺乏判断能力等情形，致使民事法律行为成立时显失公平的，受损害方有权请求人民法院或者仲裁机构予以撤销。

第一百五十二条 【撤销权的消灭期间】有下列情形之一的，撤销权消灭：

（一）当事人自知道或者应当知道撤销事由之日起一年内、重大误解的当事人自知道或者应当知道撤销事由之日起九十日内没有行使撤销权；

（二）当事人受胁迫，自胁迫行为终止之日起一年内没有行使撤销权；

（三）当事人知道撤销事由后明确表示或者以自己的行为表明放弃撤销权。

当事人自民事法律行为发生之日起五年内没有行使撤销权的，撤销权消灭。

第一百五十三条 【违反强制性规定及违背公序良俗的民事法律行为的效力】违反法律、行政法规的强制性规定的民事法律行为无效。但是，该强制性规定不导致该民事法律行为无效的除外。

违背公序良俗的民事法律行为无效。

第一百五十四条 【恶意串通】行为人与相对人恶意串通，损害他人合法权益的民事法律行为无效。

第一百五十五条 【无效或者被撤销民事法律行为自始无效】无效的或者被撤销的民事法律行为自始没有法律约束力。

第一百五十六条 【民事法律行为部分无效】民事法律行为部分无效，不影响其他部分效力的，其他部分仍然有效。

第一百五十七条 【民事法律行为无效、被撤销、不生效力的法律后果】民事法律行为无效、被撤销或者确定不发生效力后，行为人因该行为取得的财产，应当予以返还；不能返还或者没有必要返还的，应当折价补偿。有过错的一方应当赔偿对方由此所受到的损失；各方都有过错的，应当各自承担相应的责任。法律另有规定的，依照其规定。

第四节 民事法律行为的附条件和附期限

第一百五十八条 【附条件的民事法律行为】民事法律行为可以附条件，但是根据其性质不得附条件的除外。附生效条件的民事法律行为，自条件成就时生效。附解除条件的民事法律行为，自条件成就时失效。

第一百五十九条 【条件成就或不成就的拟制】附条件的民事法律行为，当事人为自己的利益不正当地阻止条件成就的，视为条件已经成就；不正当地促成条件成就的，视为条件不成就。

第一百六十条 【附期限的民事法律行为】民事法律行为可以附期限，但是根据其性质不得附期限的除外。附生效期限的民事法律行为，自期限届至时生效。附终止期限的民事法律行为，自期限届满时失效。

第七章 代 理

第一节 一般规定

第一百六十一条 【代理的适用范围】民事主体可以通过代理人实施民事法律行为。

依照法律规定、当事人约定或者民事法律行为的性质，应当由本人亲自实施的民事法律行为，不得代理。

第一百六十二条 【代理的效力】代理人在代理权限内，以被代理人名义实施的民事法律行为，对被代理人发生效力。

第一百六十三条 【代理的类型】代理包括委托代理和法定代理。

委托代理人按照被代理人的委托行使代理权。法定代理人依照法律的规定行使代理权。

第一百六十四条 【不当代理的民事责任】代理人不履行或者不完全履行职责，造成被代理人损害的，应当承担民事责任。

代理人和相对人恶意串通，损害被代理人合法权益的，代理人和相对人应当承担连带责任。

第二节 委托代理

第一百六十五条 【授权委托书】委托代理授权采用书面形式的，授权委托书应当载明代理人的姓名或者名称、代理事项、权限和期限，并由被代理人签名或者盖章。

第一百六十六条 【共同代理】数人为同一代理事项的代理人的，应当共同行使代理权，但是当事人另有约定的除外。

第一百六十七条 【违法代理的责任承担】代理人知道或者应当知道代理事项违法仍然实施代理行为，或者被代理人知道或者应当知道代理人的代理行为违法未作反对表示的，被代理人和代理人应当承担连带责任。

第一百六十八条 【禁止自己代理和双方代理】代理人不得以被代理人的名义与自己实施民事法律行为，但是被代理人同意或者追认的除外。

代理人不得以被代理人的名义与自己同时代理的其他人实施民事法律行为，但是被代理的双方同意或者追认的除外。

第一百六十九条 【复代理】代理人需要转委托第三人代理的，应当取得被代理人的同意或者追认。

转委托代理经被代理人同意或者追认的，被代理人可以就代理事务直接指示转委托的第三人，代理人仅就第三人的选任以及对第三人的指示承担责任。

转委托代理未经被代理人同意或者追认的，代理人应当对转委托的第三人的行为承担责任；但是，在紧急情况下代理人为了维护被代理人的利益需要转委托第三人代理的除外。

第一百七十条 **【职务代理】**执行法人或者非法人组织工作任务的人员，就其职权范围内的事项，以法人或者非法人组织的名义实施的民事法律行为，对法人或者非法人组织发生效力。

法人或者非法人组织对执行其工作任务的人员职权范围的限制，不得对抗善意相对人。

第一百七十一条 **【无权代理】**行为人没有代理权、超越代理权或者代理权终止后，仍然实施代理行为，未经被代理人追认的，对被代理人不发生效力。

相对人可以催告被代理人自收到通知之日起三十日内予以追认。被代理人未作表示的，视为拒绝追认。行为人实施的行为被追认前，善意相对人有撤销的权利。撤销应当以通知的方式作出。

行为人实施的行为未被追认的，善意相对人有权请求行为人履行债务或者就其受到的损害请求行为人赔偿。但是，赔偿的范围不得超过被代理人追认时相对人所能获得的利益。

相对人知道或者应当知道行为人无权代理的，相对人和行为人按照各自的过错承担责任。

第一百七十二条 **【表见代理】**行为人没有代理权、超越代理权或者代理权终止后，仍然实施代理行为，相对人有理由相信行为人有代理权的，代理行为有效。

第三节 代 理 终 止

第一百七十三条 **【委托代理的终止】**有下列情形之一的，委托代理终止：

（一）代理期限届满或者代理事务完成；

（二）被代理人取消委托或者代理人辞去委托；

（三）代理人丧失民事行为能力；

（四）代理人或者被代理人死亡；

（五）作为代理人或者被代理人的法人、非法人组织终止。

第一百七十四条 **【委托代理终止的例外】**被代理人死亡后，有下列情形之一的，委托代理人实施的代理行为有效：

（一）代理人不知道且不应当知道被代理人死亡；

（二）被代理人的继承人予以承认；

（三）授权中明确代理权在代理事务完成时终止；

（四）被代理人死亡前已经实施，为了被代理人的继承人的利益继续代理。

作为被代理人的法人、非法人组织终止的，参照适用前款规定。

第一百七十五条 【法定代理的终止】有下列情形之一的，法定代理终止：

（一）被代理人取得或者恢复完全民事行为能力；

（二）代理人丧失民事行为能力；

（三）代理人或者被代理人死亡；

（四）法律规定的其他情形。

第八章 民 事 责 任

第一百七十六条 【民事责任】民事主体依照法律规定或者按照当事人约定，履行民事义务，承担民事责任。

第一百七十七条 【按份责任】二人以上依法承担按份责任，能够确定责任大小的，各自承担相应的责任；难以确定责任大小的，平均承担责任。

第一百七十八条 【连带责任】二人以上依法承担连带责任的，权利人有权请求部分或者全部连带责任人承担责任。

连带责任人的责任份额根据各自责任大小确定；难以确定责任大小的，平均承担责任。实际承担责任超过自己责任份额的连带责任人，有权向其他连带责任人追偿。

连带责任，由法律规定或者当事人约定。

第一百七十九条 【民事责任的承担方式】承担民事责任的方式主要有：

（一）停止侵害；

（二）排除妨碍；

（三）消除危险；

（四）返还财产；

（五）恢复原状；

（六）修理、重作、更换；

（七）继续履行；

（八）赔偿损失；

（九）支付违约金；

（十）消除影响、恢复名誉；

（十一）赔礼道歉。

法律规定惩罚性赔偿的，依照其规定。

本条规定的承担民事责任的方式，可以单独适用，也可以合并适用。

第一百八十条　【不可抗力】因不可抗力不能履行民事义务的，不承担民事责任。法律另有规定的，依照其规定。

不可抗力是不能预见、不能避免且不能克服的客观情况。

第一百八十一条　【正当防卫】因正当防卫造成损害的，不承担民事责任。

正当防卫超过必要的限度，造成不应有的损害的，正当防卫人应当承担适当的民事责任。

第一百八十二条　【紧急避险】因紧急避险造成损害的，由引起险情发生的人承担民事责任。

危险由自然原因引起的，紧急避险人不承担民事责任，可以给予适当补偿。

紧急避险采取措施不当或者超过必要的限度，造成不应有的损害的，紧急避险人应当承担适当的民事责任。

第一百八十三条　【因保护他人民事权益而受损的责任承担】因保护他人民事权益使自己受到损害的，由侵权人承担民事责任，受益人可以给予适当补偿。没有侵权人、侵权人逃逸或者无力承担民事责任，受害人请求补偿的，受益人应当给予适当补偿。

第一百八十四条　【紧急救助的责任豁免】因自愿实施紧急救助行为造成受助人损害的，救助人不承担民事责任。

第一百八十五条　【英雄烈士人格利益的保护】侵害英雄烈士等的姓名、肖像、名誉、荣誉，损害社会公共利益的，应当承担民事责任。

第一百八十六条　【违约责任与侵权责任的竞合】因当事人一方的违约行为，损害对方人身权益、财产权益的，受损害方有权选择请求其承担违约责任或者侵权责任。

第一百八十七条 【民事责任优先】民事主体因同一行为应当承担民事责任、行政责任和刑事责任的，承担行政责任或者刑事责任不影响承担民事责任；民事主体的财产不足以支付的，优先用于承担民事责任。

第九章 诉 讼 时 效

第一百八十八条 【普通诉讼时效】向人民法院请求保护民事权利的诉讼时效期间为三年。法律另有规定的，依照其规定。

诉讼时效期间自权利人知道或者应当知道权利受到损害以及义务人之日起计算。法律另有规定的，依照其规定。但是，自权利受到损害之日起超过二十年的，人民法院不予保护，有特殊情况的，人民法院可以根据权利人的申请决定延长。

第一百八十九条 【分期履行债务诉讼时效的起算】当事人约定同一债务分期履行的，诉讼时效期间自最后一期履行期限届满之日起计算。

第一百九十条 【对法定代理人请求权诉讼时效的起算】无民事行为能力人或者限制民事行为能力人对其法定代理人的请求权的诉讼时效期间，自该法定代理终止之日起计算。

第一百九十一条 【未成年人遭受性侵害的损害赔偿诉讼时效的起算】未成年人遭受性侵害的损害赔偿请求权的诉讼时效期间，自受害人年满十八周岁之日起计算。

第一百九十二条 【诉讼时效届满的法律效果】诉讼时效期间届满的，义务人可以提出不履行义务的抗辩。

诉讼时效期间届满后，义务人同意履行的，不得以诉讼时效期间届满为由抗辩；义务人已经自愿履行的，不得请求返还。

第一百九十三条 【诉讼时效援用】人民法院不得主动适用诉讼时效的规定。

第一百九十四条 【诉讼时效的中止】在诉讼时效期间的最后六个月内，因下列障碍，不能行使请求权的，诉讼时效中止：

（一）不可抗力；

（二）无民事行为能力人或者限制民事行为能力人没有法定代理人，或者法定代理人死亡、丧失民事行为能力、丧失代理权；

（三）继承开始后未确定继承人或者遗产管理人；

（四）权利人被义务人或者其他人控制；

（五）其他导致权利人不能行使请求权的障碍。

自中止时效的原因消除之日起满六个月，诉讼时效期间届满。

第一百九十五条 **【诉讼时效的中断】**有下列情形之一的，诉讼时效中断，从中断、有关程序终结时起，诉讼时效期间重新计算：

（一）权利人向义务人提出履行请求；

（二）义务人同意履行义务；

（三）权利人提起诉讼或者申请仲裁；

（四）与提起诉讼或者申请仲裁具有同等效力的其他情形。

第一百九十六条 **【不适用诉讼时效的情形】**下列请求权不适用诉讼时效的规定：

（一）请求停止侵害、排除妨碍、消除危险；

（二）不动产物权和登记的动产物权的权利人请求返还财产；

（三）请求支付抚养费、赡养费或者扶养费；

（四）依法不适用诉讼时效的其他请求权。

第一百九十七条 **【诉讼时效法定】**诉讼时效的期间、计算方法以及中止、中断的事由由法律规定，当事人约定无效。

当事人对诉讼时效利益的预先放弃无效。

第一百九十八条 **【仲裁时效】**法律对仲裁时效有规定的，依照其规定；没有规定的，适用诉讼时效的规定。

第一百九十九条 **【除斥期间】**法律规定或者当事人约定的撤销权、解除权等权利的存续期间，除法律另有规定外，自权利人知道或者应当知道权利产生之日起计算，不适用有关诉讼时效中止、中断和延长的规定。存续期间届满，撤销权、解除权等权利消灭。

第十章 期 间 计 算

第二百条 **【期间的计算单位】**民法所称的期间按照公历年、月、日、小时计算。

第二百零一条 **【期间的起算】**按照年、月、日计算期间的，开始的当日不计入，自下一日开始计算。

按照小时计算期间的，自法律规定或者当事人约定的时间开始计算。

第二百零二条 【期间结束】按照年、月计算期间的，到期月的对应日为期间的最后一日；没有对应日的，月末日为期间的最后一日。

第二百零三条 【期间计算的特殊规定】期间的最后一日是法定休假日的，以法定休假日结束的次日为期间的最后一日。

期间的最后一日的截止时间为二十四时；有业务时间的，停止业务活动的时间为截止时间。

第二百零四条 【期间法定或约定】期间的计算方法依照本法的规定，但是法律另有规定或者当事人另有约定的除外。

……

第三编 合 同

第一分编 通 则

第一章 一般规定

第四百六十三条 【合同编的调整范围】本编调整因合同产生的民事关系。

第四百六十四条 【合同的定义及身份关系协议的法律适用】合同是民事主体之间设立、变更、终止民事法律关系的协议。

婚姻、收养、监护等有关身份关系的协议，适用有关该身份关系的法律规定；没有规定的，可以根据其性质参照适用本编规定。

第四百六十五条 【依法成立的合同受法律保护及合同相对性原则】依法成立的合同，受法律保护。

依法成立的合同，仅对当事人具有法律约束力，但是法律另有规定的除外。

第四百六十六条 【合同的解释规则】当事人对合同条款的理解有争议的，应当依据本法第一百四十二条第一款的规定，确定争议条款的含义。

合同文本采用两种以上文字订立并约定具有同等效力的，对各文本使用的词句推定具有相同含义。各文本使用的词句不一致的，应当根据合同的相关条款、性质、目的以及诚信原则等予以解释。

第四百六十七条 【非典型合同及特定涉外合同的法律适用】本法或者其他法律没有明文规定的合同，适用本编通则的规定，并可以参照适用本编或者其他法律最相类似合同的规定。

在中华人民共和国境内履行的中外合资经营企业合同、中外合作经营企业合同、中外合作勘探开发自然资源合同，适用中华人民共和国法律。

第四百六十八条 【非合同之债的法律适用】非因合同产生的债权债务关系，适用有关该债权债务关系的法律规定；没有规定的，适用本编通则的有关规定，但是根据其性质不能适用的除外。

第二章　合同的订立

第四百六十九条 【合同形式】当事人订立合同，可以采用书面形式、口头形式或者其他形式。

书面形式是合同书、信件、电报、电传、传真等可以有形地表现所载内容的形式。

以电子数据交换、电子邮件等方式能够有形地表现所载内容，并可以随时调取查用的数据电文，视为书面形式。

第四百七十条 【合同主要条款及示范文本】合同的内容由当事人约定，一般包括下列条款：

（一）当事人的姓名或者名称和住所；

（二）标的；

（三）数量；

（四）质量；

（五）价款或者报酬；

（六）履行期限、地点和方式；

（七）违约责任；

（八）解决争议的方法。

当事人可以参照各类合同的示范文本订立合同。

第四百七十一条 【订立合同的方式】当事人订立合同，可以采取要约、承诺方式或者其他方式。

第四百七十二条 【要约的定义及其构成】要约是希望与他人订立合同的意思表示，该意思表示应当符合下列条件：

（一）内容具体确定；

（二）表明经受要约人承诺，要约人即受该意思表示约束。

第四百七十三条 　**【要约邀请】**要约邀请是希望他人向自己发出要约的表示。拍卖公告、招标公告、招股说明书、债券募集办法、基金招募说明书、商业广告和宣传、寄送的价目表等为要约邀请。

商业广告和宣传的内容符合要约条件的，构成要约。

第四百七十四条 　**【要约的生效时间】**要约生效的时间适用本法第一百三十七条的规定。

第四百七十五条 　**【要约的撤回】**要约可以撤回。要约的撤回适用本法第一百四十一条的规定。

第四百七十六条 　**【要约不得撤销情形】**要约可以撤销，但是有下列情形之一的除外：

（一）要约人以确定承诺期限或者其他形式明示要约不可撤销；

（二）受要约人有理由认为要约是不可撤销的，并已经为履行合同做了合理准备工作。

第四百七十七条 　**【要约撤销条件】**撤销要约的意思表示以对话方式作出的，该意思表示的内容应当在受要约人作出承诺之前为受要约人所知道；撤销要约的意思表示以非对话方式作出的，应当在受要约人作出承诺之前到达受要约人。

第四百七十八条 　**【要约失效】**有下列情形之一的，要约失效：

（一）要约被拒绝；

（二）要约被依法撤销；

（三）承诺期限届满，受要约人未作出承诺；

（四）受要约人对要约的内容作出实质性变更。

第四百七十九条 　**【承诺的定义】**承诺是受要约人同意要约的意思表示。

第四百八十条 　**【承诺的方式】**承诺应当以通知的方式作出；但是，根据交易习惯或者要约表明可以通过行为作出承诺的除外。

第四百八十一条 　**【承诺的期限】**承诺应当在要约确定的期限内到达要约人。

要约没有确定承诺期限的，承诺应当依照下列规定到达：

（一）要约以对话方式作出的，应当即时作出承诺；

（二）要约以非对话方式作出的，承诺应当在合理期限内到达。

第四百八十二条 【承诺期限的起算】要约以信件或者电报作出的，承诺期限自信件载明的日期或者电报交发之日开始计算。信件未载明日期的，自投寄该信件的邮戳日期开始计算。要约以电话、传真、电子邮件等快速通讯方式作出的，承诺期限自要约到达受要约人时开始计算。

第四百八十三条 【合同成立时间】承诺生效时合同成立，但是法律另有规定或者当事人另有约定的除外。

第四百八十四条 【承诺生效时间】以通知方式作出的承诺，生效的时间适用本法第一百三十七条的规定。

承诺不需要通知的，根据交易习惯或者要约的要求作出承诺的行为时生效。

第四百八十五条 【承诺的撤回】承诺可以撤回。承诺的撤回适用本法第一百四十一条的规定。

第四百八十六条 【逾期承诺及效果】受要约人超过承诺期限发出承诺，或者在承诺期限内发出承诺，按照通常情形不能及时到达要约人的，为新要约；但是，要约人及时通知受要约人该承诺有效的除外。

第四百八十七条 【迟到的承诺】受要约人在承诺期限内发出承诺，按照通常情形能够及时到达要约人，但是因其他原因致使承诺到达要约人时超过承诺期限的，除要约人及时通知受要约人因承诺超过期限不接受该承诺外，该承诺有效。

第四百八十八条 【承诺对要约内容的实质性变更】承诺的内容应当与要约的内容一致。受要约人对要约的内容作出实质性变更的，为新要约。有关合同标的、数量、质量、价款或者报酬、履行期限、履行地点和方式、违约责任和解决争议方法等的变更，是对要约内容的实质性变更。

第四百八十九条 【承诺对要约内容的非实质性变更】承诺对要约的内容作出非实质性变更的，除要约人及时表示反对或者要约表明承诺不得对要约的内容作出任何变更外，该承诺有效，合同的内容以承诺的内容为准。

第四百九十条 【采用书面形式订立合同的成立时间】当事人采用合同书形式订立合同的，自当事人均签名、盖章或者按指印时合同成立。在签名、盖章或者按指印之前，当事人一方已经履行主要义务，对方接受时，该合同成立。

法律、行政法规规定或者当事人约定合同应当采用书面形式订立，当事人未采用书面形式但是一方已经履行主要义务，对方接受时，该合同成立。

第四百九十一条 【签订确认书的合同及电子合同成立时间】当事人采用信件、数据电文等形式订立合同要求签订确认书的，签订确认书时合同成立。

当事人一方通过互联网等信息网络发布的商品或者服务信息符合要约条件的，对方选择该商品或者服务并提交订单成功时合同成立，但是当事人另有约定的除外。

第四百九十二条 【合同成立的地点】承诺生效的地点为合同成立的地点。

采用数据电文形式订立合同的，收件人的主营业地为合同成立的地点；没有主营业地的，其住所地为合同成立的地点。当事人另有约定的，按照其约定。

第四百九十三条 【采用合同书订立合同的成立地点】当事人采用合同书形式订立合同的，最后签名、盖章或者按指印的地点为合同成立的地点，但是当事人另有约定的除外。

第四百九十四条 【强制缔约义务】国家根据抢险救灾、疫情防控或者其他需要下达国家订货任务、指令性任务的，有关民事主体之间应当依照有关法律、行政法规规定的权利和义务订立合同。

依照法律、行政法规的规定负有发出要约义务的当事人，应当及时发出合理的要约。

依照法律、行政法规的规定负有作出承诺义务的当事人，不得拒绝对方合理的订立合同要求。

第四百九十五条 【预约合同】当事人约定在将来一定期限内订立合同的认购书、订购书、预订书等，构成预约合同。

当事人一方不履行预约合同约定的订立合同义务的，对方可以请求其承担预约合同的违约责任。

第四百九十六条 【格式条款】格式条款是当事人为了重复使用而预先拟定，并在订立合同时未与对方协商的条款。

采用格式条款订立合同的，提供格式条款的一方应当遵循公平原则确定当事人之间的权利和义务，并采取合理的方式提示对方注意免除或者减轻其责任等与对方有重大利害关系的条款，按照对方的要求，对该条款予以说明。提供格式条款的一方未履行提示或者说明义务，致使对方没有注意或者理解与其有重大利害关系的条款的，对方可以主张该条款不成为合同的内容。

第四百九十七条　【格式条款无效的情形】 有下列情形之一的，该格式条款无效：

（一）具有本法第一编第六章第三节和本法第五百零六条规定的无效情形；

（二）提供格式条款一方不合理地免除或者减轻其责任、加重对方责任、限制对方主要权利；

（三）提供格式条款一方排除对方主要权利。

第四百九十八条　【格式条款的解释方法】 对格式条款的理解发生争议的，应当按照通常理解予以解释。对格式条款有两种以上解释的，应当作出不利于提供格式条款一方的解释。格式条款和非格式条款不一致的，应当采用非格式条款。

第四百九十九条　【悬赏广告】 悬赏人以公开方式声明对完成特定行为的人支付报酬的，完成该行为的人可以请求其支付。

第五百条　【缔约过失责任】 当事人在订立合同过程中有下列情形之一，造成对方损失的，应当承担赔偿责任：

（一）假借订立合同，恶意进行磋商；

（二）故意隐瞒与订立合同有关的重要事实或者提供虚假情况；

（三）有其他违背诚信原则的行为。

第五百零一条　【合同缔结人的保密义务】 当事人在订立合同过程中知悉的商业秘密或者其他应当保密的信息，无论合同是否成立，不得泄露或者不正当地使用；泄露、不正当地使用该商业秘密或者信息，造成对方损失的，应当承担赔偿责任。

第三章　合同的效力

第五百零二条　【合同生效时间及未办理批准手续的处理规则】 依法

成立的合同，自成立时生效，但是法律另有规定或者当事人另有约定的除外。

依照法律、行政法规的规定，合同应当办理批准等手续的，依照其规定。未办理批准等手续影响合同生效的，不影响合同中履行报批等义务条款以及相关条款的效力。应当办理申请批准等手续的当事人未履行义务的，对方可以请求其承担违反该义务的责任。

依照法律、行政法规的规定，合同的变更、转让、解除等情形应当办理批准等手续的，适用前款规定。

第五百零三条 【被代理人以默示方式追认无权代理】无权代理人以被代理人的名义订立合同，被代理人已经开始履行合同义务或者接受相对人履行的，视为对合同的追认。

第五百零四条 【超越权限订立合同的效力】法人的法定代表人或者非法人组织的负责人超越权限订立的合同，除相对人知道或者应当知道其超越权限外，该代表行为有效，订立的合同对法人或者非法人组织发生效力。

第五百零五条 【超越经营范围订立的合同效力】当事人超越经营范围订立的合同的效力，应当依照本法第一编第六章第三节和本编的有关规定确定，不得仅以超越经营范围确认合同无效。

第五百零六条 【免责条款无效情形】合同中的下列免责条款无效：

（一）造成对方人身损害的；

（二）因故意或者重大过失造成对方财产损失的。

第五百零七条 【争议解决条款的独立性】合同不生效、无效、被撤销或者终止的，不影响合同中有关解决争议方法的条款的效力。

第五百零八条 【合同效力适用指引】本编对合同的效力没有规定的，适用本法第一编第六章的有关规定。

第四章　合同的履行

第五百零九条 【合同履行的原则】当事人应当按照约定全面履行自己的义务。

当事人应当遵循诚信原则，根据合同的性质、目的和交易习惯履行通知、协助、保密等义务。

当事人在履行合同过程中，应当避免浪费资源、污染环境和破坏生态。

第五百一十条 【约定不明时合同内容的确定】合同生效后，当事人就质量、价款或者报酬、履行地点等内容没有约定或者约定不明确的，可以协议补充；不能达成补充协议的，按照合同相关条款或者交易习惯确定。

第五百一十一条 【质量、价款、履行地点等内容的确定】当事人就有关合同内容约定不明确，依据前条规定仍不能确定的，适用下列规定：

（一）质量要求不明确的，按照强制性国家标准履行；没有强制性国家标准的，按照推荐性国家标准履行；没有推荐性国家标准的，按照行业标准履行；没有国家标准、行业标准的，按照通常标准或者符合合同目的的特定标准履行。

（二）价款或者报酬不明确的，按照订立合同时履行地的市场价格履行；依法应当执行政府定价或者政府指导价的，依照规定履行。

（三）履行地点不明确，给付货币的，在接受货币一方所在地履行；交付不动产的，在不动产所在地履行；其他标的，在履行义务一方所在地履行。

（四）履行期限不明确的，债务人可以随时履行，债权人也可以随时请求履行，但是应当给对方必要的准备时间。

（五）履行方式不明确的，按照有利于实现合同目的的方式履行。

（六）履行费用的负担不明确的，由履行义务一方负担；因债权人原因增加的履行费用，由债权人负担。

第五百一十二条 【电子合同交付时间的认定】通过互联网等信息网络订立的电子合同的标的为交付商品并采用快递物流方式交付的，收货人的签收时间为交付时间。电子合同的标的为提供服务的，生成的电子凭证或者实物凭证中载明的时间为提供服务时间；前述凭证没有载明时间或者载明时间与实际提供服务时间不一致的，以实际提供服务的时间为准。

电子合同的标的物为采用在线传输方式交付的，合同标的物进入对方当事人指定的特定系统且能够检索识别的时间为交付时间。

电子合同当事人对交付商品或者提供服务的方式、时间另有约定的，按照其约定。

第五百一十三条 【执行政府定价或指导价的合同价格确定】执行政府定价或者政府指导价的，在合同约定的交付期限内政府价格调整时，按照交付时的价格计价。逾期交付标的物的，遇价格上涨时，按照原价格执行；价格下降时，按照新价格执行。逾期提取标的物或者逾期付款的，遇价格上涨时，按照新价格执行；价格下降时，按照原价格执行。

第五百一十四条　【金钱之债给付货币的确定规则】以支付金钱为内容的债，除法律另有规定或者当事人另有约定外，债权人可以请求债务人以实际履行地的法定货币履行。

第五百一十五条　【选择之债中债务人的选择权】标的有多项而债务人只需履行其中一项的，债务人享有选择权；但是，法律另有规定、当事人另有约定或者另有交易习惯的除外。

享有选择权的当事人在约定期限内或者履行期限届满未作选择，经催告后在合理期限内仍未选择的，选择权转移至对方。

第五百一十六条　【选择权的行使】当事人行使选择权应当及时通知对方，通知到达对方时，标的确定。标的确定后不得变更，但是经对方同意的除外。

可选择的标的发生不能履行情形的，享有选择权的当事人不得选择不能履行的标的，但是该不能履行的情形是由对方造成的除外。

第五百一十七条　【按份债权与按份债务】债权人为二人以上，标的可分，按照份额各自享有债权的，为按份债权；债务人为二人以上，标的可分，按照份额各自负担债务的，为按份债务。

按份债权人或者按份债务人的份额难以确定的，视为份额相同。

第五百一十八条　【连带债权与连带债务】债权人为二人以上，部分或者全部债权人均可以请求债务人履行债务的，为连带债权；债务人为二人以上，债权人可以请求部分或者全部债务人履行全部债务的，为连带债务。

连带债权或者连带债务，由法律规定或者当事人约定。

第五百一十九条　【连带债务份额的确定及追偿】连带债务人之间的份额难以确定的，视为份额相同。

实际承担债务超过自己份额的连带债务人，有权就超出部分在其他连带债务人未履行的份额范围内向其追偿，并相应地享有债权人的权利，但是不得损害债权人的利益。其他连带债务人对债权人的抗辩，可以向该债务人主张。

被追偿的连带债务人不能履行其应分担份额的，其他连带债务人应当在相应范围内按比例分担。

第五百二十条　【连带债务人之一所生事项涉他效力】部分连带债务人履行、抵销债务或者提存标的物的，其他债务人对债权人的债务在相应范围内消灭；该债务人可以依据前条规定向其他债务人追偿。

部分连带债务人的债务被债权人免除的，在该连带债务人应当承担的份额范围内，其他债务人对债权人的债务消灭。

部分连带债务人的债务与债权人的债权同归于一人的，在扣除该债务人应当承担的份额后，债权人对其他债务人的债权继续存在。

债权人对部分连带债务人的给付受领迟延的，对其他连带债务人发生效力。

第五百二十一条　【连带债权内外部关系】连带债权人之间的份额难以确定的，视为份额相同。

实际受领债权的连带债权人，应当按比例向其他连带债权人返还。

连带债权参照适用本章连带债务的有关规定。

第五百二十二条　【向第三人履行】当事人约定由债务人向第三人履行债务，债务人未向第三人履行债务或者履行债务不符合约定的，应当向债权人承担违约责任。

法律规定或者当事人约定第三人可以直接请求债务人向其履行债务，第三人未在合理期限内明确拒绝，债务人未向第三人履行债务或者履行债务不符合约定的，第三人可以请求债务人承担违约责任；债务人对债权人的抗辩，可以向第三人主张。

第五百二十三条　【第三人履行】当事人约定由第三人向债权人履行债务，第三人不履行债务或者履行债务不符合约定的，债务人应当向债权人承担违约责任。

第五百二十四条　【第三人代为履行】债务人不履行债务，第三人对履行该债务具有合法利益的，第三人有权向债权人代为履行；但是，根据债务性质、按照当事人约定或者依照法律规定只能由债务人履行的除外。

债权人接受第三人履行后，其对债务人的债权转让给第三人，但是债务人和第三人另有约定的除外。

第五百二十五条　【同时履行抗辩权】当事人互负债务，没有先后履行顺序的，应当同时履行。一方在对方履行之前有权拒绝其履行请求。一方在对方履行债务不符合约定时，有权拒绝其相应的履行请求。

第五百二十六条 　【后履行抗辩权】当事人互负债务，有先后履行顺序，应当先履行债务一方未履行的，后履行一方有权拒绝其履行请求。先履行一方履行债务不符合约定的，后履行一方有权拒绝其相应的履行请求。

第五百二十七条 　【不安抗辩权】应当先履行债务的当事人，有确切证据证明对方有下列情形之一的，可以中止履行：

（一）经营状况严重恶化；

（二）转移财产、抽逃资金，以逃避债务；

（三）丧失商业信誉；

（四）有丧失或者可能丧失履行债务能力的其他情形。

当事人没有确切证据中止履行的，应当承担违约责任。

第五百二十八条 　【不安抗辩权的行使】当事人依据前条规定中止履行的，应当及时通知对方。对方提供适当担保的，应当恢复履行。中止履行后，对方在合理期限内未恢复履行能力且未提供适当担保的，视为以自己的行为表明不履行主要债务，中止履行的一方可以解除合同并可以请求对方承担违约责任。

第五百二十九条 　【因债权人原因致债务履行困难的处理】债权人分立、合并或者变更住所没有通知债务人，致使履行债务发生困难的，债务人可以中止履行或者将标的物提存。

第五百三十条 　【债务人提前履行债务】债权人可以拒绝债务人提前履行债务，但是提前履行不损害债权人利益的除外。

债务人提前履行债务给债权人增加的费用，由债务人负担。

第五百三十一条 　【债务人部分履行债务】债权人可以拒绝债务人部分履行债务，但是部分履行不损害债权人利益的除外。

债务人部分履行债务给债权人增加的费用，由债务人负担。

第五百三十二条 　【当事人变化不影响合同效力】合同生效后，当事人不得因姓名、名称的变更或者法定代表人、负责人、承办人的变动而不履行合同义务。

第五百三十三条 　【情势变更】合同成立后，合同的基础条件发生了当事人在订立合同时无法预见的、不属于商业风险的重大变化，继续履行合同对于当事人一方明显不公平的，受不利影响的当事人可以与对方重新协商；在合理期限内协商不成的，当事人可以请求人民法院或者仲裁机构变更或者解除合同。

人民法院或者仲裁机构应当结合案件的实际情况，根据公平原则变更或者解除合同。

第五百三十四条 【合同监督】对当事人利用合同实施危害国家利益、社会公共利益行为的，市场监督管理和其他有关行政主管部门依照法律、行政法规的规定负责监督处理。

第五章　合同的保全

第五百三十五条 【债权人代位权】因债务人怠于行使其债权或者与该债权有关的从权利，影响债权人的到期债权实现的，债权人可以向人民法院请求以自己的名义代位行使债务人对相对人的权利，但是该权利专属于债务人自身的除外。

代位权的行使范围以债权人的到期债权为限。债权人行使代位权的必要费用，由债务人负担。

相对人对债务人的抗辩，可以向债权人主张。

第五百三十六条 【保存行为】债权人的债权到期前，债务人的债权或者与该债权有关的从权利存在诉讼时效期间即将届满或者未及时申报破产债权等情形，影响债权人的债权实现的，债权人可以代位向债务人的相对人请求其向债务人履行、向破产管理人申报或者作出其他必要的行为。

第五百三十七条 【代位权行使后的法律效果】人民法院认定代位权成立的，由债务人的相对人向债权人履行义务，债权人接受履行后，债权人与债务人、债务人与相对人之间相应的权利义务终止。债务人对相对人的债权或者与该债权有关的从权利被采取保全、执行措施，或者债务人破产的，依照相关法律的规定处理。

第五百三十八条 【撤销债务人无偿行为】债务人以放弃其债权、放弃债权担保、无偿转让财产等方式无偿处分财产权益，或者恶意延长其到期债权的履行期限，影响债权人的债权实现的，债权人可以请求人民法院撤销债务人的行为。

第五百三十九条 【撤销债务人有偿行为】债务人以明显不合理的低价转让财产、以明显不合理的高价受让他人财产或者为他人的债务提供担保，影响债权人的债权实现，债务人的相对人知道或者应当知道该情形的，债权人可以请求人民法院撤销债务人的行为。

第五百四十条 【撤销权的行使范围】撤销权的行使范围以债权人的债权为限。债权人行使撤销权的必要费用，由债务人负担。

第五百四十一条 【撤销权的行使期间】撤销权自债权人知道或者应当知道撤销事由之日起一年内行使。自债务人的行为发生之日起五年内没有行使撤销权的，该撤销权消灭。

第五百四十二条 【债务人行为被撤销的法律效果】债务人影响债权人的债权实现的行为被撤销的，自始没有法律约束力。

第六章 合同的变更和转让

第五百四十三条 【协议变更合同】当事人协商一致，可以变更合同。

第五百四十四条 【合同变更不明确推定为未变更】当事人对合同变更的内容约定不明确的，推定为未变更。

第五百四十五条 【债权转让】债权人可以将债权的全部或者部分转让给第三人，但是有下列情形之一的除外：

（一）根据债权性质不得转让；

（二）按照当事人约定不得转让；

（三）依照法律规定不得转让。

当事人约定非金钱债权不得转让的，不得对抗善意第三人。当事人约定金钱债权不得转让的，不得对抗第三人。

第五百四十六条 【债权转让的通知义务】债权人转让债权，未通知债务人的，该转让对债务人不发生效力。

债权转让的通知不得撤销，但是经受让人同意的除外。

第五百四十七条 【债权转让从权利一并转让】债权人转让债权的，受让人取得与债权有关的从权利，但是该从权利专属于债权人自身的除外。

受让人取得从权利不因该从权利未办理转移登记手续或者未转移占有而受到影响。

第五百四十八条 【债权转让中债务人抗辩】债务人接到债权转让通知后，债务人对让与人的抗辩，可以向受让人主张。

第五百四十九条 【债权转让中债务人的抵销权】有下列情形之一的，债务人可以向受让人主张抵销：

（一）债务人接到债权转让通知时，债务人对让与人享有债权，且债务人的债权先于转让的债权到期或者同时到期；

（二）债务人的债权与转让的债权是基于同一合同产生。

第五百五十条　**【债权转让费用的承担】**因债权转让增加的履行费用，由让与人负担。

第五百五十一条　**【债务转移】**债务人将债务的全部或者部分转移给第三人的，应当经债权人同意。

债务人或者第三人可以催告债权人在合理期限内予以同意，债权人未作表示的，视为不同意。

第五百五十二条　**【债务加入】**第三人与债务人约定加入债务并通知债权人，或者第三人向债权人表示愿意加入债务，债权人未在合理期限内明确拒绝的，债权人可以请求第三人在其愿意承担的债务范围内和债务人承担连带债务。

第五百五十三条　**【债务转移时新债务人抗辩】**债务人转移债务的，新债务人可以主张原债务人对债权人的抗辩；原债务人对债权人享有债权的，新债务人不得向债权人主张抵销。

第五百五十四条　**【从债务随主债务转移】**债务人转移债务的，新债务人应当承担与主债务有关的从债务，但是该从债务专属于原债务人自身的除外。

第五百五十五条　**【合同权利义务的一并转让】**当事人一方经对方同意，可以将自己在合同中的权利和义务一并转让给第三人。

第五百五十六条　**【一并转让的法律适用】**合同的权利和义务一并转让的，适用债权转让、债务转移的有关规定。

第七章　合同的权利义务终止

第五百五十七条　**【债权债务终止的法定情形】**有下列情形之一的，债权债务终止：

（一）债务已经履行；

（二）债务相互抵销；

（三）债务人依法将标的物提存；

（四）债权人免除债务；

（五）债权债务同归于一人；

（六）法律规定或者当事人约定终止的其他情形。

合同解除的，该合同的权利义务关系终止。

第五百五十八条 　【后合同义务】债权债务终止后，当事人应当遵循诚信等原则，根据交易习惯履行通知、协助、保密、旧物回收等义务。

第五百五十九条 　【从权利消灭】债权债务终止时，债权的从权利同时消灭，但是法律另有规定或者当事人另有约定的除外。

第五百六十条 　【数项债务的清偿抵充顺序】债务人对同一债权人负担的数项债务种类相同，债务人的给付不足以清偿全部债务的，除当事人另有约定外，由债务人在清偿时指定其履行的债务。

债务人未作指定的，应当优先履行已经到期的债务；数项债务均到期的，优先履行对债权人缺乏担保或者担保最少的债务；均无担保或者担保相等的，优先履行债务人负担较重的债务；负担相同的，按照债务到期的先后顺序履行；到期时间相同的，按照债务比例履行。

第五百六十一条 　【费用、利息和主债务的清偿抵充顺序】债务人在履行主债务外还应当支付利息和实现债权的有关费用，其给付不足以清偿全部债务的，除当事人另有约定外，应当按照下列顺序履行：

（一）实现债权的有关费用；

（二）利息；

（三）主债务。

第五百六十二条 　【合同的约定解除】当事人协商一致，可以解除合同。

当事人可以约定一方解除合同的事由。解除合同的事由发生时，解除权人可以解除合同。

第五百六十三条 　【合同的法定解除】有下列情形之一的，当事人可以解除合同：

（一）因不可抗力致使不能实现合同目的；

（二）在履行期限届满前，当事人一方明确表示或者以自己的行为表明不履行主要债务；

（三）当事人一方迟延履行主要债务，经催告后在合理期限内仍未履行；

（四）当事人一方迟延履行债务或者有其他违约行为致使不能实现合同目的；

（五）法律规定的其他情形。

以持续履行的债务为内容的不定期合同，当事人可以随时解除合同，但是应当在合理期限之前通知对方。

第五百六十四条 【解除权行使期限】法律规定或者当事人约定解除权行使期限，期限届满当事人不行使的，该权利消灭。

法律没有规定或者当事人没有约定解除权行使期限，自解除权人知道或者应当知道解除事由之日起一年内不行使，或者经对方催告后在合理期限内不行使的，该权利消灭。

第五百六十五条 【合同解除权的行使规则】当事人一方依法主张解除合同的，应当通知对方。合同自通知到达对方时解除；通知载明债务人在一定期限内不履行债务则合同自动解除，债务人在该期限内未履行债务的，合同自通知载明的期限届满时解除。对方对解除合同有异议的，任何一方当事人均可以请求人民法院或者仲裁机构确认解除行为的效力。

当事人一方未通知对方，直接以提起诉讼或者申请仲裁的方式依法主张解除合同，人民法院或者仲裁机构确认该主张的，合同自起诉状副本或者仲裁申请书副本送达对方时解除。

第五百六十六条 【合同解除的法律后果】合同解除后，尚未履行的，终止履行；已经履行的，根据履行情况和合同性质，当事人可以请求恢复原状或者采取其他补救措施，并有权请求赔偿损失。

合同因违约解除的，解除权人可以请求违约方承担违约责任，但是当事人另有约定的除外。

主合同解除后，担保人对债务人应当承担的民事责任仍应当承担担保责任，但是担保合同另有约定的除外。

第五百六十七条 【结算、清理条款效力的独立性】合同的权利义务关系终止，不影响合同中结算和清理条款的效力。

第五百六十八条 【法定抵销】当事人互负债务，该债务的标的物种类、品质相同的，任何一方可以将自己的债务与对方的到期债务抵销；但是，根据债务性质、按照当事人约定或者依照法律规定不得抵销的除外。

当事人主张抵销的，应当通知对方。通知自到达对方时生效。抵销不得附条件或者附期限。

第五百六十九条 【约定抵销】当事人互负债务，标的物种类、品质不相同的，经协商一致，也可以抵销。

第五百七十条 【提存的条件】有下列情形之一，难以履行债务的，债务人可以将标的物提存：

（一）债权人无正当理由拒绝受领；

（二）债权人下落不明；

（三）债权人死亡未确定继承人、遗产管理人，或者丧失民事行为能力未确定监护人；

（四）法律规定的其他情形。

标的物不适于提存或者提存费用过高的，债务人依法可以拍卖或者变卖标的物，提存所得的价款。

第五百七十一条 【提存的成立】债务人将标的物或者将标的物依法拍卖、变卖所得价款交付提存部门时，提存成立。

提存成立的，视为债务人在其提存范围内已经交付标的物。

第五百七十二条 【提存的通知】标的物提存后，债务人应当及时通知债权人或者债权人的继承人、遗产管理人、监护人、财产代管人。

第五百七十三条 【提存期间风险、孳息和提存费用负担】标的物提存后，毁损、灭失的风险由债权人承担。提存期间，标的物的孳息归债权人所有。提存费用由债权人负担。

第五百七十四条 【提存物的领取与取回】债权人可以随时领取提存物。但是，债权人对债务人负有到期债务的，在债权人未履行债务或者提供担保之前，提存部门根据债务人的要求应当拒绝其领取提存物。

债权人领取提存物的权利，自提存之日起五年内不行使而消灭，提存物扣除提存费用后归国家所有。但是，债权人未履行对债务人的到期债务，或者债权人向提存部门书面表示放弃领取提存物权利的，债务人负担提存费用后有权取回提存物。

第五百七十五条 【债的免除】债权人免除债务人部分或者全部债务的，债权债务部分或者全部终止，但是债务人在合理期限内拒绝的除外。

第五百七十六条 【债权债务混同的处理】债权和债务同归于一人的，债权债务终止，但是损害第三人利益的除外。

第八章 违约责任

第五百七十七条 【违约责任的种类】当事人一方不履行合同义务或者履行合同义务不符合约定的，应当承担继续履行、采取补救措施或者赔偿损失等违约责任。

第五百七十八条 【预期违约责任】当事人一方明确表示或者以自己的行为表明不履行合同义务的，对方可以在履行期限届满前请求其承担违约责任。

第五百七十九条 【金钱债务的继续履行】当事人一方未支付价款、报酬、租金、利息，或者不履行其他金钱债务的，对方可以请求其支付。

第五百八十条 【非金钱债务的继续履行】当事人一方不履行非金钱债务或者履行非金钱债务不符合约定的，对方可以请求履行，但是有下列情形之一的除外：

（一）法律上或者事实上不能履行；

（二）债务的标的不适于强制履行或者履行费用过高；

（三）债权人在合理期限内未请求履行。

有前款规定的除外情形之一，致使不能实现合同目的的，人民法院或者仲裁机构可以根据当事人的请求终止合同权利义务关系，但是不影响违约责任的承担。

第五百八十一条 【替代履行】当事人一方不履行债务或者履行债务不符合约定，根据债务的性质不得强制履行的，对方可以请求其负担由第三人替代履行的费用。

第五百八十二条 【瑕疵履行违约责任】履行不符合约定的，应当按照当事人的约定承担违约责任。对违约责任没有约定或者约定不明确，依据本法第五百一十条的规定仍不能确定的，受损害方根据标的的性质以及损失的大小，可以合理选择请求对方承担修理、重作、更换、退货、减少价款或者报酬等违约责任。

第五百八十三条 【违约损害赔偿责任】当事人一方不履行合同义务或者履行合同义务不符合约定的，在履行义务或者采取补救措施后，对方还有其他损失的，应当赔偿损失。

第五百八十四条 【法定的违约赔偿损失】当事人一方不履行合同义

务或者履行合同义务不符合约定，造成对方损失的，损失赔偿额应当相当于因违约所造成的损失，包括合同履行后可以获得的利益；但是，不得超过违约一方订立合同时预见到或者应当预见到的因违约可能造成的损失。

第五百八十五条 【违约金的约定】当事人可以约定一方违约时应当根据违约情况向对方支付一定数额的违约金，也可以约定因违约产生的损失赔偿额的计算方法。

约定的违约金低于造成的损失的，人民法院或者仲裁机构可以根据当事人的请求予以增加；约定的违约金过分高于造成的损失的，人民法院或者仲裁机构可以根据当事人的请求予以适当减少。

当事人就迟延履行约定违约金的，违约方支付违约金后，还应当履行债务。

第五百八十六条 【定金】当事人可以约定一方向对方给付定金作为债权的担保。定金合同自实际交付定金时成立。

定金的数额由当事人约定；但是，不得超过主合同标的额的百分之二十，超过部分不产生定金的效力。实际交付的定金数额多于或者少于约定数额的，视为变更约定的定金数额。

第五百八十七条 【定金罚则】债务人履行债务的，定金应当抵作价款或者收回。给付定金的一方不履行债务或者履行债务不符合约定，致使不能实现合同目的的，无权请求返还定金；收受定金的一方不履行债务或者履行债务不符合约定，致使不能实现合同目的的，应当双倍返还定金。

第五百八十八条 【违约金与定金竞合选择权】当事人既约定违约金，又约定定金的，一方违约时，对方可以选择适用违约金或者定金条款。

定金不足以弥补一方违约造成的损失的，对方可以请求赔偿超过定金数额的损失。

第五百八十九条 【债权人受领迟延】债务人按照约定履行债务，债权人无正当理由拒绝受领的，债务人可以请求债权人赔偿增加的费用。

在债权人受领迟延期间，债务人无须支付利息。

第五百九十条 【因不可抗力不能履行合同】当事人一方因不可抗力不能履行合同的，根据不可抗力的影响，部分或者全部免除责任，但是法律另有规定的除外。因不可抗力不能履行合同的，应当及时通知对方，以减轻可能给对方造成的损失，并应当在合理期限内提供证明。

当事人迟延履行后发生不可抗力的，不免除其违约责任。

第五百九十一条 【非违约方防止损失扩大义务】当事人一方违约后，对方应当采取适当措施防止损失的扩大；没有采取适当措施致使损失扩大的，不得就扩大的损失请求赔偿。

当事人因防止损失扩大而支出的合理费用，由违约方负担。

第五百九十二条 【双方违约和与有过错规则】当事人都违反合同的，应当各自承担相应的责任。

当事人一方违约造成对方损失，对方对损失的发生有过错的，可以减少相应的损失赔偿额。

第五百九十三条 【因第三人原因造成违约情况下的责任承担】当事人一方因第三人的原因造成违约的，应当依法向对方承担违约责任。当事人一方和第三人之间的纠纷，依照法律规定或者按照约定处理。

第五百九十四条 【国际贸易合同诉讼时效和仲裁时效】因国际货物买卖合同和技术进出口合同争议提起诉讼或者申请仲裁的时效期间为四年。

……

中华人民共和国刑法（节录）

（1979 年 7 月 1 日第五届全国人民代表大会第二次会议通过
1997 年 3 月 14 日第八届全国人民代表大会第五次会议修订　根据
1998 年 12 月 29 日第九届全国人民代表大会常务委员会第六次会
议通过的《全国人民代表大会常务委员会关于惩治骗购外汇、逃
汇和非法买卖外汇犯罪的决定》、1999 年 12 月 25 日第九届全国人
民代表大会常务委员会第十三次会议通过的《中华人民共和国刑
法修正案》、2001 年 8 月 31 日第九届全国人民代表大会常务委员
会第二十三次会议通过的《中华人民共和国刑法修正案（二）》、
2001 年 12 月 29 日第九届全国人民代表大会常务委员会第二十五
次会议通过的《中华人民共和国刑法修正案（三）》、2002 年 12
月 28 日第九届全国人民代表大会常务委员会第三十一次会议通过
的《中华人民共和国刑法修正案（四）》、2005 年 2 月 28 日第十

届全国人民代表大会常务委员会第十四次会议通过的《中华人民共和国刑法修正案（五）》、2006年6月29日第十届全国人民代表大会常务委员会第二十二次会议通过的《中华人民共和国刑法修正案（六）》、2009年2月28日第十一届全国人民代表大会常务委员会第七次会议通过的《中华人民共和国刑法修正案（七）》、2009年8月27日第十一届全国人民代表大会常务委员会第十次会议通过的《全国人民代表大会常务委员会关于修改部分法律的决定》、2011年2月25日第十一届全国人民代表大会常务委员会第十九次会议通过的《中华人民共和国刑法修正案（八）》、2015年8月29日第十二届全国人民代表大会常务委员会第十六次会议通过的《中华人民共和国刑法修正案（九）》、2017年11月4日第十二届全国人民代表大会常务委员会第三十次会议通过的《中华人民共和国刑法修正案（十）》、2020年12月26日第十三届全国人民代表大会常务委员会第二十四次会议通过的《中华人民共和国刑法修正案（十一）》和2023年12月29日第十四届全国人民代表大会常务委员会第七次会议通过的《中华人民共和国刑法修正案（十二）》修正)①

......

第三百八十五条　【受贿罪】国家工作人员利用职务上的便利，索取他人财物的，或者非法收受他人财物，为他人谋取利益的，是受贿罪。

国家工作人员在经济往来中，违反国家规定，收受各种名义的回扣、手续费，归个人所有的，以受贿论处。

第三百八十六条　【对受贿罪的处罚】对犯受贿罪的，根据受贿所得数额及情节，依照本法第三百八十三条的规定处罚。索贿的从重处罚。

第三百八十七条　【单位受贿罪】国家机关、国有公司、企业、事业单位、人民团体，索取、非法收受他人财物，为他人谋取利益，情节严重的，对单位判处罚金，并对其直接负责的主管人员和其他直接责任人员，

---

① 刑法、历次刑法修正案、涉及修改刑法的决定的施行日期，分别依据各法律所规定的施行日期确定。

处三年以下有期徒刑或者拘役；情节特别严重的，处三年以上十年以下有期徒刑。

前款所列单位，在经济往来中，在帐外暗中收受各种名义的回扣、手续费的，以受贿论，依照前款的规定处罚。

……

第三百九十九条之一　**【枉法仲裁罪】**依法承担仲裁职责的人员，在仲裁活动中故意违背事实和法律作枉法裁决，情节严重的，处三年以下有期徒刑或者拘役；情节特别严重的，处三年以上七年以下有期徒刑。

……

中华人民共和国民事诉讼法（节录）

（1991 年 4 月 9 日第七届全国人民代表大会第四次会议通过　根据 2007 年 10 月 28 日第十届全国人民代表大会常务委员会第三十次会议《关于修改〈中华人民共和国民事诉讼法〉的决定》第一次修正　根据 2012 年 8 月 31 日第十一届全国人民代表大会常务委员会第二十八次会议《关于修改〈中华人民共和国民事诉讼法〉的决定》第二次修正　根据 2017 年 6 月 27 日第十二届全国人民代表大会常务委员会第二十八次会议《关于修改〈中华人民共和国民事诉讼法〉和〈中华人民共和国行政诉讼法〉的决定》第三次修正　根据 2021 年 12 月 24 日第十三届全国人民代表大会常务委员会第三十二次会议《关于修改〈中华人民共和国民事诉讼法〉的决定》第四次修正　根据 2023 年 9 月 1 日第十四届全国人民代表大会常务委员会第五次会议《关于修改〈中华人民共和国民事诉讼法〉的决定》第五次修正）

第一编　总　　则

第一章　任务、适用范围和基本原则

第一条　**【立法依据】**中华人民共和国民事诉讼法以宪法为根据，结

合我国民事审判工作的经验和实际情况制定。

第二条 【立法目的】中华人民共和国民事诉讼法的任务，是保护当事人行使诉讼权利，保证人民法院查明事实，分清是非，正确适用法律，及时审理民事案件，确认民事权利义务关系，制裁民事违法行为，保护当事人的合法权益，教育公民自觉遵守法律，维护社会秩序、经济秩序，保障社会主义建设事业顺利进行。

第三条 【适用范围】人民法院受理公民之间、法人之间、其他组织之间以及他们相互之间因财产关系和人身关系提起的民事诉讼，适用本法的规定。

第四条 【空间效力】凡在中华人民共和国领域内进行民事诉讼，必须遵守本法。

第五条 【同等原则和对等原则】外国人、无国籍人、外国企业和组织在人民法院起诉、应诉，同中华人民共和国公民、法人和其他组织有同等的诉讼权利义务。

外国法院对中华人民共和国公民、法人和其他组织的民事诉讼权利加以限制的，中华人民共和国人民法院对该国公民、企业和组织的民事诉讼权利，实行对等原则。

第六条 【独立审判原则】民事案件的审判权由人民法院行使。

人民法院依照法律规定对民事案件独立进行审判，不受行政机关、社会团体和个人的干涉。

第七条 【以事实为根据，以法律为准绳原则】人民法院审理民事案件，必须以事实为根据，以法律为准绳。

第八条 【诉讼权利平等原则】民事诉讼当事人有平等的诉讼权利。人民法院审理民事案件，应当保障和便利当事人行使诉讼权利，对当事人在适用法律上一律平等。

第九条 【法院调解原则】人民法院审理民事案件，应当根据自愿和合法的原则进行调解；调解不成的，应当及时判决。

第十条 【合议、回避、公开审判、两审终审制度】人民法院审理民事案件，依照法律规定实行合议、回避、公开审判和两审终审制度。

第十一条 【使用本民族语言文字原则】各民族公民都有用本民族语言、文字进行民事诉讼的权利。

在少数民族聚居或者多民族共同居住的地区，人民法院应当用当地民族通用的语言、文字进行审理和发布法律文书。

人民法院应当对不通晓当地民族通用的语言、文字的诉讼参与人提供翻译。

第十二条　【辩论原则】人民法院审理民事案件时，当事人有权进行辩论。

第十三条　【诚信原则和处分原则】民事诉讼应当遵循诚信原则。

当事人有权在法律规定的范围内处分自己的民事权利和诉讼权利。

第十四条　【检察监督原则】人民检察院有权对民事诉讼实行法律监督。

第十五条　【支持起诉原则】机关、社会团体、企业事业单位对损害国家、集体或者个人民事权益的行为，可以支持受损害的单位或者个人向人民法院起诉。

第十六条　【在线诉讼法律效力】经当事人同意，民事诉讼活动可以通过信息网络平台在线进行。

民事诉讼活动通过信息网络平台在线进行的，与线下诉讼活动具有同等法律效力。

第十七条　【民族自治地方的变通或者补充规定】民族自治地方的人民代表大会根据宪法和本法的原则，结合当地民族的具体情况，可以制定变通或者补充的规定。自治区的规定，报全国人民代表大会常务委员会批准。自治州、自治县的规定，报省或者自治区的人民代表大会常务委员会批准，并报全国人民代表大会常务委员会备案。

第二章　管　辖

第一节　级别管辖

第十八条　【基层法院管辖】基层人民法院管辖第一审民事案件，但本法另有规定的除外。

第十九条　【中级法院管辖】中级人民法院管辖下列第一审民事案件：

（一）重大涉外案件；

（二）在本辖区有重大影响的案件；

（三）最高人民法院确定由中级人民法院管辖的案件。

第二十条　**【高级法院管辖】**高级人民法院管辖在本辖区有重大影响的第一审民事案件。

第二十一条　**【最高法院管辖】**最高人民法院管辖下列第一审民事案件：

（一）在全国有重大影响的案件；

（二）认为应当由本院审理的案件。

第二节　地域管辖

第二十二条　**【被告住所地、经常居住地法院管辖】**对公民提起的民事诉讼，由被告住所地人民法院管辖；被告住所地与经常居住地不一致的，由经常居住地人民法院管辖。

对法人或者其他组织提起的民事诉讼，由被告住所地人民法院管辖。

同一诉讼的几个被告住所地、经常居住地在两个以上人民法院辖区的，各该人民法院都有管辖权。

第二十三条　**【原告住所地、经常居住地法院管辖】**下列民事诉讼，由原告住所地人民法院管辖；原告住所地与经常居住地不一致的，由原告经常居住地人民法院管辖：

（一）对不在中华人民共和国领域内居住的人提起的有关身份关系的诉讼；

（二）对下落不明或者宣告失踪的人提起的有关身份关系的诉讼；

（三）对被采取强制性教育措施的人提起的诉讼；

（四）对被监禁的人提起的诉讼。

第二十四条　**【合同纠纷的地域管辖】**因合同纠纷提起的诉讼，由被告住所地或者合同履行地人民法院管辖。

第二十五条　**【保险合同纠纷的地域管辖】**因保险合同纠纷提起的诉讼，由被告住所地或者保险标的物所在地人民法院管辖。

第二十六条　**【票据纠纷的地域管辖】**因票据纠纷提起的诉讼，由票据支付地或者被告住所地人民法院管辖。

第二十七条　**【公司纠纷的地域管辖】**因公司设立、确认股东资格、分配利润、解散等纠纷提起的诉讼，由公司住所地人民法院管辖。

第二十八条 【运输合同纠纷的地域管辖】因铁路、公路、水上、航空运输和联合运输合同纠纷提起的诉讼，由运输始发地、目的地或者被告住所地人民法院管辖。

第二十九条 【侵权纠纷的地域管辖】因侵权行为提起的诉讼，由侵权行为地或者被告住所地人民法院管辖。

第三十条 【交通事故损害赔偿纠纷的地域管辖】因铁路、公路、水上和航空事故请求损害赔偿提起的诉讼，由事故发生地或者车辆、船舶最先到达地、航空器最先降落地或者被告住所地人民法院管辖。

第三十一条 【海事损害事故赔偿纠纷的地域管辖】因船舶碰撞或者其他海事损害事故请求损害赔偿提起的诉讼，由碰撞发生地、碰撞船舶最先到达地、加害船舶被扣留地或者被告住所地人民法院管辖。

第三十二条 【海难救助费用纠纷的地域管辖】因海难救助费用提起的诉讼，由救助地或者被救助船舶最先到达地人民法院管辖。

第三十三条 【共同海损纠纷的地域管辖】因共同海损提起的诉讼，由船舶最先到达地、共同海损理算地或者航程终止地的人民法院管辖。

第三十四条 【专属管辖】下列案件，由本条规定的人民法院专属管辖：

（一）因不动产纠纷提起的诉讼，由不动产所在地人民法院管辖；

（二）因港口作业中发生纠纷提起的诉讼，由港口所在地人民法院管辖；

（三）因继承遗产纠纷提起的诉讼，由被继承人死亡时住所地或者主要遗产所在地人民法院管辖。

第三十五条 【协议管辖】合同或者其他财产权益纠纷的当事人可以书面协议选择被告住所地、合同履行地、合同签订地、原告住所地、标的物所在地等与争议有实际联系的地点的人民法院管辖，但不得违反本法对级别管辖和专属管辖的规定。

第三十六条 【选择管辖】两个以上人民法院都有管辖权的诉讼，原告可以向其中一个人民法院起诉；原告向两个以上有管辖权的人民法院起诉的，由最先立案的人民法院管辖。

第三节 移送管辖和指定管辖

第三十七条 【移送管辖】人民法院发现受理的案件不属于本院管辖的，应当移送有管辖权的人民法院，受移送的人民法院应当受理。受移送的人民法院认为受移送的案件依照规定不属于本院管辖的，应当报请上级人民法院指定管辖，不得再自行移送。

第三十八条 　【指定管辖】有管辖权的人民法院由于特殊原因，不能行使管辖权的，由上级人民法院指定管辖。

人民法院之间因管辖权发生争议，由争议双方协商解决；协商解决不了的，报请它们的共同上级人民法院指定管辖。

第三十九条 　【管辖权的转移】上级人民法院有权审理下级人民法院管辖的第一审民事案件；确有必要将本院管辖的第一审民事案件交下级人民法院审理的，应当报请其上级人民法院批准。

下级人民法院对它所管辖的第一审民事案件，认为需要由上级人民法院审理的，可以报请上级人民法院审理。

第三章　审判组织

第四十条 　【一审审判组织】人民法院审理第一审民事案件，由审判员、人民陪审员共同组成合议庭或者由审判员组成合议庭。合议庭的成员人数，必须是单数。

适用简易程序审理的民事案件，由审判员一人独任审理。基层人民法院审理的基本事实清楚、权利义务关系明确的第一审民事案件，可以由审判员一人适用普通程序独任审理。

人民陪审员在参加审判活动时，除法律另有规定外，与审判员有同等的权利义务。

第四十一条 　【二审和再审审判组织】人民法院审理第二审民事案件，由审判员组成合议庭。合议庭的成员人数，必须是单数。

中级人民法院对第一审适用简易程序审结或者不服裁定提起上诉的第二审民事案件，事实清楚、权利义务关系明确的，经双方当事人同意，可以由审判员一人独任审理。

发回重审的案件，原审人民法院应当按照第一审程序另行组成合议庭。

审理再审案件，原来是第一审的，按照第一审程序另行组成合议庭；原来是第二审的或者是上级人民法院提审的，按照第二审程序另行组成合议庭。

第四十二条 　【不适用独任制的情形】人民法院审理下列民事案件，

不得由审判员一人独任审理：

（一）涉及国家利益、社会公共利益的案件；

（二）涉及群体性纠纷，可能影响社会稳定的案件；

（三）人民群众广泛关注或者其他社会影响较大的案件；

（四）属于新类型或者疑难复杂的案件；

（五）法律规定应当组成合议庭审理的案件；

（六）其他不宜由审判员一人独任审理的案件。

第四十三条　【独任制向合议制转换】人民法院在审理过程中，发现案件不宜由审判员一人独任审理的，应当裁定转由合议庭审理。

当事人认为案件由审判员一人独任审理违反法律规定的，可以向人民法院提出异议。人民法院对当事人提出的异议应当审查，异议成立的，裁定转由合议庭审理；异议不成立的，裁定驳回。

第四十四条　【合议庭审判长的产生】合议庭的审判长由院长或者庭长指定审判员一人担任；院长或者庭长参加审判的，由院长或者庭长担任。

第四十五条　【合议庭的评议规则】合议庭评议案件，实行少数服从多数的原则。评议应当制作笔录，由合议庭成员签名。评议中的不同意见，必须如实记入笔录。

第四十六条　【审判人员工作纪律】审判人员应当依法秉公办案。

审判人员不得接受当事人及其诉讼代理人请客送礼。

审判人员有贪污受贿，徇私舞弊，枉法裁判行为的，应当追究法律责任；构成犯罪的，依法追究刑事责任。

第四章　回　避

第四十七条　【回避的对象、条件和方式】审判人员有下列情形之一的，应当自行回避，当事人有权用口头或者书面方式申请他们回避：

（一）是本案当事人或者当事人、诉讼代理人近亲属的；

（二）与本案有利害关系的；

（三）与本案当事人、诉讼代理人有其他关系，可能影响对案件公正审理的。

审判人员接受当事人、诉讼代理人请客送礼，或者违反规定会见当事人、诉讼代理人的，当事人有权要求他们回避。

审判人员有前款规定的行为的，应当依法追究法律责任。

前三款规定，适用于法官助理、书记员、司法技术人员、翻译人员、鉴定人、勘验人。

第四十八条　【回避申请】当事人提出回避申请，应当说明理由，在案件开始审理时提出；回避事由在案件开始审理后知道的，也可以在法庭辩论终结前提出。

被申请回避的人员在人民法院作出是否回避的决定前，应当暂停参与本案的工作，但案件需要采取紧急措施的除外。

第四十九条　【回避决定的程序】院长担任审判长或者独任审判员时的回避，由审判委员会决定；审判人员的回避，由院长决定；其他人员的回避，由审判长或者独任审判员决定。

第五十条　【回避决定的时限及效力】人民法院对当事人提出的回避申请，应当在申请提出的三日内，以口头或者书面形式作出决定。申请人对决定不服的，可以在接到决定时申请复议一次。复议期间，被申请回避的人员，不停止参与本案的工作。人民法院对复议申请，应当在三日内作出复议决定，并通知复议申请人。

第五章　诉讼参加人

第一节　当　事　人

第五十一条　【当事人范围】公民、法人和其他组织可以作为民事诉讼的当事人。

法人由其法定代表人进行诉讼。其他组织由其主要负责人进行诉讼。

第五十二条　【诉讼权利义务】当事人有权委托代理人，提出回避申请，收集、提供证据，进行辩论，请求调解，提起上诉，申请执行。

当事人可以查阅本案有关材料，并可以复制本案有关材料和法律文书。查阅、复制本案有关材料的范围和办法由最高人民法院规定。

当事人必须依法行使诉讼权利，遵守诉讼秩序，履行发生法律效力的判决书、裁定书和调解书。

第五十三条　【自行和解】双方当事人可以自行和解。

第五十四条　【诉讼请求的放弃、变更、承认、反驳及反诉】原告可以放弃或者变更诉讼请求。被告可以承认或者反驳诉讼请求，有权提起反诉。

第五十五条 【共同诉讼】当事人一方或者双方为二人以上，其诉讼标的是共同的，或者诉讼标的是同一种类、人民法院认为可以合并审理并经当事人同意的，为共同诉讼。

共同诉讼的一方当事人对诉讼标的有共同权利义务的，其中一人的诉讼行为经其他共同诉讼人承认，对其他共同诉讼人发生效力；对诉讼标的没有共同权利义务的，其中一人的诉讼行为对其他共同诉讼人不发生效力。

第五十六条 【当事人人数确定的代表人诉讼】当事人一方人数众多的共同诉讼，可以由当事人推选代表人进行诉讼。代表人的诉讼行为对其所代表的当事人发生效力，但代表人变更、放弃诉讼请求或者承认对方当事人的诉讼请求，进行和解，必须经被代表的当事人同意。

第五十七条 【当事人人数不确定的代表人诉讼】诉讼标的是同一种类、当事人一方人数众多在起诉时人数尚未确定的，人民法院可以发出公告，说明案件情况和诉讼请求，通知权利人在一定期间向人民法院登记。

向人民法院登记的权利人可以推选代表人进行诉讼；推选不出代表人的，人民法院可以与参加登记的权利人商定代表人。

代表人的诉讼行为对其所代表的当事人发生效力，但代表人变更、放弃诉讼请求或者承认对方当事人的诉讼请求，进行和解，必须经被代表的当事人同意。

人民法院作出的判决、裁定，对参加登记的全体权利人发生效力。未参加登记的权利人在诉讼时效期间提起诉讼的，适用该判决、裁定。

第五十八条 【公益诉讼】对污染环境、侵害众多消费者合法权益等损害社会公共利益的行为，法律规定的机关和有关组织可以向人民法院提起诉讼。

人民检察院在履行职责中发现破坏生态环境和资源保护、食品药品安全领域侵害众多消费者合法权益等损害社会公共利益的行为，在没有前款规定的机关和组织或者前款规定的机关和组织不提起诉讼的情况下，可以向人民法院提起诉讼。前款规定的机关或者组织提起诉讼的，人民检察院可以支持起诉。

第五十九条 【第三人】对当事人双方的诉讼标的，第三人认为有独立请求权的，有权提起诉讼。

对当事人双方的诉讼标的，第三人虽然没有独立请求权，但案件处理结果同他有法律上的利害关系的，可以申请参加诉讼，或者由人民法院通知他参加诉讼。人民法院判决承担民事责任的第三人，有当事人的诉讼权利义务。

前两款规定的第三人，因不能归责于本人的事由未参加诉讼，但有证据证明发生法律效力的判决、裁定、调解书的部分或者全部内容错误，损害其民事权益的，可以自知道或者应当知道其民事权益受到损害之日起六个月内，向作出该判决、裁定、调解书的人民法院提起诉讼。人民法院经审理，诉讼请求成立的，应当改变或者撤销原判决、裁定、调解书；诉讼请求不成立的，驳回诉讼请求。

第二节　诉讼代理人

第六十条　【法定诉讼代理人】 无诉讼行为能力人由他的监护人作为法定代理人代为诉讼。法定代理人之间互相推诿代理责任的，由人民法院指定其中一人代为诉讼。

第六十一条　【委托诉讼代理人】 当事人、法定代理人可以委托一至二人作为诉讼代理人。

下列人员可以被委托为诉讼代理人：

（一）律师、基层法律服务工作者；

（二）当事人的近亲属或者工作人员；

（三）当事人所在社区、单位以及有关社会团体推荐的公民。

第六十二条　【委托诉讼代理权的取得和权限】 委托他人代为诉讼，必须向人民法院提交由委托人签名或者盖章的授权委托书。

授权委托书必须记明委托事项和权限。诉讼代理人代为承认、放弃、变更诉讼请求，进行和解，提起反诉或者上诉，必须有委托人的特别授权。

侨居在国外的中华人民共和国公民从国外寄交或者托交的授权委托书，必须经中华人民共和国驻该国的使领馆证明；没有使领馆的，由与中华人民共和国有外交关系的第三国驻该国的使领馆证明，再转由中华人民共和国驻该第三国使领馆证明，或者由当地的爱国华侨团体证明。

第六十三条　【诉讼代理权的变更和解除】 诉讼代理人的权限如果变

更或者解除，当事人应当书面告知人民法院，并由人民法院通知对方当事人。

第六十四条 【**诉讼代理人调查收集证据和查阅有关资料的权利**】代理诉讼的律师和其他诉讼代理人有权调查收集证据，可以查阅本案有关材料。查阅本案有关材料的范围和办法由最高人民法院规定。

第六十五条 【**离婚诉讼代理的特别规定**】离婚案件有诉讼代理人的，本人除不能表达意思的以外，仍应出庭；确因特殊情况无法出庭的，必须向人民法院提交书面意见。

第六章 证 据

第六十六条 【**证据的种类**】证据包括：

（一）当事人的陈述；

（二）书证；

（三）物证；

（四）视听资料；

（五）电子数据；

（六）证人证言；

（七）鉴定意见；

（八）勘验笔录。

证据必须查证属实，才能作为认定事实的根据。

第六十七条 【**举证责任与查证**】当事人对自己提出的主张，有责任提供证据。

当事人及其诉讼代理人因客观原因不能自行收集的证据，或者人民法院认为审理案件需要的证据，人民法院应当调查收集。

人民法院应当按照法定程序，全面地、客观地审查核实证据。

第六十八条 【**举证期限及逾期后果**】当事人对自己提出的主张应当及时提供证据。

人民法院根据当事人的主张和案件审理情况，确定当事人应当提供的证据及其期限。当事人在该期限内提供证据确有困难的，可以向人民法院申请延长期限，人民法院根据当事人的申请适当延长。当事人逾期提供证据的，人民法院应当责令其说明理由；拒不说明理由或者理由不成立的，人民法院根据不同情形可以不予采纳该证据，或者采纳该证据但予以训诫、罚款。

第六十九条　【人民法院签收证据】人民法院收到当事人提交的证据材料，应当出具收据，写明证据名称、页数、份数、原件或者复印件以及收到时间等，并由经办人员签名或者盖章。

第七十条　【人民法院调查取证】人民法院有权向有关单位和个人调查取证，有关单位和个人不得拒绝。

人民法院对有关单位和个人提出的证明文书，应当辨别真伪，审查确定其效力。

第七十一条　【证据的公开与质证】证据应当在法庭上出示，并由当事人互相质证。对涉及国家秘密、商业秘密和个人隐私的证据应当保密，需要在法庭出示的，不得在公开开庭时出示。

第七十二条　【公证证据】经过法定程序公证证明的法律事实和文书，人民法院应当作为认定事实的根据，但有相反证据足以推翻公证证明的除外。

第七十三条　【书证和物证】书证应当提交原件。物证应当提交原物。提交原件或者原物确有困难的，可以提交复制品、照片、副本、节录本。

提交外文书证，必须附有中文译本。

第七十四条　【视听资料】人民法院对视听资料，应当辨别真伪，并结合本案的其他证据，审查确定能否作为认定事实的根据。

第七十五条　【证人的义务】凡是知道案件情况的单位和个人，都有义务出庭作证。有关单位的负责人应当支持证人作证。

不能正确表达意思的人，不能作证。

第七十六条　【证人不出庭作证的情形】经人民法院通知，证人应当出庭作证。有下列情形之一的，经人民法院许可，可以通过书面证言、视听传输技术或者视听资料等方式作证：

（一）因健康原因不能出庭的；

（二）因路途遥远，交通不便不能出庭的；

（三）因自然灾害等不可抗力不能出庭的；

（四）其他有正当理由不能出庭的。

第七十七条　【证人出庭作证费用的承担】证人因履行出庭作证义务而支出的交通、住宿、就餐等必要费用以及误工损失，由败诉一方当事人负担。当事人申请证人作证的，由该当事人先行垫付；当事人没有申请，人民法院通知证人作证的，由人民法院先行垫付。

第七十八条　【当事人陈述】人民法院对当事人的陈述，应当结合本案的其他证据，审查确定能否作为认定事实的根据。

当事人拒绝陈述的，不影响人民法院根据证据认定案件事实。

第七十九条　【申请鉴定】当事人可以就查明事实的专门性问题向人民法院申请鉴定。当事人申请鉴定的，由双方当事人协商确定具备资格的鉴定人；协商不成的，由人民法院指定。

当事人未申请鉴定，人民法院对专门性问题认为需要鉴定的，应当委托具备资格的鉴定人进行鉴定。

第八十条　【鉴定人的职责】鉴定人有权了解进行鉴定所需要的案件材料，必要时可以询问当事人、证人。

鉴定人应当提出书面鉴定意见，在鉴定书上签名或者盖章。

第八十一条　【鉴定人出庭作证的义务】当事人对鉴定意见有异议或者人民法院认为鉴定人有必要出庭的，鉴定人应当出庭作证。经人民法院通知，鉴定人拒不出庭作证的，鉴定意见不得作为认定事实的根据；支付鉴定费用的当事人可以要求返还鉴定费用。

第八十二条　【对鉴定意见的查证】当事人可以申请人民法院通知有专门知识的人出庭，就鉴定人作出的鉴定意见或者专业问题提出意见。

第八十三条　【勘验笔录】勘验物证或者现场，勘验人必须出示人民法院的证件，并邀请当地基层组织或者当事人所在单位派人参加。当事人或者当事人的成年家属应当到场，拒不到场的，不影响勘验的进行。

有关单位和个人根据人民法院的通知，有义务保护现场，协助勘验工作。

勘验人应当将勘验情况和结果制作笔录，由勘验人、当事人和被邀参加人签名或者盖章。

第八十四条　【证据保全】在证据可能灭失或者以后难以取得的情况下，当事人可以在诉讼过程中向人民法院申请保全证据，人民法院也可以主动采取保全措施。

因情况紧急，在证据可能灭失或者以后难以取得的情况下，利害关系人可以在提起诉讼或者申请仲裁前向证据所在地、被申请人住所地或者对案件有管辖权的人民法院申请保全证据。

证据保全的其他程序，参照适用本法第九章保全的有关规定。

第七章　期间、送达

第一节　期　间

第八十五条　【期间的种类和计算】 期间包括法定期间和人民法院指定的期间。

期间以时、日、月、年计算。期间开始的时和日，不计算在期间内。

期间届满的最后一日是法定休假日的，以法定休假日后的第一日为期间届满的日期。

期间不包括在途时间，诉讼文书在期满前交邮的，不算过期。

第八十六条　【期间的耽误和顺延】 当事人因不可抗拒的事由或者其他正当理由耽误期限的，在障碍消除后的十日内，可以申请顺延期限，是否准许，由人民法院决定。

第二节　送　达

第八十七条　【送达回证】 送达诉讼文书必须有送达回证，由受送达人在送达回证上记明收到日期，签名或者盖章。

受送达人在送达回证上的签收日期为送达日期。

第八十八条　【直接送达】 送达诉讼文书，应当直接送交受送达人。受送达人是公民的，本人不在交他的同住成年家属签收；受送达人是法人或者其他组织的，应当由法人的法定代表人、其他组织的主要负责人或者该法人、组织负责收件的人签收；受送达人有诉讼代理人的，可以送交其代理人签收；受送达人已向人民法院指定代收人的，送交代收人签收。

受送达人的同住成年家属，法人或者其他组织的负责收件的人，诉讼代理人或者代收人在送达回证上签收的日期为送达日期。

第八十九条　【留置送达】 受送达人或者他的同住成年家属拒绝接收诉讼文书的，送达人可以邀请有关基层组织或者所在单位的代表到场，说明情况，在送达回证上记明拒收事由和日期，由送达人、见证人签名或者盖章，把诉讼文书留在受送达人的住所；也可以把诉讼文书留在受送达人的住所，并采用拍照、录像等方式记录送达过程，即视为送达。

第九十条　【电子送达】 经受送达人同意，人民法院可以采用能够确认其收悉的电子方式送达诉讼文书。通过电子方式送达的判决书、裁定书、调解书，受送达人提出需要纸质文书的，人民法院应当提供。

采用前款方式送达的，以送达信息到达受送达人特定系统的日期为送达日期。

第九十一条　【委托送达与邮寄送达】直接送达诉讼文书有困难的，可以委托其他人民法院代为送达，或者邮寄送达。邮寄送达的，以回执上注明的收件日期为送达日期。

第九十二条　【军人的转交送达】受送达人是军人的，通过其所在部队团以上单位的政治机关转交。

第九十三条　【被监禁人或被采取强制性教育措施人的转交送达】受送达人被监禁的，通过其所在监所转交。

受送达人被采取强制性教育措施的，通过其所在强制性教育机构转交。

第九十四条　【转交送达的送达日期】代为转交的机关、单位收到诉讼文书后，必须立即交受送达人签收，以在送达回证上的签收日期，为送达日期。

第九十五条　【公告送达】受送达人下落不明，或者用本节规定的其他方式无法送达的，公告送达。自发出公告之日起，经过三十日，即视为送达。

公告送达，应当在案卷中记明原因和经过。

第八章　调　　解

第九十六条　【法院调解原则】人民法院审理民事案件，根据当事人自愿的原则，在事实清楚的基础上，分清是非，进行调解。

第九十七条　【法院调解的程序】人民法院进行调解，可以由审判员一人主持，也可以由合议庭主持，并尽可能就地进行。

人民法院进行调解，可以用简便方式通知当事人、证人到庭。

第九十八条　【对法院调解的协助】人民法院进行调解，可以邀请有关单位和个人协助。被邀请的单位和个人，应当协助人民法院进行调解。

第九十九条　【调解协议的达成】调解达成协议，必须双方自愿，不得强迫。调解协议的内容不得违反法律规定。

第一百条　【调解书的制作、送达和效力】调解达成协议，人民法院应当制作调解书。调解书应当写明诉讼请求、案件的事实和调解结果。

调解书由审判人员、书记员署名，加盖人民法院印章，送达双方当事人。调解书经双方当事人签收后，即具有法律效力。

第一百零一条 【不需要制作调解书的案件】下列案件调解达成协议，人民法院可以不制作调解书：

（一）调解和好的离婚案件；

（二）调解维持收养关系的案件；

（三）能够即时履行的案件；

（四）其他不需要制作调解书的案件。

对不需要制作调解书的协议，应当记入笔录，由双方当事人、审判人员、书记员签名或者盖章后，即具有法律效力。

第一百零二条 【调解不成或调解后反悔的处理】调解未达成协议或者调解书送达前一方反悔的，人民法院应当及时判决。

第九章　保全和先予执行

第一百零三条 【诉讼保全】人民法院对于可能因当事人一方的行为或者其他原因，使判决难以执行或者造成当事人其他损害的案件，根据对方当事人的申请，可以裁定对其财产进行保全、责令其作出一定行为或者禁止其作出一定行为；当事人没有提出申请的，人民法院在必要时也可以裁定采取保全措施。

人民法院采取保全措施，可以责令申请人提供担保，申请人不提供担保的，裁定驳回申请。

人民法院接受申请后，对情况紧急的，必须在四十八小时内作出裁定；裁定采取保全措施的，应当立即开始执行。

第一百零四条 【诉前保全】利害关系人因情况紧急，不立即申请保全将会使其合法权益受到难以弥补的损害的，可以在提起诉讼或者申请仲裁前向被保全财产所在地、被申请人住所地或者对案件有管辖权的人民法院申请采取保全措施。申请人应当提供担保，不提供担保的，裁定驳回申请。

人民法院接受申请后，必须在四十八小时内作出裁定；裁定采取保全措施的，应当立即开始执行。

申请人在人民法院采取保全措施后三十日内不依法提起诉讼或者申请仲裁的，人民法院应当解除保全。

第一百零五条 【保全的范围】保全限于请求的范围，或者与本案有关的财物。

第一百零六条 【财产保全的措施】财产保全采取查封、扣押、冻结或者法律规定的其他方法。人民法院保全财产后，应当立即通知被保全财产的人。

财产已被查封、冻结的，不得重复查封、冻结。

第一百零七条 【保全的解除】财产纠纷案件，被申请人提供担保的，人民法院应当裁定解除保全。

第一百零八条 【保全申请错误的处理】申请有错误的，申请人应当赔偿被申请人因保全所遭受的损失。

第一百零九条 【先予执行的适用范围】人民法院对下列案件，根据当事人的申请，可以裁定先予执行：

（一）追索赡养费、扶养费、抚养费、抚恤金、医疗费用的；

（二）追索劳动报酬的；

（三）因情况紧急需要先予执行的。

第一百一十条 【先予执行的条件】人民法院裁定先予执行的，应当符合下列条件：

（一）当事人之间权利义务关系明确，不先予执行将严重影响申请人的生活或者生产经营的；

（二）被申请人有履行能力。

人民法院可以责令申请人提供担保，申请人不提供担保的，驳回申请。申请人败诉的，应当赔偿被申请人因先予执行遭受的财产损失。

第一百一十一条 【对保全或先予执行不服的救济程序】当事人对保全或者先予执行的裁定不服的，可以申请复议一次。复议期间不停止裁定的执行。

第十章　对妨害民事诉讼的强制措施

第一百一十二条 【拘传的适用】人民法院对必须到庭的被告，经两次传票传唤，无正当理由拒不到庭的，可以拘传。

第一百一十三条 【对违反法庭规则、扰乱法庭秩序行为的强制措施】诉讼参与人和其他人应当遵守法庭规则。

人民法院对违反法庭规则的人，可以予以训诫，责令退出法庭或者予以罚款、拘留。

人民法院对哄闹、冲击法庭，侮辱、诽谤、威胁、殴打审判人员，严重扰乱法庭秩序的人，依法追究刑事责任；情节较轻的，予以罚款、拘留。

第一百一十四条 　【对妨害诉讼证据的收集、调查和阻拦、干扰诉讼进行的强制措施】诉讼参与人或者其他人有下列行为之一的，人民法院可以根据情节轻重予以罚款、拘留；构成犯罪的，依法追究刑事责任：

（一）伪造、毁灭重要证据，妨碍人民法院审理案件的；

（二）以暴力、威胁、贿买方法阻止证人作证或者指使、贿买、胁迫他人作伪证的；

（三）隐藏、转移、变卖、毁损已被查封、扣押的财产，或者已被清点并责令其保管的财产，转移已被冻结的财产的；

（四）对司法工作人员、诉讼参加人、证人、翻译人员、鉴定人、勘验人、协助执行的人，进行侮辱、诽谤、诬陷、殴打或者打击报复的；

（五）以暴力、威胁或者其他方法阻碍司法工作人员执行职务的；

（六）拒不履行人民法院已经发生法律效力的判决、裁定的。

人民法院对有前款规定的行为之一的单位，可以对其主要负责人或者直接责任人员予以罚款、拘留；构成犯罪的，依法追究刑事责任。

第一百一十五条 　【虚假诉讼的认定】当事人之间恶意串通，企图通过诉讼、调解等方式侵害国家利益、社会公共利益或者他人合法权益的，人民法院应当驳回其请求，并根据情节轻重予以罚款、拘留；构成犯罪的，依法追究刑事责任。

当事人单方捏造民事案件基本事实，向人民法院提起诉讼，企图侵害国家利益、社会公共利益或者他人合法权益的，适用前款规定。

第一百一十六条 　【对恶意串通，通过诉讼、仲裁、调解等方式逃避履行法律文书确定的义务的强制措施】被执行人与他人恶意串通，通过诉讼、仲裁、调解等方式逃避履行法律文书确定的义务的，人民法院应当根据情节轻重予以罚款、拘留；构成犯罪的，依法追究刑事责任。

第一百一十七条 　【对拒不履行协助义务的单位的强制措施】有义务协助调查、执行的单位有下列行为之一的，人民法院除责令其履行协助义务外，并可以予以罚款：

（一）有关单位拒绝或者妨碍人民法院调查取证的；

（二）有关单位接到人民法院协助执行通知书后，拒不协助查询、扣押、冻结、划拨、变价财产的；

（三）有关单位接到人民法院协助执行通知书后，拒不协助扣留被执行人的收入、办理有关财产权证照转移手续、转交有关票证、证照或者其他财产的；

（四）其他拒绝协助执行的。

人民法院对有前款规定的行为之一的单位，可以对其主要负责人或者直接责任人员予以罚款；对仍不履行协助义务的，可以予以拘留；并可以向监察机关或者有关机关提出予以纪律处分的司法建议。

第一百一十八条　【罚款金额和拘留期限】 对个人的罚款金额，为人民币十万元以下。对单位的罚款金额，为人民币五万元以上一百万元以下。

拘留的期限，为十五日以下。

被拘留的人，由人民法院交公安机关看管。在拘留期间，被拘留人承认并改正错误的，人民法院可以决定提前解除拘留。

第一百一十九条　【拘传、罚款、拘留的批准】 拘传、罚款、拘留必须经院长批准。

拘传应当发拘传票。

罚款、拘留应当用决定书。对决定不服的，可以向上一级人民法院申请复议一次。复议期间不停止执行。

第一百二十条　【强制措施由法院决定】 采取对妨害民事诉讼的强制措施必须由人民法院决定。任何单位和个人采取非法拘禁他人或者非法私自扣押他人财产追索债务的，应当依法追究刑事责任，或者予以拘留、罚款。

第十一章　诉讼费用

第一百二十一条　【诉讼费用】 当事人进行民事诉讼，应当按照规定交纳案件受理费。财产案件除交纳案件受理费外，并按照规定交纳其他诉讼费用。

当事人交纳诉讼费用确有困难的，可以按照规定向人民法院申请缓交、减交或者免交。

收取诉讼费用的办法另行制定。

……

第三编 执行程序
第十九章 一般规定

第二百三十五条 【执行依据及管辖】发生法律效力的民事判决、裁定，以及刑事判决、裁定中的财产部分，由第一审人民法院或者与第一审人民法院同级的被执行的财产所在地人民法院执行。

法律规定由人民法院执行的其他法律文书，由被执行人住所地或者被执行的财产所在地人民法院执行。

第二百三十六条 【对违法的执行行为的异议】当事人、利害关系人认为执行行为违反法律规定的，可以向负责执行的人民法院提出书面异议。当事人、利害关系人提出书面异议的，人民法院应当自收到书面异议之日起十五日内审查，理由成立的，裁定撤销或者改正；理由不成立的，裁定驳回。当事人、利害关系人对裁定不服的，可以自裁定送达之日起十日内向上一级人民法院申请复议。

第二百三十七条 【变更执行法院】人民法院自收到申请执行书之日起超过六个月未执行的，申请执行人可以向上一级人民法院申请执行。上一级人民法院经审查，可以责令原人民法院在一定期限内执行，也可以决定由本院执行或者指令其他人民法院执行。

第二百三十八条 【案外人异议】执行过程中，案外人对执行标的提出书面异议的，人民法院应当自收到书面异议之日起十五日内审查，理由成立的，裁定中止对该标的的执行；理由不成立的，裁定驳回。案外人、当事人对裁定不服，认为原判决、裁定错误的，依照审判监督程序办理；与原判决、裁定无关的，可以自裁定送达之日起十五日内向人民法院提起诉讼。

第二百三十九条 【执行员与执行机构】执行工作由执行员进行。

采取强制执行措施时，执行员应当出示证件。执行完毕后，应当将执行情况制作笔录，由在场的有关人员签名或者盖章。

人民法院根据需要可以设立执行机构。

第二百四十条 【委托执行】被执行人或者被执行的财产在外地的，可以委托当地人民法院代为执行。受委托人民法院收到委托函件后，必须在十五日内开始执行，不得拒绝。执行完毕后，应当将执行结果及时函复委托人民法院；在三十日内如果还未执行完毕，也应当将执行情况函告委托人民法院。

受委托人民法院自收到委托函件之日起十五日内不执行的，委托人民法院可以请求受委托人民法院的上级人民法院指令受委托人民法院执行。

第二百四十一条　【执行和解】在执行中，双方当事人自行和解达成协议的，执行员应当将协议内容记入笔录，由双方当事人签名或者盖章。

申请执行人因受欺诈、胁迫与被执行人达成和解协议，或者当事人不履行和解协议的，人民法院可以根据当事人的申请，恢复对原生效法律文书的执行。

第二百四十二条　【执行担保】在执行中，被执行人向人民法院提供担保，并经申请执行人同意的，人民法院可以决定暂缓执行及暂缓执行的期限。被执行人逾期仍不履行的，人民法院有权执行被执行人的担保财产或者担保人的财产。

第二百四十三条　【被执行主体的变更】作为被执行人的公民死亡的，以其遗产偿还债务。作为被执行人的法人或者其他组织终止的，由其权利义务承受人履行义务。

第二百四十四条　【执行回转】执行完毕后，据以执行的判决、裁定和其他法律文书确有错误，被人民法院撤销的，对已被执行的财产，人民法院应当作出裁定，责令取得财产的人返还；拒不返还的，强制执行。

第二百四十五条　【法院调解书的执行】人民法院制作的调解书的执行，适用本编的规定。

第二百四十六条　【对执行的法律监督】人民检察院有权对民事执行活动实行法律监督。

第二十章　执行的申请和移送

第二百四十七条　【申请执行与移送执行】发生法律效力的民事判决、裁定，当事人必须履行。一方拒绝履行的，对方当事人可以向人民法院申请执行，也可以由审判员移送执行员执行。

调解书和其他应当由人民法院执行的法律文书，当事人必须履行。一方拒绝履行的，对方当事人可以向人民法院申请执行。

第二百四十八条　【仲裁裁决的申请执行】对依法设立的仲裁机构的

裁决,一方当事人不履行的,对方当事人可以向有管辖权的人民法院申请执行。受申请的人民法院应当执行。

被申请人提出证据证明仲裁裁决有下列情形之一的,经人民法院组成合议庭审查核实,裁定不予执行:

(一) 当事人在合同中没有订有仲裁条款或者事后没有达成书面仲裁协议的;

(二) 裁决的事项不属于仲裁协议的范围或者仲裁机构无权仲裁的;

(三) 仲裁庭的组成或者仲裁的程序违反法定程序的;

(四) 裁决所根据的证据是伪造的;

(五) 对方当事人向仲裁机构隐瞒了足以影响公正裁决的证据的;

(六) 仲裁员在仲裁该案时有贪污受贿,徇私舞弊,枉法裁决行为的。

人民法院认定执行该裁决违背社会公共利益的,裁定不予执行。

裁定书应当送达双方当事人和仲裁机构。

仲裁裁决被人民法院裁定不予执行的,当事人可以根据双方达成的书面仲裁协议重新申请仲裁,也可以向人民法院起诉。

第二百四十九条 【公证债权文书的申请执行】 对公证机关依法赋予强制执行效力的债权文书,一方当事人不履行的,对方当事人可以向有管辖权的人民法院申请执行,受申请的人民法院应当执行。

公证债权文书确有错误的,人民法院裁定不予执行,并将裁定书送达双方当事人和公证机关。

第二百五十条 【申请执行期间】 申请执行的期间为二年。申请执行时效的中止、中断,适用法律有关诉讼时效中止、中断的规定。

前款规定的期间,从法律文书规定履行期间的最后一日起计算;法律文书规定分期履行的,从最后一期履行期限届满之日起计算;法律文书未规定履行期间的,从法律文书生效之日起计算。

第二百五十一条 【执行通知】 执行员接到申请执行书或者移交执行书,应当向被执行人发出执行通知,并可以立即采取强制执行措施。

第二十一章 执 行 措 施

第二百五十二条 【被执行人报告财产情况】 被执行人未按执行通知履行法律文书确定的义务,应当报告当前以及收到执行通知之日前一年的财产情况。被执行人拒绝报告或者虚假报告的，人民法院可以根据情节轻重对被执行人或者其法定代理人、有关单位的主要负责人或者直接责任人员予以罚款、拘留。

第二百五十三条 【被执行人存款等财产的执行】被执行人未按执行通知履行法律文书确定的义务，人民法院有权向有关单位查询被执行人的存款、债券、股票、基金份额等财产情况。人民法院有权根据不同情形扣押、冻结、划拨、变价被执行人的财产。人民法院查询、扣押、冻结、划拨、变价的财产不得超出被执行人应当履行义务的范围。

人民法院决定扣押、冻结、划拨、变价财产，应当作出裁定，并发出协助执行通知书，有关单位必须办理。

第二百五十四条 【被执行人收入的执行】被执行人未按执行通知履行法律文书确定的义务，人民法院有权扣留、提取被执行人应当履行义务部分的收入。但应当保留被执行人及其所扶养家属的生活必需费用。

人民法院扣留、提取收入时，应当作出裁定，并发出协助执行通知书，被执行人所在单位、银行、信用合作社和其他有储蓄业务的单位必须办理。

第二百五十五条 【被执行人其他财产的执行】被执行人未按执行通知履行法律文书确定的义务，人民法院有权查封、扣押、冻结、拍卖、变卖被执行人应当履行义务部分的财产。但应当保留被执行人及其所扶养家属的生活必需品。

采取前款措施，人民法院应当作出裁定。

第二百五十六条 【查封、扣押】人民法院查封、扣押财产时，被执行人是公民的，应当通知被执行人或者他的成年家属到场；被执行人是法人或者其他组织的，应当通知其法定代表人或者主要负责人到场。拒不到场的，不影响执行。被执行人是公民的，其工作单位或者财产所在地的基层组织应当派人参加。

对被查封、扣押的财产，执行员必须造具清单，由在场人签名或者盖章后，交被执行人一份。被执行人是公民的，也可以交他的成年家属一份。

第二百五十七条 【被查封财产的保管】被查封的财产，执行员可以指定被执行人负责保管。因被执行人的过错造成的损失，由被执行人承担。

第二百五十八条 【拍卖、变卖】财产被查封、扣押后，执行员应当责令被执行人在指定期间履行法律文书确定的义务。被执行人逾期不履行的，人民法院应当拍卖被查封、扣押的财产；不适于拍卖或者当事人双方同意不进行拍卖的，人民法院可以委托有关单位变卖或者自行变卖。国家禁止自由买卖的物品，交有关单位按照国家规定的价格收购。

第二百五十九条 【搜查】被执行人不履行法律文书确定的义务，并隐匿财产的，人民法院有权发出搜查令，对被执行人及其住所或者财产隐匿地进行搜查。

采取前款措施，由院长签发搜查令。

第二百六十条 【指定交付】法律文书指定交付的财物或者票证，由执行员传唤双方当事人当面交付，或者由执行员转交，并由被交付人签收。

有关单位持有该项财物或者票证的，应当根据人民法院的协助执行通知书转交，并由被交付人签收。

有关公民持有该项财物或者票证的，人民法院通知其交出。拒不交出的，强制执行。

第二百六十一条 【强制迁出】强制迁出房屋或者强制退出土地，由院长签发公告，责令被执行人在指定期间履行。被执行人逾期不履行的，由执行员强制执行。

强制执行时，被执行人是公民的，应当通知被执行人或者他的成年家属到场；被执行人是法人或者其他组织的，应当通知其法定代表人或者主要负责人到场。拒不到场的，不影响执行。被执行人是公民的，其工作单位或者房屋、土地所在地的基层组织应当派人参加。执行员应当将强制执行情况记入笔录，由在场人签名或者盖章。

强制迁出房屋被搬出的财物，由人民法院派人运至指定处所，交给被执行人。被执行人是公民的，也可以交给他的成年家属。因拒绝接收而造成的损失，由被执行人承担。

第二百六十二条 【财产权证照转移】在执行中，需要办理有关财产权证照转移手续的，人民法院可以向有关单位发出协助执行通知书，有关单位必须办理。

第二百六十三条 【行为的执行】对判决、裁定和其他法律文书指定的行为，被执行人未按执行通知履行的，人民法院可以强制执行或者委托有关单位或者其他人完成，费用由被执行人承担。

第二百六十四条 【迟延履行的责任】被执行人未按判决、裁定和其他法律文书指定的期间履行给付金钱义务的，应当加倍支付迟延履行期间的债务利息。被执行人未按判决、裁定和其他法律文书指定的期间履行其他义务的，应当支付迟延履行金。

第二百六十五条 【继续执行】人民法院采取本法第二百五十三条、第二百五十四条、第二百五十五条规定的执行措施后，被执行人仍不能偿还债务的，应当继续履行义务。债权人发现被执行人有其他财产的，可以随时请求人民法院执行。

第二百六十六条 【对被执行人的限制措施】被执行人不履行法律文书确定的义务的，人民法院可以对其采取或者通知有关单位协助采取限制出境，在征信系统记录、通过媒体公布不履行义务信息以及法律规定的其他措施。

第二十二章　执行中止和终结

第二百六十七条 【中止执行】有下列情形之一的，人民法院应当裁定中止执行：

（一）申请人表示可以延期执行的；

（二）案外人对执行标的提出确有理由的异议的；

（三）作为一方当事人的公民死亡，需要等待继承人继承权利或者承担义务的；

（四）作为一方当事人的法人或者其他组织终止，尚未确定权利义务承受人的；

（五）人民法院认为应当中止执行的其他情形。

中止的情形消失后，恢复执行。

第二百六十八条 【终结执行】有下列情形之一的，人民法院裁定终结执行：

（一）申请人撤销申请的；

（二）据以执行的法律文书被撤销的；

（三）作为被执行人的公民死亡，无遗产可供执行，又无义务承担人的；

（四）追索赡养费、扶养费、抚养费案件的权利人死亡的；

（五）作为被执行人的公民因生活困难无力偿还借款，无收入来源，又丧失劳动能力的；

（六）人民法院认为应当终结执行的其他情形。

第二百六十九条 【执行中止、终结裁定的生效】中止和终结执行的裁定，送达当事人后立即生效。

第四编　涉外民事诉讼程序的特别规定

第二十三章　一 般 原 则

第二百七十条 【适用本法原则】在中华人民共和国领域内进行涉外民事诉讼，适用本编规定。本编没有规定的，适用本法其他有关规定。

第二百七十一条 【信守国际条约原则】中华人民共和国缔结或者参加的国际条约同本法有不同规定的，适用该国际条约的规定，但中华人民共和国声明保留的条款除外。

第二百七十二条 【司法豁免原则】对享有外交特权与豁免的外国人、外国组织或者国际组织提起的民事诉讼，应当依照中华人民共和国有关法律和中华人民共和国缔结或者参加的国际条约的规定办理。

第二百七十三条 【使用我国通用语言、文字原则】人民法院审理涉外民事案件，应当使用中华人民共和国通用的语言、文字。当事人要求提供翻译的，可以提供，费用由当事人承担。

第二百七十四条 【委托中国律师代理诉讼原则】外国人、无国籍人、外国企业和组织在人民法院起诉、应诉，需要委托律师代理诉讼的，必须委托中华人民共和国的律师。

第二百七十五条 【委托授权书的公证与认证】在中华人民共和国领域内没有住所的外国人、无国籍人、外国企业和组织委托中华人民共和国律师或者其他人代理诉讼，从中华人民共和国领域外寄交或者托交的授权委托书，应当经所在国公证机关证明，并经中华人民共和国驻该国使领馆认证，或者履行中华人民共和国与该所在国订立的有关条约中规定的证明手续后，才具有效力。

第二十四章　管　　辖

第二百七十六条 【特殊地域管辖】因涉外民事纠纷，对在中华人民共和国领域内没有住所的被告提起除身份关系以外的诉讼，如果合同签订地、合同履行地、诉讼标的物所在地、可供扣押财产所在地、侵权行为地、代表机构住所地位于中华人民共和国领域内的，可以由合同签订地、合同履行地、诉讼标的物所在地、可供扣押财产所在地、侵权行为地、代表机构住所地人民法院管辖。

除前款规定外，涉外民事纠纷与中华人民共和国存在其他适当联系的，可以由人民法院管辖。

第二百七十七条 【涉外民事纠纷的协议管辖】涉外民事纠纷的当事人书面协议选择人民法院管辖的，可以由人民法院管辖。

第二百七十八条 【涉外民事纠纷的应诉管辖】当事人未提出管辖异议，并应诉答辩或者提出反诉的，视为人民法院有管辖权。

第二百七十九条 【专属管辖】下列民事案件，由人民法院专属管辖：

（一）因在中华人民共和国领域内设立的法人或者其他组织的设立、解散、清算，以及该法人或者其他组织作出的决议的效力等纠纷提起的诉讼；

（二）因与在中华人民共和国领域内审查授予的知识产权的有效性有关的纠纷提起的诉讼；

（三）因在中华人民共和国领域内履行中外合资经营企业合同、中外合作经营企业合同、中外合作勘探开发自然资源合同发生纠纷提起的诉讼。

第二百八十条 【排他性管辖协议】当事人之间的同一纠纷，一方当事人向外国法院起诉，另一方当事人向人民法院起诉，或者一方当事人既向外国法院起诉，又向人民法院起诉，人民法院依照本法有管辖权的，可以受理。当事人订立排他性管辖协议选择外国法院管辖且不违反本法对专属管辖的规定，不涉及中华人民共和国主权、安全或者社会公共利益的，人民法院可以裁定不予受理；已经受理的，裁定驳回起诉。

第二百八十一条 【平行诉讼的处理】人民法院依据前条规定受理案件后，当事人以外国法院已经先于人民法院受理为由，书面申请人民法院中止诉讼的，人民法院可以裁定中止诉讼，但是存在下列情形之一的除外：

（一）当事人协议选择人民法院管辖，或者纠纷属于人民法院专属管辖；

（二）由人民法院审理明显更为方便。

外国法院未采取必要措施审理案件，或者未在合理期限内审结的，依当事人的书面申请，人民法院应当恢复诉讼。

外国法院作出的发生法律效力的判决、裁定，已经被人民法院全部或者部分承认，当事人对已经获得承认的部分又向人民法院起诉的，裁定不予受理；已经受理的，裁定驳回起诉。

第二百八十二条　【不方便法院原则】人民法院受理的涉外民事案件，被告提出管辖异议，且同时有下列情形的，可以裁定驳回起诉，告知原告向更为方便的外国法院提起诉讼：

（一）案件争议的基本事实不是发生在中华人民共和国领域内，人民法院审理案件和当事人参加诉讼均明显不方便；

（二）当事人之间不存在选择人民法院管辖的协议；

（三）案件不属于人民法院专属管辖；

（四）案件不涉及中华人民共和国主权、安全或者社会公共利益；

（五）外国法院审理案件更为方便。

裁定驳回起诉后，外国法院对纠纷拒绝行使管辖权，或者未采取必要措施审理案件，或者未在合理期限内审结，当事人又向人民法院起诉的，人民法院应当受理。

第二十五章　送达、调查取证、期间

第二百八十三条　【送达方式】人民法院对在中华人民共和国领域内没有住所的当事人送达诉讼文书，可以采用下列方式：

（一）依照受送达人所在国与中华人民共和国缔结或者共同参加的国际条约中规定的方式送达；

（二）通过外交途径送达；

（三）对具有中华人民共和国国籍的受送达人，可以委托中华人民共和国驻受送达人所在国的使领馆代为送达；

（四）向受送达人在本案中委托的诉讼代理人送达；

（五）向受送达人在中华人民共和国领域内设立的独资企业、代表机构、分支机构或者有权接受送达的业务代办人送达；

（六）受送达人为外国人、无国籍人，其在中华人民共和国领域内设立的法人或者其他组织担任法定代表人或者主要负责人，且与该法人或者其他组织为共同被告的，向该法人或者其他组织送达；

（七）受送达人为外国法人或者其他组织，其法定代表人或者主要负责人在中华人民共和国领域内的，向其法定代表人或者主要负责人送达；

（八）受送达人所在国的法律允许邮寄送达的，可以邮寄送达，自邮寄之日起满三个月，送达回证没有退回，但根据各种情况足以认定已经送达的，期间届满之日视为送达；

（九）采用能够确认受送达人收悉的电子方式送达，但是受送达人所在国法律禁止的除外；

（十）以受送达人同意的其他方式送达，但是受送达人所在国法律禁止的除外。

不能用上述方式送达的，公告送达，自发出公告之日起，经过六十日，即视为送达。

第二百八十四条　【域外调查取证】当事人申请人民法院调查收集的证据位于中华人民共和国领域外，人民法院可以依照证据所在国与中华人民共和国缔结或者共同参加的国际条约中规定的方式，或者通过外交途径调查收集。

在所在国法律不禁止的情况下，人民法院可以采用下列方式调查收集：

（一）对具有中华人民共和国国籍的当事人、证人，可以委托中华人民共和国驻当事人、证人所在国的使领馆代为取证；

（二）经双方当事人同意，通过即时通讯工具取证；

（三）以双方当事人同意的其他方式取证。

第二百八十五条　【答辩期间】被告在中华人民共和国领域内没有住所的，人民法院应当将起诉状副本送达被告，并通知被告在收到起诉状副本后三十日内提出答辩状。被告申请延期的，是否准许，由人民法院决定。

第二百八十六条　【上诉期间】在中华人民共和国领域内没有住所的当事人，不服第一审人民法院判决、裁定的，有权在判决书、裁定书送达之日起三十日内提起上诉。被上诉人在收到上诉状副本后，应当在三十日内提出答辩状。当事人不能在法定期间提起上诉或者提出答辩状，申请延期的，是否准许，由人民法院决定。

第二百八十七条　【审理期间】人民法院审理涉外民事案件的期间，不受本法第一百五十二条、第一百八十三条规定的限制。

第二十六章　仲　　裁

第二百八十八条　【或裁或审原则】涉外经济贸易、运输和海事中发生的纠纷，当事人在合同中订有仲裁条款或者事后达成书面仲裁协议，提交中华人民共和国涉外仲裁机构或者其他仲裁机构仲裁的，当事人不得向人民法院起诉。

当事人在合同中没有订有仲裁条款或者事后没有达成书面仲裁协议的，可以向人民法院起诉。

第二百八十九条 【仲裁程序中的保全】当事人申请采取保全的，中华人民共和国的涉外仲裁机构应当将当事人的申请，提交被申请人住所地或者财产所在地的中级人民法院裁定。

第二百九十条 【仲裁裁决的执行】经中华人民共和国涉外仲裁机构裁决的，当事人不得向人民法院起诉。一方当事人不履行仲裁裁决的，对方当事人可以向被申请人住所地或者财产所在地的中级人民法院申请执行。

第二百九十一条 【仲裁裁决不予执行的情形】对中华人民共和国涉外仲裁机构作出的裁决，被申请人提出证据证明仲裁裁决有下列情形之一的，经人民法院组成合议庭审查核实，裁定不予执行：

（一）当事人在合同中没有订有仲裁条款或者事后没有达成书面仲裁协议的；

（二）被申请人没有得到指定仲裁员或者进行仲裁程序的通知，或者由于其他不属于被申请人负责的原因未能陈述意见的；

（三）仲裁庭的组成或者仲裁的程序与仲裁规则不符的；

（四）裁决的事项不属于仲裁协议的范围或者仲裁机构无权仲裁的。

人民法院认定执行该裁决违背社会公共利益的，裁定不予执行。

第二百九十二条 【仲裁裁决不予执行的法律后果】仲裁裁决被人民法院裁定不予执行的，当事人可以根据双方达成的书面仲裁协议重新申请仲裁，也可以向人民法院起诉。

第二十七章　司法协助

第二百九十三条 【司法协助的原则】根据中华人民共和国缔结或者参加的国际条约，或者按照互惠原则，人民法院和外国法院可以相互请求，代为送达文书、调查取证以及进行其他诉讼行为。

外国法院请求协助的事项有损于中华人民共和国的主权、安全或者社会公共利益的，人民法院不予执行。

第二百九十四条 【司法协助的途径】请求和提供司法协助，应当依照中华人民共和国缔结或者参加的国际条约所规定的途径进行；没有条约关系的，通过外交途径进行。

外国驻中华人民共和国的使领馆可以向该国公民送达文书和调查取证，但不得违反中华人民共和国的法律，并不得采取强制措施。

除前款规定的情况外，未经中华人民共和国主管机关准许，任何外国机关或者个人不得在中华人民共和国领域内送达文书、调查取证。

第二百九十五条 【司法协助请求使用的文字】外国法院请求人民法院提供司法协助的请求书及其所附文件，应当附有中文译本或者国际条约规定的其他文字文本。

人民法院请求外国法院提供司法协助的请求书及其所附文件，应当附有该国文字译本或者国际条约规定的其他文字文本。

第二百九十六条 【司法协助程序】人民法院提供司法协助，依照中华人民共和国法律规定的程序进行。外国法院请求采用特殊方式的，也可以按照其请求的特殊方式进行，但请求采用的特殊方式不得违反中华人民共和国法律。

第二百九十七条 【申请外国承认和执行】人民法院作出的发生法律效力的判决、裁定，如果被执行人或者其财产不在中华人民共和国领域内，当事人请求执行的，可以由当事人直接向有管辖权的外国法院申请承认和执行，也可以由人民法院依照中华人民共和国缔结或者参加的国际条约的规定，或者按照互惠原则，请求外国法院承认和执行。

在中华人民共和国领域内依法作出的发生法律效力的仲裁裁决，当事人请求执行的，如果被执行人或者其财产不在中华人民共和国领域内，当事人可以直接向有管辖权的外国法院申请承认和执行。

第二百九十八条 【外国申请承认和执行】外国法院作出的发生法律效力的判决、裁定，需要人民法院承认和执行的，可以由当事人直接向有管辖权的中级人民法院申请承认和执行，也可以由外国法院依照该国与中华人民共和国缔结或者参加的国际条约的规定，或者按照互惠原则，请求人民法院承认和执行。

第二百九十九条 【外国法院裁判的承认与执行】人民法院对申请或者请求承认和执行的外国法院作出的发生法律效力的判决、裁定，依照中华人民共和国缔结或者参加的国际条约，或者按照互惠原则进行审查后，认为不违反中华人民共和国法律的基本原则且不损害国家主权、安全、社会公共利益的，裁定承认其效力；需要执行的，发出执行令，依照本法的有关规定执行。

第三百条 【外国法院裁判的不予承认和执行】对申请或者请求承认和执行的外国法院作出的发生法律效力的判决、裁定，人民法院经审查，有下列情形之一的，裁定不予承认和执行：

（一）依据本法第三百零一条的规定，外国法院对案件无管辖权；

（二）被申请人未得到合法传唤或者虽经合法传唤但未获得合理的陈述、辩论机会，或者无诉讼行为能力的当事人未得到适当代理；

（三）判决、裁定是通过欺诈方式取得；

（四）人民法院已对同一纠纷作出判决、裁定，或者已经承认第三国法院对同一纠纷作出的判决、裁定；

（五）违反中华人民共和国法律的基本原则或者损害国家主权、安全、社会公共利益。

第三百零一条 【外国法院无管辖权的认定】有下列情形之一的，人民法院应当认定该外国法院对案件无管辖权：

（一）外国法院依照其法律对案件没有管辖权，或者虽然依照其法律有管辖权但与案件所涉纠纷无适当联系；

（二）违反本法对专属管辖的规定；

（三）违反当事人排他性选择法院管辖的协议。

第三百零二条 【同一争议的处理】当事人向人民法院申请承认和执行外国法院作出的发生法律效力的判决、裁定，该判决、裁定涉及的纠纷与人民法院正在审理的纠纷属于同一纠纷的，人民法院可以裁定中止诉讼。

外国法院作出的发生法律效力的判决、裁定不符合本法规定的承认条件的，人民法院裁定不予承认和执行，并恢复已经中止的诉讼；符合本法规定的承认条件的，人民法院裁定承认其效力；需要执行的，发出执行令，依照本法的有关规定执行；对已经中止的诉讼，裁定驳回起诉。

第三百零三条 【承认和执行的复议】当事人对承认和执行或者不予承认和执行的裁定不服的，可以自裁定送达之日起十日内向上一级人民法院申请复议。

第三百零四条　【外国仲裁裁决的承认和执行】 在中华人民共和国领域外作出的发生法律效力的仲裁裁决，需要人民法院承认和执行的，当事人可以直接向被执行人住所地或者其财产所在地的中级人民法院申请。被执行人住所地或者其财产不在中华人民共和国领域内的，当事人可以向申请人住所地或者与裁决的纠纷有适当联系的地点的中级人民法院申请。人民法院应当依照中华人民共和国缔结或者参加的国际条约，或者按照互惠原则办理。

第三百零五条　【外国国家豁免】 涉及外国国家的民事诉讼，适用中华人民共和国有关外国国家豁免的法律规定；有关法律没有规定的，适用本法。

第三百零六条　【施行时间】 本法自公布之日起施行，《中华人民共和国民事诉讼法（试行）》同时废止。

最高人民法院关于适用
《中华人民共和国民事诉讼法》的解释（节录）

（2014 年 12 月 18 日最高人民法院审判委员会第 1636 次会议通过　根据 2020 年 12 月 23 日最高人民法院审判委员会第 1823 次会议通过的《最高人民法院关于修改〈最高人民法院关于人民法院民事调解工作若干问题的规定〉等十九件民事诉讼类司法解释的决定》第一次修正　根据 2022 年 3 月 22 日最高人民法院审判委员会第 1866 次会议通过的《最高人民法院关于修改〈最高人民法院关于适用《中华人民共和国民事诉讼法》的解释〉的决定》第二次修正　2022 年 4 月 1 日最高人民法院公告公布　自 2022 年 4 月 10 日起施行　法释〔2022〕11 号）

2012 年 8 月 31 日，第十一届全国人民代表大会常务委员会第二十八次会议审议通过了《关于修改〈中华人民共和国民事诉讼法〉的决定》。根据修改后的民事诉讼法，结合人民法院民事审判和执行工作实际，制定本解释。

一、管　辖

第一条　民事诉讼法第十九条第一项规定的重大涉外案件，包括争议标的额大的案件、案情复杂的案件，或者一方当事人人数众多等具有重大影响的案件。

第二条　专利纠纷案件由知识产权法院、最高人民法院确定的中级人民法院和基层人民法院管辖。

海事、海商案件由海事法院管辖。

第三条　公民的住所地是指公民的户籍所在地，法人或者其他组织的住所地是指法人或者其他组织的主要办事机构所在地。

法人或者其他组织的主要办事机构所在地不能确定的，法人或者其他组织的注册地或者登记地为住所地。

第四条　公民的经常居住地是指公民离开住所地至起诉时已连续居住一年以上的地方，但公民住院就医的地方除外。

第五条　对没有办事机构的个人合伙、合伙型联营体提起的诉讼，由被告注册登记地人民法院管辖。没有注册登记，几个被告又不在同一辖区的，被告住所地的人民法院都有管辖权。

第六条　被告被注销户籍的，依照民事诉讼法第二十三条规定确定管辖；原告、被告均被注销户籍的，由被告居住地人民法院管辖。

第七条　当事人的户籍迁出后尚未落户，有经常居住地的，由该地人民法院管辖；没有经常居住地的，由其原户籍所在地人民法院管辖。

第八条　双方当事人都被监禁或者被采取强制性教育措施的，由被告原住所地人民法院管辖。被告被监禁或者被采取强制性教育措施一年以上的，由被告被监禁地或者被采取强制性教育措施地人民法院管辖。

第九条　追索赡养费、扶养费、抚养费案件的几个被告住所地不在同一辖区的，可以由原告住所地人民法院管辖。

第十条　不服指定监护或者变更监护关系的案件，可以由被监护人住所地人民法院管辖。

第十一条　双方当事人均为军人或者军队单位的民事案件由军事法院管辖。

第十二条　夫妻一方离开住所地超过一年，另一方起诉离婚的案件，可以由原告住所地人民法院管辖。

夫妻双方离开住所地超过一年，一方起诉离婚的案件，由被告经常居住地人民法院管辖；没有经常居住地的，由原告起诉时被告居住地人民法院管辖。

第十三条 在国内结婚并定居国外的华侨，如定居国法院以离婚诉讼须由婚姻缔结地法院管辖为由不予受理，当事人向人民法院提出离婚诉讼的，由婚姻缔结地或者一方在国内的最后居住地人民法院管辖。

第十四条 在国外结婚并定居国外的华侨，如定居国法院以离婚诉讼须由国籍所属国法院管辖为由不予受理，当事人向人民法院提出离婚诉讼的，由一方原住所地或者在国内的最后居住地人民法院管辖。

第十五条 中国公民一方居住在国外，一方居住在国内，不论哪一方向人民法院提起离婚诉讼，国内一方住所地人民法院都有权管辖。国外一方在居住国法院起诉，国内一方向人民法院起诉的，受诉人民法院有权管辖。

第十六条 中国公民双方在国外但未定居，一方向人民法院起诉离婚的，应由原告或者被告原住所地人民法院管辖。

第十七条 已经离婚的中国公民，双方均定居国外，仅就国内财产分割提起诉讼的，由主要财产所在地人民法院管辖。

第十八条 合同约定履行地点的，以约定的履行地点为合同履行地。

合同对履行地点没有约定或者约定不明确，争议标的为给付货币的，接收货币一方所在地为合同履行地；交付不动产的，不动产所在地为合同履行地；其他标的，履行义务一方所在地为合同履行地。即时结清的合同，交易行为地为合同履行地。

合同没有实际履行，当事人双方住所地都不在合同约定的履行地的，由被告住所地人民法院管辖。

第十九条 财产租赁合同、融资租赁合同以租赁物使用地为合同履行地。合同对履行地有约定的，从其约定。

第二十条 以信息网络方式订立的买卖合同，通过信息网络交付标的的，以买受人住所地为合同履行地；通过其他方式交付标的的，收货地为合同履行地。合同对履行地有约定的，从其约定。

第二十一条 因财产保险合同纠纷提起的诉讼，如果保险标的物是运输工具或者运输中的货物，可以由运输工具登记注册地、运输目的地、保险事故发生地人民法院管辖。

因人身保险合同纠纷提起的诉讼，可以由被保险人住所地人民法院管辖。

第二十二条 因股东名册记载、请求变更公司登记、股东知情权、公司决议、公司合并、公司分立、公司减资、公司增资等纠纷提起的诉讼，依照民事诉讼法第二十七条规定确定管辖。

第二十三条 债权人申请支付令，适用民事诉讼法第二十二条规定，由债务人住所地基层人民法院管辖。

第二十四条 民事诉讼法第二十九条规定的侵权行为地，包括侵权行为实施地、侵权结果发生地。

第二十五条 信息网络侵权行为实施地包括实施被诉侵权行为的计算机等信息设备所在地，侵权结果发生地包括被侵权人住所地。

第二十六条 因产品、服务质量不合格造成他人财产、人身损害提起的诉讼，产品制造地、产品销售地、服务提供地、侵权行为地和被告住所地人民法院都有管辖权。

第二十七条 当事人申请诉前保全后没有在法定期间起诉或者申请仲裁，给被申请人、利害关系人造成损失引起的诉讼，由采取保全措施的人民法院管辖。

当事人申请诉前保全后在法定期间内起诉或者申请仲裁，被申请人、利害关系人因保全受到损失提起的诉讼，由受理起诉的人民法院或者采取保全措施的人民法院管辖。

第二十八条 民事诉讼法第三十四条第一项规定的不动产纠纷是指因不动产的权利确认、分割、相邻关系等引起的物权纠纷。

农村土地承包经营合同纠纷、房屋租赁合同纠纷、建设工程施工合同纠纷、政策性房屋买卖合同纠纷，按照不动产纠纷确定管辖。

不动产已登记的，以不动产登记簿记载的所在地为不动产所在地；不动产未登记的，以不动产实际所在地为不动产所在地。

第二十九条 民事诉讼法第三十五条规定的书面协议，包括书面合同中的协议管辖条款或者诉讼前以书面形式达成的选择管辖的协议。

第三十条 根据管辖协议，起诉时能够确定管辖法院的，从其约定；

不能确定的，依照民事诉讼法的相关规定确定管辖。

管辖协议约定两个以上与争议有实际联系的地点的人民法院管辖，原告可以向其中一个人民法院起诉。

第三十一条 经营者使用格式条款与消费者订立管辖协议，未采取合理方式提请消费者注意，消费者主张管辖协议无效的，人民法院应予支持。

第三十二条 管辖协议约定由一方当事人住所地人民法院管辖，协议签订后当事人住所地变更的，由签订管辖协议时的住所地人民法院管辖，但当事人另有约定的除外。

第三十三条 合同转让的，合同的管辖协议对合同受让人有效，但转让时受让人不知道有管辖协议，或者转让协议另有约定且原合同相对人同意的除外。

第三十四条 当事人因同居或者在解除婚姻、收养关系后发生财产争议，约定管辖的，可以适用民事诉讼法第三十五条规定确定管辖。

第三十五条 当事人在答辩期间届满后未应诉答辩，人民法院在一审开庭前，发现案件不属于本院管辖的，应当裁定移送有管辖权的人民法院。

第三十六条 两个以上人民法院都有管辖权的诉讼，先立案的人民法院不得将案件移送给另一个有管辖权的人民法院。人民法院在立案前发现其他有管辖权的人民法院已先立案的，不得重复立案；立案后发现其他有管辖权的人民法院已先立案的，裁定将案件移送给先立案的人民法院。

第三十七条 案件受理后，受诉人民法院的管辖权不受当事人住所地、经常居住地变更的影响。

第三十八条 有管辖权的人民法院受理案件后，不得以行政区域变更为由，将案件移送给变更后有管辖权的人民法院。判决后的上诉案件和依审判监督程序提审的案件，由原审人民法院的上级人民法院进行审判；上级人民法院指令再审、发回重审的案件，由原审人民法院再审或者重审。

第三十九条 人民法院对管辖异议审查后确定有管辖权的，不因当事人提起反诉、增加或者变更诉讼请求等改变管辖，但违反级别管辖、专属管辖规定的除外。

人民法院发回重审或者按第一审程序再审的案件，当事人提出管辖异议的，人民法院不予审查。

第四十条 依照民事诉讼法第三十八条第二款规定，发生管辖权争议的两个人民法院因协商不成报请它们的共同上级人民法院指定管辖时，双方为同属一个地、市辖区的基层人民法院的，由该地、市的中级人民法院及时指定管辖；同属一个省、自治区、直辖市的两个人民法院的，由该省、自治区、直辖市的高级人民法院及时指定管辖；双方为跨省、自治区、直辖市的人民法院，高级人民法院协商不成的，由最高人民法院及时指定管辖。

依照前款规定报请上级人民法院指定管辖时，应当逐级进行。

第四十一条 人民法院依照民事诉讼法第三十八条第二款规定指定管辖的，应当作出裁定。

对报请上级人民法院指定管辖的案件，下级人民法院应当中止审理。指定管辖裁定作出前，下级人民法院对案件作出判决、裁定的，上级人民法院应当在裁定指定管辖的同时，一并撤销下级人民法院的判决、裁定。

第四十二条 下列第一审民事案件，人民法院依照民事诉讼法第三十九条第一款规定，可以在开庭前交下级人民法院审理：

（一）破产程序中有关债务人的诉讼案件；

（二）当事人人数众多且不方便诉讼的案件；

（三）最高人民法院确定的其他类型案件。

人民法院交下级人民法院审理前，应当报请其上级人民法院批准。上级人民法院批准后，人民法院应当裁定将案件交下级人民法院审理。

二、回　避

第四十三条 审判人员有下列情形之一的，应当自行回避，当事人有权申请其回避：

（一）是本案当事人或者当事人近亲属的；

（二）本人或者其近亲属与本案有利害关系的；

（三）担任过本案的证人、鉴定人、辩护人、诉讼代理人、翻译人员的；

（四）是本案诉讼代理人近亲属的；

（五）本人或者其近亲属持有本案非上市公司当事人的股份或者股权的；

（六）与本案当事人或者诉讼代理人有其他利害关系，可能影响公正审理的。

第四十四条 审判人员有下列情形之一的，当事人有权申请其回避：

（一）接受本案当事人及其受托人宴请，或者参加由其支付费用的活动的；

（二）索取、接受本案当事人及其受托人财物或者其他利益的；

（三）违反规定会见本案当事人、诉讼代理人的；

（四）为本案当事人推荐、介绍诉讼代理人，或者为律师、其他人员介绍代理本案的；

（五）向本案当事人及其受托人借用款物的；

（六）有其他不正当行为，可能影响公正审理的。

第四十五条　在一个审判程序中参与过本案审判工作的审判人员，不得再参与该案其他程序的审判。

发回重审的案件，在一审法院作出裁判后又进入第二审程序的，原第二审程序中审判人员不受前款规定的限制。

第四十六条　审判人员有应当回避的情形，没有自行回避，当事人也没有申请其回避的，由院长或者审判委员会决定其回避。

第四十七条　人民法院应当依法告知当事人对合议庭组成人员、独任审判员和书记员等人员有申请回避的权利。

第四十八条　民事诉讼法第四十七条所称的审判人员，包括参与本案审理的人民法院院长、副院长、审判委员会委员、庭长、副庭长、审判员和人民陪审员。

第四十九条　书记员和执行员适用审判人员回避的有关规定。

三、诉讼参加人

第五十条　法人的法定代表人以依法登记的为准，但法律另有规定的除外。依法不需要办理登记的法人，以其正职负责人为法定代表人；没有正职负责人的，以其主持工作的副职负责人为法定代表人。

法定代表人已经变更，但未完成登记，变更后的法定代表人要求代表法人参加诉讼的，人民法院可以准许。

其他组织，以其主要负责人为代表人。

第五十一条　在诉讼中，法人的法定代表人变更的，由新的法定代表人继续进行诉讼，并应向人民法院提交新的法定代表人身份证明书。原法定代表人进行的诉讼行为有效。

前款规定，适用于其他组织参加的诉讼。

第五十二条 民事诉讼法第五十一条规定的其他组织是指合法成立、有一定的组织机构和财产，但又不具备法人资格的组织，包括：

（一）依法登记领取营业执照的个人独资企业；

（二）依法登记领取营业执照的合伙企业；

（三）依法登记领取我国营业执照的中外合作经营企业、外资企业；

（四）依法成立的社会团体的分支机构、代表机构；

（五）依法设立并领取营业执照的法人的分支机构；

（六）依法设立并领取营业执照的商业银行、政策性银行和非银行金融机构的分支机构；

（七）经依法登记领取营业执照的乡镇企业、街道企业；

（八）其他符合本条规定条件的组织。

第五十三条 法人非依法设立的分支机构，或者虽依法设立，但没有领取营业执照的分支机构，以设立该分支机构的法人为当事人。

第五十四条 以挂靠形式从事民事活动，当事人请求由挂靠人和被挂靠人依法承担民事责任的，该挂靠人和被挂靠人为共同诉讼人。

第五十五条 在诉讼中，一方当事人死亡，需要等待继承人表明是否参加诉讼的，裁定中止诉讼。人民法院应当及时通知继承人作为当事人承担诉讼，被继承人已经进行的诉讼行为对承担诉讼的继承人有效。

第五十六条 法人或者其他组织的工作人员执行工作任务造成他人损害的，该法人或者其他组织为当事人。

第五十七条 提供劳务一方因劳务造成他人损害，受害人提起诉讼的，以接受劳务一方为被告。

第五十八条 在劳务派遣期间，被派遣的工作人员因执行工作任务造成他人损害的，以接受劳务派遣的用工单位为当事人。当事人主张劳务派遣单位承担责任的，该劳务派遣单位为共同被告。

第五十九条 在诉讼中，个体工商户以营业执照上登记的经营者为当事人。有字号的，以营业执照上登记的字号为当事人，但应同时注明该字号经营者的基本信息。

营业执照上登记的经营者与实际经营者不一致的，以登记的经营者和实际经营者为共同诉讼人。

第六十条　在诉讼中，未依法登记领取营业执照的个人合伙的全体合伙人为共同诉讼人。个人合伙有依法核准登记的字号的，应在法律文书中注明登记的字号。全体合伙人可以推选代表人；被推选的代表人，应由全体合伙人出具推选书。

第六十一条　当事人之间的纠纷经人民调解委员会或者其他依法设立的调解组织调解达成协议后，一方当事人不履行调解协议，另一方当事人向人民法院提起诉讼的，应以对方当事人为被告。

第六十二条　下列情形，以行为人为当事人：

（一）法人或者其他组织应登记而未登记，行为人即以该法人或者其他组织名义进行民事活动的；

（二）行为人没有代理权、超越代理权或者代理权终止后以被代理人名义进行民事活动的，但相对人有理由相信行为人有代理权的除外；

（三）法人或者其他组织依法终止后，行为人仍以其名义进行民事活动的。

第六十三条　企业法人合并的，因合并前的民事活动发生的纠纷，以合并后的企业为当事人；企业法人分立的，因分立前的民事活动发生的纠纷，以分立后的企业为共同诉讼人。

第六十四条　企业法人解散的，依法清算并注销前，以该企业法人为当事人；未依法清算即被注销的，以该企业法人的股东、发起人或者出资人为当事人。

第六十五条　借用业务介绍信、合同专用章、盖章的空白合同书或者银行账户的，出借单位和借用人为共同诉讼人。

第六十六条　因保证合同纠纷提起的诉讼，债权人向保证人和被保证人一并主张权利的，人民法院应当将保证人和被保证人列为共同被告。保证合同约定为一般保证，债权人仅起诉保证人的，人民法院应当通知被保证人作为共同被告参加诉讼；债权人仅起诉被保证人的，可以只列被保证人为被告。

第六十七条　无民事行为能力人、限制民事行为能力人造成他人损害的，无民事行为能力人、限制民事行为能力人和其监护人为共同被告。

第六十八条　居民委员会、村民委员会或者村民小组与他人发生民事纠纷的，居民委员会、村民委员会或者有独立财产的村民小组为当事人。

第六十九条 对侵害死者遗体、遗骨以及姓名、肖像、名誉、荣誉、隐私等行为提起诉讼的，死者的近亲属为当事人。

第七十条 在继承遗产的诉讼中，部分继承人起诉的，人民法院应通知其他继承人作为共同原告参加诉讼；被通知的继承人不愿意参加诉讼又未明确表示放弃实体权利的，人民法院仍应将其列为共同原告。

第七十一条 原告起诉被代理人和代理人，要求承担连带责任的，被代理人和代理人为共同被告。

原告起诉代理人和相对人，要求承担连带责任的，代理人和相对人为共同被告。

第七十二条 共有财产权受到他人侵害，部分共有权人起诉的，其他共有权人为共同诉讼人。

第七十三条 必须共同进行诉讼的当事人没有参加诉讼的，人民法院应当依照民事诉讼法第一百三十五条的规定，通知其参加；当事人也可以向人民法院申请追加。人民法院对当事人提出的申请，应当进行审查，申请理由不成立的，裁定驳回；申请理由成立的，书面通知被追加的当事人参加诉讼。

第七十四条 人民法院追加共同诉讼的当事人时，应当通知其他当事人。应当追加的原告，已明确表示放弃实体权利的，可不予追加；既不愿意参加诉讼，又不放弃实体权利的，仍应追加为共同原告，其不参加诉讼，不影响人民法院对案件的审理和依法作出判决。

第七十五条 民事诉讼法第五十六条、第五十七条和第二百零六条规定的人数众多，一般指十人以上。

第七十六条 依照民事诉讼法第五十六条规定，当事人一方人数众多在起诉时确定的，可以由全体当事人推选共同的代表人，也可以由部分当事人推选自己的代表人；推选不出代表人的当事人，在必要的共同诉讼中可以自己参加诉讼，在普通的共同诉讼中可以另行起诉。

第七十七条 根据民事诉讼法第五十七条规定，当事人一方人数众多在起诉时不确定的，由当事人推选代表人。当事人推选不出的，可以由人民法院提出人选与当事人协商；协商不成的，也可以由人民法院在起诉的当事人中指定代表人。

第七十八条 民事诉讼法第五十六条和第五十七条规定的代表人为二

至五人，每位代表人可以委托一至二人作为诉讼代理人。

第七十九条 依照民事诉讼法第五十七条规定受理的案件，人民法院可以发出公告，通知权利人向人民法院登记。公告期间根据案件的具体情况确定，但不得少于三十日。

第八十条 根据民事诉讼法第五十七条规定向人民法院登记的权利人，应当证明其与对方当事人的法律关系和所受到的损害。证明不了的，不予登记，权利人可以另行起诉。人民法院的裁判在登记的范围内执行。未参加登记的权利人提起诉讼，人民法院认定其请求成立的，裁定适用人民法院已作出的判决、裁定。

第八十一条 根据民事诉讼法第五十九条的规定，有独立请求权的第三人有权向人民法院提出诉讼请求和事实、理由，成为当事人；无独立请求权的第三人，可以申请或者由人民法院通知参加诉讼。

第一审程序中未参加诉讼的第三人，申请参加第二审程序的，人民法院可以准许。

第八十二条 在一审诉讼中，无独立请求权的第三人无权提出管辖异议，无权放弃、变更诉讼请求或者申请撤诉，被判决承担民事责任的，有权提起上诉。

第八十三条 在诉讼中，无民事行为能力人、限制民事行为能力人的监护人是他的法定代理人。事先没有确定监护人的，可以由有监护资格的人协商确定；协商不成的，由人民法院在他们之中指定诉讼中的法定代理人。当事人没有民法典第二十七条、第二十八条规定的监护人的，可以指定民法典第三十二条规定的有关组织担任诉讼中的法定代理人。

第八十四条 无民事行为能力人、限制民事行为能力人以及其他依法不能作为诉讼代理人的，当事人不得委托其作为诉讼代理人。

第八十五条 根据民事诉讼法第六十一条第二款第二项规定，与当事人有夫妻、直系血亲、三代以内旁系血亲、近姻亲关系以及其他有抚养、赡养关系的亲属，可以当事人近亲属的名义作为诉讼代理人。

第八十六条 根据民事诉讼法第六十一条第二款第二项规定，与当事人有合法劳动人事关系的职工，可以当事人工作人员的名义作为诉讼代理人。

第八十七条 根据民事诉讼法第六十一条第二款第三项规定，有关社会团体推荐公民担任诉讼代理人的，应当符合下列条件：

（一）社会团体属于依法登记设立或者依法免予登记设立的非营利性法人组织；

（二）被代理人属于该社会团体的成员，或者当事人一方住所地位于该社会团体的活动地域；

（三）代理事务属于该社会团体章程载明的业务范围；

（四）被推荐的公民是该社会团体的负责人或者与该社会团体有合法劳动人事关系的工作人员。

专利代理人经中华全国专利代理人协会推荐，可以在专利纠纷案件中担任诉讼代理人。

第八十八条 诉讼代理人除根据民事诉讼法第六十二条规定提交授权委托书外，还应当按照下列规定向人民法院提交相关材料：

（一）律师应当提交律师执业证、律师事务所证明材料；

（二）基层法律服务工作者应当提交法律服务工作者执业证、基层法律服务所出具的介绍信以及当事人一方位于本辖区内的证明材料；

（三）当事人的近亲属应当提交身份证件和与委托人有近亲属关系的证明材料；

（四）当事人的工作人员应当提交身份证件和与当事人有合法劳动人事关系的证明材料；

（五）当事人所在社区、单位推荐的公民应当提交身份证件、推荐材料和当事人属于该社区、单位的证明材料；

（六）有关社会团体推荐的公民应当提交身份证件和符合本解释第八十七条规定条件的证明材料。

第八十九条 当事人向人民法院提交的授权委托书，应当在开庭审理前送交人民法院。授权委托书仅写"全权代理"而无具体授权的，诉讼代理人无权代为承认、放弃、变更诉讼请求，进行和解，提出反诉或者提起上诉。

适用简易程序审理的案件，双方当事人同时到庭并径行开庭审理的，可以当场口头委托诉讼代理人，由人民法院记入笔录。

四、证　　据

第九十条 当事人对自己提出的诉讼请求所依据的事实或者反驳对方

诉讼请求所依据的事实，应当提供证据加以证明，但法律另有规定的除外。

在作出判决前，当事人未能提供证据或者证据不足以证明其事实主张的，由负有举证证明责任的当事人承担不利的后果。

第九十一条 人民法院应当依照下列原则确定举证证明责任的承担，但法律另有规定的除外：

（一）主张法律关系存在的当事人，应当对产生该法律关系的基本事实承担举证证明责任；

（二）主张法律关系变更、消灭或者权利受到妨害的当事人，应当对该法律关系变更、消灭或者权利受到妨害的基本事实承担举证证明责任。

第九十二条 一方当事人在法庭审理中，或者在起诉状、答辩状、代理词等书面材料中，对于己不利的事实明确表示承认的，另一方当事人无需举证证明。

对于涉及身份关系、国家利益、社会公共利益等应当由人民法院依职权调查的事实，不适用前款自认的规定。

自认的事实与查明的事实不符的，人民法院不予确认。

第九十三条 下列事实，当事人无须举证证明：

（一）自然规律以及定理、定律；

（二）众所周知的事实；

（三）根据法律规定推定的事实；

（四）根据已知的事实和日常生活经验法则推定出的另一事实；

（五）已为人民法院发生法律效力的裁判所确认的事实；

（六）已为仲裁机构生效裁决所确认的事实；

（七）已为有效公证文书所证明的事实。

前款第二项至第四项规定的事实，当事人有相反证据足以反驳的除外；第五项至第七项规定的事实，当事人有相反证据足以推翻的除外。

第九十四条 民事诉讼法第六十七条第二款规定的当事人及其诉讼代理人因客观原因不能自行收集的证据包括：

（一）证据由国家有关部门保存，当事人及其诉讼代理人无权查阅调取的；

（二）涉及国家秘密、商业秘密或者个人隐私的；

（三）当事人及其诉讼代理人因客观原因不能自行收集的其他证据。

当事人及其诉讼代理人因客观原因不能自行收集的证据，可以在举证期限届满前书面申请人民法院调查收集。

第九十五条 当事人申请调查收集的证据，与待证事实无关联、对证明待证事实无意义或者其他无调查收集必要的，人民法院不予准许。

第九十六条 民事诉讼法第六十七条第二款规定的人民法院认为审理案件需要的证据包括：

（一）涉及可能损害国家利益、社会公共利益的；

（二）涉及身份关系的；

（三）涉及民事诉讼法第五十八条规定诉讼的；

（四）当事人有恶意串通损害他人合法权益可能的；

（五）涉及依职权追加当事人、中止诉讼、终结诉讼、回避等程序性事项的。

除前款规定外，人民法院调查收集证据，应当依照当事人的申请进行。

第九十七条 人民法院调查收集证据，应当由两人以上共同进行。调查材料要由调查人、被调查人、记录人签名、捺印或者盖章。

第九十八条 当事人根据民事诉讼法第八十四条第一款规定申请证据保全的，可以在举证期限届满前书面提出。

证据保全可能对他人造成损失的，人民法院应当责令申请人提供相应的担保。

第九十九条 人民法院应当在审理前的准备阶段确定当事人的举证期限。举证期限可以由当事人协商，并经人民法院准许。

人民法院确定举证期限，第一审普通程序案件不得少于十五日，当事人提供新的证据的第二审案件不得少于十日。

举证期限届满后，当事人对已经提供的证据，申请提供反驳证据或者对证据来源、形式等方面的瑕疵进行补正的，人民法院可以酌情再次确定举证期限，该期限不受前款规定的限制。

第一百条 当事人申请延长举证期限的，应当在举证期限届满前向人民法院提出书面申请。

申请理由成立的，人民法院应当准许，适当延长举证期限，并通知其他当事人。延长的举证期限适用于其他当事人。

申请理由不成立的，人民法院不予准许，并通知申请人。

第一百零一条 当事人逾期提供证据的，人民法院应当责令其说明理由，必要时可以要求其提供相应的证据。

当事人因客观原因逾期提供证据，或者对方当事人对逾期提供证据未提出异议的，视为未逾期。

第一百零二条 当事人因故意或者重大过失逾期提供的证据，人民法院不予采纳。但该证据与案件基本事实有关的，人民法院应当采纳，并依照民事诉讼法第六十八条、第一百一十八条第一款的规定予以训诫、罚款。

当事人非因故意或者重大过失逾期提供的证据，人民法院应当采纳，并对当事人予以训诫。

当事人一方要求另一方赔偿因逾期提供证据致使其增加的交通、住宿、就餐、误工、证人出庭作证等必要费用的，人民法院可予支持。

第一百零三条 证据应当在法庭上出示，由当事人互相质证。未经当事人质证的证据，不得作为认定案件事实的根据。

当事人在审理前的准备阶段认可的证据，经审判人员在庭审中说明后，视为质证过的证据。

涉及国家秘密、商业秘密、个人隐私或者法律规定应当保密的证据，不得公开质证。

第一百零四条 人民法院应当组织当事人围绕证据的真实性、合法性以及与待证事实的关联性进行质证，并针对证据有无证明力和证明力大小进行说明和辩论。

能够反映案件真实情况、与待证事实相关联、来源和形式符合法律规定的证据，应当作为认定案件事实的根据。

第一百零五条 人民法院应当按照法定程序，全面、客观地审核证据，依照法律规定，运用逻辑推理和日常生活经验法则，对证据有无证明力和证明力大小进行判断，并公开判断的理由和结果。

第一百零六条 对以严重侵害他人合法权益、违反法律禁止性规定或者严重违背公序良俗的方法形成或者获取的证据，不得作为认定案件事实的根据。

第一百零七条 在诉讼中，当事人为达成调解协议或者和解协议作出妥协而认可的事实，不得在后续的诉讼中作为对其不利的根据，但法律另有规定或者当事人均同意的除外。

第一百零八条 对负有举证证明责任的当事人提供的证据，人民法院经审查并结合相关事实，确信待证事实的存在具有高度可能性的，应当认定该事实存在。

对一方当事人为反驳负有举证证明责任的当事人所主张事实而提供的证据，人民法院经审查并结合相关事实，认为待证事实真伪不明的，应当认定该事实不存在。

法律对于待证事实所应达到的证明标准另有规定的，从其规定。

第一百零九条 当事人对欺诈、胁迫、恶意串通事实的证明，以及对口头遗嘱或者赠与事实的证明，人民法院确信该待证事实存在的可能性能够排除合理怀疑的，应当认定该事实存在。

第一百一十条 人民法院认为有必要的，可以要求当事人本人到庭，就案件有关事实接受询问。在询问当事人之前，可以要求其签署保证书。

保证书应当载明据实陈述、如有虚假陈述愿意接受处罚等内容。当事人应当在保证书上签名或者捺印。

负有举证证明责任的当事人拒绝到庭、拒绝接受询问或者拒绝签署保证书，待证事实又欠缺其他证据证明的，人民法院对其主张的事实不予认定。

第一百一十一条 民事诉讼法第七十三条规定的提交书证原件确有困难，包括下列情形：

（一）书证原件遗失、灭失或者毁损的；

（二）原件在对方当事人控制之下，经合法通知提交而拒不提交的；

（三）原件在他人控制之下，而其有权不提交的；

（四）原件因篇幅或者体积过大而不便提交的；

（五）承担举证证明责任的当事人通过申请人民法院调查收集或者其他方式无法获得书证原件的。

前款规定情形，人民法院应当结合其他证据和案件具体情况，审查判断书证复制品等能否作为认定案件事实的根据。

第一百一十二条 书证在对方当事人控制之下的，承担举证证明责任的当事人可以在举证期限届满前书面申请人民法院责令对方当事人提交。

申请理由成立的，人民法院应当责令对方当事人提交，因提交书证所产生的费用，由申请人负担。对方当事人无正当理由拒不提交的，人民法院可以认定申请人所主张的书证内容为真实。

第一百一十三条 持有书证的当事人以妨碍对方当事人使用为目的，毁灭有关书证或者实施其他致使书证不能使用行为的，人民法院可以依照民事诉讼法第一百一十四条规定，对其处以罚款、拘留。

第一百一十四条 国家机关或者其他依法具有社会管理职能的组织，在其职权范围内制作的文书所记载的事项推定为真实，但有相反证据足以推翻的除外。必要时，人民法院可以要求制作文书的机关或者组织对文书的真实性予以说明。

第一百一十五条 单位向人民法院提出的证明材料，应当由单位负责人及制作证明材料的人员签名或者盖章，并加盖单位印章。人民法院就单位出具的证明材料，可以向单位及制作证明材料的人员进行调查核实。必要时，可以要求制作证明材料的人员出庭作证。

单位及制作证明材料的人员拒绝人民法院调查核实，或者制作证明材料的人员无正当理由拒绝出庭作证的，该证明材料不得作为认定案件事实的根据。

第一百一十六条 视听资料包括录音资料和影像资料。

电子数据是指通过电子邮件、电子数据交换、网上聊天记录、博客、微博客、手机短信、电子签名、域名等形成或者存储在电子介质中的信息。

存储在电子介质中的录音资料和影像资料，适用电子数据的规定。

第一百一十七条 当事人申请证人出庭作证的，应当在举证期限届满前提出。

符合本解释第九十六条第一款规定情形的，人民法院可以依职权通知证人出庭作证。

未经人民法院通知，证人不得出庭作证，但双方当事人同意并经人民法院准许的除外。

第一百一十八条 民事诉讼法第七十七条规定的证人因履行出庭作证义务而支出的交通、住宿、就餐等必要费用，按照机关事业单位工作人员差旅费用和补贴标准计算；误工损失按照国家上年度职工日平均工资标准计算。

人民法院准许证人出庭作证申请的，应当通知申请人预缴证人出庭作证费用。

第一百一十九条 人民法院在证人出庭作证前应当告知其如实作证的义务以及作伪证的法律后果，并责令其签署保证书，但无民事行为能力人和限制民事行为能力人除外。

证人签署保证书适用本解释关于当事人签署保证书的规定。

第一百二十条 证人拒绝签署保证书的，不得作证，并自行承担相关费用。

第一百二十一条 当事人申请鉴定，可以在举证期限届满前提出。申请鉴定的事项与待证事实无关联，或者对证明待证事实无意义的，人民法院不予准许。

人民法院准许当事人鉴定申请的，应当组织双方当事人协商确定具备相应资格的鉴定人。当事人协商不成的，由人民法院指定。

符合依职权调查收集证据条件的，人民法院应当依职权委托鉴定，在询问当事人的意见后，指定具备相应资格的鉴定人。

第一百二十二条 当事人可以依照民事诉讼法第八十二条的规定，在举证期限届满前申请一至二名具有专门知识的人出庭，代表当事人对鉴定意见进行质证，或者对案件事实所涉及的专业问题提出意见。

具有专门知识的人在法庭上就专业问题提出的意见，视为当事人的陈述。

人民法院准许当事人申请的，相关费用由提出申请的当事人负担。

第一百二十三条 人民法院可以对出庭的具有专门知识的人进行询问。经法庭准许，当事人可以对出庭的具有专门知识的人进行询问，当事人各自申请的具有专门知识的人可以就案件中的有关问题进行对质。

具有专门知识的人不得参与专业问题之外的法庭审理活动。

第一百二十四条 人民法院认为有必要的，可以根据当事人的申请或者依职权对物证或者现场进行勘验。勘验时应当保护他人的隐私和尊严。

人民法院可以要求鉴定人参与勘验。必要时，可以要求鉴定人在勘验中进行鉴定。

五、期间和送达

第一百二十五条 依照民事诉讼法第八十五条第二款规定，民事诉讼中以时起算的期间从次时起算；以日、月、年计算的期间从次日起算。

第一百二十六条 民事诉讼法第一百二十六条规定的立案期限，因起诉状内容欠缺通知原告补正的，从补正后交人民法院的次日起算。由上级人民法院转交下级人民法院立案的案件，从受诉人民法院收到起诉状的次日起算。

第一百二十七条 民事诉讼法第五十九条第三款、第二百一十二条以及本解释第三百七十二条、第三百八十二条、第三百九十九条、第四百二十条、第四百二十一条规定的六个月，民事诉讼法第二百三十条规定的一年，为不变期间，不适用诉讼时效中止、中断、延长的规定。

216

234

第一百二十八条 再审案件按照第一审程序或者第二审程序审理的，适用民事诉讼法第一百五十二条、第一百八十三条规定的审限。审限自再审立案的次日起算。

第一百二十九条 对申请再审案件，人民法院应当自受理之日起三个月内审查完毕，但公告期间、当事人和解期间等不计入审查期限。有特殊情况需要延长的，由本院院长批准。

第一百三十条 向法人或者其他组织送达诉讼文书，应当由法人的法定代表人、该组织的主要负责人或者办公室、收发室、值班室等负责收件的人签收或者盖章，拒绝签收或者盖章的，适用留置送达。

民事诉讼法第八十九条规定的有关基层组织和所在单位的代表，可以是受送达人住所地的居民委员会、村民委员会的工作人员以及受送达人所在单位的工作人员。

第一百三十一条 人民法院直接送达诉讼文书的，可以通知当事人到人民法院领取。当事人到达人民法院，拒绝签署送达回证的，视为送达。审判人员、书记员应当在送达回证上注明送达情况并签名。

人民法院可以在当事人住所地以外向当事人直接送达诉讼文书。当事人拒绝签署送达回证的，采用拍照、录像等方式记录送达过程即视为送达。审判人员、书记员应当在送达回证上注明送达情况并签名。

第一百三十二条 受送达人有诉讼代理人的，人民法院既可以向受送达人送达，也可以向其诉讼代理人送达。受送达人指定诉讼代理人为代收人的，向诉讼代理人送达时，适用留置送达。

第一百三十三条 调解书应当直接送达当事人本人，不适用留置送达。当事人本人因故不能签收的，可由其指定的代收人签收。

第一百三十四条 依照民事诉讼法第九十一条规定，委托其他人民法院代为送达的，委托法院应当出具委托函，并附需要送达的诉讼文书和送达回证，以受送达人在送达回证上签收的日期为送达日期。

委托送达的，受委托人民法院应当自收到委托函及相关诉讼文书之日起十日内代为送达。

第一百三十五条 电子送达可以采用传真、电子邮件、移动通信等即时收悉的特定系统作为送达媒介。

民事诉讼法第九十条第二款规定的到达受送达人特定系统的日期，为人民法院对应系统显示发送成功的日期，但受送达人证明到达其特定系统的日期与人民法院对应系统显示发送成功的日期不一致的，以受送达人证明到达其特定系统的日期为准。

第一百三十六条 受送达人同意采用电子方式送达的，应当在送达地址确认书中予以确认。

第一百三十七条 当事人在提起上诉、申请再审、申请执行时未书面变更送达地址的，其在第一审程序中确认的送达地址可以作为第二审程序、审判监督程序、执行程序的送达地址。

第一百三十八条 公告送达可以在法院的公告栏和受送达人住所地张贴公告，也可以在报纸、信息网络等媒体上刊登公告，发出公告日期以最后张贴或者刊登的日期为准。对公告送达方式有特殊要求的，应当按要求的方式进行。公告期满，即视为送达。

人民法院在受送达人住所地张贴公告的，应当采取拍照、录像等方式记录张贴过程。

第一百三十九条 公告送达应当说明公告送达的原因；公告送达起诉状或者上诉状副本的，应当说明起诉或者上诉要点，受送达人答辩期限及逾期不答辩的法律后果；公告送达传票，应当说明出庭的时间和地点及逾期不出庭的法律后果；公告送达判决书、裁定书的，应当说明裁判主要内容，当事人有权上诉的，还应当说明上诉权利、上诉期限和上诉的人民法院。

第一百四十条 适用简易程序的案件，不适用公告送达。

第一百四十一条 人民法院在定期宣判时，当事人拒不签收判决书、裁定书的，应视为送达，并在宣判笔录中记明。

六、调　解

第一百四十二条　人民法院受理案件后，经审查，认为法律关系明确、事实清楚，在征得当事人双方同意后，可以径行调解。

第一百四十三条　适用特别程序、督促程序、公示催告程序的案件，婚姻等身份关系确认案件以及其他根据案件性质不能进行调解的案件，不得调解。

第一百四十四条　人民法院审理民事案件，发现当事人之间恶意串通，企图通过和解、调解方式侵害他人合法权益的，应当依照民事诉讼法第一百一十五条的规定处理。

第一百四十五条　人民法院审理民事案件，应当根据自愿、合法的原则进行调解。当事人一方或者双方坚持不愿调解的，应当及时裁判。

人民法院审理离婚案件，应当进行调解，但不应久调不决。

第一百四十六条　人民法院审理民事案件，调解过程不公开，但当事人同意公开的除外。

调解协议内容不公开，但为保护国家利益、社会公共利益、他人合法权益，人民法院认为确有必要公开的除外。

主持调解以及参与调解的人员，对调解过程以及调解过程中获悉的国家秘密、商业秘密、个人隐私和其他不宜公开的信息，应当保守秘密，但为保护国家利益、社会公共利益、他人合法权益的除外。

第一百四十七条　人民法院调解案件时，当事人不能出庭的，经其特别授权，可由其委托代理人参加调解，达成的调解协议，可由委托代理人签名。

离婚案件当事人确因特殊情况无法出庭参加调解的，除本人不能表达意志的以外，应当出具书面意见。

第一百四十八条　当事人自行和解或者调解达成协议后，请求人民法院按照和解协议或者调解协议的内容制作判决书的，人民法院不予准许。

无民事行为能力人的离婚案件，由其法定代理人进行诉讼。法定代理人与对方达成协议要求发给判决书的，可根据协议内容制作判决书。

第一百四十九条　调解书需经当事人签收后才发生法律效力的，应当以最后收到调解书的当事人签收的日期为调解书生效日期。

第一百五十条 人民法院调解民事案件，需由无独立请求权的第三人承担责任的，应当经其同意。该第三人在调解书送达前反悔的，人民法院应当及时裁判。

第一百五十一条 根据民事诉讼法第一百零一条第一款第四项规定，当事人各方同意在调解协议上签名或者盖章后即发生法律效力的，经人民法院审查确认后，应当记入笔录或者将调解协议附卷，并由当事人、审判人员、书记员签名或者盖章后即具有法律效力。

前款规定情形，当事人请求制作调解书的，人民法院审查确认后可以制作调解书送交当事人。当事人拒收调解书的，不影响调解协议的效力。

七、保全和先予执行

第一百五十二条 人民法院依照民事诉讼法第一百零三条、第一百零四条规定，在采取诉前保全、诉讼保全措施时，责令利害关系人或者当事人提供担保的，应当书面通知。

利害关系人申请诉前保全的，应当提供担保。申请诉前财产保全的，应当提供相当于请求保全数额的担保；情况特殊的，人民法院可以酌情处理。申请诉前行为保全的，担保的数额由人民法院根据案件的具体情况决定。

在诉讼中，人民法院依申请或者依职权采取保全措施的，应当根据案件的具体情况，决定当事人是否应当提供担保以及担保的数额。

第一百五十三条 人民法院对季节性商品、鲜活、易腐烂变质以及其他不宜长期保存的物品采取保全措施时，可以责令当事人及时处理，由人民法院保存价款；必要时，人民法院可予以变卖，保存价款。

第一百五十四条 人民法院在财产保全中采取查封、扣押、冻结财产措施时，应当妥善保管被查封、扣押、冻结的财产。不宜由人民法院保管的，人民法院可以指定被保全人负责保管；不宜由被保全人保管的，可以委托他人或者申请保全人保管。

查封、扣押、冻结担保物权人占有的担保财产，一般由担保物权人保管；由人民法院保管的，质权、留置权不因采取保全措施而消灭。

第一百五十五条 由人民法院指定被保全人保管的财产，如果继续使用对该财产的价值无重大影响，可以允许被保全人继续使用；由人民法院保管或者委托他人、申请保全人保管的财产，人民法院和其他保管人不得使用。

第一百五十六条 人民法院采取财产保全的方法和措施，依照执行程序相关规定办理。

第一百五十七条 人民法院对抵押物、质押物、留置物可以采取财产保全措施，但不影响抵押权人、质权人、留置权人的优先受偿权。

第一百五十八条 人民法院对债务人到期应得的收益，可以采取财产保全措施，限制其支取，通知有关单位协助执行。

第一百五十九条 债务人的财产不能满足保全请求，但对他人有到期债权的，人民法院可以依债权人的申请裁定该他人不得对本案债务人清偿。该他人要求偿付的，由人民法院提存物或者价款。

第一百六十条 当事人向采取诉前保全措施以外的其他有管辖权的人民法院起诉的，采取诉前保全措施的人民法院应当将保全手续移送受理案件的人民法院。诉前保全的裁定视为受移送人民法院作出的裁定。

第一百六十一条 对当事人不服一审判决提起上诉的案件，在第二审人民法院接到报送的案件之前，当事人有转移、隐匿、出卖或者毁损财产等行为，必须采取保全措施的，由第一审人民法院依当事人申请或者依职权采取。第一审人民法院的保全裁定，应当及时报送第二审人民法院。

第一百六十二条 第二审人民法院裁定对第一审人民法院采取的保全措施予以续保或者采取新的保全措施的，可以自行实施，也可以委托第一审人民法院实施。

再审人民法院裁定对原保全措施予以续保或者采取新的保全措施的，可以自行实施，也可以委托原审人民法院或者执行法院实施。

第一百六十三条 法律文书生效后，进入执行程序前，债权人因对方当事人转移财产等紧急情况，不申请保全将可能导致生效法律文书不能执行或者难以执行的，可以向执行法院申请采取保全措施。债权人在法律文书指定的履行期间届满后五日内不申请执行的，人民法院应当解除保全。

第一百六十四条 对申请保全人或者他人提供的担保财产，人民法院应当依法办理查封、扣押、冻结等手续。

第一百六十五条 人民法院裁定采取保全措施后，除作出保全裁定的人民法院自行解除或者其上级人民法院决定解除外，在保全期限内，任何单位不得解除保全措施。

第一百六十六条 裁定采取保全措施后，有下列情形之一的，人民法院应当作出解除保全裁定：

（一）保全错误的；

（二）申请人撤回保全申请的；

（三）申请人的起诉或者诉讼请求被生效裁判驳回的；

（四）人民法院认为应当解除保全的其他情形。

解除以登记方式实施的保全措施的，应当向登记机关发出协助执行通知书。

第一百六十七条 财产保全的被保全人提供其他等值担保财产且有利于执行的，人民法院可以裁定变更保全标的物为被保全人提供的担保财产。

第一百六十八条 保全裁定未经人民法院依法撤销或者解除，进入执行程序后，自动转为执行中的查封、扣押、冻结措施，期限连续计算，执行法院无需重新制作裁定书，但查封、扣押、冻结期限届满的除外。

第一百六十九条 民事诉讼法规定的先予执行，人民法院应当在受理案件后终审判决作出前采取。先予执行应当限于当事人诉讼请求的范围，并以当事人的生活、生产经营的急需为限。

第一百七十条 民事诉讼法第一百零九条第三项规定的情况紧急，包括：

（一）需要立即停止侵害、排除妨碍的；

（二）需要立即制止某项行为的；

（三）追索恢复生产、经营急需的保险理赔费的；

（四）需要立即返还社会保险金、社会救助资金的；

（五）不立即返还款项，将严重影响权利人生活和生产经营的。

第一百七十一条 当事人对保全或者先予执行裁定不服的，可以自收到裁定书之日起五日内向作出裁定的人民法院申请复议。人民法院应当在收到复议申请后十日内审查。裁定正确的，驳回当事人的申请；裁定不当的，变更或者撤销原裁定。

第一百七十二条 利害关系人对保全或者先予执行的裁定不服申请复议的，由作出裁定的人民法院依照民事诉讼法第一百一十一条规定处理。

第一百七十三条 人民法院先予执行后，根据发生法律效力的判决，申请人应当返还因先予执行所取得的利益的，适用民事诉讼法第二百四十条的规定。

八、对妨害民事诉讼的强制措施

第一百七十四条　民事诉讼法第一百一十二条规定的必须到庭的被告，是指负有赡养、抚育、扶养义务和不到庭就无法查清案情的被告。

人民法院对必须到庭才能查清案件基本事实的原告，经两次传票传唤，无正当理由拒不到庭的，可以拘传。

第一百七十五条　拘传必须用拘传票，并直接送达被拘传人；在拘传前，应当向被拘传人说明拒不到庭的后果，经批评教育仍拒不到庭的，可以拘传其到庭。

第一百七十六条　诉讼参与人或者其他人有下列行为之一的，人民法院可以适用民事诉讼法第一百一十三条规定处理：

（一）未经准许进行录音、录像、摄影的；

（二）未经准许以移动通信等方式现场传播审判活动的；

（三）其他扰乱法庭秩序，妨害审判活动进行的。

有前款规定情形的，人民法院可以暂扣诉讼参与人或者其他人进行录音、录像、摄影、传播审判活动的器材，并责令其删除有关内容；拒不删除的，人民法院可以采取必要手段强制删除。

第一百七十七条　训诫、责令退出法庭由合议庭或者独任审判员决定。训诫的内容、被责令退出法庭者的违法事实应当记入庭审笔录。

第一百七十八条　人民法院依照民事诉讼法第一百一十三条至第一百一十七条的规定采取拘留措施的，应经院长批准，作出拘留决定书，由司法警察将被拘留人送交当地公安机关看管。

第一百七十九条　被拘留人不在本辖区的，作出拘留决定的人民法院应当派员到被拘留人所在地的人民法院，请该院协助执行，受委托的人民法院应当及时派员协助执行。被拘留人申请复议或者在拘留期间承认并改正错误，需要提前解除拘留的，受委托人民法院应当向委托人民法院转达或者提出建议，由委托人民法院审查决定。

第一百八十条　人民法院对被拘留人采取拘留措施后，应当在二十四小时内通知其家属；确实无法按时通知或者通知不到的，应当记录在案。

第一百八十一条　因哄闹、冲击法庭，用暴力、威胁等方法抗拒执行公务等紧急情况，必须立即采取拘留措施的，可在拘留后，立即报告院长补办批准手续。院长认为拘留不当的，应当解除拘留。

第一百八十二条 被拘留人在拘留期间认错悔改的，可以责令其具结悔过，提前解除拘留。提前解除拘留，应报经院长批准，并作出提前解除拘留决定书，交负责看管的公安机关执行。

第一百八十三条 民事诉讼法第一百一十三条至第一百一十六条规定的罚款、拘留可以单独适用，也可以合并适用。

第一百八十四条 对同一妨害民事诉讼行为的罚款、拘留不得连续适用。发生新的妨害民事诉讼行为的，人民法院可以重新予以罚款、拘留。

第一百八十五条 被罚款、拘留的人不服罚款、拘留决定申请复议的，应当自收到决定书之日起三日内提出。上级人民法院应当在收到复议申请后五日内作出决定，并将复议结果通知下级人民法院和当事人。

第一百八十六条 上级人民法院复议时认为强制措施不当的，应当制作决定书，撤销或者变更下级人民法院作出的拘留、罚款决定。情况紧急的，可以在口头通知后三日内发出决定书。

第一百八十七条 民事诉讼法第一百一十四条第一款第五项规定的以暴力、威胁或者其他方法阻碍司法工作人员执行职务的行为，包括：

（一）在人民法院哄闹、滞留，不听从司法工作人员劝阻的；

（二）故意毁损、抢夺人民法院法律文书、查封标志的；

（三）哄闹、冲击执行公务现场，围困、扣押执行或者协助执行公务人员的；

（四）毁损、抢夺、扣留案件材料、执行公务车辆、其他执行公务器械、执行公务人员服装和执行公务证件的；

（五）以暴力、威胁或者其他方法阻碍司法工作人员查询、查封、扣押、冻结、划拨、拍卖、变卖财产的；

（六）以暴力、威胁或者其他方法阻碍司法工作人员执行职务的其他行为。

第一百八十八条 民事诉讼法第一百一十四条第一款第六项规定的拒不履行人民法院已经发生法律效力的判决、裁定的行为，包括：

（一）在法律文书发生法律效力后隐藏、转移、变卖、毁损财产或者无偿转让财产、以明显不合理的价格交易财产、放弃到期债权、无偿为他人提供担保等，致使人民法院无法执行的；

（二）隐藏、转移、毁损或者未经人民法院允许处分已向人民法院提供担保的财产的；

（三）违反人民法院限制高消费令进行消费的；

（四）有履行能力而拒不按照人民法院执行通知履行生效法律文书确定的义务的；

（五）有义务协助执行的个人接到人民法院协助执行通知书后，拒不协助执行的。

第一百八十九条 诉讼参与人或者其他人有下列行为之一的，人民法院可以适用民事诉讼法第一百一十四条的规定处理：

（一）冒充他人提起诉讼或者参加诉讼的；

（二）证人签署保证书后作虚假证言，妨碍人民法院审理案件的；

（三）伪造、隐藏、毁灭或者拒绝交出有关被执行人履行能力的重要证据，妨碍人民法院查明被执行人财产状况的；

（四）擅自解冻已被人民法院冻结的财产的；

（五）接到人民法院协助执行通知书后，给当事人通风报信，协助其转移、隐匿财产的。

第一百九十条 民事诉讼法第一百一十五条规定的他人合法权益，包括案外人的合法权益、国家利益、社会公共利益。

第三人根据民事诉讼法第五十九条第三款规定提起撤销之诉，经审查，原案当事人之间恶意串通进行虚假诉讼的，适用民事诉讼法第一百一十五条规定处理。

第一百九十一条 单位有民事诉讼法第一百一十五条或者第一百一十六条规定行为的，人民法院应当对该单位进行罚款，并可以对其主要负责人或者直接责任人员予以罚款、拘留；构成犯罪的，依法追究刑事责任。

第一百九十二条 有关单位接到人民法院协助执行通知书后，有下列行为之一的，人民法院可以适用民事诉讼法第一百一十七条规定处理：

（一）允许被执行人高消费的；

（二）允许被执行人出境的；

（三）拒不停止办理有关财产权证照转移手续、权属变更登记、规划审批等手续的；

（四）以需要内部请示、内部审批，有内部规定等为由拖延办理的。

第一百九十三条 人民法院对个人或者单位采取罚款措施时，应当根据其实施妨害民事诉讼行为的性质、情节、后果，当地的经济发展水平，以及诉讼标的额等因素，在民事诉讼法第一百一十八条第一款规定的限额内确定相应的罚款金额。

九、诉 讼 费 用

第一百九十四条 依照民事诉讼法第五十七条审理的案件不预交案件受理费，结案后按照诉讼标的额由败诉方交纳。

第一百九十五条 支付令失效后转入诉讼程序的，债权人应当按照《诉讼费用交纳办法》补交案件受理费。

支付令被撤销后，债权人另行起诉的，按照《诉讼费用交纳办法》交纳诉讼费用。

第一百九十六条 人民法院改变原判决、裁定、调解结果的，应当在裁判文书中对原审诉讼费用的负担一并作出处理。

第一百九十七条 诉讼标的物是证券的，按照证券交易规则并根据当事人起诉之日前最后一个交易日的收盘价、当日的市场价或者其载明的金额计算诉讼标的金额。

第一百九十八条 诉讼标的物是房屋、土地、林木、车辆、船舶、文物等特定物或者知识产权，起诉时价值难以确定的，人民法院应当向原告释明主张过高或者过低的诉讼风险，以原告主张的价值确定诉讼标的金额。

第一百九十九条 适用简易程序审理的案件转为普通程序的，原告自接到人民法院交纳诉讼费用通知之日起七日内补交案件受理费。

原告无正当理由未按期足额补交的，按撤诉处理，已经收取的诉讼费用退还一半。

第二百条 破产程序中有关债务人的民事诉讼案件，按照财产案件标准交纳诉讼费，但劳动争议案件除外。

第二百零一条 既有财产性诉讼请求，又有非财产性诉讼请求的，按照财产性诉讼请求的标准交纳诉讼费。

有多个财产性诉讼请求的，合并计算交纳诉讼费；诉讼请求中有多个非财产性诉讼请求的，按一件交纳诉讼费。

第二百零二条 原告、被告、第三人分别上诉的，按照上诉请求分别预交二审案件受理费。

同一方多人共同上诉的，只预交一份二审案件受理费；分别上诉的，按照上诉请求分别预交二审案件受理费。

第二百零三条 承担连带责任的当事人败诉的，应当共同负担诉讼费用。

第二百零四条 实现担保物权案件，人民法院裁定拍卖、变卖担保财产的，申请费由债务人、担保人负担；人民法院裁定驳回申请的，申请费由申请人负担。

申请人另行起诉的，其已经交纳的申请费可以从案件受理费中扣除。

第二百零五条 拍卖、变卖担保财产的裁定作出后，人民法院强制执行的，按照执行金额收取执行申请费。

第二百零六条 人民法院决定减半收取案件受理费的，只能减半一次。

第二百零七条 判决生效后，胜诉方预交但不应负担的诉讼费用，人民法院应当退还，由败诉方向人民法院交纳，但胜诉方自愿承担或者同意败诉方直接向其支付的除外。

当事人拒不交纳诉讼费用的，人民法院可以强制执行。

……

二十一、执 行 程 序

第四百六十条 发生法律效力的实现担保物权裁定、确认调解协议裁定、支付令，由作出裁定、支付令的人民法院或者与其同级的被执行财产所在地的人民法院执行。

认定财产无主的判决，由作出判决的人民法院将无主财产收归国家或者集体所有。

第四百六十一条 当事人申请人民法院执行的生效法律文书应当具备下列条件：

（一）权利义务主体明确；

（二）给付内容明确。

法律文书确定继续履行合同的，应当明确继续履行的具体内容。

第四百六十二条 根据民事诉讼法第二百三十四条规定，案外人对执行标的提出异议的，应当在该执行标的执行程序终结前提出。

第四百六十三条 案外人对执行标的提出的异议，经审查，按照下列情形分别处理：

（一）案外人对执行标的不享有足以排除强制执行的权益的，裁定驳回其异议；

（二）案外人对执行标的享有足以排除强制执行的权益的，裁定中止执行。

驳回案外人执行异议裁定送达案外人之日起十五日内，人民法院不得对执行标的进行处分。

第四百六十四条 申请执行人与被执行人达成和解协议后请求中止执行或者撤回执行申请的，人民法院可以裁定中止执行或者终结执行。

第四百六十五条 一方当事人不履行或者不完全履行在执行中双方自愿达成的和解协议，对方当事人申请执行原生效法律文书的，人民法院应当恢复执行，但和解协议已履行的部分应当扣除。和解协议已经履行完毕的，人民法院不予恢复执行。

第四百六十六条 申请恢复执行原生效法律文书，适用民事诉讼法<mark>第二百四十六条</mark>申请执行期间的规定。申请执行期间因达成执行中的和解协议而中断，其期间自和解协议约定履行期限的最后一日起重新计算。

`250`

第四百六十七条 人民法院依照民事诉讼法<mark>第二百三十八条</mark>规定决定暂缓执行的，如果担保是有期限的，暂缓执行的期限应当与担保期限一致，但最长不得超过一年。被执行人或者担保人对担保的财产在暂缓执行期间有转移、隐藏、变卖、毁损等行为的，人民法院可以恢复强制执行。

`242`

第四百六十八条 根据民事诉讼法<mark>第二百三十八条</mark>规定向人民法院提供执行担保的，可以由被执行人或者他人提供财产担保，也可以由他人提供保证。担保人应当具有代为履行或者代为承担赔偿责任的能力。

`242`

他人提供执行保证的，应当向执行法院出具保证书，并将保证书副本送交申请执行人。被执行人或者他人提供财产担保的，应当参照民法典的有关规定办理相应手续。

第四百六十九条 被执行人在人民法院决定暂缓执行的期限届满后仍不履行义务的，人民法院可以直接执行担保财产，或者裁定执行担保人的财产，但执行担保人的财产以担保人应当履行义务部分的财产为限。

`243`

第四百七十条 依照民事诉讼法<mark>第二百三十九条</mark>规定，执行中作为被执行人的法人或者其他组织分立、合并的，人民法院可以裁定变更后的法人或者其他组织为被执行人；被注销的，如果依照有关实体法的规定有权利义务承受人的，可以裁定该权利义务承受人为被执行人。

第四百七十一条 其他组织在执行中不能履行法律文书确定的义务的，人民法院可以裁定执行对该其他组织依法承担义务的法人或者公民个人的财产。

第四百七十二条 在执行中，作为被执行人的法人或者其他组织名称变更的，人民法院可以裁定变更后的法人或者其他组织为被执行人。

第四百七十三条 作为被执行人的公民死亡，其遗产继承人没有放弃继承的，人民法院可以裁定变更被执行人，由该继承人在遗产的范围内偿还债务。继承人放弃继承的，人民法院可以直接执行被执行人的遗产。

第四百七十四条 法律规定由人民法院执行的其他法律文书执行完毕后，该法律文书被有关机关或者组织依法撤销的，经当事人申请，适用民事诉讼法第二百四十条规定。

第四百七十五条 仲裁机构裁决的事项，部分有民事诉讼法第二百四十四条第二款、第三款规定情形的，人民法院应当裁定对该部分不予执行。 `248`

应当不予执行部分与其他部分不可分的，人民法院应当裁定不予执行仲裁裁决。

第四百七十六条 依照民事诉讼法第二百四十四条第二款、第三款规定，人民法院裁定不予执行仲裁裁决后，当事人对该裁定提出执行异议或者复议的，人民法院不予受理。当事人可以就该民事纠纷重新达成书面仲裁协议申请仲裁，也可以向人民法院起诉。 `248`

第四百七十七条 在执行中，被执行人通过仲裁程序将人民法院查封、扣押、冻结的财产确权或者分割给案外人的，不影响人民法院执行程序的进行。

案外人不服的，可以根据民事诉讼法第二百三十四条规定提出异议。 `238`

第四百七十八条 有下列情形之一的，可以认定为民事诉讼法第二百四十五条第二款规定的公证债权文书确有错误： `249`

（一）公证债权文书属于不得赋予强制执行效力的债权文书的；

（二）被执行人一方未亲自或者未委托代理人到场公证等严重违反法律规定的公证程序的；

（三）公证债权文书的内容与事实不符或者违反法律强制性规定的；

（四）公证债权文书未载明被执行人不履行义务或者不完全履行义务时同意接受强制执行的。

人民法院认定执行该公证债权文书违背社会公共利益的，裁定不予执行。

公证债权文书被裁定不予执行后，当事人、公证事项的利害关系人可以就债权争议提起诉讼。

第四百七十九条 当事人请求不予执行仲裁裁决或者公证债权文书的，应当在执行终结前向执行法院提出。

第四百八十条 人民法院应当在收到申请执行书或者移交执行书后十日内发出执行通知。

执行通知中除应责令被执行人履行法律文书确定的义务外，还应通知其承担民事诉讼法第二百六十条规定的迟延履行利息或者迟延履行金。

第四百八十一条 申请执行人超过申请执行时效期间向人民法院申请强制执行的，人民法院应予受理。被执行人对申请执行时效期间提出异议，人民法院经审查异议成立的，裁定不予执行。

被执行人履行全部或者部分义务后，又以不知道申请执行时效期间届满为由请求执行回转的，人民法院不予支持。

第四百八十二条 对必须接受调查询问的被执行人、被执行人的法定代表人、负责人或者实际控制人，经依法传唤无正当理由拒不到场的，人民法院可以拘传其到场。

人民法院应当及时对被拘传人进行调查询问，调查询问的时间不得超过八小时；情况复杂，依法可能采取拘留措施的，调查询问的时间不得超过二十四小时。

人民法院在本辖区以外采取拘传措施时，可以将被拘传人拘传到当地人民法院，当地人民法院应予协助。

第四百八十三条 人民法院有权查询被执行人的身份信息与财产信息，掌握相关信息的单位和个人必须按照协助执行通知书办理。

第四百八十四条 对被执行的财产，人民法院非经查封、扣押、冻结不得处分。对银行存款等各类可以直接扣划的财产，人民法院的扣划裁定同时具有冻结的法律效力。

第四百八十五条 人民法院冻结被执行人的银行存款的期限不得超过一年，查封、扣押动产的期限不得超过两年，查封不动产、冻结其他财产权的期限不得超过三年。

申请执行人申请延长期限的，人民法院应当在查封、扣押、冻结期限届满前办理续行查封、扣押、冻结手续，续行期限不得超过前款规定的期限。

人民法院也可以依职权办理续行查封、扣押、冻结手续。

第四百八十六条 依照民事诉讼法第二百五十四条规定，人民法院在执行中需要拍卖被执行人财产的，可以由人民法院自行组织拍卖，也可以交由具备相应资质的拍卖机构拍卖。

交拍卖机构拍卖的，人民法院应当对拍卖活动进行监督。

第四百八十七条 拍卖评估需要对现场进行检查、勘验的，人民法院应当责令被执行人、协助义务人予以配合。被执行人、协助义务人不予配合的，人民法院可以强制进行。

第四百八十八条 人民法院在执行中需要变卖被执行人财产的，可以交有关单位变卖，也可以由人民法院直接变卖。

对变卖的财产，人民法院或者其工作人员不得买受。

第四百八十九条 经申请执行人和被执行人同意，且不损害其他债权人合法权益和社会公共利益的，人民法院可以不经拍卖、变卖，直接将被执行人的财产作价交申请执行人抵偿债务。对剩余债务，被执行人应当继续清偿。

第四百九十条 被执行人的财产无法拍卖或者变卖的，经申请执行人同意，且不损害其他债权人合法权益和社会公共利益的，人民法院可以将该项财产作价后交付申请执行人抵偿债务，或者交付申请执行人管理；申请执行人拒绝接收或者管理的，退回被执行人。

第四百九十一条 拍卖成交或者依法定程序裁定以物抵债的，标的物所有权自拍卖成交裁定或者抵债裁定送达买受人或者接受抵债物的债权人时转移。

第四百九十二条 执行标的物为特定物的，应当执行原物。原物确已毁损或者灭失的，经双方当事人同意，可以折价赔偿。

双方当事人对折价赔偿不能协商一致的，人民法院应当终结执行程序。

申请执行人可以另行起诉。

第四百九十三条 他人持有法律文书指定交付的财物或者票证，人民法院依照民事诉讼法第二百五十六条第二款、第三款规定发出协助执行通知后，拒不转交的，可以强制执行，并可依照民事诉讼法第一百一十七条、第一百一十八条规定处理。

他人持有期间财物或者票证毁损、灭失的，参照本解释第四百九十二条规定处理。

他人主张合法持有财物或者票证的，可以根据民事诉讼法第二百三十四条规定提出执行异议。

第四百九十四条 在执行中，被执行人隐匿财产、会计账簿等资料的，人民法院除可依照民事诉讼法第一百一十四条第一款第六项规定对其处理外，还应责令被执行人交出隐匿的财产、会计账簿等资料。被执行人拒不交出的，人民法院可以采取搜查措施。

第四百九十五条 搜查人员应当按规定着装并出示搜查令和工作证件。

第四百九十六条 人民法院搜查时禁止无关人员进入搜查现场；搜查对象是公民的，应当通知被执行人或者他的成年家属以及基层组织派员到场；搜查对象是法人或者其他组织的，应当通知法定代表人或者主要负责人到场。拒不到场的，不影响搜查。

搜查妇女身体，应当由女执行人员进行。

第四百九十七条 搜查中发现应当依法采取查封、扣押措施的财产，依照民事诉讼法第二百五十二条第二款和第二百五十四条规定办理。

第四百九十八条 搜查应当制作搜查笔录，由搜查人员、被搜查人及其他在场人签名、捺印或者盖章。拒绝签名、捺印或者盖章的，应当记入搜查笔录。

第四百九十九条 人民法院执行被执行人对他人的到期债权，可以作出冻结债权的裁定，并通知该他人向申请执行人履行。

该他人对到期债权有异议，申请执行人请求对异议部分强制执行的，人民法院不予支持。利害关系人对到期债权有异议的，人民法院应当按照民事诉讼法第二百三十四条规定处理。

对生效法律文书确定的到期债权，该他人予以否认的，人民法院不予支持。

262

第五百条 人民法院在执行中需要办理房产证、土地证、林权证、专利证书、商标证书、车船执照等有关财产权证照转移手续的，可以依照民事诉讼法第二百五十八条规定办理。

第五百零一条 被执行人不履行生效法律文书确定的行为义务，该义务可由他人完成的，人民法院可以选定代履行人；法律、行政法规对履行该行为义务有资格限制的，应当从有资格的人中选定。必要时，可以通过招标的方式确定代履行人。

申请执行人可以在符合条件的人中推荐代履行人，也可以申请自己代为履行，是否准许，由人民法院决定。

第五百零二条 代履行费用的数额由人民法院根据案件具体情况确定，并由被执行人在指定期限内预先支付。被执行人未预付的，人民法院可以对该费用强制执行。

代履行结束后，被执行人可以查阅、复制费用清单以及主要凭证。

第五百零三条 被执行人不履行法律文书指定的行为，且该项行为只能由被执行人完成的，人民法院可以依照民事诉讼法第一百一十四条第一款第六项规定处理。

被执行人在人民法院确定的履行期间内仍不履行的，人民法院可以依照民事诉讼法第一百一十四条第一款第六项规定再次处理。

第五百零四条 被执行人迟延履行的，迟延履行期间的利息或者迟延履行金自判决、裁定和其他法律文书指定的履行期间届满之日起计算。

第五百零五条 被执行人未按判决、裁定和其他法律文书指定的期间履行非金钱给付义务的，无论是否已给申请执行人造成损失，都应当支付迟延履行金。已经造成损失的，双倍补偿申请执行人已经受到的损失；没有造成损失的，迟延履行金可以由人民法院根据具体案件情况决定。

第五百零六条 被执行人为公民或者其他组织，在执行程序开始后，被执行人的其他已经取得执行依据的债权人发现被执行人的财产不能清偿所有债权的，可以向人民法院申请参与分配。

对人民法院查封、扣押、冻结的财产有优先权、担保物权的债权人，可以直接申请参与分配，主张优先受偿权。

第五百零七条 申请参与分配，申请人应当提交申请书。申请书应当写明参与分配和被执行人不能清偿所有债权的事实、理由，并附有执行依据。

参与分配申请应当在执行程序开始后，被执行人的财产执行终结前提出。

第五百零八条 参与分配执行中，执行所得价款扣除执行费用，并清偿应当优先受偿的债权后，对于普通债权，原则上按照其占全部申请参与分配债权数额的比例受偿。清偿后的剩余债务，被执行人应当继续清偿。债权人发现被执行人有其他财产的，可以随时请求人民法院执行。

第五百零九条 多个债权人对执行财产申请参与分配的，执行法院应当制作财产分配方案，并送达各债权人和被执行人。债权人或者被执行人对分配方案有异议的，应当自收到分配方案之日起十五日内向执行法院提出书面异议。

第五百一十条 债权人或者被执行人对分配方案提出书面异议的，执行法院应当通知未提出异议的债权人、被执行人。

未提出异议的债权人、被执行人自收到通知之日起十五日内未提出反对意见的，执行法院依异议人的意见对分配方案审查修正后进行分配；提出反对意见的，应当通知异议人。异议人可以自收到通知之日起十五日内，以提出反对意见的债权人、被执行人为被告，向执行法院提起诉讼；异议人逾期未提起诉讼的，执行法院按照原分配方案进行分配。

诉讼期间进行分配的，执行法院应当提存与争议债权数额相应的款项。

第五百一十一条 在执行中，作为被执行人的企业法人符合企业破产法第二条第一款规定情形的，执行法院经申请执行人之一或者被执行人同意，应当裁定中止对该被执行人的执行，将执行案件相关材料移送被执行人住所地人民法院。

第五百一十二条 被执行人住所地人民法院应当自收到执行案件相关材料之日起三十日内，将是否受理破产案件的裁定告知执行法院。不予受理的，应当将相关案件材料退回执行法院。

第五百一十三条 被执行人住所地人民法院裁定受理破产案件的，执行法院应当解除对被执行人财产的保全措施。被执行人住所地人民法院裁定宣告被执行人破产的，执行法院应当裁定终结对该被执行人的执行。

被执行人住所地人民法院不受理破产案件的，执行法院应当恢复执行。

第五百一十四条 当事人不同意移送破产或者被执行人住所地人民法

院不受理破产案件的，执行法院就执行变价所得财产，在扣除执行费用及清偿优先受偿的债权后，对于普通债权，按照财产保全和执行中查封、扣押、冻结财产的先后顺序清偿。

第五百一十五条 债权人根据民事诉讼法第二百六十一条规定请求人民法院继续执行的，不受民事诉讼法第二百四十六条规定申请执行时效期间的限制。

第五百一十六条 被执行人不履行法律文书确定的义务的，人民法院除对被执行人予以处罚外，还可以根据情节将其纳入失信被执行人名单，将被执行人不履行或者不完全履行义务的信息向其所在单位、征信机构以及其他相关机构通报。

第五百一十七条 经过财产调查未发现可供执行的财产，在申请执行人签字确认或者执行法院组成合议庭审查核实并经院长批准后，可以裁定终结本次执行程序。

依照前款规定终结执行后，申请执行人发现被执行人有可供执行财产的，可以再次申请执行。再次申请不受申请执行时效期间的限制。

第五百一十八条 因撤销申请而终结执行后，当事人在民事诉讼法第二百四十六条规定的申请执行时效期间内再次申请执行的，人民法院应当受理。

第五百一十九条 在执行终结六个月内，被执行人或者其他人对已执行的标的有妨害行为的，人民法院可以依申请排除妨害，并可以依照民事诉讼法第一百一十四条规定进行处罚。因妨害行为给执行债权人或者其他人造成损失的，受害人可以另行起诉。

二十二、涉外民事诉讼程序的特别规定

第五百二十条 有下列情形之一，人民法院可以认定为涉外民事案件：

（一）当事人一方或者双方是外国人、无国籍人、外国企业或者组织的；

（二）当事人一方或者双方的经常居所地在中华人民共和国领域外的；

（三）标的物在中华人民共和国领域外的；

（四）产生、变更或者消灭民事关系的法律事实发生在中华人民共和国领域外的；

（五）可以认定为涉外民事案件的其他情形。

第五百二十一条　外国人参加诉讼，应当向人民法院提交护照等用以证明自己身份的证件。

外国企业或者组织参加诉讼，向人民法院提交的身份证明文件，应当经所在国公证机关公证，并经中华人民共和国驻该国使领馆认证，或者履行中华人民共和国与该所在国订立的有关条约中规定的证明手续。

代表外国企业或者组织参加诉讼的人，应当向人民法院提交其有权作为代表人参加诉讼的证明，该证明应当经所在国公证机关公证，并经中华人民共和国驻该国使领馆认证，或者履行中华人民共和国与该所在国订立的有关条约中规定的证明手续。

本条所称的"所在国"，是指外国企业或者组织的设立登记地国，也可以是办理了营业登记手续的第三国。

275

第五百二十二条　依照民事诉讼法第二百七十一条以及本解释第五百二十一条规定，需要办理公证、认证手续，而外国当事人所在国与中华人民共和国没有建立外交关系的，可以经该国公证机关公证，经与中华人民共和国有外交关系的第三国驻该国使领馆认证，再转由中华人民共和国驻该第三国使领馆认证。

第五百二十三条　外国人、外国企业或者组织的代表人在人民法院法官的见证下签署授权委托书，委托代理人进行民事诉讼的，人民法院应予认可。

第五百二十四条　外国人、外国企业或者组织的代表人在中华人民共和国境内签署授权委托书，委托代理人进行民事诉讼，经中华人民共和国公证机构公证的，人民法院应予认可。

第五百二十五条　当事人向人民法院提交的书面材料是外文的，应当同时向人民法院提交中文翻译件。

当事人对中文翻译件有异议的，应当共同委托翻译机构提供翻译文本；当事人对翻译机构的选择不能达成一致的，由人民法院确定。

第五百二十六条　涉外民事诉讼中的外籍当事人，可以委托本国人为诉讼代理人，也可以委托本国律师以非律师身份担任诉讼代理人；外国驻华使领馆官员，受本国公民的委托，可以以个人名义担任诉讼代理人，但在诉讼中不享有外交或者领事特权和豁免。

第五百二十七条 涉外民事诉讼中，外国驻华使领馆授权其本馆官员，在作为当事人的本国国民不在中华人民共和国领域内的情况下，可以以外交代表身份为其本国国民在中华人民共和国聘请中华人民共和国律师或者中华人民共和国公民代理民事诉讼。

第五百二十八条 涉外民事诉讼中，经调解双方达成协议，应当制发调解书。当事人要求发给判决书的，可以依协议的内容制作判决书送达当事人。

第五百二十九条 涉外合同或者其他财产权益纠纷的当事人，可以书面协议选择被告住所地、合同履行地、合同签订地、原告住所地、标的物所在地、侵权行为地等与争议有实际联系地点的外国法院管辖。

根据民事诉讼法第三十四条和第二百七十三条规定，属于中华人民共和国法院专属管辖的案件，当事人不得协议选择外国法院管辖，但协议选择仲裁的除外。

第五百三十条 涉外民事案件同时符合下列情形的，人民法院可以裁定驳回原告的起诉，告知其向更方便的外国法院提起诉讼：

（一）被告提出案件应由更方便外国法院管辖的请求，或者提出管辖异议；

（二）当事人之间不存在选择中华人民共和国法院管辖的协议；

（三）案件不属于中华人民共和国法院专属管辖；

（四）案件不涉及中华人民共和国国家、公民、法人或者其他组织的利益；

（五）案件争议的主要事实不是发生在中华人民共和国境内，且案件不适用中华人民共和国法律，人民法院审理案件在认定事实和适用法律方面存在重大困难；

（六）外国法院对案件享有管辖权，且审理该案件更加方便。

第五百三十一条 中华人民共和国法院和外国法院都有管辖权的案件，一方当事人向外国法院起诉，而另一方当事人向中华人民共和国法院起诉的，人民法院可予受理。判决后，外国法院申请或者当事人请求人民法院承认和执行外国法院对本案作出的判决、裁定的，不予准许；但双方共同缔结或者参加的国际条约另有规定的除外。

外国法院判决、裁定已经被人民法院承认，当事人就同一争议向人民法院起诉的，人民法院不予受理。

第五百三十二条 对在中华人民共和国领域内没有住所的当事人，经用公告方式送达诉讼文书，公告期满不应诉，人民法院缺席判决后，仍应当将裁判文书依照民事诉讼法第二百七十四条第八项规定公告送达。自公告送达裁判文书满三个月之日起，经过三十日的上诉期当事人没有上诉的，一审判决即发生法律效力。

第五百三十三条 外国人或者外国企业、组织的代表人、主要负责人在中华人民共和国领域内的，人民法院可以向该自然人或者外国企业、组织的代表人、主要负责人送达。

外国企业、组织的主要负责人包括该企业、组织的董事、监事、高级管理人员等。

第五百三十四条 受送达人所在国允许邮寄送达的，人民法院可以邮寄送达。

邮寄送达时应当附有送达回证。受送达人未在送达回证上签收但在邮件回执上签收的，视为送达，签收日期为送达日期。

自邮寄之日起满三个月，如果未收到送达的证明文件，且根据各种情况不足以认定已经送达的，视为不能用邮寄方式送达。

第五百三十五条 人民法院一审时采取公告方式向当事人送达诉讼文书的，二审时可径行采取公告方式向其送达诉讼文书，但人民法院能够采取公告方式之外的其他方式送达的除外。

第五百三十六条 不服第一审人民法院判决、裁定的上诉期，对在中华人民共和国领域内有住所的当事人，适用民事诉讼法第一百七十一条规定的期限；对在中华人民共和国领域内没有住所的当事人，适用民事诉讼法第二百七十六条规定的期限。当事人的上诉期均已届满没有上诉的，第一审人民法院的判决、裁定即发生法律效力。

第五百三十七条 人民法院对涉外民事案件的当事人申请再审进行审查的期间，不受民事诉讼法第二百一十一条规定的限制。

第五百三十八条 申请人向人民法院申请执行中华人民共和国涉外仲裁机构的裁决，应当提出书面申请，并附裁决书正本。如申请人为外国当事人，其申请书应当用中文文本提出。

第五百三十九条 人民法院强制执行涉外仲裁机构的仲裁裁决时，被执行人以有民事诉讼法第二百八十一条第一款规定的情形为由提出抗辩的，人民法院应当对被执行人的抗辩进行审查，并根据审查结果裁定执行或者不予执行。

291

第五百四十条　依照民事诉讼法第二百七十九条规定，中华人民共和国涉外仲裁机构将当事人的保全申请提交人民法院裁定的，人民法院可以进行审查，裁定是否进行保全。裁定保全的，应当责令申请人提供担保，申请人不提供担保的，裁定驳回申请。

289

当事人申请证据保全，人民法院经审查认为无需提供担保的，申请人可以不提供担保。

第五百四十一条　申请人向人民法院申请承认和执行外国法院作出的发生法律效力的判决、裁定，应当提交申请书，并附外国法院作出的发生法律效力的判决、裁定正本或者经证明无误的副本以及中文译本。外国法院判决、裁定为缺席判决、裁定的，申请人应当同时提交该外国法院已经合法传唤的证明文件，但判决、裁定已经对此予以明确说明的除外。

中华人民共和国缔结或者参加的国际条约对提交文件有规定的，按照规定办理。

第五百四十二条　当事人向中华人民共和国有管辖权的中级人民法院申请承认和执行外国法院作出的发生法律效力的判决、裁定的，如果该法院所在国与中华人民共和国没有缔结或者共同参加国际条约，也没有互惠关系的，裁定驳回申请，但当事人向人民法院申请承认外国法院作出的发生法律效力的离婚判决的除外。

承认和执行申请被裁定驳回的，当事人可以向人民法院起诉。

第五百四十三条　对临时仲裁庭在中华人民共和国领域外作出的仲裁裁决，一方当事人向人民法院申请承认和执行的，人民法院应当依照民事诉讼法第二百九十条规定处理。

304

第五百四十四条　对外国法院作出的发生法律效力的判决、裁定或者外国仲裁裁决，需要中华人民共和国法院执行的，当事人应当先向人民法院申请承认。人民法院经审查，裁定承认后，再根据民事诉讼法第三编的规定予以执行。

当事人仅申请承认而未同时申请执行的，人民法院仅对应否承认进行审查并作出裁定。

第五百四十五条 当事人申请承认和执行外国法院作出的发生法律效力的判决、裁定或者外国仲裁裁决的期间，适用民事诉讼法第二百四十六条的规定。

当事人仅申请承认而未同时申请执行的，申请执行的期间自人民法院对承认申请作出的裁定生效之日起重新计算。

第五百四十六条 承认和执行外国法院作出的发生法律效力的判决、裁定或者外国仲裁裁决的案件，人民法院应当组成合议庭进行审查。

人民法院应当将申请书送达被申请人。被申请人可以陈述意见。

人民法院经审查作出的裁定，一经送达即发生法律效力。

第五百四十七条 与中华人民共和国没有司法协助条约又无互惠关系的国家的法院，未通过外交途径，直接请求人民法院提供司法协助的，人民法院应予退回，并说明理由。

第五百四十八条 当事人在中华人民共和国领域外使用中华人民共和国法院的判决书、裁定书，要求中华人民共和国法院证明其法律效力的，或者外国法院要求中华人民共和国法院证明判决书、裁定书的法律效力的，作出判决、裁定的中华人民共和国法院，可以本法院的名义出具证明。

第五百四十九条 人民法院审理涉及香港、澳门特别行政区和台湾地区的民事诉讼案件，可以参照适用涉外民事诉讼程序的特别规定。

……

最高人民法院关于适用
《中华人民共和国仲裁法》若干问题的解释

（2005 年 12 月 26 日最高人民法院审判委员会第 1375 次会议通过　2006 年 8 月 23 日最高人民法院公告公布　自 2006 年 9 月 8 日起施行　法释〔2006〕7 号）

根据《中华人民共和国仲裁法》和《中华人民共和国民事诉讼法》等法律规定，对人民法院审理涉及仲裁案件适用法律的若干问题作如下解释：

250

第一条 仲裁法第十六条规定的"其他书面形式"的仲裁协议，包括以合同书、信件和数据电文（包括电报、电传、传真、电子数据交换和电子邮件）等形式达成的请求仲裁的协议。

第二条 当事人概括约定仲裁事项为合同争议的，基于合同成立、效力、变更、转让、履行、违约责任、解释、解除等产生的纠纷都可以认定为仲裁事项。

第三条 仲裁协议约定的仲裁机构名称不准确，但能够确定具体的仲裁机构的，应当认定选定了仲裁机构。

第四条 仲裁协议仅约定纠纷适用的仲裁规则的，视为未约定仲裁机构，但当事人达成补充协议或者按照约定的仲裁规则能够确定仲裁机构的除外。

第五条 仲裁协议约定两个以上仲裁机构的，当事人可以协议选择其中的一个仲裁机构申请仲裁；当事人不能就仲裁机构选择达成一致的，仲裁协议无效。

第六条 仲裁协议约定由某地的仲裁机构仲裁且该地仅有一个仲裁机构的，该仲裁机构视为约定的仲裁机构。该地有两个以上仲裁机构的，当事人可以协议选择其中的一个仲裁机构申请仲裁；当事人不能就仲裁机构选择达成一致的，仲裁协议无效。

第七条 当事人约定争议可以向仲裁机构申请仲裁也可以向人民法院起诉的，仲裁协议无效。但一方向仲裁机构申请仲裁，另一方未在仲裁法第二十条第二款规定期间内提出异议的除外。

第八条 当事人订立仲裁协议后合并、分立的，仲裁协议对其权利义务的继受人有效。

当事人订立仲裁协议后死亡的，仲裁协议对承继其仲裁事项中的权利义务的继承人有效。

前两款规定情形，当事人订立仲裁协议时另有约定的除外。

第九条 债权债务全部或者部分转让的，仲裁协议对受让人有效，但当事人另有约定、在受让债权债务时受让人明确反对或者不知有单独仲裁协议的除外。

第十条 合同成立后未生效或者被撤销的，仲裁协议效力的认定适用仲裁法第十九条第一款的规定。

当事人在订立合同时就争议达成仲裁协议的，合同未成立不影响仲裁协议的效力。

第十一条 合同约定解决争议适用其他合同、文件中的有效仲裁条款的，发生合同争议时，当事人应当按照该仲裁条款提请仲裁。

涉外合同应当适用的有关国际条约中有仲裁规定的，发生合同争议时，当事人应当按照国际条约中的仲裁规定提请仲裁。

第十二条 当事人向人民法院申请确认仲裁协议效力的案件，由仲裁协议约定的仲裁机构所在地的中级人民法院管辖；仲裁协议约定的仲裁机构不明确的，由仲裁协议签订地或者被申请人住所地的中级人民法院管辖。

申请确认涉外仲裁协议效力的案件，由仲裁协议约定的仲裁机构所在地、仲裁协议签订地、申请人或者被申请人住所地的中级人民法院管辖。

涉及海事海商纠纷仲裁协议效力的案件，由仲裁协议约定的仲裁机构所在地、仲裁协议签订地、申请人或者被申请人住所地的海事法院管辖；上述地点没有海事法院的，由就近的海事法院管辖。

第十三条 依照仲裁法第二十条第二款的规定，当事人在仲裁庭首次开庭前没有对仲裁协议的效力提出异议，而后向人民法院申请确认仲裁协议无效的，人民法院不予受理。

仲裁机构对仲裁协议的效力作出决定后，当事人向人民法院申请确认仲裁协议效力或者申请撤销仲裁机构的决定的，人民法院不予受理。

第十四条 仲裁法第二十六条规定的"首次开庭"是指答辩期满后人民法院组织的第一次开庭审理，不包括审前程序中的各项活动。

第十五条 人民法院审理仲裁协议效力确认案件，应当组成合议庭进行审查，并询问当事人。

第十六条 对涉外仲裁协议的效力审查，适用当事人约定的法律；当事人没有约定适用的法律但约定了仲裁地的，适用仲裁地法律；没有约定适用的法律也没有约定仲裁地或者仲裁地约定不明的，适用法院地法律。

第十七条 当事人以不属于仲裁法第五十八条或者民事诉讼法第二百

五十八条规定的事由申请撤销仲裁裁决的，人民法院不予支持。①

第十八条 仲裁法第五十八条第一款第一项规定的"没有仲裁协议"是指当事人没有达成仲裁协议。仲裁协议被认定无效或者被撤销的，视为没有仲裁协议。

第十九条 当事人以仲裁裁决事项超出仲裁协议范围为由申请撤销仲裁裁决，经审查属实的，人民法院应当撤销仲裁裁决中的超裁部分。但超裁部分与其他裁决事项不可分的，人民法院应当撤销仲裁裁决。

第二十条 仲裁法第五十八条规定的"违反法定程序"，是指违反仲裁法规定的仲裁程序和当事人选择的仲裁规则可能影响案件正确裁决的情形。

第二十一条 当事人申请撤销国内仲裁裁决的案件属于下列情形之一的，人民法院可以依照仲裁法第六十一条的规定通知仲裁庭在一定期限内重新仲裁：

（一）仲裁裁决所根据的证据是伪造的；

（二）对方当事人隐瞒了足以影响公正裁决的证据的。

人民法院应当在通知中说明要求重新仲裁的具体理由。

第二十二条 仲裁庭在人民法院指定的期限内开始重新仲裁的，人民法院应当裁定终结撤销程序；未开始重新仲裁的，人民法院应当裁定恢复撤销程序。

第二十三条 当事人对重新仲裁裁决不服的，可以在重新仲裁裁决书送达之日起六个月内依据仲裁法第五十八条规定向人民法院申请撤销。

第二十四条 当事人申请撤销仲裁裁决的案件，人民法院应当组成合议庭审理，并询问当事人。

第二十五条 人民法院受理当事人撤销仲裁裁决的申请后，另一方当事人申请执行同一仲裁裁决的，受理执行申请的人民法院应当在受理后裁定中止执行。

第二十六条 当事人向人民法院申请撤销仲裁裁决被驳回后，又在执行程序中以相同理由提出不予执行抗辩的，人民法院不予支持。

---

① 本条根据《最高人民法院关于调整司法解释等文件中引用〈中华人民共和国民事诉讼法〉条文序号的决定》（法释〔2008〕18号）第79条调整。

第二十七条 当事人在仲裁程序中未对仲裁协议的效力提出异议，在仲裁裁决作出后以仲裁协议无效为由主张撤销仲裁裁决或者提出不予执行抗辩的，人民法院不予支持。

当事人在仲裁程序中对仲裁协议的效力提出异议，在仲裁裁决作出后又以此为由主张撤销仲裁裁决或者提出不予执行抗辩，经审查符合仲裁法第五十八条或者民事诉讼法第二百一十三条、第二百五十八条规定的，人民法院应予支持。①

第二十八条 当事人请求不予执行仲裁调解书或者根据当事人之间的和解协议作出的仲裁裁决书的，人民法院不予支持。

第二十九条 当事人申请执行仲裁裁决案件，由被执行人住所地或者被执行的财产所在地的中级人民法院管辖。

第三十条 根据审理撤销、执行仲裁裁决案件的实际需要，人民法院可以要求仲裁机构作出说明或者向相关仲裁机构调阅仲裁案卷。

人民法院在办理涉及仲裁的案件过程中作出的裁定，可以送相关的仲裁机构。

第三十一条 本解释自公布之日起实施。

本院以前发布的司法解释与本解释不一致的，以本解释为准。

最高人民法院关于实施
《中华人民共和国仲裁法》几个问题的通知

（1997 年 3 月 26 日　法发〔1997〕第 4 号）

各省、自治区、直辖市高级人民法院：

现就人民法院实施《中华人民共和国仲裁法》（以下简称《仲裁法》，需要明确的几个问题，通知如下：

一、《仲裁法》施行前当事人依法订立的仲裁协议继续有效。有关当

---

① 本款根据《最高人民法院关于调整司法解释等文件中引用〈中华人民共和国民事诉讼法〉条文序号的决定》（法释〔2008〕18 号）第 80 条调整。

事人向人民法院起诉的，人民法院不予受理，应当告知其向依照《仲裁法》组建的仲裁机构申请仲裁。

当事人双方书面协议放弃仲裁后，一方向人民法院起诉的，人民法院应当依法受理。

二、在仲裁过程中，当事人申请财产保全的，一般案件由被申请人住所地或者财产所在地的基层人民法院作出裁定；属涉外仲裁案件的，依据《中华人民共和国民事诉讼法》第二百五十八条的规定，由被申请人住所地或者财产所在地的中级人民法院作出裁定。有关人民法院对仲裁机构提交的财产保全申请应当认真进行审查，符合法律规定的，即应依法作出财产保全的裁定；如认为不符合法律规定的，应依法裁定驳回申请。①

三、对依照《仲裁法》组建的仲裁机构所作出的涉外仲裁裁决，当事人申请执行的，人民法院应当依法受理。

最高人民法院、司法部印发《关于充分发挥仲裁职能作用 服务粤港澳大湾区高质量发展的意见》的通知

（2025 年 2 月 10 日）

广东省高级人民法院、广东省司法厅：

为贯彻落实党中央决策部署，充分发挥仲裁制度职能作用和优势，助力粤港澳大湾区高质量发展，最高人民法院、司法部制定了《关于充分发挥仲裁职能作用 服务粤港澳大湾区高质量发展的意见》，现予印发，请结合实际认真贯彻落实。

---

① 本条根据《最高人民法院关于调整司法解释等文件中引用〈中华人民共和国民事诉讼法〉条文序号的决定》（法释〔2008〕18 号）第 45 条调整。

关于充分发挥仲裁职能作用
服务粤港澳大湾区高质量发展的意见

为贯彻落实党的二十届三中全会关于深化仲裁制度改革部署，根据《粤港澳大湾区发展规划纲要》《粤港澳大湾区建设"十四五"实施方案》"推动建立共商、共建、共享的多元化纠纷解决机制""完善国际商事纠纷解决机制，建设国际仲裁中心"的要求，充分发挥仲裁制度职能作用和优势，营造市场化、法治化、国际化一流营商环境，助力香港、澳门更好融入国家发展大局，现提出以下意见：

一、在粤港澳大湾区内地九市（以下简称内地九市）设立的港资、澳资企业既可以约定内地为仲裁地，也可以约定香港、澳门为仲裁地解决商事纠纷。

二、加快推进大湾区国际一流仲裁机构建设，将广州、深圳国际商事仲裁中心建设试点与香港、澳门国际法律及争议解决服务中心建设紧密结合，规划建设大湾区国际商事仲裁中心，建立大湾区统一仲裁规则和线上争议解决平台，形成国际领先、具有世界影响力的国际商事仲裁高地，提高我国仲裁的公信力和国际竞争力。

三、健全完善适应新质生产力发展要求的仲裁规则与业务模式，规范发展互联网仲裁，探索发挥智能技术在仲裁中的应用，服务人工智能、数字经济、生命科学等新兴产业健康发展。

四、在内地九市建立功能完备、运行规范的人民法院与司法行政机关、仲裁机构的对接服务平台，依托人民法院在线服务平台为仲裁保全等事项的办理提供便利，促进仲裁与诉讼有机衔接。

五、建立大湾区仲裁及仲裁司法审查案例库，加强典型案例发布及宣传工作，指引仲裁机构依法办理仲裁案件，鼓励当事人选择仲裁方式解决纠纷，支持仲裁发挥更大作用。

六、支持建设粤港澳三地仲裁员推荐名册，推行大湾区仲裁员资源共享、互认互聘。研究制定大湾区仲裁秘书国际化服务推荐标准，探索建立大湾区仲裁秘书推荐库和仲裁庭自主选任仲裁秘书机制，推进大湾区仲裁秘书共享共用。推进人民法院与司法行政机关、仲裁机构信息共享，加强仲裁工作沟通协调。

七、支持建立大湾区涉外仲裁人才联合培养培训工作机制，粤港澳三地共建仲裁员和仲裁秘书培训实践基地，开展内地九市人民法院审判人员、仲裁员联合培训。充分发挥香港有关涉外法律人才培训机制的作用，实施涉外仲裁人才培训项目。

国务院办公厅关于贯彻实施《中华人民共和国仲裁法》需要明确的几个问题的通知

(1996 年 6 月 8 日　国办发〔1996〕22 号)

各省、自治区、直辖市人民政府，国务院各部委、各直属机构：

为了保障《中华人民共和国仲裁法》(以下简称仲裁法) 的正确实施，保证仲裁工作的连续性，保护经济纠纷当事人的合法权益，维护经济秩序，经国务院同意，现将贯彻实施仲裁法需要明确的几个问题通知如下，请认真贯彻执行：

一、国务院办公厅 1995 年 8 月 1 日印发的《重新组建仲裁机构方案》(国办发〔1995〕44 号) 中关于新组建的仲裁委员会与原有仲裁机构受理仲裁案件衔接的规定修改为：仲裁法施行前当事人依法订立的仲裁协议继续有效；原仲裁协议选定或者按照仲裁法施行前国家有关仲裁的规定由直辖市或者省、自治区人民政府所在地的市或者其他设区的市范围内原各级仲裁机构仲裁的，分别由原仲裁所在地的直辖市或者省、自治区人民政府所在地的市或者其他设区的市新组建的仲裁委员会受理；原仲裁机构所在的地方依法不能组建或者可以组建但未组建仲裁委员会的，由省、自治区人民政府所在地的市新组建的仲裁委员会受理。凡当事人双方达成新的仲裁协议、选定其他新组建的仲裁委员会仲裁的，由双方选定的新组建的仲裁委员会受理；凡当事人双方协议放弃仲裁、选择诉讼方式解决纠纷、向人民法院起诉的，由人民法院受理。

39

二、国内仲裁案件的当事人依照仲裁法第二十八条的规定申请财产保全的，仲裁委员会应当将当事人的申请依照《中华人民共和国民事诉讼法》的有关规定提交被申请人住所地或者财产所在地的基层人民法院。

三、新组建的仲裁委员会的主要职责是受理国内仲裁案件；涉外仲裁案件的当事人自愿选择新组建的仲裁委员会仲裁的，新组建的仲裁委员会可以受理；新组建的仲裁委员会受理的涉外仲裁案件的仲裁收费与国内仲裁案件的仲裁收费应当采用同一标准。

四、请有关行政机关自本通知发布之日起两个月内，对其在仲裁法施行前制定的标准（格式）合同、合同示范文本中合同争议解决方式条款依照仲裁法的规定予以修订。修订后的格式是，合同争议解决方式由当事人在合同中约定从下列两种方式中选择一种：

（一）因履行本合同发生的争议，由当事人协商解决，协商不成的，提交××仲裁委员会仲裁；

（二）因履行本合同发生的争议，由当事人协商解决，协商不成的，依法向人民法院起诉。

本通知中有关法院职权范围内的问题，经商最高人民法院同意，将由最高人民法院另行发文。

最高人民法院关于仲裁司法
审查案件报核问题的有关规定

（2017 年 11 月 20 日最高人民法院审判委员会第 1727 次会议通过　根据 2021 年 11 月 15 日最高人民法院审判委员会第 1850 次会议通过的《最高人民法院关于修改〈最高人民法院关于仲裁司法审查案件报核问题的有关规定〉的决定》修正　2021 年 12 月 24 日最高人民法院公告公布　该修正自 2022 年 1 月 1 日起施行　法释〔2021〕21 号）

为正确审理仲裁司法审查案件，统一裁判尺度，依法保护当事人合法权益，保障仲裁发展，根据《中华人民共和国民事诉讼法》《中华人民共和国仲裁法》等法律规定，结合审判实践，制定本规定。

第一条 本规定所称仲裁司法审查案件，包括下列案件：

（一）申请确认仲裁协议效力案件；

（二）申请撤销我国内地仲裁机构的仲裁裁决案件；

（三）申请执行我国内地仲裁机构的仲裁裁决案件；

（四）申请认可和执行香港特别行政区、澳门特别行政区、台湾地区仲裁裁决案件；

（五）申请承认和执行外国仲裁裁决案件；

（六）其他仲裁司法审查案件。

第二条 各中级人民法院或者专门人民法院办理涉外涉港澳台仲裁司法审查案件，经审查拟认定仲裁协议无效，不予执行或者撤销我国内地仲裁机构的仲裁裁决，不予认可和执行香港特别行政区、澳门特别行政区、台湾地区仲裁裁决，不予承认和执行外国仲裁裁决，应当向本辖区所属高级人民法院报核；高级人民法院经审查拟同意的，应当向最高人民法院报核。待最高人民法院审核后，方可依最高人民法院的审核意见作出裁定。

各中级人民法院或者专门人民法院办理非涉外涉港澳台仲裁司法审查案件，经审查拟认定仲裁协议无效，不予执行或者撤销我国内地仲裁机构的仲裁裁决，应当向本辖区所属高级人民法院报核；待高级人民法院审核后，方可依高级人民法院的审核意见作出裁定。

第三条 本规定第二条第二款规定的非涉外涉港澳台仲裁司法审查案件，高级人民法院经审查，拟同意中级人民法院或者专门人民法院以违背社会公共利益为由不予执行或者撤销我国内地仲裁机构的仲裁裁决的，应当向最高人民法院报核，待最高人民法院审核后，方可依最高人民法院的审核意见作出裁定。

第四条 依据本规定第二条第二款由高级人民法院审核的案件，高级人民法院应当在作出审核意见之日起十五日内向最高人民法院报备。

第五条 下级人民法院报请上级人民法院审核的案件，应当将书面报告和案件卷宗材料一并上报。书面报告应当写明审查意见及具体理由。

第六条 上级人民法院收到下级人民法院的报核申请后，认为案件相关事实不清的，可以询问当事人或者退回下级人民法院补充查明事实后再报。

第七条 上级人民法院应当以复函的形式将审核意见答复下级人民法院。

第八条 在民事诉讼案件中，对于人民法院因涉及仲裁协议效力而作出的不予受理、驳回起诉、管辖权异议的裁定，当事人不服提起上诉，第二审人民法院经审查拟认定仲裁协议不成立、无效、失效、内容不明确无法执行的，须按照本规定第二条的规定逐级报核，待上级人民法院审核后，方可依上级人民法院的审核意见作出裁定。

第九条 本规定自 2018 年 1 月 1 日起施行，本院以前发布的司法解释与本规定不一致的，以本规定为准。

最高人民法院关于审理仲裁司法
审查案件若干问题的规定

（2017 年 12 月 4 日最高人民法院审判委员会 1728 次会议通过 2017 年 12 月 26 日最高人民法院公告公布 自 2018 年 1 月 1 日起施行 法释〔2017〕22 号）

为正确审理仲裁司法审查案件，依法保护各方当事人合法权益，根据《中华人民共和国民事诉讼法》《中华人民共和国仲裁法》等法律规定，结合审判实践，制定本规定。

第一条 本规定所称仲裁司法审查案件，包括下列案件：

（一）申请确认仲裁协议效力案件；

（二）申请执行我国内地仲裁机构的仲裁裁决案件；

（三）申请撤销我国内地仲裁机构的仲裁裁决案件；

（四）申请认可和执行香港特别行政区、澳门特别行政区、台湾地区仲裁裁决案件；

（五）申请承认和执行外国仲裁裁决案件；

（六）其他仲裁司法审查案件。

第二条 申请确认仲裁协议效力的案件，由仲裁协议约定的仲裁机构所在地、仲裁协议签订地、申请人住所地、被申请人住所地的中级人民法院或者专门人民法院管辖。

涉及海事海商纠纷仲裁协议效力的案件，由仲裁协议约定的仲裁机构所在地、仲裁协议签订地、申请人住所地、被申请人住所地的海事法院管辖；上述地点没有海事法院的，由就近的海事法院管辖。

第三条 外国仲裁裁决与人民法院审理的案件存在关联，被申请人住所地、被申请人财产所在地均不在我国内地，申请人申请承认外国仲裁裁决的，由受理关联案件的人民法院管辖。受理关联案件的人民法院为基层人民法院的，申请承认外国仲裁裁决的案件应当由该基层人民法院的上一级人民法院管辖。受理关联案件的人民法院是高级人民法院或者最高人民法院的，由上述法院决定自行审查或者指定中级人民法院审查。

外国仲裁裁决与我国内地仲裁机构审理的案件存在关联，被申请人住所地、被申请人财产所在地均不在我国内地，申请人申请承认外国仲裁裁决的，由受理关联案件的仲裁机构所在地的中级人民法院管辖。

第四条 申请人向两个以上有管辖权的人民法院提出申请的，由最先立案的人民法院管辖。

第五条 申请人向人民法院申请确认仲裁协议效力的，应当提交申请书及仲裁协议正本或者经证明无误的副本。

申请书应当载明下列事项：

（一）申请人或者被申请人为自然人的，应当载明其姓名、性别、出生日期、国籍及住所；为法人或者其他组织的，应当载明其名称、住所以及法定代表人或者代表人的姓名和职务；

（二）仲裁协议的内容；

（三）具体的请求和理由。

当事人提交的外文申请书、仲裁协议及其他文件，应当附有中文译本。

第六条 申请人向人民法院申请执行或者撤销我国内地仲裁机构的仲裁裁决、申请承认和执行外国仲裁裁决的，应当提交申请书及裁决书正本或者经证明无误的副本。

申请书应当载明下列事项：

（一）申请人或者被申请人为自然人的，应当载明其姓名、性别、出生日期、国籍及住所；为法人或者其他组织的，应当载明其名称、住所以及法定代表人或者代表人的姓名和职务；

（二）裁决书的主要内容及生效日期；

（三）具体的请求和理由。

当事人提交的外文申请书、裁决书及其他文件，应当附有中文译本。

第七条 申请人提交的文件不符合第五条、第六条的规定，经人民法院释明后提交的文件仍然不符合规定的，裁定不予受理。

申请人向对案件不具有管辖权的人民法院提出申请，人民法院应当告知其向有管辖权的人民法院提出申请，申请人仍不变更申请的，裁定不予受理。

申请人对不予受理的裁定不服的，可以提起上诉。

第八条 人民法院立案后发现不符合受理条件的，裁定驳回申请。

前款规定的裁定驳回申请的案件，申请人再次申请并符合受理条件的，人民法院应予受理。

当事人对驳回申请的裁定不服的，可以提起上诉。

第九条 对于申请人的申请，人民法院应当在七日内审查决定是否受理。

人民法院受理仲裁司法审查案件后，应当在五日内向申请人和被申请人发出通知书，告知其受理情况及相关的权利义务。

第十条 人民法院受理仲裁司法审查案件后，被申请人对管辖权有异议的，应当自收到人民法院通知之日起十五日内提出。人民法院对被申请人提出的异议，应当审查并作出裁定。当事人对裁定不服的，可以提起上诉。

在中华人民共和国领域内没有住所的被申请人对人民法院的管辖权有异议的，应当自收到人民法院通知之日起三十日内提出。

第十一条 人民法院审查仲裁司法审查案件，应当组成合议庭并询问当事人。

第十二条 仲裁协议或者仲裁裁决具有《最高人民法院关于适用〈中华人民共和国涉外民事关系法律适用法〉若干问题的解释（一）》第一条规定情形的，为涉外仲裁协议或者涉外仲裁裁决。

第十三条 当事人协议选择确认涉外仲裁协议效力适用的法律，应当作出明确的意思表示，仅约定合同适用的法律，不能作为确认合同中仲裁条款效力适用的法律。

第十四条 人民法院根据《中华人民共和国涉外民事关系法律适用法》第十八条的规定，确定确认涉外仲裁协议效力适用的法律时，当事人没有选择适用的法律，适用仲裁机构所在地的法律与适用仲裁地的法律将对仲裁协议的效力作出不同认定的，人民法院应当适用确认仲裁协议有效的法律。

第十五条 仲裁协议未约定仲裁机构和仲裁地，但根据仲裁协议约定适用的仲裁规则可以确定仲裁机构或者仲裁地的，应当认定其为《中华人民共和国涉外民事关系法律适用法》第十八条中规定的仲裁机构或者仲裁地。

第十六条 人民法院适用《承认及执行外国仲裁裁决公约》审查当事人申请承认和执行外国仲裁裁决案件时，被申请人以仲裁协议无效为由提出抗辩的，人民法院应当依照该公约第五条第一款（甲）项的规定，确定确认仲裁协议效力应当适用的法律。

第十七条 人民法院对申请执行我国内地仲裁机构作出的非涉外仲裁裁决案件的审查，适用《中华人民共和国民事诉讼法》第二百三十七条的规定。 `248`

人民法院对申请执行我国内地仲裁机构作出的涉外仲裁裁决案件的审查，适用《中华人民共和国民事诉讼法》第二百七十四条的规定。 `291`

第十八条 《中华人民共和国仲裁法》第五十八条第一款第六项和 `71`《中华人民共和国民事诉讼法》第二百三十七条第二款第六项规定的仲裁 `248`员在仲裁该案时有索贿受贿，徇私舞弊，枉法裁决行为，是指已经由生效刑事法律文书或者纪律处分决定所确认的行为。

第十九条 人民法院受理仲裁司法审查案件后，作出裁定前，申请人请求撤回申请的，裁定准许。

第二十条 人民法院在仲裁司法审查案件中作出的裁定，除不予受理、驳回申请、管辖权异议的裁定外，一经送达即发生法律效力。当事人申请复议、提出上诉或者申请再审的，人民法院不予受理，但法律和司法解释另有规定的除外。

第二十一条 人民法院受理的申请确认涉及香港特别行政区、澳门特别行政区、台湾地区仲裁协议效力的案件，申请执行或者撤销我国内地仲裁机构作出的涉及香港特别行政区、澳门特别行政区、台湾地区仲裁裁决的案件，参照适用涉外仲裁司法审查案件的规定审查。

第二十二条 本规定自 2018 年 1 月 1 日起施行，本院以前发布的司法解释与本规定不一致的，以本规定为准。

最高人民法院关于仲裁司法审查案件
归口办理有关问题的通知

（2017 年 5 月 22 日　法〔2017〕152 号）

各省、自治区、直辖市高级人民法院，解放军军事法院，新疆维吾尔自治区高级人民法院生产建设兵团分院：

为依法正确审理仲裁司法审查案件，保证裁判尺度的统一，维护当事人的合法权益，促进仲裁事业健康有序发展及多元化纠纷解决机制的建立，现就各级人民法院办理仲裁司法审查案件的有关问题通知如下：

一、各级人民法院审理涉外商事案件的审判庭（合议庭）作为专门业务庭（以下简称专门业务庭）负责办理本通知规定的仲裁司法审查案件。

二、当事人申请确认仲裁协议效力的案件，申请撤销我国内地仲裁机构仲裁裁决的案件，申请认可和执行香港特别行政区、澳门特别行政区、台湾地区仲裁裁决的案件、申请承认和执行外国仲裁裁决等仲裁司法审查案件，由各级人民法院专门业务庭办理。

专门业务庭经审查裁定认可和执行香港特别行政区、澳门特别行政区、台湾地区仲裁裁决，承认和执行外国仲裁裁决的，交由执行部门执行。

三、一审法院作出的不予受理、驳回起诉、管辖权异议裁定涉及仲裁协议效力的，当事人不服该裁定提起上诉的案件，由二审人民法院专门业务庭办理。

四、各级人民法院应当建立仲裁司法审查案件的数据信息集中管理平台，加强对申请确认仲裁协议效力的案件，申请撤销或者执行我国内地仲裁机构仲裁裁决的案件，申请认可和执行香港特别行政区、澳门特别行政区、台湾地区仲裁裁决的案件，申请承认和执行外国仲裁裁决的案件，以及涉及确认仲裁协议效力的不予受理、驳回起诉、管辖权异议等仲裁司法审查案件的信息化管理和数据分析，有效保证法律适用的正确性和裁判尺度的统一性。此项工作由最高人民法院民事审判第四庭与人民法院信息技术服务中心具体负责。

最高人民法院关于指定上海海事法院
管辖与中国海事仲裁委员会上海分会
相关的海事仲裁司法审查案件的通知

(2005 年 5 月 27 日　法〔2005〕66 号)

辽宁省、山东省、湖北省、浙江省、福建省、广东省、海南省、广西壮族
自治区、天津市、上海市高级人民法院，各海事法院：

经上海市司法局批准并登记，中国海事仲裁委员会上海分会于 2003 年
1 月 8 日在上海市正式挂牌成立并开始受理海事仲裁案件。为了明确相关
案件的管辖分工，加强海事仲裁司法监督工作，方便当事人诉讼，根据
《中华人民共和国民事诉讼法》、《中华人民共和国仲裁法》和《中华人民
共和国海事诉讼特别程序法》的有关规定，通知如下：

指定上海海事法院管辖涉及中国海事仲裁委员会上海分会的海事仲裁
协议效力的案件和申请撤销其海事仲裁裁决的案件。

特此通知。

最高人民法院关于对上海市高级人民
法院等就涉及中国国际经济贸易仲裁委员会
及其原分会等仲裁机构所作仲裁裁决
司法审查案件请示问题的批复

(2015 年 6 月 23 日最高人民法院审判委员会第 1655 次会议通
过　2015 年 7 月 15 日最高人民法院公告公布　自 2015 年 7 月 17
日起施行　法释〔2015〕15 号)

上海市高级人民法院、江苏省高级人民法院、广东省高级人民法院：

因中国国际经济贸易仲裁委员会（以下简称中国贸仲）于 2012 年 5 月 1 日施行修订后的仲裁规则以及原中国国际经济贸易仲裁委员会华南分会（现已更名为华南国际经济贸易仲裁委员会，同时使用深圳国际仲裁院的名称，以下简称华南贸仲）、原中国国际经济贸易仲裁委员会上海分会（现已更名为上海国际经济贸易仲裁委员会，同时使用上海国际仲裁中心的名称，以下简称上海贸仲）变更名称并施行新的仲裁规则，致使部分当事人对相关仲裁协议的效力以及上述各仲裁机构受理仲裁案件的权限、仲裁的管辖、仲裁的执行等问题产生争议，向人民法院请求确认仲裁协议效力、申请撤销或者不予执行相关仲裁裁决，引发诸多仲裁司法审查案件。上海市高级人民法院、江苏省高级人民法院、广东省高级人民法院就有关问题向我院请示。

为依法保护仲裁当事人合法权益，充分尊重当事人意思自治，考虑中国贸仲和华南贸仲、上海贸仲的历史关系，从支持和维护仲裁事业健康发展，促进建立多元纠纷解决机制出发，经研究，对有关问题答复如下：

一、当事人在华南贸仲更名为华南国际经济贸易仲裁委员会、上海贸仲更名为上海国际经济贸易仲裁委员会之前签订仲裁协议约定将争议提交"中国国际经济贸易仲裁委员会华南分会"或者"中国国际经济贸易仲裁委员会上海分会"仲裁的，华南贸仲或者上海贸仲对案件享有管辖权。当事人以华南贸仲或者上海贸仲无权仲裁为由请求人民法院确认仲裁协议无效、申请撤销或者不予执行仲裁裁决的，人民法院不予支持。

当事人在华南贸仲更名为华南国际经济贸易仲裁委员会、上海贸仲更名为上海国际经济贸易仲裁委员会之后（含更名之日）本批复施行之前签订仲裁协议约定将争议提交"中国国际经济贸易仲裁委员会华南分会"或者"中国国际经济贸易仲裁委员会上海分会"仲裁的，中国贸仲对案件享有管辖权。但申请人向华南贸仲或者上海贸仲申请仲裁，被申请人对华南贸仲或者上海贸仲的管辖权没有提出异议的，当事人在仲裁裁决作出后以华南贸仲或者上海贸仲无权仲裁为由申请撤销或者不予执行仲裁裁决的，人民法院不予支持。

当事人在本批复施行之后（含施行起始之日）签订仲裁协议约定将争议提交"中国国际经济贸易仲裁委员会华南分会"或者"中国国际经济贸易仲裁委员会上海分会"仲裁的，中国贸仲对案件享有管辖权。

二、仲裁案件的申请人向仲裁机构申请仲裁的同时请求仲裁机构对案件的管辖权作出决定，仲裁机构作出确认仲裁协议有效、其对案件享有管辖权的决定后，被申请人在仲裁庭首次开庭前向人民法院提起申请确认仲裁协议效力之诉的，人民法院应予受理并作出裁定。申请人或者仲裁机构根据最高人民法院《关于确认仲裁协议效力几个问题的批复》（法释〔1998〕27号）第三条或者最高人民法院《关于适用〈中华人民共和国仲裁法〉若干问题的解释》（法释〔2006〕7号）第十三条第二款的规定主张人民法院对被申请人的起诉应当不予受理的，人民法院不予支持。

三、本批复施行之前，中国贸仲或者华南贸仲、上海贸仲已经受理的根据本批复第一条规定不应由其受理的案件，当事人在仲裁裁决作出后以仲裁机构无权仲裁为由申请撤销或者不予执行仲裁裁决的，人民法院不予支持。

四、本批复施行之前，中国贸仲或者华南贸仲、上海贸仲受理了同一仲裁案件，当事人在仲裁庭首次开庭前向人民法院申请确认仲裁协议效力的，人民法院应当根据本批复第一条的规定进行审理并作出裁定。

本批复施行之前，中国贸仲或者华南贸仲、上海贸仲受理了同一仲裁案件，当事人并未在仲裁庭首次开庭前向人民法院申请确认仲裁协议效力的，先受理的仲裁机构对案件享有管辖权。

此复。

2. 仲裁委员会和仲裁协会

重新组建仲裁机构方案

（1995年7月28日　国办发〔1995〕44号）

一、关于重新组建仲裁机构的原则

（一）全面、准确地把握《中华人民共和国仲裁法》（以下简称仲裁法）精神，严格依照仲裁法组建。

（二）体现全心全意为人民服务的宗旨，保证仲裁能够按照公正、及时的原则解决经济纠纷。

（三）从实际情况出发，根据需要与可能进行组建。

（四）统一认识，加强领导，调动各方面的积极因素，保证仲裁工作平稳过渡。

二、关于仲裁委员会

（一）依法可以设立仲裁委员会的市只能组建一个统一的仲裁委员会，不得按照不同专业设立专业仲裁委员会或者专业仲裁庭。

（二）新组建的仲裁委员会的名称应当规范，一律在仲裁委员会之前冠以仲裁委员会所在市的地名（地名+仲裁委员会），如北京仲裁委员会、广州仲裁委员会、深圳仲裁委员会等。

（三）仲裁委员会由主任1人、副主任2至4人和委员7至11人组成。其中，驻会专职组成人员1至2人，其他组成人员均为兼职。

仲裁委员会的组成人员由院校、科研机构、国家机关等方面的专家和有实际工作经验的人员担任。仲裁委员会的组成人员可以是仲裁员，也可以不是仲裁员。

第一届仲裁委员会的组成人员，由政府法制、经贸、体改、司法、工商、科技、建设等部门和贸促会、工商联等组织协商推荐，由市人民政府聘任。

（四）仲裁委员会设秘书长1人。秘书长可以由驻会专职组成人员兼任。

（五）仲裁委员会下设办事机构，负责办理仲裁案件受理、仲裁文书送达、档案管理、仲裁费用的收取与管理等事务。办事机构日常工作由仲裁委员会秘书长负责。

办事机构的设置和人员配备应当遵循精简、高效的原则。仲裁委员会设立初期，办事机构不宜配备过多的工作人员。以后随着仲裁工作量的增加，人员可以适当增加。

办事机构工作人员应当具备良好的思想品质、业务素质，择优聘用。

三、关于仲裁员

（一）仲裁委员会不设专职仲裁员。

（二）仲裁员由依法重新组建的仲裁委员会聘任。

仲裁委员会应当主要在本省、自治区、直辖市范围内符合仲裁法第十三条规定的人员中聘任仲裁员。

21

国家公务员及参照实行国家公务员制度的机关工作人员符合仲裁法第十三条规定的条件，并经所在单位同意，可以受聘为仲裁员，但是不得因从事仲裁工作影响本职工作。

仲裁委员会要按照不同专业设置仲裁员名册。

（三）仲裁员办理仲裁案件，由仲裁委员会依照仲裁规则的规定给付报酬。仲裁员没有办理仲裁案件的，不能取得报酬或者其他费用。

四、关于仲裁委员会的编制、经费和用房

仲裁委员会设立初期，其所在地的市人民政府应当参照有关事业单位的规定，解决仲裁委员会的人员编制、经费、用房等。仲裁委员会应当逐步做到自收自支。

五、关于新组建的仲裁委员会与现有仲裁机构的衔接

（一）聘任仲裁员、聘用办事机构工作人员，应当优先从现有仲裁机构符合条件的仲裁员、工作人员中考虑。

（二）当事人在现有仲裁机构依法终止之前达成仲裁协议，在现有仲裁机构依法终止之后又达成补充协议选定新的仲裁委员会的，可以依照仲裁法向重新选定的仲裁委员会申请仲裁；当事人达不成补充协议的，原仲裁协议无效。

附件（略）

仲裁委员会登记暂行办法

（1995 年 7 月 28 日　国办发〔1995〕44 号）

第一条　根据《中华人民共和国仲裁法》（以下简称仲裁法），制定本办法。

第二条　仲裁委员会的登记机关是省、自治区、直辖市的司法行政部门。

第三条　仲裁委员会可以在直辖市和省、自治区人民政府所在地的市设立，也可以根据需要在其他设区的市设立，不按行政区划层层设立。

设立仲裁委员会，应当向登记机关办理设立登记；未经设立登记的，仲裁裁决不具有法律效力。

办理设立登记，应当向登记机关提交下列文件：

（一）设立仲裁委员会申请书；

（二）组建仲裁委员会的市的人民政府设立仲裁委员会的文件；

（三）仲裁委员会章程；

（四）必要的经费证明；

（五）仲裁委员会住所证明；

（六）聘任的仲裁委员会组成人员的聘书副本；

（七）拟聘任的仲裁员名册。

第四条 登记机关应当在收到本办法第三条第三款规定的文件之日起 10 日内，对符合设立条件的仲裁委员会予以设立登记，并发给登记证书；对符合设立条件，但所提供的文件不符合本办法第三条第三款规定的，在要求补正后予以登记；对不符合本办法第三条第一款规定的，不予登记。

第五条 仲裁委员会变更住所、组成人员，应当在变更后的 10 日内向登记机关备案，并向登记机关提交与变更事项有关的文件。

第六条 仲裁委员会决议终止的，应当向登记机关办理注销登记。

仲裁委员会办理注销登记，应当向登记机关提交下列文件或者证书：

（一）注销登记申请书；

（二）组建仲裁委员会的市的人民政府同意注销该仲裁委员会的文件；

（三）有关机关确认的清算报告；

（四）仲裁委员会登记证书。

第七条 登记机关应当自收到本办法第六条第二款规定的文件、证书之日起 10 日内，对符合终止条件的仲裁委员会予以注销登记，收回仲裁委员会登记证书。

第八条 登记机关对仲裁委员会的设立登记、注销登记，自作出登记之日起生效，予以公告，并报国务院司法行政部门备案。

仲裁委员会登记证书，由国务院司法行政部门负责印制。

第九条 仲裁法施行前在直辖市和省、自治区人民政府所在地的市以及其他设区的市设立的仲裁机构，应当依照仲裁法和国务院的有关规定重新组建，并依照本办法申请设立登记；未重新组建的，自仲裁法施行之日起届满 1 年时终止。

仲裁法施行前设立的不符合仲裁法规定的其他仲裁机构，自仲裁法施行之日起终止。

第十条 本办法自 1995 年 9 月 1 日起施行。

仲裁委员会仲裁收费办法

（1995 年 7 月 28 日　国办发〔1995〕44 号）

第一条 为了规范仲裁委员会的仲裁收费，制定本办法。

第二条 当事人申请仲裁，应当按照本办法的规定向仲裁委员会交纳仲裁费用，仲裁费用包括案件受理费和案件处理费。

第三条 案件受理费用于给付仲裁员报酬、维持仲裁委员会正常运转的必要开支。

第四条 申请人应当自收到仲裁委员会受理通知书之日起 15 日内，按照仲裁案件受理费表的规定预交案件受理费。被申请人在提出反请求的同时，应当按照仲裁案件受理费表的规定预交案件受理费。

仲裁案件受理费的具体标准由仲裁委员会在仲裁案件受理费表规定的幅度内确定，并报仲裁委员会所在地的省、自治区、直辖市人民政府物价管理部门核准。

第五条 仲裁案件受理费表中的争议金额，以申请人请求的数额为准；请求的数额与实际争议金额不一致的，以实际争议金额为准。

申请仲裁时争议金额未确定的，由仲裁委员会根据争议所涉及权益的具体情况确定预先收取的案件受理费数额。

第六条 当事人预交案件受理费确有困难的，由当事人提出申请，经仲裁委员会批准，可以缓交。

当事人在本办法第四条第一款规定的期限内不预交案件受理费，又不提出缓交申请的，视为撤回仲裁申请。

第七条 案件处理费包括：

（一）仲裁员因办理仲裁案件出差、开庭而支出的食宿费、交通费及其他合理费用；

（二）证人、鉴定人、翻译人员等因出庭而支出的食宿费、交通费、误工补贴；

（三）咨询、鉴定、勘验、翻译等费用；

（四）复制、送达案件材料、文书的费用；

（五）其他应当由当事人承担的合理费用。

本条款第（二）、（三）项规定的案件处理费，由提出申请的一方当事人预付。

第八条 案件处理费的收费标准按照国家有关规定执行；国家没有规定的，按照合理的实际支出收取。

第九条 仲裁费用原则上由败诉的当事人承担；当事人部分胜诉、部分败诉的，由仲裁庭根据当事人各方责任大小确定其各自应当承担的仲裁费用的比例。当事人自行和解或者经仲裁庭调解结案的，当事人可以协商确定各自承担的仲裁费用的比例。

仲裁庭应当在调解书或者裁决书中写明双方当事人最终应当支付的仲裁费用金额。

第十条 依照仲裁法第六十一条的规定，仲裁庭同意重新仲裁的，仲裁委员会不得再行收取案件受理费。

仲裁庭依法对裁决书中的文字、计算错误或者仲裁庭已经裁决但在裁决书中遗漏的事项作出补正，不得收费。

第十一条 申请人经书面通知，无正当理由不到庭或者未经仲裁庭许可中途退庭，可以视为撤回仲裁申请，案件受理费、处理费不予退回。

第十二条 仲裁委员会受理仲裁申请后，仲裁庭组成前，申请人撤回仲裁申请，或者当事人自行达成和解协议并撤回仲裁申请的，案件受理费应当全部退回。

仲裁庭组成后，申请人撤回仲裁申请或者当事人自行达成和解协议并撤回仲裁申请的，应当根据实际情况酌情退回部分案件受理费。

第十三条 本办法第五条、第十二条的规定同样适用于被申请人提出反请求的情形。

第十四条 仲裁委员会收取仲裁案件受理费，应当使用省、自治区、直辖市人民政府财政部门统一印制的收费票据，并按照国家有关规定，建立、健全财务核算制度，加强财务、收支管理，接受财政、审计、税务、物价等部门的监督。

第十五条 本办法自1995年9月1日起施行。

附件：

仲裁委员会仲裁案件受理费表

争议金额（人民币）	仲裁案件受理费（人民币）
1000 元以下的部分	40—100 元
1001 元至 50000 元的部分	按 4%—5% 交纳
50001 元至 100000 元的部分	按 3%—4% 交纳
100001 元至 200000 元的部分	按 2%—3% 交纳
200001 元至 500000 元的部分	按 1%—2% 交纳
500001 元至 1000000 元的部分	按 0.5%—1% 交纳
1000001 元以上的部分	按 0.25%—0.5% 交纳

国务院办公厅关于进一步做好
重新组建仲裁机构工作的通知

（1995 年 5 月 26 日　国办发〔1995〕38 号）

各省、自治区、直辖市人民政府，国务院各部委、各直属机构：

为了依照《中华人民共和国仲裁法》（以下简称仲裁法）的规定重新组建独立于行政机关的仲裁机构，国务院办公厅于1994年11月13日发出了《关于做好重新组建仲裁机构和筹建中国仲裁协会筹备工作的通知》（国办发〔1994〕99 号，以下简称《通知》）。《通知》下发以后，各地方、各有关部门和组织对重新组建仲裁机构都比较重视，做了大量细致、扎实的工作。同时，从实际情况看，落实仲裁法和《通知》的要求，任务仍很艰巨。根据仲裁法的规定，国务院和省、自治区人民政府、自治州人民政府以及县级人民政府的工商、城建、科技等部门设立的现有仲裁机构

1995 年 9 月 1 日即将终止，设在直辖市和省、自治区人民政府所在地的市以及其他设区的市现有隶属于行政部门的仲裁机构最迟到 1996 年 9 月 1 日也要终止。因此，依法重新组建仲裁机构时间已经相当紧迫。为了进一步做好重新组建仲裁机构的工作，保证仲裁工作的连续性，保护经济纠纷当事人的合法权益，维护经济秩序，经国务院领导同志同意，现将有关事项通知如下：

一、各省、自治区人民政府对本地区重新组建仲裁机构的工作要高度重视、加强领导，确定一名政府领导同志负责这项工作。要抓紧对本地区现有仲裁机构调查摸底，提出 1996 年 9 月 1 日前本地区组建仲裁机构的工作规划（根据本省、自治区的需要与可能，在对仲裁法规定可以设立仲裁机构的设区的市的实际情况进行分析的基础上，分类排队，作出分期分批重新组建仲裁机构的具体安排）并负责协调、指导、落实。各省、自治区要依照仲裁法的规定和国务院即将下发的统一规范，力争在 1995 年 9 月 1 日前将省、自治区人民政府所在地的市和列入计划第一批重新组建仲裁机构的其他设区的市的仲裁机构组建起来。同时，要分期分批地抓好其他设区的市的仲裁机构的重新组建工作。要大力宣传仲裁法，组织培训有关人员。具体工作由省、自治区和有关城市人民政府的法制局（办）牵头，有关部门和组织参加，在本级人民政府领导下，共同做好。

二、国办发〔1994〕99 号文件确定的北京、上海、天津、广州、西安、呼和浩特和深圳 7 个试点城市要在前一阶段试点工作的基础上，进一步完善重新组建仲裁机构方案，抓紧落实组织仲裁委员会、聘任仲裁员、设立仲裁委员会办事机构及其人员的选用、经费来源、办公条件等准备工作，确保在 1995 年 9 月 1 日前成立仲裁委员会。

三、要认真做好现有仲裁机构与新仲裁机构受理案件的衔接工作，保证经济纠纷公正、及时、有效地得到解决，维护经济秩序。现有仲裁机构在依法终止前，应当继续受理仲裁申请，所受理的案件应当自该仲裁机构依法终止之日起 6 个月内作出仲裁裁决；其仲裁裁决的执行问题，经商最高人民法院同意，将由最高人民法院另行发文。

请各省、自治区、直辖市人民政府尽快将本通知转发至县级人民政府。

最高人民法院关于现职法官
不得担任仲裁员的通知

(2004 年 7 月 13 日　法〔2004〕129 号)

各省、自治区、直辖市高级人民法院，解放军军事法院，新疆维吾尔自治区高级人民法院生产建设兵团分院：

最近，最高人民法院就全国人大代表关于法官可否被仲裁委员会聘任，担任仲裁员的询问答复了全国人大代表。现将有关精神通知如下：

根据《中华人民共和国法官法》、《中华人民共和国仲裁法》的有关规定，法官担任仲裁员，从事案件的仲裁工作，不符合有关法律规定，超出了人民法院和法官的职权范围，不利于依法公正保护诉讼当事人的合法权益。因此，法官不得担任仲裁员；已经被仲裁委员会聘任，担任仲裁员的法官应当在本通知下发后一个月内辞去仲裁员职务，解除聘任关系。

特此通知。

关于规范和加强仲裁机构登记管理的意见

(2016 年 6 月 14 日　司发通〔2016〕55 号)

为贯彻落实党的十八届四中全会关于"完善仲裁制度，提高仲裁公信力"的重要部署，规范和加强仲裁机构登记管理工作，现提出以下意见。

一、规范和加强仲裁机构登记管理工作的重要性

仲裁是我国多元化纠纷解决机制重要组成部分，在解决民商事纠纷、服务经济发展、促进社会和谐稳定中具有重要作用。《仲裁法》《仲裁委员会登记暂行办法》等法律法规规定，司法行政机关承担仲裁机构登记管理职责。《仲裁法》实施以来，司法行政机关依法履行职责，认真开展仲裁机构登记管理工作，保障了仲裁工作依法规范发展。目前，全国经司法行政机关登记的仲裁机构 255 家，仲裁员 4.2 万多人，2015 年全国仲裁机构共受理仲裁案件 13.6 万多件。随着我国经济社会快速发展和法治建设全面推进，仲裁工作还存在登记审查不规范、监督管理不到位等问题。党中央、国务院高度重视仲裁工作，党的十八届四中全会作出"完善仲裁制度，提高仲裁公信力"的重要部署，为进一步健全完善中国特色社会主义仲裁制度指明了方向，对规范和加强仲裁机构登记管理工作提出了明确要求。规范和加强仲裁机构登记管理工作，是贯彻落实中央关于仲裁工作重要部署，贯彻实施依法行政要求，提高仲裁公信力，充分发挥仲裁工作职能作用的重要举措。各级司法行政机关要充分认识规范和加强仲裁机构登记管理工作的重要意义，切实增强责任感和紧迫感，采取有效措施，依法全面履行登记管理职责，确保中央关于仲裁工作重要决策在司法行政系统得到不折不扣的执行，促进仲裁事业稳步发展。

二、指导思想和基本原则

（一）指导思想：全面贯彻落实党的十八大和十八届三中、四中、五中全会精神，深入贯彻落实习近平总书记系列重要讲话精神，紧紧围绕提高仲裁公信力，进一步规范仲裁机构登记工作，进一步加强仲裁机构监督管理，不断完善仲裁登记管理制度，充分发挥仲裁工作化解矛盾纠纷、服务经济发展与社会稳定的重要作用。

（二）基本原则：一是坚持依法行政，严格遵守仲裁工作有关法律法规，认真履行仲裁机构登记管理法定职责。二是坚持规范监管，把好仲裁机构"入口关"，加强监督管理，促进仲裁机构依法规范运行。三是坚持管理创新，贯彻落实转变政府职能要求，加强事中事后监管，做到服务管理并重，为仲裁工作发展提供有力保障。

三、主要任务和措施

（一）进一步规范仲裁机构登记工作。要按照《行政许可法》等法律法规规定，本着统筹规划、合理布局的原则，认真做好登记工作。依法严格审查仲裁机构条件，严格遵守申请与受理、审查与决定、登记办结时限等规定程序。重点审查仲裁委员会组成人员及专家比例、仲裁员名册等，确保仲裁机构人员组成符合法律规定，并做好仲裁员（法律类）聘任与国家统一法律职业资格制度相关要求的衔接工作。规范仲裁机构登记公告、报备，经审查予以登记的，登记机关应在仲裁机构设立登记后 20 日内予以公告，并将备案报告、公告文本等报司法部备案，同时抄送仲裁机构所在地人民法院。

（二）进一步规范仲裁机构变更备案。已经登记设立的仲裁机构变更住所、组成人员的，应要求其在变更后 10 日内主动向登记机构备案，并提交与变更事项有关的文件。变更事项涉及仲裁委员会登记证书所载事项的，应当换发登记证书。对于未按规定备案或备案中发现有不符合法律法规规定情形的，依法予以纠正，确保仲裁机构合法性。

（三）进一步加强仲裁机构监督管理。要贯彻落实《行政许可法》关于行政许可监督检查的规定，及时了解掌握仲裁机构有关情况，监督仲裁机构严格遵守法律法规和规章。重点检查仲裁机构超越仲裁执业范围、违法变更登记事项、违规跨地域设立仲裁分支机构和业务站点等，对于不符合规定的，及时依法纠正。要转变监管理念，融服务于管理，完善事中事后监管措施，通过材料核实、规划指引、随机抽查、告知承诺等，进一步提升监管效能。要创新管理方式，着力推进仲裁机构信用体系建设，逐步将机构人员公开、执业信息披露、仲裁投诉处理等纳入信用管理，建立仲裁机构诚信档案，促进仲裁机构规范运行。

（四）进一步完善仲裁机构登记管理制度。研究制定仲裁机构登记管理办法，进一步规范仲裁机构设立登记、变更备案、事中事后监管等工作。各地要结合本地实际，建立健全仲裁机构登记管理各项工作制度，并指导仲裁机构加强内部管理制度建设。健全完善司法行政机关与政府法制工作机构、人民法院等部门的沟通机制，及时协调解决仲裁机构登记管理工作中遇到的有关问题，推动仲裁工作规范发展。

四、加强组织领导

规范和加强仲裁机构登记管理工作是全面依法治国的一项重要任务，是事关司法行政工作改革发展全局的一件大事。各级司法行政机关要高度重视，把规范和加强仲裁机构登记管理工作摆上重要议事日程。要根据《仲裁法》等法律法规和本意见要求，结合各地实际，制定具体工作意见，认真抓好落实。要健全仲裁登记管理工作机构，配齐配强工作人员，为规范和加强仲裁登记管理工作提供队伍保障。要深入基层调查研究，摸清本地区仲裁工作的情况和存在的问题，研究提出有针对性的工作措施。要认真总结仲裁机构登记管理工作经验做法，结合新形势、新需要，加强工作指导，不断提高仲裁公信力，保障和促进经济社会发展与社会和谐稳定。

中国国际经济贸易仲裁委员会仲裁规则

（2023 年 9 月 2 日经中国国际贸易促进委员会/中国国际商修订并通过 自 2024 年 1 月 1 日起施行）

第一章 总 则

第一条 仲裁委员会

（一）中国国际经济贸易仲裁委员会（以下简称"仲裁委员会"），原名中国国际贸易促进委员会对外贸易仲裁委员会、中国国际贸易促进委员会对外经济贸易仲裁委员会，同时使用"中国国际商会仲裁院"名称。

（二）当事人在仲裁协议中订明由中国国际贸易促进委员会/中国国际商会仲裁，或由中国国际贸易促进委员会/中国国际商会的仲裁委员会或仲裁院仲裁的，或使用仲裁委员会原名称为仲裁机构的，均视为同意由中国国际经济贸易仲裁委员会仲裁。

第二条 机构及职责

（一）仲裁委员会主任履行本规则赋予的职责。副主任根据主任的授权可以履行主任的职责。

（二）仲裁委员会设有仲裁院，在授权的副主任和仲裁院院长的领导下履行本规则规定的职责。

（三）仲裁委员会设在北京。仲裁委员会设有分会或仲裁中心（本规则附件一）。仲裁委员会的分会/仲裁中心是仲裁委员会的派出机构，根据仲裁委员会的授权，接受仲裁申请，管理仲裁案件。

（四）分会/仲裁中心设仲裁院，在分会/仲裁中心仲裁院院长的领导下履行本规则规定由仲裁委员会仲裁院履行的职责。

（五）案件由分会/仲裁中心管理的，本规则规定由仲裁委员会仲裁院院长履行的职责，由仲裁委员会仲裁院院长授权的分会/仲裁中心仲裁院院长履行。

（六）当事人可以约定将争议提交仲裁委员会或仲裁委员会分会/仲裁中心进行仲裁；约定由仲裁委员会进行仲裁的，由仲裁委员会仲裁院接受仲裁申请并管理案件；约定由分会/仲裁中心仲裁或约定开庭地、仲裁地在分会/仲裁中心所在省、自治区、直辖市辖域内的，由该分会/仲裁中心仲裁院接受仲裁申请并管理案件，当事人另有约定的除外。仲裁委员会仲裁院可根据案件具体情形授权并指定分会/仲裁中心管理相关案件。

约定的分会/仲裁中心不存在、被终止授权或约定不明的，由仲裁委员会仲裁院接受仲裁申请并管理案件。如有争议，由仲裁委员会作出决定。

（七）仲裁委员会可以根据当事人约定和请求为临时仲裁提供管理和辅助服务，包括并不限于提供适用仲裁规则的咨询指引性服务、指定仲裁员/决定仲裁员回避事宜、提供庭审服务、核阅裁决草稿、代为管理仲裁员报酬等仲裁服务，但当事人约定无法实施或与仲裁程序适用法强制性规定相抵触者除外。

第三条　受案范围

（一）仲裁委员会根据当事人的约定受理契约性或非契约性的经济贸易等争议案件。

（二）前款所述案件包括：

1. 国际或涉外争议案件；

2. 涉及香港特别行政区、澳门特别行政区及台湾地区的争议案件；

3. 国内争议案件。

第四条　规则的适用

（一）本规则统一适用于仲裁委员会及其分会/仲裁中心。

（二）当事人约定将争议提交仲裁委员会仲裁的，视为同意按照本规则进行仲裁。

（三）当事人约定将争议提交仲裁委员会仲裁但对本规则有关内容进行变更或约定适用其他仲裁规则的，从其约定，但其约定无法实施或与仲裁程序适用法强制性规定相抵触者除外。当事人约定适用其他仲裁规则的，由仲裁委员会履行相应的管理职责。

（四）当事人约定按照本规则进行仲裁但未约定仲裁机构的，视为同意将争议提交仲裁委员会仲裁。

（五）当事人约定适用仲裁委员会专业仲裁规则的，从其约定，但其争议不属于该专业仲裁规则适用范围的，适用本规则。

第五条　仲裁协议

（一）仲裁协议指当事人在合同中订明的仲裁条款或以其他方式达成的提交仲裁的书面协议。

（二）仲裁协议应当采取书面形式。书面形式包括合同书、信件、电报、电传、传真、电子数据交换和电子邮件等可以有形地表现所载内容的形式。在仲裁申请书和仲裁答辩书的交换中，一方当事人声称有仲裁协议而另一方当事人不作否认表示的，视为存在书面仲裁协议。

（三）仲裁协议的适用法对仲裁协议的形式及效力另有规定的，从其规定。

（四）合同中的仲裁条款应视为与合同其他条款分离的、独立存在的条款，附属于合同的仲裁协议也应视为与合同其他条款分离的、独立存在的一个部分；合同的变更、解除、终止、转让、失效、无效、未生效、被撤销以及成立与否，均不影响仲裁条款或仲裁协议的效力。

第六条　对仲裁协议及/或管辖权的异议

（一）仲裁委员会有权对仲裁协议的存在、效力以及仲裁案件的管辖权作出决定。仲裁庭组成后，仲裁委员会授权仲裁庭作出管辖权决定。

（二）仲裁委员会依表面证据认为存在有效仲裁协议并作出仲裁委员会有管辖权决定的，仲裁程序继续进行。仲裁委员会依表面证据作出的管辖权决定并不妨碍仲裁庭根据在审理过程中发现的与表面证据不一致的事实及/或证据重新作出管辖权决定。

（三）仲裁庭作出管辖权决定时，可以在仲裁程序进行中单独作出，也可以在裁决书中一并作出。

（四）当事人对仲裁协议及/或仲裁案件管辖权的异议，应当在仲裁庭首次开庭前书面提出；书面审理的案件，应当在第一次实体答辩前提出。仲裁程序适用法另有规定的，从其规定。

（五）对仲裁协议及/或仲裁案件管辖权提出异议不影响仲裁程序的继续进行。

（六）上述管辖权异议及/或决定包括仲裁案件主体资格异议及/或决定。

（七）仲裁委员会或仲裁庭作出无管辖权决定的，应当作出撤销案件的决定。撤案决定在仲裁庭组成前由仲裁委员会仲裁院院长作出，在仲裁庭组成后，由仲裁庭作出。

第七条　仲裁地

（一）当事人对仲裁地有约定的，从其约定。

（二）当事人对仲裁地未作约定或约定不明的，以管理案件的仲裁委员会或其分会/仲裁中心所在地为仲裁地；仲裁委员会也可视案件的具体情形确定其他地点为仲裁地。

（三）仲裁裁决视为在仲裁地作出。

第八条　送达及期限

（一）有关仲裁的一切文书、通知、材料（以下简称"仲裁文件"）等均可采用当面递交、挂号信、特快专递、传真、电子方式及其他任何能提供投递记录的通讯手段，或仲裁委员会仲裁院或仲裁庭认为适当的其他方式发送。电子方式送达包括向当事人约定/指定的电子邮箱、其他电子通讯地址，以及经由仲裁委员会信息化存储系统、各方可无障碍存取的信息系统等以电子形式送达仲裁文件。

（二）仲裁文件可优先采用电子方式送达。

（三）仲裁文件应发送当事人或其仲裁代理人自行提供的或当事人约定的地址，当事人或其仲裁代理人没有提供地址或当事人对地址没有约定的，按照对方当事人或其仲裁代理人提供的地址发送。

（四）向一方当事人或其仲裁代理人发送的仲裁文件，如经当面递交收件人或发送至收件人的营业地、注册地、住所地、惯常居住地或通讯地址，或经对方当事人合理查询不能找到上述任一地点，仲裁委员会仲裁院以挂号信或特快专递或能提供投递记录的包括公证送达、委托送达和留置送达在内的其他任何手段投递给收件人最后一个为人所知的营业地、注册地、住所地、惯常居住地或通讯地址，即视为有效送达。

（五）本规则所规定的期限，应自当事人收到或应当收到仲裁委员会仲裁院向其发送的仲裁文件之日的次日起计算。

第九条　诚实信用

仲裁参与人应遵循诚实信用原则，进行仲裁程序。

第十条　放弃异议

一方当事人知道或理应知道本规则或仲裁协议中规定的任何条款或情

事未被遵守，仍参加仲裁程序或继续进行仲裁程序或经有效通知无正当理由缺席审理，而且不对此不遵守情况及时地、明示地提出书面异议的，视为放弃其提出异议的权利。

第二章　仲　裁　程　序

第一节　仲裁申请、答辩、反请求

第十一条　仲裁程序的开始

仲裁程序自仲裁委员会仲裁院收到仲裁申请书之日起开始。申请人向仲裁委员会书面提交仲裁申请及/或通过仲裁委员会网上立案系统申请仲裁的，仲裁程序开始于最先收到的日期。

第十二条　申请仲裁

（一）当事人依据本规则申请仲裁时应：

1. 提交由申请人或申请人授权的代理人签名及/或盖章的仲裁申请书。仲裁申请书应写明：

（1）申请人和被申请人的名称和住所，包括邮政编码、电话、传真、电子邮箱或其他电子通讯方式；

（2）申请仲裁所依据的仲裁协议；

（3）案情和争议要点；

（4）申请人的仲裁请求；

（5）仲裁请求所依据的事实和理由。

2. 在提交仲裁申请书时，附具申请人请求所依据的证据材料以及其他证明文件。

3. 按照仲裁委员会制定的仲裁费用表的规定预缴仲裁费。

（二）仲裁协议约定仲裁前应进行协商、调解程序的，可协商、调解后提交仲裁申请，但未协商、未调解，不影响申请人提起仲裁申请及仲裁委员会仲裁院受理仲裁案件，除非所适用的法律或仲裁协议对此明确作出了相反规定。

第十三条　案件的受理

（一）仲裁委员会根据当事人在争议发生之前或在争议发生之后达成的将争议提交仲裁委员会仲裁的仲裁协议和一方当事人的书面申请，受理案件。

（二）仲裁委员会仲裁院收到申请人的仲裁申请书及其附件后，经审查，认为申请仲裁的手续完备的，应将仲裁通知、仲裁委员会仲裁规则和仲裁员名册各一份发送给双方当事人；申请人的仲裁申请书及其附件也应同时发送给被申请人。

（三）仲裁委员会仲裁院经审查认为申请仲裁的手续不完备的，可以要求申请人在一定的期限内予以完备。申请人未能在规定期限内完备申请仲裁手续的，视同申请人未提出仲裁申请；申请人的仲裁申请书及其附件，仲裁委员会仲裁院不予留存。

（四）仲裁委员会受理案件后，仲裁委员会仲裁院应指定一名案件秘书协助仲裁案件的程序管理。

第十四条　多合同仲裁及仲裁中追加合同

（一）申请人就多个合同项下的争议可在单个仲裁案件中合并提出仲裁申请，但应同时符合下列条件：

1. 多个合同系主从合同关系，或多个合同所涉当事人相同且法律关系性质相同，或多个合同所涉标的具有牵连关系；

2. 多个合同所涉争议源于同一交易或同一系列交易；

3. 多个合同中的仲裁协议内容相同或相容。

（二）同时符合上述第（一）款1、2、3项规定情形的，申请人可在仲裁程序中申请追加合同，但上述申请过迟影响仲裁程序正常进行的，可决定不予追加合同。

（三）上述第（一）（二）款程序事项，由仲裁委员会仲裁院决定。在仲裁庭组成后提出追加合同申请的，由仲裁庭决定。

第十五条　答辩

（一）被申请人应自收到仲裁通知后45天内提交答辩书。被申请人确有正当理由请求延长提交答辩期限的，由仲裁庭决定是否延长答辩期限；仲裁庭尚未组成的，由仲裁委员会仲裁院作出决定。

（二）答辩书由被申请人或被申请人授权的代理人签名及/或盖章，并应包括下列内容及附件：

1. 被申请人的名称和住所，包括邮政编码、电话、传真、电子邮箱或其他电子通讯方式；

2. 对仲裁申请书的答辩及所依据的事实和理由；

3. 答辩所依据的证据材料以及其他证明文件。

（三）仲裁庭有权决定是否接受逾期提交的答辩书。

（四）被申请人未提交答辩书，不影响仲裁程序的进行。

第十六条　反请求

（一）被申请人如有反请求，应自收到仲裁通知后 45 天内以书面形式提交。被申请人确有正当理由请求延长提交反请求期限的，由仲裁庭决定是否延长反请求期限；仲裁庭尚未组成的，由仲裁委员会仲裁院作出决定。

（二）被申请人提出反请求时，应在其反请求申请书中写明具体的反请求事项及其所依据的事实和理由，并附具有关的证据材料以及其他证明文件。

（三）被申请人提出反请求，应按照仲裁委员会制定的仲裁费用表在规定的时间内预缴仲裁费。被申请人未按期缴纳反请求仲裁费的，视同未提出反请求申请。

（四）仲裁委员会仲裁院认为被申请人提出反请求的手续已完备的，应向双方当事人发出反请求受理通知。申请人应在收到反请求受理通知后 30 天内针对被申请人的反请求提交答辩。申请人确有正当理由请求延长提交答辩期限的，由仲裁庭决定是否延长答辩期限；仲裁庭尚未组成的，由仲裁委员会仲裁院作出决定。

（五）仲裁庭有权决定是否接受逾期提交的反请求和反请求答辩书。

（六）申请人对被申请人的反请求未提出书面答辩的，不影响仲裁程序的进行。

第十七条　变更仲裁请求或反请求

申请人可以申请对仲裁请求进行变更，被申请人也可以申请对反请求进行变更；但是仲裁庭认为提出变更的时间过迟而影响仲裁程序正常进行的，可以拒绝受理变更请求申请。

第十八条　追加当事人

（一）在仲裁程序中，一方当事人依据表面上约束被追加当事人的案涉仲裁协议可以向仲裁委员会申请追加当事人。在仲裁庭组成后申请追加当事人的，如果仲裁庭认为确有必要，应在征求包括被追加当事人在内的各方当事人的意见后，由仲裁委员会作出决定。

仲裁委员会仲裁院收到追加当事人申请之日视为针对该被追加当事人的仲裁开始之日。

（二）追加当事人申请书应包含现有仲裁案件的案号，涉及被追加当事人在内的所有当事人的名称、住所及通讯方式，追加当事人所依据的仲裁协议、事实和理由，以及仲裁请求。

当事人在提交追加当事人申请书时，应附具其申请所依据的证据材料以及其他证明文件。

（三）任何一方当事人就追加当事人程序提出仲裁协议及/或仲裁案件管辖权异议的，适用本规则第六条相关规定作出管辖权决定。

（四）追加当事人程序开始后，在仲裁庭组成之前，由仲裁委员会仲裁院就仲裁程序的进行作出决定；在仲裁庭组成之后，由仲裁庭就仲裁程序的进行作出决定。

（五）在仲裁庭组成之前追加当事人的，本规则有关当事人选定或委托仲裁委员会主任指定仲裁员的规定适用于被追加当事人。仲裁庭的组成应按照本规则第二十九条的规定进行。

在仲裁庭组成后决定追加当事人的，仲裁庭应就已经进行的包括仲裁庭组成在内的仲裁程序征求被追加当事人的意见。被追加当事人要求选定或委托仲裁委员会主任指定仲裁员的，双方当事人应重新选定或委托仲裁委员会主任指定仲裁员。仲裁庭的组成应按照本规则第二十九条的规定进行。

（六）本规则有关当事人提交答辩及反请求的规定适用于被追加当事人。被追加当事人提交答辩及反请求的期限自收到追加当事人仲裁通知后起算。

（七）案涉仲裁协议表面上不能约束被追加当事人或存在其他任何不宜追加当事人的情形的，仲裁委员会有权决定不予追加。

第十九条　合并仲裁

（一）符合下列条件之一的，经一方当事人请求，仲裁委员会可以决定将根据本规则进行的两个或两个以上的仲裁案件合并为一个仲裁案件进行审理。

1. 各案仲裁请求依据同一个仲裁协议提出；

2. 各案仲裁请求依据多个合同仲裁协议提出，该多个合同系主从合同关系、或多个合同所涉当事人相同及法律关系性质相同、或多个合同所涉标的具有牵连关系，且多个合同仲裁协议内容相同或相容；

3. 所有案件的当事人均同意合并仲裁。

（二）根据上述第（一）款决定合并仲裁时，仲裁委员会应考虑各方当事人的意见及相关仲裁案件之间的关联性等因素，包括不同案件的仲裁员的选定或指定情况。

（三）除非各方当事人另有约定，合并的仲裁案件应合并至最先开始仲裁程序的仲裁案件。

（四）仲裁案件合并后，在仲裁庭组成之前，由仲裁委员会仲裁院就程序的进行作出决定；仲裁庭组成后，由仲裁庭就程序的进行作出决定。

第二十条 仲裁文件的提交与交换

（一）当事人的仲裁文件应提交至仲裁委员会仲裁院。

（二）仲裁程序中需发送或转交的仲裁文件，由仲裁委员会仲裁院发送或转交仲裁庭及当事人，当事人另有约定并经仲裁庭同意或仲裁庭另有决定者除外。

第二十一条 仲裁文件的提交方式与份数

（一）当事人的仲裁申请书、答辩书、反请求书和证据材料以及其他仲裁文件可优先采用电子方式提交。

（二）当事人以电子方式提交的，如仲裁委员会仲裁院或仲裁庭认为有必要，可要求其提交相同的纸质文本。电子文本与纸质文本不一致的，以电子文本为准，除非当事人另有约定。

（三）当事人以纸质方式提交的，应一式五份；多方当事人的案件，应增加相应份数；当事人提出保全措施申请的，应增加相应份数；仲裁庭组成人数为一人的，应相应减少两份。

第二十二条 仲裁代理人

（一）当事人可以授权中国及/或外国的仲裁代理人办理有关仲裁事项。当事人或其仲裁代理人应向仲裁委员会仲裁院提交授权委托书，仲裁委员会仲裁院应将授权委托书转交相关当事人和仲裁庭。

（二）仲裁庭组成后当事人变更或新增仲裁代理人的，仲裁委员会仲裁院院长可考虑当事人在合理期限内对仲裁员回避事项发表意见的情况、仲裁庭审理案件的进展等因素，采取必要措施防止仲裁员因当事人代理人的变化而产生的利益冲突，包括排除新的仲裁代理人参与仲裁程序。

第二十三条　保全措施及临时措施

（一）当事人申请保全措施的，仲裁委员会应当将当事人的保全措施申请转交当事人指明的有管辖权的法院。

仲裁委员会可依据当事人的请求，将其提交的保全措施申请在仲裁通知发出前先行转交上述法院。

（二）根据所适用的法律或当事人的约定，当事人可以依据《中国国际经济贸易仲裁委员会紧急仲裁员程序》（本规则附件三）向仲裁委员会仲裁院申请紧急性临时救济。紧急仲裁员可以决定采取必要或适当的紧急性临时救济措施。紧急仲裁员决定对双方当事人具有约束力。

（三）经一方当事人请求，仲裁庭依据所适用的法律或当事人的约定可以决定采取其认为必要或适当的临时措施，并有权决定由请求临时措施的一方当事人提供适当的担保。

第二节　仲裁员及仲裁庭

第二十四条　仲裁员的义务

（一）仲裁员不代表任何一方当事人，应保持中立并独立于各方当事人，平等地对待各方当事人。

（二）仲裁员接受指定/选定的，应按本规则履行职责，勤勉高效推进仲裁程序。

第二十五条　仲裁庭的人数

（一）仲裁庭由一名或三名仲裁员组成。

（二）除非当事人另有约定或本规则另有规定，仲裁庭由三名仲裁员组成。

第二十六条　仲裁员的选定或指定

（一）仲裁委员会制定统一适用于仲裁委员会及其分会/仲裁中心的仲裁员名册；当事人从仲裁委员会制定的仲裁员名册中选定仲裁员。

（二）当事人约定在仲裁委员会仲裁员名册之外选定仲裁员的，当事人选定的或根据当事人约定指定的人士经仲裁委员会主任确认后可以担任仲裁员。

（三）仲裁庭根据本规则规定组成，但当事人另有约定者除外。

（四）如果当事人约定的组庭方式存在显著的不公平或不公正，或当事人滥用权利导致仲裁程序不必要的拖延，仲裁委员会主任可依据公平原则确定组庭方式或指定仲裁庭的任一组成人员。

第二十七条　三人仲裁庭的组成

（一）申请人和被申请人应各自在收到仲裁通知后15天内选定或委托仲裁委员会主任指定一名仲裁员。当事人未在上述期限内选定或委托仲裁委员会主任指定的，由仲裁委员会主任指定。

（二）第三名仲裁员由双方当事人在被申请人收到仲裁通知后15天内共同选定或共同委托仲裁委员会主任指定。第三名仲裁员为仲裁庭的首席仲裁员。双方当事人未在上述期限内共同选定或共同委托仲裁委员会主任指定的，由仲裁委员会主任指定首席仲裁员。

（三）双方当事人可以约定由其各自选定的两名仲裁员共同选定首席仲裁员，该两名仲裁员在分别接受选定后7天内共同选定或共同委托仲裁委员会主任指定首席仲裁员，未在上述期限内共同选定或共同委托仲裁委员会主任指定的，由仲裁委员会主任指定首席仲裁员。

（四）双方当事人可以各自推荐一至五名候选人作为首席仲裁员人选，并按照上述第（二）款规定的期限提交推荐名单。双方当事人的推荐名单中有一名人选相同的，该人选为双方当事人共同选定的首席仲裁员；有一名以上人选相同的，由仲裁委员会主任根据案件的具体情况在相同人选中确定一名首席仲裁员，该名首席仲裁员仍为双方共同选定的首席仲裁员；推荐名单中没有相同人选时，由仲裁委员会主任在推荐名单外指定首席仲裁员。

（五）经双方当事人约定或共同请求，仲裁委员会主任可以提名3名首席仲裁员人选供其在收到提名名单后7日内选定首席仲裁员。

除非当事人另有约定，本款应使用下述名单方法指定/选定首席仲裁员：

1. 每一方当事人可排除其反对的一人或数人并将提名名单上保留的人选名单提交仲裁委员会仲裁院。

2. 如双方当事人保留名单有一名相同人选的，则该人选为双方当事人共同选定的首席仲裁员；如双方当事人保留名单有两名或以上相同人选的，则由仲裁委员会主任根据案件的具体情况确定其中一名人选为首席仲裁员，该名首席仲裁员仍为双方共同选定的首席仲裁员；双方当事人未选定相同人选时，由仲裁委员会主任在提名名单外指定首席仲裁员。

第二十八条　独任仲裁庭的组成

仲裁庭由一名仲裁员组成的，按照本规则第二十七条第（二）（四）（五）款规定的程序，选定或指定独任仲裁员。

第二十九条　多方当事人仲裁庭的组成

（一）仲裁案件有两个或两个以上申请人及/或被申请人时，申请人方及/或被申请人方应各自协商，各方共同选定或共同委托仲裁委员会主任指定一名仲裁员。

（二）首席仲裁员或独任仲裁员应按照本规则第二十七条第（二）（四）（五）款规定的程序选定或指定。申请人方及/或被申请人方按照本规则第二十七条的规定选定首席仲裁员或独任仲裁员时，应各方共同协商，提交各方共同选定的候选人名单。

（三）如果申请人方及/或被申请人方未能在收到仲裁通知后15天内各方共同选定或各方共同委托仲裁委员会主任指定一名仲裁员，则由仲裁委员会主任指定仲裁庭三名仲裁员，并从中确定一人担任首席仲裁员。

第三十条　指定仲裁员的考虑因素

仲裁委员会主任根据本规则的规定指定仲裁员时，应考虑争议的适用法律、仲裁地、仲裁语言、当事人国籍、争议类型，以及仲裁委员会主任认为应考虑的其他因素。

第三十一条　披露

（一）被选定或被指定的仲裁员应签署声明书，披露可能引起对其公正性和独立性产生合理怀疑的任何事实或情形。

（二）在仲裁程序中出现应披露的事实或情形的，仲裁员应立即书面披露。

（三）仲裁员的声明书及/或披露的信息应提交仲裁委员会仲裁院并转交各方当事人及其他仲裁庭组成人员。

第三十二条　仲裁员的回避

（一）当事人收到仲裁员的声明书及/或书面披露后，如果以披露的事实或情况为理由要求该仲裁员回避，则应于收到仲裁员的书面披露后10天内书面提出。逾期没有申请回避的，不得以仲裁员曾经披露的事项为由申请该仲裁员回避。

（二）当事人对被选定或被指定的仲裁员的公正性和独立性产生具有正当理由的怀疑时，可以书面提出要求该仲裁员回避的请求，但应说明提出回避请求所依据的具体事实和理由，并举证。

（三）对仲裁员的回避请求应在收到组庭通知后15天内以书面形式提出；在此之后得知要求回避事由的，可以在得知回避事由后15天内提出，但应不晚于最后一次开庭终结。

（四）当事人的回避请求应当立即转交另一方当事人、被请求回避的仲裁员及仲裁庭其他成员。

（五）如果一方当事人请求仲裁员回避，另一方当事人同意回避请求，或被请求回避的仲裁员主动提出不再担任该仲裁案件的仲裁员，则该仲裁员不再担任仲裁员审理本案。上述情形并不表示当事人提出回避的理由成立。

（六）除上述第（五）款规定的情形外，仲裁员是否回避，由仲裁委员会主任作出终局决定并可以不说明理由。

（七）在仲裁委员会主任就仲裁员是否回避作出决定前，被申请回避的仲裁员应继续履行职责。

第三十三条　仲裁员的更换

（一）仲裁员在法律上或事实上不能履行职责，或没有按照本规则的要求或在本规则规定的期限内履行应尽职责时，仲裁委员会主任有权决定将其更换；该仲裁员也可以主动申请不再担任仲裁员。

（二）是否更换仲裁员，由仲裁委员会主任作出终局决定并可以不说明理由。

（三）在仲裁员因回避或更换不能履行职责时，应按照原选定或指定仲裁员的方式在仲裁委员会仲裁院规定的合理期限内选定或指定替代的仲裁员。当事人未选定或指定替代仲裁员的，由仲裁委员会主任指定替代的仲裁员。

（四）重新选定或指定仲裁员后，由仲裁庭决定是否重新审理及重新审理的范围。

第三十四条　多数仲裁员继续仲裁程序

最后一次开庭终结后，如果三人仲裁庭中的一名仲裁员因死亡或被除名等情形而不能参加合议及/或作出裁决，另外两名仲裁员可以请求仲裁委员会主任按照第三十三条的规定更换该仲裁员；在征求双方当事人意见并经仲裁委员会主任同意后，该两名仲裁员也可以继续进行仲裁程序，作出决定或裁决。仲裁委员会仲裁院应将上述情况通知双方当事人。

第三节　审　理

第三十五条　审理方式

（一）除非当事人另有约定，仲裁庭可以按照其认为适当的方式审理案件。在任何情形下，仲裁庭均应公平和公正地行事，给予双方当事人陈述与辩论的合理机会。

（二）仲裁庭应开庭审理案件，但双方当事人约定并经仲裁庭同意或仲裁庭认为不必开庭审理并征得双方当事人同意的，可以只依据书面文件进行审理。

（三）除非当事人另有约定，仲裁庭可以根据案件的具体情况采用询问式或辩论式的庭审方式审理案件。

（四）仲裁庭可以在其认为适当的地点以其认为适当的方式进行合议。

（五）除非当事人另有约定，仲裁庭认为必要时可以就所审理的案件发布程序令、发出问题单、制作审理范围书、举行庭前会议等。经仲裁庭其他成员授权，首席仲裁员可以单独就仲裁案件的程序安排作出决定。

第三十六条　开庭地

（一）当事人约定开庭地点的，仲裁案件的开庭审理应当在约定的地点进行，但出现本规则第八十五条第（三）款规定的情形的除外。

（二）除非当事人另有约定，由仲裁委员会仲裁院或其分会/仲裁中心仲裁院管理的案件应分别在北京或分会/仲裁中心所在地开庭审理；如仲裁庭认为必要，经仲裁委员会仲裁院院长同意，也可以在其他地点开庭审理。

第三十七条　开庭审理

（一）开庭审理的案件，仲裁庭确定第一次开庭日期后，应不晚于开庭前20天将开庭日期通知双方当事人。当事人有正当理由的，可以请求延期开庭，但应于收到开庭通知后5天内提出书面延期申请；是否延期，由仲裁庭决定。

（二）当事人有正当理由未能按上述第（一）款规定提出延期开庭申请的，是否接受其延期申请，由仲裁庭决定。

（三）再次开庭审理的日期及延期后开庭审理日期的通知及其延期申

请，不受上述第（一）款期限的限制。

（四）开庭审理的案件，当事人及其仲裁代理人有权参加开庭。其他仲裁参与人参加开庭由仲裁庭决定。除非经仲裁庭和当事人同意，仲裁参与人之外的人员不得出席。

（五）仲裁庭可在商各方当事人意见后，根据仲裁案件的具体情况，自行决定以现场出席、远程视频及其他适当的电子通讯方式开庭。

（六）仲裁委员会仲裁院提供开庭设施及远程视频开庭的行政后勤支持。

第三十八条 保密

（一）仲裁庭审理案件不公开进行。双方当事人要求公开审理的，由仲裁庭决定是否公开审理。

（二）不公开审理的案件，双方当事人及其仲裁代理人、仲裁员、证人、翻译、仲裁庭咨询的专家和指定的鉴定人，以及其他有关人员，均不得对外界透露案件实体和程序的有关情况。

第三十九条 缺席审理

（一）申请人无正当理由开庭时不到庭的，或在开庭审理时未经仲裁庭许可中途退庭的，可以视为撤回仲裁申请；被申请人提出反请求的，不影响仲裁庭就反请求进行审理，并作出裁决。

（二）被申请人无正当理由开庭时不到庭的，或在开庭审理时未经仲裁庭许可中途退庭的，仲裁庭可以进行缺席审理并作出裁决；被申请人提出反请求的，可以视为撤回反请求。

第四十条 庭审笔录

（一）开庭审理时，仲裁庭可以制作庭审笔录及/或影音记录。仲裁庭认为必要时，可以制作庭审要点，并要求当事人及/或其代理人、证人及/或其他有关人员在庭审笔录或庭审要点上签字或盖章。

（二）当事人和其他仲裁参与人认为对自己陈述的记录有遗漏或有差错的，可以申请补正；仲裁庭不同意其补正的，应将该申请记录在案。

（三）庭审笔录、庭审要点和影音记录供仲裁庭查用。

（四）应一方当事人申请，仲裁委员会仲裁院视案件具体情况可以决定聘请速录人员记录庭审笔录，当事人应当预交由此产生的费用。

第四十一条 举证

（一）当事人应对其申请、答辩和反请求所依据的事实提供证据加以证明，对其主张、辩论及抗辩要点提供依据。

（二）仲裁庭可以规定当事人提交证据的期限。当事人应在规定的期限内提交证据。逾期提交的，仲裁庭可以不予接受。当事人在举证期限内提交证据材料确有困难的，可以在期限届满前申请延长举证期限。是否延长，由仲裁庭决定。

（三）当事人未能在规定的期限内提交证据，或虽提交证据但不足以证明其主张的，负有举证责任的当事人承担因此产生的后果。

（四）除非当事人另有约定，仲裁庭可以决定适用或部分适用《中国国际经济贸易仲裁委员会证据指引》（以下简称《证据指引》）审理案件，但该《证据指引》不构成本规则的组成部分。

第四十二条　质证

（一）除非当事人另有约定或协商一致，开庭审理的案件，证据应在开庭时出示，当事人可以质证。

（二）对于书面审理的案件的证据材料，或对于开庭后提交的证据材料且当事人同意书面质证的，可以进行书面质证。书面质证时，当事人应在仲裁庭规定的期限内提交书面质证意见。

第四十三条　仲裁庭调查取证

（一）仲裁庭认为必要时，可以调查事实，收集证据。

（二）仲裁庭调查事实、收集证据时，可以通知当事人到场。经通知，一方或双方当事人不到场的，不影响仲裁庭调查事实和收集证据。

（三）仲裁庭调查收集的证据，应转交当事人，给予当事人提出意见的机会。

第四十四条　专家报告及鉴定报告

（一）仲裁庭可以就案件中的专门问题向专家咨询或指定鉴定人进行鉴定。专家和鉴定人可以是中国或外国的机构或自然人。

（二）仲裁庭有权要求当事人、当事人也有义务向专家或鉴定人提供或出示任何有关资料、文件或财产、实物，以供专家或鉴定人审阅、检验或鉴定。

（三）专家报告和鉴定报告的副本应转交当事人，给予当事人提出意见的机会。一方当事人申请或仲裁庭要求专家或鉴定人参加开庭的，专家或鉴定人应参加开庭，并在仲裁庭认为必要时就所作出的报告进行解释。

第四十五条　程序中止

（一）双方当事人共同或分别请求中止仲裁程序，或出现其他需要中止仲裁程序的情形的，仲裁程序可以中止。

（二）中止程序的原因消失或中止程序期满后，仲裁程序恢复进行。

（三）仲裁程序的中止及恢复，由仲裁庭决定；仲裁庭尚未组成的，由仲裁委员会仲裁院院长决定。

第四十六条　撤回申请和撤销案件

（一）当事人可以撤回全部仲裁请求或全部仲裁反请求。申请人撤回全部仲裁请求的，不影响仲裁庭就被申请人的仲裁反请求进行审理和裁决。被申请人撤回全部仲裁反请求的，不影响仲裁庭就申请人的仲裁请求进行审理和裁决。

（二）因当事人自身原因或相关法律规定致使仲裁程序不能进行的，可以视为其撤回仲裁请求。

（三）仲裁请求和反请求全部撤回的，案件可以撤销。在仲裁庭组成前撤销案件的，由仲裁委员会仲裁院院长作出撤案决定；仲裁庭组成后撤销案件的，由仲裁庭作出撤案决定。

（四）上述第（三）款及本规则第六条第（七）款所述撤案决定应加盖"中国国际经济贸易仲裁委员会"印章。

第四十七条　仲裁与调解相结合

（一）双方当事人有调解愿望的，或一方当事人有调解愿望并经仲裁庭征得另一方当事人同意的，仲裁庭可以在仲裁程序中对案件进行调解。双方当事人也可以自行和解。

（二）仲裁庭在征得双方当事人同意后可以按照其认为适当的方式进行调解。

（三）调解过程中，任何一方当事人提出终止调解或仲裁庭认为已无调解成功的可能时，仲裁庭应终止调解。

（四）双方当事人经仲裁庭调解达成和解或自行和解的，应签订和解协议。

（五）当事人经调解达成或自行达成和解协议的，可以撤回仲裁请求或反请求，也可以请求仲裁庭根据当事人和解协议的内容作出裁决书或制作调解书。

（六）当事人请求制作调解书的，调解书应当写明仲裁请求和当事人书面和解协议的内容，由仲裁员署名，并加盖"中国国际经济贸易仲裁委员会"印章，送达双方当事人。

（七）调解不成功的，仲裁庭应当继续进行仲裁程序并作出裁决。

（八）当事人有调解愿望但不愿在仲裁庭主持下进行调解的，经双方当事人同意，仲裁委员会可以协助当事人以适当的方式和程序进行调解。

（九）如果调解不成功，任何一方当事人均不得在其后的仲裁程序、司法程序和其他任何程序中援引对方当事人或仲裁庭在调解过程中曾发表的意见、提出的观点、作出的陈述、表示认同或否定的建议或主张作为其请求、答辩或反请求的依据。

（十）当事人在仲裁程序开始之前自行达成或经调解达成和解协议的，可以依据由仲裁委员会仲裁的仲裁协议及其和解协议，请求仲裁委员会组成仲裁庭，按照和解协议的内容作出仲裁裁决。除非当事人另有约定，仲裁委员会主任指定一名独任仲裁员成立仲裁庭，由仲裁庭按照其认为适当的程序进行审理并作出裁决。具体程序和期限，不受本规则其他条款关于程序和期限的限制。

第四十八条　第三方资助

（一）获得第三方资助的当事人应在签署资助协议后，毫不迟延地将第三方资助安排的事实、经济利益、第三方的名称与住址等情况提交仲裁委员会仲裁院。仲裁委员会仲裁院应转交相关当事人和仲裁庭。仲裁庭认为必要的，可要求获得第三方资助的当事人披露相关情况。

（二）在就仲裁费用和其他相关费用作出裁决时，仲裁庭可以考虑是否存在第三方资助的情形，以及当事人是否遵守第（一）款的规定。

第四十九条　中间裁决

（一）仲裁庭认为必要或当事人提出请求并经仲裁庭同意的，仲裁庭可以在作出最终裁决之前，就案件的任何问题作出中间裁决。

（二）任何一方当事人不履行中间裁决，不影响仲裁程序的继续进行，也不影响仲裁庭作出最终裁决。

第五十条　早期驳回程序

（一）当事人可以以仲裁请求或反请求明显缺乏法律依据或明显超出仲裁庭的管辖范围为由申请早期驳回全部或部分仲裁请求或反请求（以下

简称"早期驳回程序申请")。

（二）当事人应以书面形式提出早期驳回程序申请，并应说明其事实和法律依据。仲裁庭可要求提出请求的一方当事人提供正当理由，并可要求其证明实施早期驳回程序将加快整个仲裁程序，以防止当事人滥用早期驳回程序申请拖延仲裁程序。当事人提起早期驳回申请不影响仲裁庭继续进行仲裁程序。

（三）当事人应尽可能及早提交早期驳回程序申请，除非仲裁庭另有决定，早期驳回程序申请最迟应不晚于提交答辩书或反请求答辩书时提出。

（四）在征询双方当事人意见后，仲裁庭可以对早期驳回程序申请作出是否受理决定。

（五）仲裁庭应在早期驳回程序申请提出之日起 60 天内对该请求作出决定或裁决，并附具理由。经仲裁庭请求，仲裁委员会仲裁院院长认为确有正当理由和必要的，可以适当延长该期限。

（六）仲裁庭裁决支持或部分支持早期驳回程序申请的，不影响仲裁庭对其他仲裁请求和反请求的继续审理。

第三章　　裁　　决

第五十一条　作出裁决的期限

（一）仲裁庭应在组庭后 6 个月内作出裁决书。

（二）经仲裁庭请求，仲裁委员会仲裁院院长认为确有正当理由和必要的，可以延长该期限。

（三）程序中止的期间不计入上述第（一）款规定的裁决期限。

第五十二条　裁决的作出

（一）仲裁庭应当根据事实和合同约定，依照法律规定，参考国际惯例，公平合理、独立公正地作出裁决。

（二）当事人对于案件实体适用法有约定的，从其约定。当事人没有约定或其约定与法律强制性规定相抵触的，由仲裁庭决定案件实体应适用的法律或法律规则。

（三）仲裁庭在裁决书中应写明仲裁请求、争议事实、裁决理由、裁决结果、仲裁费用的承担、裁决的日期和地点。当事人协议不写明争议事实和裁决理由的，以及按照双方当事人和解协议的内容作出裁决书的，可以不写明争议事实和裁决理由。仲裁庭有权在裁决书中确定当事人履行裁决的具体期限及逾期履行所应承担的责任。

（四）裁决书应加盖"中国国际经济贸易仲裁委员会"印章。

（五）由三名仲裁员组成的仲裁庭审理的案件，裁决依全体仲裁员或多数仲裁员的意见作出。少数仲裁员的书面意见应附卷，并可以附在裁决书后，该书面意见不构成裁决书的组成部分。

（六）仲裁庭不能形成多数意见的，裁决依首席仲裁员的意见作出。其他仲裁员的书面意见应附卷，并可以附在裁决书后，该书面意见不构成裁决书的组成部分。

（七）除非裁决依首席仲裁员意见或独任仲裁员意见作出并由其署名，裁决书应由多数仲裁员署名。持有不同意见的仲裁员可以在裁决书上署名，也可以不署名。仲裁员电子签名与手写署名具有同等效力。

（八）作出裁决书的日期，即为裁决发生法律效力的日期。

（九）裁决是终局的，对双方当事人均有约束力。

（十）向双方当事人送达的裁决书应为纸质文本。如双方当事人约定，或仲裁委员会认为有必要的，裁决书可以电子文本送达。

第五十三条　部分裁决

（一）仲裁庭认为必要或当事人提出请求并经仲裁庭同意的，仲裁庭可以在作出最终裁决之前，就当事人的某些请求事项先行作出部分裁决。部分裁决是终局的，对双方当事人均有约束力。

（二）一方当事人不履行部分裁决，不影响仲裁程序的继续进行，也不影响仲裁庭作出最终裁决。

第五十四条　裁决书草案的核阅

仲裁庭应在签署裁决书之前将裁决书草案提交仲裁委员会核阅。在不影响仲裁庭独立裁决的情况下，仲裁委员会可以就裁决书的有关问题提请仲裁庭注意。

第五十五条　费用承担

（一）仲裁庭有权在裁决书中裁定当事人最终应向仲裁委员会支付的仲裁费和其他费用。

（二）仲裁庭有权根据案件的具体情况在裁决书中裁定败诉方应补偿胜诉方因办理案件而支出的合理费用。仲裁庭裁定败诉方补偿胜诉方因办理案件而支出的费用是否合理时，应具体考虑案件的裁决结果、复杂程度、胜诉方当事人及/或代理人的实际工作量以及案件的争议金额等因素。

第五十六条　裁决书的更正

（一）仲裁庭可以在发出裁决书后的合理时间内自行以书面形式对裁决书中的书写、打印、计算上的错误或其他类似性质的错误或遗漏事项作出更正。

（二）任何一方当事人均可以在收到裁决书后 30 天内就裁决书中的书写、打印、计算上的错误或其他类似性质的错误或遗漏事项，书面申请仲裁庭作出更正；如确有错误，仲裁庭应在收到书面申请后 30 天内作出书面更正。

（三）上述书面更正构成裁决书的组成部分，应适用本规则第五十二条第（四）至（十）款的规定。

第五十七条　补充裁决

（一）如果裁决书中对仲裁请求/反请求有漏裁事项，仲裁庭可以在发出裁决书后的合理时间内自行作出补充裁决。

（二）任何一方当事人可以在收到裁决书后 30 天内以书面形式请求仲裁庭就裁决书中漏裁的事项作出补充裁决；如确有漏裁事项，仲裁庭应在收到上述书面申请后 30 天内作出补充裁决。

（三）该补充裁决构成裁决书的一部分，应适用本规则第五十二条第（四）至（十）款的规定。

第五十八条　裁决的履行

（一）当事人应依照裁决书写明的期限履行仲裁裁决；裁决书未写明履行期限的，应立即履行。

（二）一方当事人不履行裁决的，另一方当事人可以依法向有管辖权的法院申请执行。

第四章　简 易 程 序

第五十九条　简易程序的适用

（一）除非当事人另有约定，凡争议金额不超过人民币 500 万元，或争议金额超过人民币 500 万元但经一方当事人书面申请并征得另一方当事人书面同意的，或双方当事人约定适用简易程序的，适用简易程序。

（二）没有争议金额或争议金额不明确的，由仲裁委员会根据案件的复杂程度、涉及利益的大小以及其他有关因素综合考虑决定是否适用简易程序。

第六十条　案件的受理

仲裁委员会仲裁院收到申请人的仲裁申请书及其附件后，经审查，认为符合本规则第十二条规定的受理条件并适用简易程序的，应向双方当事人发出仲裁通知。

第六十一条　仲裁庭的组成

除非当事人另有约定，适用简易程序的案件，依照本规则第二十八条的规定成立独任仲裁庭审理案件。

第六十二条　答辩和反请求

（一）被申请人应在收到仲裁通知后 20 天内提交答辩书及证据材料以及其他证明文件；如有反请求，也应在此期限内提交反请求书及证据材料以及其他证明文件。

（二）申请人应在收到反请求受理通知后 20 天内针对被申请人的反请求提交答辩。

（三）当事人确有正当理由请求延长上述期限的，由仲裁庭决定是否延长；仲裁庭尚未组成的，由仲裁委员会仲裁院作出决定。

第六十三条　审理方式

仲裁庭可以按照其认为适当的方式审理案件，可以在征求当事人意见后决定只依据当事人提交的书面材料和证据进行书面审理，也可以决定开庭审理。

第六十四条　开庭审理

（一）对于开庭审理的案件，仲裁庭确定第一次开庭日期后，应不晚于开庭前 15 天将开庭日期通知双方当事人。当事人有正当理由的，可以请求延期开庭，但应于收到开庭通知后 3 天内提出书面延期申请；是否延期，由仲裁庭决定。

（二）当事人有正当理由未能按上述第（一）款规定提出延期开庭申请的，是否接受其延期申请，由仲裁庭决定。

（三）再次开庭审理的日期及延期后开庭审理日期的通知及其延期申请，不受上述第（一）款期限的限制。

第六十五条　作出裁决的期限

（一）仲裁庭应在组庭后 3 个月内作出裁决书。

（二）经仲裁庭请求，仲裁委员会仲裁院院长认为确有正当理由和必要的，可以延长该期限。

（三）程序中止的期间不计入上述第（一）款规定的裁决期限。

第六十六条　程序变更

仲裁请求的变更或反请求的提出，不影响简易程序的继续进行。经变更的仲裁请求或反请求所涉争议金额分别超过人民币 500 万元的案件，除非当事人约定或仲裁庭认为有必要变更为普通程序，继续适用简易程序。

第六十七条　本规则其他条款的适用

本章未规定的事项，适用本规则其他各章的有关规定。

第五章　国内仲裁的特别规定

第六十八条　本章的适用

（一）国内仲裁案件，适用本章规定。

（二）符合本规则第五十九条规定的国内仲裁案件，适用第四章简易程序的规定。

第六十九条　案件的受理

仲裁委员会仲裁院收到申请人的仲裁申请书及其附件后，经审查，认为符合本规则第十二条规定的受理条件并适用国内仲裁程序的，应向双方当事人发出仲裁通知。

第七十条　仲裁庭的组成

仲裁庭应按照本规则第二十五条、第二十六条、第二十七条、第二十八条、第二十九条和第三十条的规定组成。

第七十一条　答辩和反请求

（一）被申请人应在收到仲裁通知后 20 天内提交答辩书及所依据的证据材料以及其他证明文件；如有反请求，也应在此期限内提交反请求书及所依据的证据材料以及其他证明文件。

（二）申请人应在收到反请求受理通知后 20 天内针对被申请人的反请求提交答辩。

（三）当事人确有正当理由请求延长上述期限的，由仲裁庭决定是否延长；仲裁庭尚未组成的，由仲裁委员会仲裁院作出决定。

第七十二条　开庭审理

（一）对于开庭审理的案件，仲裁庭确定第一次开庭日期后，应不晚于开庭前 15 天将开庭日期通知双方当事人。当事人有正当理由的，可以请求延期开庭，但应于收到开庭通知后 3 天内提出书面延期申请；是否延期，由仲裁庭决定。

（二）当事人有正当理由未能按上述第（一）款规定提出延期开庭申请的，是否接受其延期申请，由仲裁庭决定。

（三）再次开庭审理的日期及延期后开庭审理日期的通知及其延期申请，不受上述第（一）款期限的限制。

第七十三条　庭审笔录

（一）仲裁庭应将开庭情况记入笔录。当事人和其他仲裁参与人认为对自己陈述的记录有遗漏或有差错的，可以申请补正；仲裁庭不同意其补正的，应将该申请记录在案。

（二）庭审笔录由仲裁员、记录人员、当事人和其他仲裁参与人签名或盖章。

第七十四条　作出裁决的期限

（一）仲裁庭应在组庭后 4 个月内作出裁决书。

（二）经仲裁庭请求，仲裁委员会仲裁院院长认为确有正当理由和必要的，可以延长该期限。

（三）程序中止的期间不计入上述第（一）款规定的裁决期限。

第七十五条　本规则其他条款的适用

本章未规定的事项，适用本规则其他各章的有关规定。本规则第六章的规定除外。

第六章　香港仲裁的特别规定

第七十六条　本章的适用

（一）仲裁委员会在香港特别行政区设立仲裁委员会香港仲裁中心。本章适用于仲裁委员会香港仲裁中心接受仲裁申请并管理的仲裁案件。

（二）当事人约定将争议提交仲裁委员会香港仲裁中心仲裁或约定将争议提交仲裁委员会在香港仲裁的，由仲裁委员会香港仲裁中心接受仲裁申请并管理案件。

第七十七条　仲裁地及程序适用法

除非当事人另有约定，仲裁委员会香港仲裁中心管理的案件的仲裁地为香港，仲裁程序适用法为香港仲裁法，仲裁裁决为香港裁决。

第七十八条　管辖权决定的作出

当事人对仲裁协议及/或仲裁案件管辖权的异议，应不晚于第一次实体答辩前提出。

仲裁庭有权对仲裁协议的存在、效力以及仲裁案件的管辖权作出决定。

第七十九条　仲裁员的选定或指定

仲裁委员会现行仲裁员名册在仲裁委员会香港仲裁中心管理的案件中推荐使用，当事人可以在仲裁委员会仲裁员名册外选定仲裁员。被选定的仲裁员应经仲裁委员会主任确认。

第八十条　临时措施和紧急救济

（一）除非当事人另有约定，应一方当事人申请，仲裁庭有权决定采取适当的临时措施。

（二）在仲裁庭组成之前，当事人可以按照《中国国际经济贸易仲裁委员会紧急仲裁员程序》（本规则附件三）申请紧急性临时救济。

第八十一条　裁决书的印章

裁决书应加盖"中国国际经济贸易仲裁委员会香港仲裁中心"印章。

第八十二条　仲裁收费

依本章接受申请并管理的案件适用《中国国际经济贸易仲裁委员会仲裁费用表（三）》（本规则附件二）。

第八十三条　本规则其他条款的适用

本章未规定的事项，适用本规则其他各章的有关规定，本规则第五章的规定除外。

第七章　附　　则

第八十四条　仲裁语言

（一）当事人对仲裁语言有约定的，从其约定。

（二）当事人对仲裁语言没有约定的，以中文为仲裁语言。仲裁委员会也可以在适当考虑合同所用语言在内的所有情况后决定使用一种或数种语言进行仲裁。仲裁庭组成后，可根据案件具体情形重新确定仲裁程序使用的仲裁语言。

（三）仲裁庭开庭时，当事人或其代理人、证人需要语言翻译的，可由仲裁委员会仲裁院提供译员，也可由当事人自行提供译员。

（四）当事人提交的各种文书和证明材料，仲裁庭或仲裁委员会仲裁院认为必要时，可以要求当事人提供相应的中文译本或其他语言译本。

第八十五条　仲裁费用及实际费用

（一）仲裁委员会除按照制定的仲裁费用表向当事人收取仲裁费外，还可以向当事人收取其他额外的、合理的实际费用，包括仲裁员办理案件的特殊报酬、差旅费、食宿费、聘请速录员速录费，以及仲裁庭聘请专家、鉴定人和翻译等费用。

仲裁员的特殊报酬由双方当事人约定或仲裁员提出经由仲裁委员会仲裁院商相关当事人同意后可以小时费率为基础报价，并参照《中国国际经济贸易仲裁委员会仲裁费用表（三）》（本规则附件二）三（二）"仲裁员报酬和费用（以小时费率为基础）"的标准及相关规定确定。

（二）当事人未在仲裁委员会规定的期限内为其选定的仲裁员预缴特殊报酬、差旅费、食宿费等实际费用的，视为没有选定仲裁员。

（三）当事人约定在仲裁委员会或其分会/仲裁中心所在地之外开庭的，应预缴因此而发生的差旅费、食宿费等实际费用。当事人未在仲裁委员会规定的期限内预缴有关实际费用的，应在仲裁委员会或其分会/仲裁中心所在地开庭。

（四）当事人约定以两种或两种以上语言为仲裁语言的，或根据本规则第五十九条的规定适用简易程序的案件但当事人约定由三人仲裁庭审理的，仲裁委员会可以向当事人收取额外的、合理的费用。

（五）仲裁委员会为当事人提供本规则第二条第（七）款规定的临时仲裁服务的，视当事人请求及案件具体情况，经与双方当事人协商决定收取相关仲裁费用，并通知当事人在规定的期限内支付。当事人未缴纳或未足额缴纳的，仲裁委员会可全部或部分中止提供临时仲裁服务，并可视为其撤回了相关请求。

第八十六条　责任限制

仲裁委员会及其工作人员、仲裁员、紧急仲裁员和仲裁程序中仲裁庭聘请的相关人员，不就其根据本规则进行的任何与仲裁有关的行为包括任何过失、作为和不作为，向任何人承担任何民事责任，且不负有作证义务，除非仲裁所适用的法律另有规定。

第八十七条　规则的解释

（一）本规则条文标题不用于解释条文含义。

（二）本规则由仲裁委员会负责解释。

第八十八条　规则的施行

本规则自 2024 年 1 月 1 日起施行。本规则施行前仲裁委员会及其分会/仲裁中心管理的案件，仍适用受理案件时适用的仲裁规则；双方当事人同意的，也可以适用本规则。

附件：（略）

中国国际经济贸易仲裁委员会证据指引

（2024 年）

前　言

为帮助当事人、律师和仲裁庭在仲裁中更加有效地处理证据问题，依据《中华人民共和国仲裁法》，结合中国国际经济贸易仲裁委员会（"仲裁委员会"）的《仲裁规则》和仲裁实践，适当参考中国民事诉讼中适合于仲裁的证据原则以及国际律师协会制订的《国际仲裁取证规则》，制定本《证据指引》（"《证据指引》"）。

《证据指引》不是《仲裁规则》的组成部分。《证据指引》可以根据当事人的约定或仲裁庭的决定适用。当事人可约定、仲裁庭也可决定，部分地适用《证据指引》或者变更《证据指引》中的某些规则。《证据指引》与《仲裁规则》不一致时，仲裁庭应以最能实现两者共同目的的方式适用《证据指引》。《仲裁规则》与《证据指引》均无规定、当事人亦无约定的事项，仲裁庭可按照其认为适当的方式处理。

第一章　举证责任

第一条　举证责任的承担

（一）当事人对其主张的事实承担举证责任。

（二）对合同成立或生效的事实有争议的，由主张合同成立或生效的一方当事人承担举证责任；主张合同变更、解除、终止、撤销的一方当事人对引起合同关系变动的事实承担举证责任。

（三）对合同履行事实发生争议的，由负有相关履行义务的当事人承担举证责任。

（四）请求损害赔偿与其他救济的一方当事人以及反驳该等请求的对方当事人，应对支持各自主张的事实承担举证责任。主张约定的违约金低于或高于实际损失并要求调整违约金的，提出该主张的当事人承担举证责任。

第二条　免证事实

（一）下列事实，无需当事人举证，仲裁庭可依职权予以认定：

1. 双方当事人没有争议的事实；

2. 自然规律及定理；

3. 众所周知的事实或常识；

4. 根据法律规定、已知事实或日常生活经验法则，能推定出的另一事实。

（二）前款各项，当事人有相反证据足以推翻的除外。

第三条　被申请人的缺席

被申请人无正当理由在仲裁程序中缺席，并不免除申请人对其事实主张的举证责任，但仲裁庭可依申请人提交的证据以及《证据指引》的其他规则对事实作出认定，并可就被申请人无故缺席的事实得出自己的结论。

第二章　举证、取证与证据交换

第四条　当事人举证

当事人应向仲裁庭和对方当事人①披露和提交其作为依据的所有证据。

---

① 根据具体情况，"一方当事人"应理解为包括多方仲裁中作为申请人或被申请人一方的所有当事人。

第五条　举证期限

（一）仲裁庭可对当事人提交证据规定合理的期限，或对分次提交证据做出期限安排。当事人应在仲裁庭规定的期限内完成举证。对逾期提交的证据，仲裁庭有权不予接受。原则上，举证和证据交换应在仲裁庭就争议实体问题举行开庭审理（"庭审"）之前完成。

（二）当事人在举证期限内提交证据确有困难的，可在期限届满前书面阐明理由，向仲裁庭申请延长举证期限。仲裁庭应根据当事人申请延期理由的充分程度，决定是否准予延期。允许一方延期举证的，仲裁庭亦应同时考虑适当延长另一方的举证期限。

第六条　书证

（一）除纸质文件外，书证包括数据电文（如电子文件、电子邮件、视听资料、微信记录、网页）等通过电子、音频、视频或任何其他方式记录或保存的、具有可读性的电子版证据。

（二）当事人提交书证的，可提交与原件相同的纸质复印件或数据电文的打印件。鼓励当事人同时提交书证的电子版。

（三）除当事人另有约定或仲裁庭另有决定外，提交在中国内地以外形成的书证，无需经过公证与认证。

第七条　书证出示请求

（一）一方当事人可请求仲裁庭指令对方当事人出示某一特定书证或某一类范围有限且具体的书证（"书证出示请求"）。请求方需阐明请求理由，详细界定该有关书证，以及说明该书证的关联性和重要性。仲裁庭应安排对方当事人对书证出示请求发表意见。对方不反对该请求的，应按照请求出示相关文件。对方反对的，由仲裁庭决定是否准许该请求。

（二）仲裁庭可对一方提出书证出示请求的期限以及对方对该请求发表意见的期限加以规定。

（三）经对方当事人要求，仲裁庭可因下述理由之一驳回书证出示请求：

1. 要求出示的书证与案件之间缺乏足够的关联性或对裁判结果缺乏重要性；

2. 出示可能导致违反法律或执业操守；

3. 出示将使出示方承受不合理的负担；

4. 要求出示的书证不在出示方占有或控制之下或很可能已经灭失；

5. 出示将导致国家秘密、商业秘密或技术秘密的泄露；

6. 出于程序经济、公平或当事人平等的原因。

第八条　事实证人

（一）当事人安排证人作证的，应事先向仲裁庭确定证人身份及其证明事项。任何能够证明案件事实的人，包括但不限于当事人的雇员、代表人和代理人，均可作为证人。

（二）证人应在庭审前提交其书面证言。书面证言应包括证人的姓名、地址、与各当事人间的关系以及个人背景介绍，对有关争议事实的详细说明及其信息来源，以及出具证言的日期和证人本人的签名。

第九条　专家报告

（一）当事人可就特定问题提交专家报告以支持己方的主张。

专家报告应包括：

1. 专家的姓名、地址、与各当事人间的关系以及个人专业背景介绍；

2. 为出具专家报告而了解的事实、阅读的文件及其他信息来源；

3. 专家个人的意见和结论，包括形成意见和得出结论所使用的方法和依据；

4. 出具报告的日期及专家本人的签名。

（二）仲裁庭可自行指定一名或多名专家。双方当事人应对仲裁庭指定的专家予以协助，提供其要求的文件和信息。专家应出具专家报告，交由双方当事人评论。

（三）当事人或仲裁庭选定某专业机构出具专家报告的，实际代表该机构出具报告的专家个人视为本条意义上的专家。

第十条　查验与鉴定

（一）仲裁庭可依当事人的请求或自行决定，由仲裁庭或其指定的查验人对现场、货物、文件或其他有关证据进行查验，或由仲裁庭指定的鉴定人对某个专业或技术问题进行鉴定。当事人应事先得到查验的通知并有权到场。查验人、鉴定人完成查验或鉴定后，应出具报告，交由双方当事人评论。

（二）第九条的规定适用于仲裁庭指定的查验人、鉴定人及其所出具的报告。

第十一条　仲裁庭要求出示及收集证据

（一）在仲裁过程中，仲裁庭可以主动要求一方当事人提交仲裁庭认为必要的任何证据。仲裁庭应确保另一方当事人有机会对这些证据发表意见。

（二）应一方当事人请求并在必要和实际可行的情况下，仲裁庭可搜集与争议事实有关的证据。仲裁庭搜集的证据应转交双方当事人，并听取其意见。

第十二条　证据保全

（一）当事人可依法请求法院进行证据保全。

（二）如所适用的法律允许，仲裁庭亦可发出保全证据的指令。

第十三条　证据交换方式

双方当事人提交的证据通常应由仲裁委员会仲裁院转递。但仲裁庭经与当事人协商后，可决定证据在当事人之间直接交换。

第十四条　书证的翻译

（一）其他文字的书证是否需要按照仲裁语言翻译，可由仲裁庭在与当事人协商后决定。在决定是否需要翻译，或者是否需要全部或部分翻译时，仲裁庭应考虑双方当事人及其律师的语言能力，以及费用的节省。

（二）仲裁庭与当事人协商后决定书证需要翻译的，译文应与原文同时提交，以便对方当事人对译文的准确性进行核对。

（三）译文与原文有出入的，仲裁庭应以能够正确反映书证原意的译文为准。

第三章　质　　证

第十五条　当事人的质证意见

仲裁庭应确保一方当事人有机会就对方当事人提交的所有证据发表质证意见。质证意见可以采用口头或书面形式。

第十六条　对书证的质证

（一）开庭审理的案件，书证应在庭审过程中出示，由当事人口头质证。为避免不必要的拖延，当事人可仅针对有争议的书证发表意见，并集中说明哪些书证不应被仲裁庭采纳为证据。

（二）虽有前述第（一）款的规定，仲裁庭可在与当事人协商后，做出双方当事人在庭审前进行质证的适当安排。

（三）对复印件与原件可能不一致的书证，当事人及仲裁庭可要求核对原件。

（四）视听资料是否在庭审过程中播放、或者是否全部或部分播放，由仲裁庭在与当事人协商后决定。

（五）对于物证，准用本条第（一）（二）款对书证进行质证的原则。

第十七条　对证人、专家、查验人和鉴定人的质询

（一）原则上，证人和专家应出席庭审或通过远程视频参加庭审，并接受安排其出庭的一方当事人的询问（"询问"）和对方当事人的盘问（"盘问"）。

（二）质询程序由仲裁庭主持。除非双方当事人同意，证人和专家在作证之前不应出席庭审。双方当事人可以对询问证人和专家的方式和时间进行协商。除当事人另有约定外，仲裁庭应确保双方当事人获得质询的机会，但可对询问或盘问的时间加以限制。

（三）对证人和当事人一方聘请的专家的质询，通常可采用询问、盘问和再次询问的顺序。仲裁庭可决定将证人的书面证言或专家的书面报告作为对询问的回答，并直接进入盘问阶段。再次询问不应超出盘问所涉及的问题。

（四）仲裁庭指定的专家、查验人或鉴定人应当出席庭审，仲裁庭应确保双方当事人有机会对他们进行质询。

（五）在与当事人协商后，仲裁庭可安排双方的专家或证人进行对质。

（六）仲裁庭可限制当事人提出某个问题，或告知证人、专家、查验人或鉴定人对某个问题无需做出答复。仲裁庭可随时向证人、专家、查验人或鉴定人提问。

第四章　证据的认定

第十八条　一般原则

某项证据是否可予采纳，以及证据的关联性、重要性和证明力，由仲裁庭自行决定。

第十九条　不予采纳

（一）根据仲裁庭认为适当的、免于证据披露义务的规则，仲裁庭可决定对当事人提交的某项证据不予采纳，尤其是那些律师与客户之间的涉及法律服务的证据或涉及当事人之间和解谈判的证据。

（二）仅在调解程序中披露的证据和信息在仲裁中不具有可采纳性，不得作为仲裁裁决的依据。

第二十条　无原件的书证

对当事人提出质疑的无原件的书证，仲裁庭可结合其他证据、当事双方的事实主张以及全部案情，决定是否予以采纳。

第二十一条　未经庭审质证的证人证言

无正当理由未出庭接受质询的证人，其证言不得单独作为认定事实的根据。

第二十二条　对本方不利的事实陈述

在仲裁过程中，当事人以书面或口头方式承认的对己方不利的事实，仲裁庭可予以认定，但有相反证据足以推翻该被承认的事实的除外。

第二十三条　不利推定

经仲裁庭准予书证出示请求后，或在仲裁庭直接要求出示特定的书证后，相关当事人无正当理由拒绝出示的，仲裁庭可以做出对拒绝出示方不利的推定。

第二十四条　证明标准

（一）针对某一事实，双方当事人分别举出相反证据的，仲裁庭可依优势证据原则加以认定。

（二）对涉及欺诈的事实，仲裁庭应根据有充分说服力的证据加以认定。

第五章　附　　则

第二十五条　指引的解释

（一）本指引条文标题不用于解释条文含义。

（二）本指引由仲裁委员会负责解释。

第二十六条　指引的施行

本指引自 2024 年 1 月 1 日起施行。

3. 仲裁协议

最高人民法院关于确认仲裁协议效力几个问题的批复

（1998 年 10 月 21 日最高人民法院审判委员会第 1029 次会议通过 1998 年 10 月 26 日最高人民法院公告公布 自 1998 年 11 月 5 日起施行 法释〔1998〕27 号）

山东省高级人民法院：

你院鲁高法函〔1997〕84 号《关于认定重建仲裁机构前达成的仲裁协议的效力的几个问题的请示》收悉。经研究，答复如下：

一、在《中华人民共和国仲裁法》实施后重新组建仲裁机构前，当事人达成的仲裁协议只约定了仲裁地点，未约定仲裁机构，双方当事人在补充协议中选定了在该地点依法重新组建的仲裁机构的，仲裁协议有效；双方当事人达不成补充协议的，仲裁协议无效。

二、在仲裁法实施后依法重新组建仲裁机构前，当事人在仲裁协议中约定了仲裁机构，一方当事人申请仲裁，另一方当事人向人民法院起诉的，经人民法院审查，按照有关规定能够确定新的仲裁机构的，仲裁协议有效。对当事人的起诉，人民法院不予受理。

三、当事人对仲裁协议的效力有异议，一方当事人申请仲裁机构确认仲裁协议效力，另一方当事人请求人民法院确认仲裁协议无效，如果仲裁机构先于人民法院接受申请并已作出决定，人民法院不予受理；如果仲裁机构接受申请后尚未作出决定，人民法院应予受理，同时通知仲裁机构终止仲裁。

四、一方当事人就合同纠纷或者其他财产权益纠纷申请仲裁，另一方当事人对仲裁协议的效力有异议，请求人民法院确认仲裁协议无效并就合同纠纷或者其他财产权益纠纷起诉的，人民法院受理后应当通知仲裁机构中止仲裁。人民法院依法作出仲裁协议有效或者无效的裁定后，应当将裁定书副本送达仲裁机构，由仲裁机构根据人民法院的裁定恢复仲裁或者撤销仲裁案件。

人民法院依法对仲裁协议作出无效的裁定后，另一方当事人拒不应诉的，人民法院可以缺席判决；原受理仲裁申请的仲裁机构在人民法院确认仲裁协议无效后仍不撤销其仲裁案件的，不影响人民法院对案件的审理。

此复

4. 申请撤销裁决

最高人民法院关于不得以裁决书送达超过期限而裁定撤销仲裁裁决的通知

（1997 年 4 月 6 日　法〔1997〕第 120 号）

各省、自治区、直辖市高级人民法院：

据了解，目前一些地区人民法院以仲裁裁决书送达超过规定期限，不符合仲裁程序，违反国务院办公厅国办发〔1995〕38 号"关于进一步做好重新组建仲裁机构工作的通知"（简称国办发〔1995〕38 号文）规定为由，裁定撤销仲裁裁决。

国办发〔1995〕38 号文第三条规定中提到的六个月期限，指的是仲裁机构作出仲裁裁决的期限，不包括送达仲裁裁决的期限。法院以仲裁裁决送达超过六个月规定期限，不符合仲裁程序，违反国办发〔1995〕38 号文规定为由，裁定撤销仲裁裁决，既于法律无据，也不利于保护当事人合法权益。因此，各地人民法院凡发现在审判工作中存在上述问题的，应当及时依法予以纠正。

特此通知。

最高人民法院关于审理当事人申请撤销
仲裁裁决案件几个具体问题的批复

（1998 年 6 月 11 日最高人民法院审判委员会第 992 次会议通过　1998 年 7 月 21 日最高人民法院公告公布　自 1998 年 7 月 28 日起施行　法释〔1998〕16 号）

安徽省高级人民法院：

你院（1996）经他字第 26 号《关于在审理一方当事人申请撤销仲裁裁决的案件中几个具体问题应如何解决的请示报告》收悉。经研究，答复如下：

一、原依照有关规定设立的仲裁机构在《中华人民共和国仲裁法》（以下简称仲裁法）实施前受理、实施后审理的案件，原则上应当适用仲裁法的有关规定。鉴于原仲裁机构的体制与仲裁法规定的仲裁机构有所不同，原仲裁机构适用仲裁法某些规定有困难的，如仲裁庭的组成，也可以适用《中华人民共和国经济合同仲裁条例》的有关规定，人民法院在审理有关申请撤销仲裁裁决案件中不应以未适用仲裁法的规定为由，撤销仲裁裁决。

二、一方当事人向人民法院申请撤销仲裁裁决的，人民法院在审理时，应当列对方当事人为被申请人。

三、当事人向人民法院申请撤销仲裁裁决的案件，应当按照非财产案件收费标准计收案件受理费；该费用由申请人交纳。

此复

最高人民法院关于当事人对人民法院
撤销仲裁裁决的裁定不服申请再审
人民法院是否受理问题的批复

（1999 年 1 月 29 日最高人民法院审判委员会第 1042 次会议通过　1999 年 2 月 11 日最高人民法院公告公布　自 1999 年 2 月 16 日起施行　法释〔1999〕6 号）

陕西省高级人民法院：

你院陕高法〔1998〕78 号《关于当事人对人民法院撤销仲裁裁决的裁定不服申请再审是否应当受理的请示》收悉。经研究，答复如下：

根据《中华人民共和国仲裁法》第九条规定的精神，当事人对人民法院撤销仲裁裁决的裁定不服申请再审的，人民法院不予受理。

此复

最高人民法院关于人民检察院
对不撤销仲裁裁决的民事裁定提出抗诉
人民法院应否受理问题的批复

（2000 年 12 月 12 日最高人民法院审判委员会第 1150 次会议通过　2000 年 12 月 13 日最高人民法院公告公布　自 2000 年 12 月 19 日起施行　法释〔2000〕46 号）

内蒙古自治区高级人民法院：

你院〔2000〕内法民再字第 29 号《关于人民检察院能否对人民法院不予撤销仲裁裁决的民事裁定抗诉的请示报告》收悉。经研究，答复如下：

人民检察院对发生法律效力的不撤销仲裁裁决的民事裁定提出抗诉，没有法律依据，人民法院不予受理。

此复

最高人民法院关于当事人对驳回其申请
撤销仲裁裁决的裁定不服而申请再审，
人民法院不予受理问题的批复

（2004 年 7 月 20 日最高人民法院审判委员会第 1320 次会议通过　2004 年 7 月 26 日最高人民法院公告公布　自 2004 年 7 月 29 日起施行　法释〔2004〕9 号）

陕西省高级人民法院：

你院陕高法〔2004〕225 号《关于当事人不服人民法院驳回其申请撤销仲裁裁决的裁定申请再审，人民法院是否受理的请示》收悉。经研究，答复如下：

根据《中华人民共和国仲裁法》第九条规定的精神，当事人对人民法院驳回其申请撤销仲裁裁决的裁定不服而申请再审的，人民法院不予受理。

此复。

5. 执　行

最高人民法院关于人民法院办理
仲裁裁决执行案件若干问题的规定

（2018 年 1 月 5 日最高人民法院审判委员会第 1730 次会议通过　2018 年 2 月 22 日最高人民法院公告公布　自 2018 年 3 月 1 日起施行　法释〔2018〕5 号）

为了规范人民法院办理仲裁裁决执行案件，依法保护当事人、案外人的合法权益，根据《中华人民共和国民事诉讼法》《中华人民共和国仲裁法》等法律规定，结合人民法院执行工作实际，制定本规定。

第一条　本规定所称的仲裁裁决执行案件，是指当事人申请人民法院执行仲裁机构依据仲裁法作出的仲裁裁决或者仲裁调解书的案件。

第二条　当事人对仲裁机构作出的仲裁裁决或者仲裁调解书申请执行的，由被执行人住所地或者被执行的财产所在地的中级人民法院管辖。

符合下列条件的，经上级人民法院批准，中级人民法院可以参照民事诉讼法第三十八条的规定指定基层人民法院管辖：

（一）执行标的额符合基层人民法院一审民商事案件级别管辖受理范围；

（二）被执行人住所地或者被执行的财产所在地在被指定的基层人民法院辖区内。

被执行人、案外人对仲裁裁决执行案件申请不予执行的，负责执行的中级人民法院应当另行立案审查处理；执行案件已指定基层人民法院管辖的，应当于收到不予执行申请后三日内移送原执行法院另行立案审查处理。

第三条　仲裁裁决或者仲裁调解书执行内容具有下列情形之一导致无法执行的，人民法院可以裁定驳回执行申请；导致部分无法执行的，可以裁定驳回该部分的执行申请；导致部分无法执行且该部分与其他部分不可分的，可以裁定驳回执行申请。

（一）权利义务主体不明确；

（二）金钱给付具体数额不明确或者计算方法不明确导致无法计算出具体数额；

（三）交付的特定物不明确或者无法确定；

（四）行为履行的标准、对象、范围不明确；

仲裁裁决或者仲裁调解书仅确定继续履行合同，但对继续履行的权利义务，以及履行的方式、期限等具体内容不明确，导致无法执行的，依照前款规定处理。

第四条 对仲裁裁决主文或者仲裁调解书中的文字、计算错误以及仲裁庭已经认定但在裁决主文中遗漏的事项，可以补正或说明的，人民法院应当书面告知仲裁庭补正或说明，或者向仲裁机构调阅仲裁案卷查明。仲裁庭不补正也不说明，且人民法院调阅仲裁案卷后执行内容仍然不明确具体无法执行的，可以裁定驳回执行申请。

第五条 申请执行人对人民法院依照本规定第三条、第四条作出的驳回执行申请裁定不服的，可以自裁定送达之日起十日内向上一级人民法院申请复议。

第六条 仲裁裁决或者仲裁调解书确定交付的特定物确已毁损或者灭失的，依照《最高人民法院关于适用〈中华人民共和国民事诉讼法〉的解释》第四百九十四条的规定处理。

第七条 被执行人申请撤销仲裁裁决并已由人民法院受理的，或者被执行人、案外人对仲裁裁决执行案件提出不予执行申请并提供适当担保的，执行法院应当裁定中止执行。中止执行期间，人民法院应当停止处分性措施，但申请执行人提供充分、有效的担保请求继续执行的除外；执行标的查封、扣押、冻结期限届满前，人民法院可以根据当事人申请或者依职权办理续行查封、扣押、冻结手续。

申请撤销仲裁裁决、不予执行仲裁裁决案件司法审查期间，当事人、案外人申请对已查封、扣押、冻结之外的财产采取保全措施的，负责审查的人民法院参照民事诉讼法第一百条的规定处理。司法审查后仍需继续执行的，保全措施自动转为执行中的查封、扣押、冻结措施；采取保全措施的人民法院与执行法院不一致的，应当将保全手续移送执行法院，保全裁定视为执行法院作出的裁定。

第八条 被执行人向人民法院申请不予执行仲裁裁决的，应当在执行通知书送达之日起十五日内提出书面申请；有民事诉讼法第二百三十七条第二款第四、六项规定情形且执行程序尚未终结的，应当自知道或者应当知道有关事实或案件之日起十五日内提出书面申请。

本条前款规定期限届满前，被执行人已向有管辖权的人民法院申请撤销仲裁裁决且已被受理的，自人民法院驳回撤销仲裁裁决申请的裁判文书生效之日起重新计算期限。

第九条 案外人向人民法院申请不予执行仲裁裁决或者仲裁调解书的，应当提交申请书以及证明其请求成立的证据材料，并符合下列条件：

（一）有证据证明仲裁案件当事人恶意申请仲裁或者虚假仲裁，损害其合法权益；

（二）案外人主张的合法权益所涉及的执行标的尚未执行终结；

（三）自知道或者应当知道人民法院对该标的采取执行措施之日起三十日内提出。

第十条 被执行人申请不予执行仲裁裁决，对同一仲裁裁决的多个不予执行事由应当一并提出。不予执行仲裁裁决申请被裁定驳回后，再次提出申请的，人民法院不予审查，但有新证据证明存在民事诉讼法第二百三十七条第二款第四、六项规定情形的除外。

第十一条 人民法院对不予执行仲裁裁决案件应当组成合议庭围绕被执行人申请的事由、案外人的申请进行审查；对被执行人没有申请的事由不予审查，但仲裁裁决可能违背社会公共利益的除外。

被执行人、案外人对仲裁裁决执行案件申请不予执行的，人民法院应当进行询问；被执行人在询问终结前提出其他不予执行事由的，应当一并审查。人民法院审查时，认为必要的，可以要求仲裁庭作出说明，或者向仲裁机构调阅仲裁案卷。

第十二条 人民法院对不予执行仲裁裁决案件的审查，应当在立案之日起两个月内审查完毕并作出裁定；有特殊情况需要延长的，经本院院长批准，可以延长一个月。

第十三条 下列情形经人民法院审查属实的，应当认定为民事诉讼法

第二百三十七条第二款第二项规定的"裁决的事项不属于仲裁协议的范围或者仲裁机构无权仲裁的"情形： 248

（一）裁决的事项超出仲裁协议约定的范围；

（二）裁决的事项属于依照法律规定或者当事人选择的仲裁规则规定的不可仲裁事项；

（三）裁决内容超出当事人仲裁请求的范围；

（四）作出裁决的仲裁机构非仲裁协议所约定。

第十四条 违反仲裁法规定的仲裁程序、当事人选择的仲裁规则或者当事人对仲裁程序的特别约定，可能影响案件公正裁决，经人民法院审查属实的，应当认定为民事诉讼法第二百三十七条第二款第三项规定的"仲 248 裁庭的组成或者仲裁的程序违反法定程序的"情形。

当事人主张未按照仲裁法或仲裁规则规定的方式送达法律文书导致其未能参与仲裁，或者仲裁员根据仲裁法或仲裁规则的规定应当回避而未回避，可能影响公正裁决，经审查属实的，人民法院应当支持；仲裁庭按照仲裁法或仲裁规则以及当事人约定的方式送达仲裁法律文书，当事人主张不符合民事诉讼法有关送达规定的，人民法院不予支持。

适用的仲裁程序或仲裁规则经特别提示，当事人知道或者应当知道法定仲裁程序或选择的仲裁规则未被遵守，但仍然参加或者继续参加仲裁程序且未提出异议，在仲裁裁决作出之后以违反法定程序为由申请不予执行仲裁裁决的，人民法院不予支持。

第十五条 符合下列条件的，人民法院应当认定为民事诉讼法第二百三十七条第二款第四项规定的"裁决所根据的证据是伪造的"情形： 248

（一）该证据已被仲裁裁决采信；

（二）该证据属于认定案件基本事实的主要证据；

（三）该证据经查明确属通过捏造、变造、提供虚假证明等非法方式形成或者获取，违反证据的客观性、关联性、合法性要求。

第十六条 符合下列条件的，人民法院应当认定为民事诉讼法第二百三十七条第二款第五项规定的"对方当事人向仲裁机构隐瞒了足以影响公 248 正裁决的证据的"情形：

（一）该证据属于认定案件基本事实的主要证据；

（二）该证据仅为对方当事人掌握，但未向仲裁庭提交；

（三）仲裁过程中知悉存在该证据，且要求对方当事人出示或者请求仲裁庭责令其提交，但对方当事人无正当理由未予出示或者提交。

当事人一方在仲裁过程中隐瞒己方掌握的证据，仲裁裁决作出后以己方所隐瞒的证据足以影响公正裁决为由申请不予执行仲裁裁决的，人民法院不予支持。

第十七条 被执行人申请不予执行仲裁调解书或者根据当事人之间的和解协议、调解协议作出的仲裁裁决，人民法院不予支持，但该仲裁调解书或者仲裁裁决违背社会公共利益的除外。

第十八条 案外人根据本规定第九条申请不予执行仲裁裁决或者仲裁调解书，符合下列条件的，人民法院应当支持：

（一）案外人系权利或者利益的主体；

（二）案外人主张的权利或者利益合法、真实；

（三）仲裁案件当事人之间存在虚构法律关系、捏造案件事实的情形；

（四）仲裁裁决主文或者仲裁调解书处理当事人民事权利义务的结果部分或者全部错误，损害案外人合法权益。

第十九条 被执行人、案外人对仲裁裁决执行案件逾期申请不予执行的，人民法院应当裁定不予受理；已经受理的，应当裁定驳回不予执行申请。

被执行人、案外人对仲裁裁决执行案件申请不予执行，经审查理由成立的，人民法院应当裁定不予执行；理由不成立的，应当裁定驳回不予执行申请。

第二十条 当事人向人民法院申请撤销仲裁裁决被驳回后，又在执行程序中以相同事由提出不予执行申请的，人民法院不予支持；当事人向人民法院申请不予执行被驳回后，又以相同事由申请撤销仲裁裁决的，人民法院不予支持。

在不予执行仲裁裁决案件审查期间，当事人向有管辖权的人民法院提出撤销仲裁裁决申请并被受理的，人民法院应当裁定中止对不予执行申请的审查；仲裁裁决被撤销或者决定重新仲裁的，人民法院应当裁定终结执行，并终结对不予执行申请的审查；撤销仲裁裁决申请被驳回或者申请执行人撤回撤销仲裁裁决申请的，人民法院应当恢复对不予执行申请的审查；被执行人撤回撤销仲裁裁决申请的，人民法院应当裁定终结对不予执行申请的审查，但案外人申请不予执行仲裁裁决的除外。

第二十一条 人民法院裁定驳回撤销仲裁裁决申请或者驳回不予执行仲裁裁决、仲裁调解书申请的，执行法院应当恢复执行。

人民法院裁定撤销仲裁裁决或者基于被执行人申请裁定不予执行仲裁裁决，原被执行人申请执行回转或者解除强制执行措施的，人民法院应当支持。原申请执行人对已履行或者被人民法院强制执行的款物申请保全的，人民法院应当依法准许；原申请执行人在人民法院采取保全措施之日起三十日内，未根据双方达成的书面仲裁协议重新申请仲裁或者向人民法院起诉的，人民法院应当裁定解除保全。

人民法院基于案外人申请裁定不予执行仲裁裁决或者仲裁调解书，案外人申请执行回转或者解除强制执行措施的，人民法院应当支持。

第二十二条 人民法院裁定不予执行仲裁裁决、驳回或者不予受理不予执行仲裁裁决申请后，当事人对该裁定提出执行异议或者申请复议的，人民法院不予受理。

人民法院裁定不予执行仲裁裁决的，当事人可以根据双方达成的书面仲裁协议重新申请仲裁，也可以向人民法院起诉。

人民法院基于案外人申请裁定不予执行仲裁裁决或者仲裁调解书，当事人不服的，可以自裁定送达之日起十日内向上一级人民法院申请复议；人民法院裁定驳回或者不予受理案外人提出的不予执行仲裁裁决、仲裁调解书申请，案外人不服的，可以自裁定送达之日起十日内向上一级人民法院申请复议。

第二十三条 本规定第八条、第九条关于对仲裁裁决执行案件申请不予执行的期限自本规定施行之日起重新计算。

第二十四条 本规定自 2018 年 3 月 1 日起施行，本院以前发布的司法解释与本规定不一致的，以本规定为准。

本规定施行前已经执行终结的执行案件，不适用本规定；本规定施行后尚未执行终结的执行案件，适用本规定。

最高人民法院关于仲裁机构 "先予仲裁" 裁决或者调解书 立案、执行等法律适用问题的批复

（2018 年 5 月 28 日最高人民法院审判委员会第 1740 次会议通过 2018 年 6 月 5 日最高人民法院公告公布 自 2018 年 6 月 12 日起施行 法释〔2018〕10 号）

广东省高级人民法院：

你院《关于"先予仲裁"裁决应否立案执行的请示》（粤高法〔2018〕99 号）收悉。经研究，批复如下：

当事人申请人民法院执行仲裁机构根据仲裁法作出的仲裁裁决或者调解书，人民法院经审查，符合民事诉讼法、仲裁法相关规定的，应当依法及时受理，立案执行。但是，根据仲裁法第二条的规定，仲裁机构可以仲裁的是当事人间已经发生的合同纠纷和其他财产权益纠纷。因此，网络借贷合同当事人申请执行仲裁机构在纠纷发生前作出的仲裁裁决或者调解书的，人民法院应当裁定不予受理；已经受理的，裁定驳回执行申请。

你院请示中提出的下列情形，应当认定为民事诉讼法第二百三十七条第二款第三项规定的"仲裁庭的组成或者仲裁的程序违反法定程序"的情形：

一、仲裁机构未依照仲裁法规定的程序审理纠纷或者主持调解，径行根据网络借贷合同当事人在纠纷发生前签订的和解或者调解协议作出仲裁裁决、仲裁调解书的；

二、仲裁机构在仲裁过程中未保障当事人申请仲裁员回避、提供证据、答辩等仲裁法规定的基本程序权利的。

前款规定情形中，网络借贷合同当事人以约定弃权条款为由，主张仲裁程序未违反法定程序的，人民法院不予支持。

人民法院办理其他合同纠纷、财产权益纠纷仲裁裁决或者调解书执行案件,适用本批复。

此复。

最高人民法院关于未被续聘的
仲裁员在原参加审理的案件裁决书上签名
人民法院应当执行该仲裁裁决书的批复

(1998 年 7 月 13 日最高人民法院审判委员会第 1001 次会议通过　1998 年 8 月 31 日最高人民法院公告公布　自 1998 年 9 月 5 日起施行　法释〔1998〕21 号)

广东省高级人民法院:

你院(1996)粤高法执函字第 5 号《关于未被续聘的仲裁员继续参加审理并作出裁决的案件,人民法院应否立案执行的请示》收悉。经研究,答复如下:

在中国国际经济贸易仲裁委员会深圳分会对深圳东鹏实业有限公司与中国化工建设深圳公司合资经营合同纠纷案件仲裁过程中,陈野被当事人指定为该案的仲裁员时具有合法的仲裁员身份,并参与了开庭审理工作。之后,新的仲裁员名册中没有陈野的名字,说明仲裁机构不再聘任陈野为仲裁员,但这只能约束仲裁机构以后审理的案件,不影响陈野在此前已合法成立的仲裁庭中的案件审理工作。其在该仲裁庭所作的(94)深国仲结字第 47 号裁决书上签字有效。深圳市中级人民法院应当根据当事人的申请对该仲裁裁决书予以执行。

此复

6. 涉外、涉港澳台仲裁的特别规定

第二次全国涉外商事海事
审判工作会议纪要（节录）

（2005 年 12 月 26 日　法发〔2005〕26 号）

为进一步贯彻"公正司法，一心为民"的方针，落实"公正与效率"工作主题，规范涉外商事海事司法行为，增强司法能力，提高司法水平，开创涉外商事海事审判工作新局面，最高人民法院于 2005 年 11 月 15 日至 16 日在江苏省南京市召开了第二次全国涉外商事海事审判工作会议。各高级人民法院的分管院长、涉外商事海事审判部门的庭长、具有涉外商事审判管辖权的中级人民法院的分管院长、海事法院院长以及中央有关部门的代表共 200 人参加了会议。最高人民法院院长肖扬发表了书面讲话，副院长万鄂湘到会讲话。

会议总结交流了 2001 年来涉外商事海事审判工作的经验，研究了审判实践中亟待解决的问题，讨论了进一步规范涉外商事海事审判工作，为改革开放和经贸、航运事业提供司法保障的措施。会议达成以下共识，并形成纪要：

一、关于案件管辖

……

6. 当事人申请确认涉外仲裁协议效力的案件，由申请人住所地、被申请人住所地或者仲裁协议签订地有权受理涉外商事案件的中级人民法院管辖；申请执行我国涉外仲裁裁决的案件，由被申请人住所地、财产所在地有权受理涉外商事案件的中级人民法院管辖；申请撤销我国涉外仲裁裁决的案件，由仲裁机构所在地有权受理涉外商事案件的中级人民法院管辖；申请承认与执行外国仲裁裁决的案件，由被申请人住所地或者财产所在地有权受理涉外商事案件的中级人民法院管辖。

7. 涉外商事合同的当事人之间签订的有效仲裁协议约定了因合同发生的或与合同有关的一切争议均应通过仲裁方式解决，原告就当事人在签订和履行合同过程中发生的纠纷以侵权为由向人民法院提起诉讼的，人民法院不享有管辖权。

8. 人民法院根据《中华人民共和国民事诉讼法》的规定仅对主合同纠纷或者担保合同纠纷享有管辖权，原告以主债务人和担保人为共同被告向人民法院提起诉讼的，人民法院可以对主合同纠纷和担保合同纠纷一并管辖，但主合同或者担保合同当事人订有仲裁协议或者管辖协议，约定纠纷由仲裁机构仲裁或者外国法院排他性管辖的，人民法院对订有此类协议的主合同纠纷或者担保合同纠纷不享有管辖权。

9. 担保合同的主债务人在我国境外，债权人在我国仅起诉担保人的，人民法院应根据《中华人民共和国民事诉讼法》的相关规定行使管辖权。在审理过程中，如发现依据担保合同的准据法，担保人享有先诉抗辩权或者该案需要先确定主合同债权额的，可以根据不同情况分别作如下处理：（1）人民法院对主合同纠纷享有管辖权的，可以要求原告在一定期限内追加主债务人为共同被告；（2）人民法院对主合同纠纷不享有管辖权的，应裁定中止审理，并指定一定的期限，告知债权人对主债务人提起诉讼或仲裁，或者以其他方式确定主债权额。债权人在指定的期限内对主债务人提起诉讼或仲裁，或者经其他方式可以明确主债权额的，人民法院应在债权人提交相应的生效裁判文书或者其他证明文件后恢复审理。

债权人在指定的期限内拒绝申请追加主债务人为共同被告，或者未对主债务人提起诉讼或仲裁，或者经其他方式仍未能明确主债权额，且人民法院调解不成的，裁定驳回债权人的起诉。

……

六、关于国际商事海事仲裁的司法审查

（一）涉外仲裁协议效力的审查

58. 当事人在合同中约定的适用于解决合同争议的准据法，不能用来确定涉外仲裁条款的效力。当事人在合同中明确约定了仲裁条款效力的准据法的，应当适用当事人明确约定的法律；未约定仲裁条款效力的准据法但约定了仲裁地的，应当适用仲裁地国家或者地区的法律。只有在当事人未约定仲裁条款效力的准据法亦未约定仲裁地或者仲裁地约定不明的情况下，才能适用法院地法即我国法律作为确认仲裁条款效力的准据法。

59. 当事人达成的仲裁协议对仲裁事项或者仲裁机构没有约定或者约定不明，应认定仲裁协议无效，但当事人达成补充协议的除外。

60. 当事人在订立仲裁协议后合并、分立或者死亡的，该仲裁协议对承受仲裁事项所涉权利义务的人具有约束力，但当事人在订立仲裁协议时另有约定的除外。

61. 当事人在订立仲裁协议后转让全部或部分债权债务的，仲裁协议对受让人有效，但当事人另有约定、明确反对或者受让人在受让债权债务时不知有单独仲裁协议的除外。

62. 仲裁协议仅约定纠纷适用的仲裁规则的，视为未约定仲裁机构，但当事人达成补充协议或者按照约定的仲裁规则能够确定仲裁机构的除外。

63. 仲裁协议明确约定两个以上仲裁机构的，当事人可以协议选择其中的一个仲裁机构申请仲裁；当事人无法就仲裁机构达成一致的，仲裁协议无效。

64. 仲裁协议约定由某地的仲裁机构仲裁且该地仅有一个仲裁机构的，该仲裁机构为约定的仲裁机构。该地有两个以上仲裁机构的，当事人可以协议选择其中的一个仲裁机构申请仲裁；当事人无法就仲裁机构达成一致的，仲裁协议无效。

65. 仲裁条款独立于合同中的其他条款。当事人在订立合同时就争议达成仲裁协议的，合同未成立不影响仲裁协议的效力；合同成立后未生效以及生效后变更、解除、终止或者被撤销、被认定无效的，不影响合同中仲裁条款的效力。

66. 仲裁协议应当采用书面形式。是否具有书面形式，按照《中华人民共和国合同法》第十一条的规定办理。当事人在订立的涉外合同中援引适用其他合同、文件中的有效仲裁条款的，是书面形式的仲裁协议。

67. 一方当事人向仲裁机构或者仲裁庭申请仲裁，对方当事人未提出管辖异议且按照仲裁规则的要求指定仲裁员并进行实体答辩的，视为当事人同意接受仲裁。

68. 当事人约定争议可以向仲裁机构申请仲裁也可以向人民法院起诉的，仲裁协议无效。但一方向仲裁机构申请仲裁，另一方未在《中华人民

共和国仲裁法》第二十条第二款规定的期间内提出异议的除外。　31

69. 仲裁协议中约定的仲裁机构名称不准确，但能够确定受理纠纷的具体仲裁机构的，应当认定选定了仲裁机构。

70. 涉外合同应当适用的有关国际条约中有仲裁规定的，发生合同争议时，当事人应当按照国际条约中的仲裁规定提请仲裁。

（二）涉外仲裁裁决的审查

71. 对在我国境内依法成立的仲裁委员会作出的仲裁裁决，人民法院应当根据案件是否具有涉外因素而适用不同的法律条款进行审查。上述仲裁委员会作出的不具有涉外因素的仲裁裁决，按照《中华人民共和国仲裁法》第五章、第六章和《中华人民共和国民事诉讼法》第二百一十七条的规定审查；　248　上述仲裁委员会作出的具有涉外因素的仲裁裁决，按照《中华人民共和国仲裁法》第七章和《中华人民共和国民事诉讼法》第二十八章的规定　26　进行审查。是否具有涉外因素，应按照《最高人民法院关于贯彻执行〈中华人民共和国民法通则〉若干问题的意见（试行）》第 178 条的规定确定。　✕

72. 人民法院对在香港特别行政区作出的仲裁裁决或者台湾地区仲裁机构作出的仲裁裁决，应当按照《最高人民法院关于内地与香港特别行政区相互执行仲裁裁决的安排》或《最高人民法院关于人民法院认可台湾地区有关法院民事判决的规定》① 办理。

73. 涉及执行香港特别行政区、澳门特别行政区、台湾地区仲裁裁决的收费及审查期限问题，参照法释〔1998〕28 号《最高人民法院关于承认和执行外国仲裁裁决收费及审查期限问题的规定》办理。　✕

74. 人民法院受理当事人撤销涉外仲裁裁决的申请后，另一方当事人又申请执行同一仲裁裁决的，受理申请执行仲裁裁决案件的人民法院应在受理后裁定中止执行。

75. 当事人在仲裁程序中未对仲裁庭的管辖权提出异议，在仲裁裁决作出后以仲裁庭无管辖权为由主张撤销或者提出不予执行抗辩的，人民法院不予支持。

---

① 《最高人民法院关于认可和执行台湾地区法院民事判决的规定》（法释〔2015〕13 号），自 2015 年 7 月 1 日起施行，《最高人民法院关于人民法院认可台湾地区有关法院民事判决的规定》同时废止。

76. 当事人向人民法院申请撤销仲裁裁决被驳回后，又在执行程序中提出不予执行抗辩的，人民法院不予支持。

77. 当事人主张不予执行仲裁调解书或者根据当事人之间的和解协议作出的仲裁裁决书的，人民法院不予支持。

78. 涉外仲裁裁决超出仲裁协议范围的，可以撤销超裁部分的裁决；超裁部分与其他裁项不可分的，应撤销该仲裁裁决。

291 79. 对存在《中华人民共和国民事诉讼法》第二百六十条规定情形的涉外仲裁裁决，人民法院可以视情况通知仲裁庭在一定期限内重新仲裁。通知仲裁庭重新仲裁的，应裁定中止撤销程序；仲裁庭在指定的期限内开始重新仲裁的，应裁定终止撤销程序；仲裁庭拒绝重新仲裁或者未在指定的期限内重新仲裁的，应通知或裁定恢复撤销程序。对仲裁庭重新仲裁作出的裁决有异议的，有关当事人可以依法申请撤销。

80. 人民法院根据案件的实际情况，可以向相关仲裁机构调阅案件卷宗或者要求仲裁机构作出说明，人民法院作出的有关裁定也可以抄送相关的仲裁机构。

（三）外国仲裁裁决的审查

81. 外国仲裁机构或者临时仲裁庭在我国境外作出的仲裁裁决，一方当事人向人民法院申请承认与执行的，人民法院应当依照《中华人民共和**304** 国民事诉讼法》第二百六十九条的规定办理。

82. 对具有执行内容的外国仲裁裁决，当事人仅申请承认而未同时申请执行的，人民法院仅对应否承认进行审查。承认后当事人申请执行的，人民法院应予受理并对是否执行进行审查。

83. 经当事人提供证据证明外国仲裁裁决尚未生效、被撤销或者停止执行的，人民法院应当拒绝承认与执行。外国仲裁裁决在国外被提起撤销或者停止执行程序尚未结案的，人民法院可以中止承认与执行程序；外国法院在相同情况下不中止承认与执行程序的，人民法院采取对等原则。

84. 外国仲裁裁决裁决当事人向仲裁员支付仲裁员费用的，因仲裁员不是仲裁裁决的当事人，其无权申请承认与执行该裁决中有关仲裁员费用的部分，但有关仲裁员可以单独就仲裁员费用以仲裁裁决为依据向有管辖权的人民法院提起诉讼。

……

127. 保险人向被保险人实际赔付保险赔偿取得代位请求赔偿权利后，被保险人与第三者之间就解决纠纷达成的管辖协议以及仲裁协议对保险人不具有约束力。

......

最高人民法院关于设立国际
商事法庭若干问题的规定

（2018 年 6 月 25 日最高人民法院审判委员会第 1743 次会议通过　根据 2023 年 12 月 5 日最高人民法院审判委员会第 1908 次会议通过的《最高人民法院关于修改〈最高人民法院关于设立国际商事法庭若干问题的规定〉的决定》修正　2023 年 12 月 18 日最高人民法院公告公布　该修正自 2024 年 1 月 1 日起施行　法释〔2023〕14 号）

为依法公正及时审理国际商事案件，平等保护中外当事人合法权益，营造稳定、公平、透明、便捷的法治化国际营商环境，服务和保障"一带一路"建设，依据《中华人民共和国人民法院组织法》《中华人民共和国民事诉讼法》等法律，结合审判工作实际，就设立最高人民法院国际商事法庭相关问题规定如下。

第一条　最高人民法院设立国际商事法庭。国际商事法庭是最高人民法院的常设审判机构。

第二条　国际商事法庭受理下列案件：

（一）当事人依照民事诉讼法第二百七十七条的规定协议选择最高人民法院管辖且标的额为人民币 3 亿元以上的第一审国际商事案件；

（二）高级人民法院对其所管辖的第一审国际商事案件，认为需要由最高人民法院审理并获准许的；

（三）在全国有重大影响的第一审国际商事案件；

（四）依照本规定第十四条申请仲裁保全、申请撤销或者执行国际商事仲裁裁决的；

（五）最高人民法院认为应当由国际商事法庭审理的其他国际商事案件。

第三条 具有下列情形之一的商事案件，可以认定为本规定所称的国际商事案件：

（一）当事人一方或者双方是外国人、无国籍人、外国企业或者组织的；

（二）当事人一方或者双方的经常居所地在中华人民共和国领域外的；

（三）标的物在中华人民共和国领域外的；

（四）产生、变更或者消灭商事关系的法律事实发生在中华人民共和国领域外的。

第四条 国际商事法庭法官由最高人民法院在具有丰富审判工作经验，熟悉国际条约、国际惯例以及国际贸易投资实务，能够同时熟练运用中文和英文作为工作语言的资深法官中选任。

第五条 国际商事法庭审理案件，由三名或者三名以上法官组成合议庭。

合议庭评议案件，实行少数服从多数的原则。少数意见可以在裁判文书中载明。

第六条 国际商事法庭作出的保全裁定，可以指定下级人民法院执行。

第七条 国际商事法庭审理案件，依照《中华人民共和国涉外民事关系法律适用法》的规定确定争议适用的实体法律。

当事人依照法律规定选择适用法律的，应当适用当事人选择的法律。

第八条 国际商事法庭审理案件应当适用域外法律时，可以通过下列途径查明：

（一）由当事人提供；

（二）通过司法协助渠道由对方的中央机关或者主管机关提供；

（三）通过最高人民法院请求我国驻该国使领馆或者该国驻我国使领馆提供；

（四）由最高人民法院建立或者参与的法律查明合作机制参与方提供；

（五）由最高人民法院国际商事专家委员会专家提供；

（六）由法律查明服务机构或者中外法律专家提供；

（七）其他适当途径。

通过上述途径提供的域外法律资料以及专家意见，应当依照法律规定在法庭上出示，并充分听取各方当事人的意见。

第九条 当事人向国际商事法庭提交的证据材料系在中华人民共和国

领域外形成的，不论是否已办理公证、认证或者其他证明手续，均应当在法庭上质证。

当事人提交的证据材料系英文且经对方当事人同意的，可以不提交中文翻译件。

第十条 国际商事法庭调查收集证据以及组织质证，可以采用视听传输技术及其他信息网络方式。

第十一条 最高人民法院组建国际商事专家委员会，并选定符合条件的国际商事调解机构、国际商事仲裁机构与国际商事法庭共同构建调解、仲裁、诉讼有机衔接的纠纷解决平台，形成"一站式"国际商事纠纷解决机制。

国际商事法庭支持当事人通过调解、仲裁、诉讼有机衔接的纠纷解决平台，选择其认为适宜的方式解决国际商事纠纷。

第十二条 国际商事法庭在受理案件后七日内，经当事人同意，可以委托国际商事专家委员会成员或者国际商事调解机构调解。

第十三条 经国际商事专家委员会成员或者国际商事调解机构主持调解，当事人达成调解协议的，国际商事法庭可以依照法律规定制发调解书；当事人要求发给判决书的，可以依协议的内容制作判决书送达当事人。

第十四条 当事人协议选择本规定第十一条第一款规定的国际商事仲裁机构仲裁的，可以在申请仲裁前或者仲裁程序开始后，向国际商事法庭申请证据、财产或者行为保全。

当事人向国际商事法庭申请撤销或者执行本规定第十一条第一款规定的国际商事仲裁机构作出的仲裁裁决的，国际商事法庭依照民事诉讼法等相关法律规定进行审查。

第十五条 国际商事法庭作出的判决、裁定，是发生法律效力的判决、裁定。

国际商事法庭作出的调解书，经双方当事人签收后，即具有与判决同等的法律效力。

第十六条 当事人对国际商事法庭作出的已经发生法律效力的判决、裁定和调解书，可以依照民事诉讼法的规定向最高人民法院本部申请再审。

最高人民法院本部受理前款规定的申请再审案件以及再审案件，均应当另行组成合议庭。

第十七条 国际商事法庭作出的发生法律效力的判决、裁定和调解书，当事人可以向国际商事法庭申请执行。

第十八条 国际商事法庭通过电子诉讼服务平台、审判流程信息公开平台以及其他诉讼服务平台为诉讼参与人提供诉讼便利，并支持通过网络方式立案、缴费、阅卷、证据交换、送达、开庭等。

第十九条 本规定自 2018 年 7 月 1 日起施行。

最高人民法院国际商事法庭程序规则（试行）

（2018 年 11 月 21 日 法办发〔2018〕13 号）

为方便当事人通过最高人民法院国际商事法庭（以下简称国际商事法庭）解决纠纷，根据《中华人民共和国民事诉讼法》《最高人民法院关于设立国际商事法庭若干问题的规定》（以下简称《规定》）等法律和司法解释的规定，制定本规则。

第一章 一般规定

第一条 国际商事法庭为当事人提供诉讼、调解、仲裁有机衔接的国际商事纠纷解决机制，公正、高效、便捷、低成本地解决纠纷。

第二条 国际商事法庭依法尊重当事人意思自治，充分尊重当事人解决纠纷方式的选择。

第三条 国际商事法庭平等保护中外当事人的合法权益，保障中外当事人充分行使诉讼权利。

第四条 国际商事法庭支持通过网络方式受理、缴费、送达、调解、阅卷、证据交换、庭前准备、开庭等，为诉讼参加人提供便利。

第五条 当事人可以通过国际商事法庭官方网站（cicc. court. gov. cn）上的诉讼平台向国际商事法庭提交材料。如确有困难，当事人可以采取以下方式提交材料：

（一）电子邮件；

（二）邮寄；

（三）现场提交；

（四）国际商事法庭许可的其他方式。

通过前款第二项、第三项方式提交的，应提供纸质文件并按对方当事人人数提供副本，附光盘或其他可携带的储存设备。

第六条 国际商事法庭根据当事人的申请，为当事人提供翻译服务，费用由当事人负担。

第七条 国际商事法庭设立案件管理办公室，负责接待当事人，受理和管理案件，协调诉讼与调解、仲裁等诉讼外纠纷解决方式的衔接，统筹管理翻译、域外法律查明等事务。

第二章 受 理

第八条 原告根据《规定》第二条第一项向国际商事法庭提起诉讼，应当提交以下材料：

（一）起诉状；

（二）选择最高人民法院或第一国际商事法庭、第二国际商事法庭管辖的书面协议；

（三）原告是自然人的，应当提交身份证明。原告是法人或者非法人组织的，应当提交营业执照或者其他登记证明、法定代表人或者负责人身份证明；

（四）委托律师或者其他人代理诉讼的，应当提交授权委托书、代理人身份证明；

（五）支持诉讼请求的相关证据材料；

（六）填妥的《送达地址确认书》；

（七）填妥的《审前分流程序征询意见表》。

前款第三项、第四项规定的证明文件，在中华人民共和国领域外形成的，应当办理公证、认证等证明手续。

第九条 国际商事法庭在接收原告根据第八条提交的材料后，出具电子或纸质凭证，并注明收到日期。

第十条 高级人民法院根据《规定》第二条第二项报请最高人民法院审理的，在报请时，应当说明具体理由并附有关材料。最高人民法院批准的，由国际商事法庭受理。

第十一条 最高人民法院根据《规定》第二条第三项、第五项决定由国际商事法庭审理的案件，国际商事法庭应予受理。

第十二条　国际商事法庭对符合民事诉讼法第一百一十九条规定条件的起诉，且原告在填妥的《审前分流程序征询意见表》中表示同意审前调解的，予以登记、编号，暂不收取案件受理费；原告不同意审前调解的，予以正式立案。

第三章　送　　达

第十三条　国际商事法庭应向被告及其他当事人送达原告提交的起诉状副本、证据材料、《审前分流程序征询意见表》和《送达地址确认书》。

第十四条　当事人在《送达地址确认书》中同意接收他方当事人向其送达诉讼材料，他方当事人向其直接送达、邮寄送达、电子方式送达等，能够确认受送达人收悉的，国际商事法庭予以认可。

第十五条　当事人在《送达地址确认书》中填写的送达地址变更的，应当及时告知国际商事法庭。

第十六条　因受送达人拒不提供送达地址、提供的送达地址不准确、送达地址变更未告知国际商事法庭，导致相关诉讼文书未能被实际接收的，视为送达。

第四章　审前调解

第十七条　案件管理办公室在起诉材料送达被告之日起七个工作日内（有多名被告的，自最后送达之日起算）召集当事人和/或委托代理人举行案件管理会议，讨论、确定审前调解方式，并应当商定调解期限，一般不超过二十个工作日；当事人不同意审前调解的，确定诉讼程序时间表。

当事人同意由最高人民法院国际商事专家委员会成员（以下简称专家委员）进行审前调解的，可以共同选择一至三名专家委员担任调解员；不能达成一致的，由国际商事法庭指定一至三名专家委员担任调解员。

当事人同意由国际商事调解机构进行审前调解的，可以在最高人民法院公布的国际商事调解机构名单中共同选择调解机构。

第十八条　案件管理会议以在线视频方式召开。不适宜以在线视频方式召开的，通知当事人和/或委托代理人到场召开。

第十九条　案件管理会议结束后，案件管理办公室应当形成《案件管理备忘录》并送达当事人。

当事人应当遵循《案件管理备忘录》确定的事项安排。

第二十条 专家委员主持调解，应当依照相关法律法规，遵守本规则以及《最高人民法院国际商事专家委员会工作规则（试行）》对调解的有关规定，在各方自愿的基础上，促成和解。

第二十一条 专家委员主持调解不公开进行。调解应当记录调解情况，当事人和调解员应当签署。

第二十二条 专家委员主持调解过程中，有下列情形之一的，应当终止调解：

（一）各方或者任何一方当事人书面要求终止调解程序；

（二）当事人在商定的调解期限内未能达成调解协议，但当事人一致同意延期的除外；

（三）专家委员无法履行、无法继续履行或者不适合履行调解职责且不能另行选定或者指定专家委员；

（四）其他情形。

第二十三条 国际商事调解机构主持调解，应当依照相关法律法规，遵守该机构的调解规则或者当事人协商确定的规则。

第二十四条 经专家委员或者国际商事调解机构主持调解，当事人达成调解协议的，国际商事专家委员会办公室或者国际商事调解机构应在三个工作日内将调解协议及案件相关材料送交案件管理办公室，由国际商事法庭依法审查后制发调解书；当事人要求发给判决书的，国际商事法庭可以制发判决书。

第二十五条 当事人未能达成调解协议或者因其他原因终止调解的，国际商事专家委员会办公室或者国际商事调解机构应在三个工作日内将《调解情况表》及案件相关材料送交案件管理办公室。

案件管理办公室收到材料后，应当正式立案并确定诉讼程序时间表。

第二十六条 调解记录及当事人为达成调解协议作出妥协而认可的事实，不得在诉讼程序中作为对其不利的根据，但是当事人均同意的除外。

第五章 审 理

第二十七条 国际商事法庭在答辩期届满后召开庭前会议，做好审理前的准备。有特殊情况的，在征得当事人同意后，可在答辩期届满前召开。

庭前会议包括下列内容：

（一）明确原告的诉讼请求和被告的答辩意见；

（二）审查处理当事人增加、变更诉讼请求的申请和提出的反诉，以及第三人提出的与本案有关的诉讼请求；

（三）听取对合并审理、追加当事人等事项的意见；

（四）听取回避申请；

（五）确定是否公开开庭审理；

（六）根据当事人的申请决定证人出庭、调查收集证据、委托鉴定、要求当事人提供证据、进行勘验、进行证据保全；

（七）组织证据交换；

（八）明确域外法律的查明途径；

（九）确定是否准许专家委员出庭做辅助说明；

（十）归纳案件争议焦点；

（十一）进行调解；

（十二）安排翻译；

（十三）当事人申请通过在线视频方式开庭的，由国际商事法庭根据情况确定；

（十四）其他程序性事项。

第二十八条 庭前会议可以采取在线视频、现场或国际商事法庭认为合适的其他方式进行。

第二十九条 庭前会议可以由合议庭全体法官共同主持，也可以由合议庭委派一名法官主持。

第三十条 通过在线视频方式开庭，除经查明属网络故障、设备损坏、电力中断或者不可抗力等原因外，当事人不按时参加在线庭审的，视为拒不到庭；庭审中擅自退出的，视为中途退庭。

第三十一条 在案件审理过程中，合议庭认为需要就国际条约、国际商事规则以及域外法律等专门性法律问题向专家委员咨询意见的，应当根据《最高人民法院国际商事专家委员会工作规则（试行）》向国际商事专家委员会办公室提出，并指定合理的答复期限，附送有关材料。

第六章　执　行

第三十二条　国际商事法庭作出的发生法律效力的判决、裁定和调解书，当事人可以向国际商事法庭申请执行。国际商事法庭可以交相关执行机构执行。

第三十三条　国际商事法庭作出的发生法律效力的判决、裁定和调解书，如果被执行人或者其财产不在中华人民共和国领域内，当事人请求执行的，依照民事诉讼法第二百八十条第一款的规定办理。

第七章　支持仲裁解决纠纷

第三十四条　当事人依照《规定》第十四条第一款的规定，就标的额人民币三亿元以上或其他有重大影响的国际商事案件申请保全的，应当由国际商事仲裁机构将当事人的申请依照民事诉讼法、仲裁法等法律规定提交国际商事法庭。国际商事法庭应当立案审查，并依法作出裁定。

第三十五条　当事人依照《规定》第十四条第二款的规定，对国际商事仲裁机构就标的额人民币三亿元以上或其他有重大影响的国际商事案件作出的仲裁裁决向国际商事法庭申请撤销或者执行的，应当提交申请书，同时提交仲裁裁决书或者调解书原件。国际商事法庭应当立案审查，并依法作出裁定。

第八章　费用承担

第三十六条　对国际商事法庭立案审理的案件，当事人应当按照《诉讼费用交纳办法》的规定交纳案件受理费和其他诉讼费用。

第三十七条　由专家委员调解的案件，专家委员为调解支出的必要费用，由当事人协商解决；协商不成的，由当事人共同承担。

第三十八条　由国际商事调解机构调解的案件，调解费用适用该调解机构的收费办法。

第九章　附　则

第三十九条　本规则自 2018 年 12 月 5 日起施行。

第四十条　本规则由最高人民法院负责解释。

最高人民法院"一站式"国际商事纠纷多元化解决平台工作指引（试行）

（2023 年 12 月 22 日　法〔2023〕247 号）

为方便当事人运用最高人民法院"一站式"国际商事纠纷多元化解决平台，公正高效便捷地解决国际商事纠纷，依照《中华人民共和国民事诉讼法》、《最高人民法院关于设立国际商事法庭若干问题的规定》等法律及司法解释相关规定，制定本指引。

第一条　"一站式"国际商事纠纷多元化解决平台（以下简称"一站式"平台）是指最高人民法院国际商事法庭在其官方网站（http：//cicc. court. gov. cn）设立，并与"一站式"国际商事纠纷多元化解决机制内的国际商事调解机构、国际商事仲裁机构以及最高人民法院国际商事专家委员会专家委员（以下简称专家委员）有机衔接的全流程在线服务平台，支持和便利当事人通过选择中立评估、调解、仲裁或者诉讼等多元化方式解决国际商事纠纷。

"一站式"平台设置"调解服务"、"仲裁服务"、"诉讼服务"、"辅助服务"等功能，根据案件流程的进展相应生成、发送、接收、存储、交换相关材料，并将相关材料及节点信息同步发送给相关当事人、平台机构以及专家委员。

第二条　当事人可以依照《最高人民法院关于设立国际商事法庭若干问题的规定》第二条第一项、第三项、第四项的规定，就争议标的额为人民币 3 亿元以上或者其他有重大影响的国际商事纠纷，通过"一站式"平台申请中立评估、调解、仲裁或者提起诉讼。

第三条　当事人选择"一站式"平台解决国际商事纠纷的，根据平台提示填写手机号码或者电子邮箱等必要信息，完成注册登记。

第四条　当事人在提交调解、仲裁或者诉讼前申请中立评估的，应当在"一站式"平台的"辅助服务"选择中立评估功能，填写中立评估申请书，载明意向选择的专家委员，并提交身份证明材料和有关证据材料。

国际商事法庭在收到当事人的中立评估申请材料后，认为所涉纠纷符合本指引第二条适用范围的，应当在三个工作日内向被申请人征求是否同意开展中立评估的意见。被申请人同意的，应当提交同意中立评估的书面意见。

第五条 专家委员被选定为中立评估员后，可以通过"一站式"平台组织召开评估会议，听取当事人陈述，就评估相关问题向当事人提问，并根据当事人的陈述以及有关证据，对证据效力、事实认定、法律适用等进行分析评估，出具中立评估意见。中立评估的期限一般不超过二十个工作日。当事人一致同意延长中立评估期限的，可予适当延长。

中立评估不公开进行，中立评估员应当对当事人提供的信息保密，未经一方当事人许可，不得向另一方当事人透露。中立评估意见不具有法律效力，不能在后续程序中作为证据使用。

当事人可以根据中立评估意见自行和解，也可以申请参与中立评估的专家委员主持调解。参与评估的专家委员可以按照本指引规定进行调解，但不参与除调解以外的其他任何程序。

中立评估费用由专家委员和当事人协商确定。

第六条 当事人申请调解的，可以通过国际商事法庭"一站式"平台"调解服务"，进入"人民法院调解平台"并登录，申请由国际商事调解机构或者专家委员进行调解。

国际商事调解机构调解应当依照相关法律法规以及该机构的调解规则进行。

专家委员调解依照相关法律法规、《最高人民法院国际商事法庭程序规则（试行）》、《最高人民法院国际商事专家委员会工作规则（试行）》、《人民法院在线调解规则》以及本指引进行。

第七条 当事人申请调解的，应当提交以下材料：

（一）调解申请书，载明各方当事人的姓名或名称、地址、电话、传真、电子邮件以及其他联系方式，争议事实和调解请求；

（二）有关证据材料；

（三）身份证明资料；

（四）委托律师或者其他人代理的，应当提交授权委托书、代理人身份证明；

（五）《送达地址、送达方式确认书》。

第八条 国际商事法庭在收到当事人的调解申请材料后，认为所涉纠纷符合本指引第二条适用范围的，应当在三个工作日内向被申请人征求是否同意调解。被申请人同意的，应当提交同意调解的书面意见。

第九条 当事人未申请调解的，国际商事法庭可以询问当事人是否接受立案前委派调解。当事人有调解意愿并在《审前分流程序征询意见表》中表示同意立案前调解的，由国际商事法庭联络委派调解事宜。

国际商事法庭受理案件后，当事人有调解意愿的，由国际商事法庭联络委托调解事宜。

第十条 国际商事法庭委派/委托国际商事调解机构调解的，应当在当事人选定或者国际商事法庭指定国际商事调解机构后，将《审前分流程序征询意见表》、《委派/委托调解征询意见函》和相关案件材料移送相应机构。

国际商事调解机构在收到《委派/委托调解征询意见函》后三个工作日内回复。

国际商事调解机构接受选定或者指定的，国际商事法庭应当在三个工作日内出具《委派/委托调解书》，并通过"一站式"平台告知当事人。

国际商事调解机构未在上述规定期限内回复的，视为不接受委派/委托调解。

第十一条 当事人均同意由专家委员进行调解的，国际商事法庭应当在七个工作日内组织当事人在专家委员名录中共同选定一至三名专家委员担任调解员。

国际商事法庭应当及时与选定的专家委员联系，安排推进相关调解工作，并将《审前分流程序征询意见表》、《委派/委托调解征询意见函》和相关案件材料移送相应专家委员。

专家委员在收到《委派/委托调解征询意见函》后七个工作日内予以回复。

专家委员接受选定的，国际商事法庭应当在三个工作日内出具《委派/委托调解书》，并通过"一站式"平台告知当事人。

专家委员未在上述规定期限内回复的，视为不接受委派/委托调解。

第十二条 专家委员主持调解前，应当签署保证独立、公正调解的声明书。专家委员主持调解时知悉存在可能导致当事人对其独立性、公正性产生合理怀疑情形的，应当及时向国际商事法庭书面披露。

国际商事法庭应当在收到专家委员的披露材料后三个工作日内通过"一站式"平台告知当事人。

第十三条 当事人以对专家委员的公正性或者独立性产生合理怀疑为由申请更换专家委员的，应当在知悉专家委员应予更换事由或者收到专家委员披露材料后三个工作日内书面提出。逾期没有申请更换的，视为放弃申请。

国际商事法庭应当在收到当事人书面申请三个工作日内进行审查并决定是否更换专家委员。审查期间，不停止调解工作的进行。

第十四条 专家委员主持调解的期限自接受委派/委托调解之日起算，一般不超过二十个工作日。当事人一致同意延长调解期限的，可予适当延长。

第十五条 调解不公开进行。调解应当形成调解情况记录，并由当事人和主持调解的专家委员或者国际商事调解机构的调解员签名。

调解记录及当事人为达成调解协议作出妥协而认可的事实，不得在仲裁或者诉讼程序中作为对当事人不利的根据，但法律另有规定或者当事人均同意的除外。

第十六条 经国际商事调解机构或者专家委员主持调解，当事人达成调解协议的，应当签署书面调解协议。

根据当事人申请，国际商事法庭依法对调解协议进行审查，并制作民事调解书；当事人请求国际商事法庭制作判决书的，国际商事法庭可以制作民事判决书。

第十七条 调解过程中，有以下情形之一，视为调解不成：

（一）任何一方当事人书面要求终止调解程序的；

（二）当事人在商定的调解期限内未能达成调解协议的，但当事人一致同意延长调解期限的除外；

（三）国际商事调解机构认为不宜继续调解或者因其他原因终止调解的；

（四）专家委员无法履行、无法继续履行或者不适合履行调解职责且不能另行选定专家委员的；

（五）其他情形。

委派/委托调解不成的，国际商事调解机构或者专家委员应当在三个工作日内将《调解情况表》及案件相关材料送交国际商事法庭。国际商事法庭收到材料后，应当及时立案；已经立案的，继续推进审理，并将相关信息通过"一站式"平台告知当事人。

第十八条 当事人自愿选择由国际商事调解机构调解的，适用该机构的收费办法和收费标准。

当事人自愿选择由专家委员调解的，可以参照适用"一站式"平台中的国际商事调解机构的收费办法和收费标准。

第十九条 当事人选择通过"一站式"平台申请仲裁的，可以在"仲裁服务"中"申请仲裁"项下选择国际商事仲裁机构，并按照该机构的要求提交申请仲裁的相关材料。

第二十条 当事人申请仲裁保全的，可以通过"一站式"平台中的"仲裁服务"选择"申请仲裁保全"，向国际商事仲裁机构提交如下申请材料：

（一）仲裁保全申请书；

（二）仲裁协议；

（三）身份证明材料；

（四）委托律师或者其他人代理的，应当提交授权委托书、代理人身份证明；

（五）有关证据材料；

（六）提供担保的相关文件。

第二十一条 仲裁保全申请书应当载明下列事项：

（一）申请人与被申请人的基本情况、送达地址、联系方式；

（二）请求事项和所根据的事实与理由；

（三）申请保全的财产数额、证据或者争议标的物；

（四）明确的被保全财产、证据信息或者具体线索；

（五）为保全提供担保的财产信息或者资信证明，或者不需要提供担保的理由；

（六）是否已在其他法院提出申请的情况；

（七）其他需要载明的事项。

第二十二条 国际商事仲裁机构收到当事人提交的保全申请材料后，审查认为所涉纠纷符合本指引第二条适用范围的，应当通过"一站式"平台向国际商事法庭出具转递函。

国际商事法庭收到转递函及仲裁保全申请材料后，认为所涉纠纷符合本指引第二条适用范围的，应当予以立案并在五日内作出裁定。需要当事人补充保全材料的，在仲裁保全申请材料补充完毕后五日内作出裁定；需要询问当事人的，在询问后五日内作出裁定。

国际商事法庭裁定采取保全措施的，可以交由被申请人住所地、被保全财产所在地或者证据所在地的人民法院执行。

国际商事法庭作出的裁定书送达当事人后，应当通过"一站式"平台告知国际商事仲裁机构。

第二十三条 国际商事仲裁机构就本指引第二条规定的国际商事纠纷作出的仲裁裁决，当事人向国际商事法庭申请撤销内地仲裁裁决或者认可和执行境外仲裁裁决的，可以通过国际商事法庭"一站式"平台"诉讼服务"，进入"最高人民法院诉讼服务网"提交如下材料：

（一）申请书，载明当事人的基本情况，请求事项和所根据的事实与理由，以及是否已在其他法院提出申请和申请情况等事项；

（二）仲裁裁决书；

（三）身份证明材料；

（四）委托律师或者其他人代理的，应当提交授权委托书、代理人身份证明；

（五）有关证据材料；

（六）国际商事法庭要求的其他材料。

第二十四条 国际商事法庭收到当事人关于申请撤销内地仲裁裁决或者认可和执行境外仲裁裁决的材料后，认为所涉纠纷符合本指引第二条适用范围的，应予立案。

国际商事法庭受理案件后，应当组成合议庭审理，并询问当事人。根据审理案件的需要，国际商事法庭可以要求国际商事仲裁机构作出说明或者向相关仲裁机构调阅仲裁案卷。

国际商事法庭应当在受理案件之日起两个月内作出裁定，并在裁定书送达当事人后，通过"一站式"平台告知国际商事仲裁机构。

第二十五条 当事人提起诉讼的，可以通过国际商事法庭"一站式"平台"诉讼服务"，进入"最高人民法院诉讼服务网"，提交起诉状及相关诉讼材料。

当事人也可以通过电子邮件、邮寄、现场提交或国际商事法庭许可的其他方式提交起诉状及相关诉讼材料。

当事人以邮寄方式或现场提交的，应当提供纸质文件并按对方当事人人数提供副本，附光盘或者其他可携带的移动存储设备。

第二十六条 当事人向国际商事法庭提起诉讼，应当提交以下材料：

（一）起诉状；

（二）选择最高人民法院管辖的书面协议；

（三）身份证明材料；

（四）委托律师或者其他人代理诉讼的，应当提交授权委托书、代理人身份证明；

（五）支持诉讼请求的相关证据材料；

（六）《送达地址、送达方式确认书》；

（七）《审前分流程序征询意见表》。

第二十七条 国际商事法庭收到当事人提交的起诉材料后，认为符合《最高人民法院关于设立国际商事法庭若干问题的规定》第二条规定的受理案件范围的，予以在线立案，并通过"一站式"平台向当事人发送《受理案件通知书》等诉讼材料。

第二十八条 国际商事法庭依照《中华人民共和国民事诉讼法》、《最高人民法院关于设立国际商事法庭若干问题的规定》、《人民法院在线诉讼规则》等法律和司法解释以及《最高人民法院国际商事法庭程序规则（试行）》审理案件。

第二十九条 当事人应当按照《诉讼费用交纳办法》的规定交纳案件受理费和其他诉讼费用。

当事人可以凭交款码到最高人民法院公布的代理银行各分支机构交纳案件受理费和其他诉讼费用。

第三十条 "一站式"平台严格执行隐私保护相关法律规定，说明平台收集、存储、利用当事人相关信息的情况，以及确保调解、仲裁保密性的相关措施。

第三十一条 "一站式"平台在其显著位置提供平台说明、工作指引、网络环境要求等，为当事人申请利用平台服务提供便利。

本指引中的中立评估是指纠纷提交调解、仲裁或者诉讼前，当事人共同选择中立第三方的专家委员根据案件情况提供专业评估意见，使当事人获得足够信息判断可能出现的诉讼结果并选择最适合的纠纷解决方式，从而引导和促进当事人优先选择调解的纠纷解决机制。

本指引中的身份证明材料是指当事人为自然人时，应当提交的身份证复印件（外国自然人应当提交护照复印件；港澳特区居民应当提交港澳特区身份证复印件或者港澳居民居住证复印件、港澳居民来往内地通行证复印件；台湾地区居民应当提交台湾地区身份证复印件或者台湾居民居住证复印件、台湾居民来往大陆通行证复印件等）。

当事人为法人或者非法人组织时，应当提交注册登记证书复印件以及法定代表人或者负责人身份证复印件。外国企业或者组织应提交经其所在国公证机关公证、我国驻该国使领馆认证或者履行我国与该国缔结或者共同缔结的有关条约中规定的证明手续的商业登记、代表人或者负责人身份证明等主体资格证明材料。

第三十二条 本指引自 2024 年 1 月 30 日起施行。

最高人民法院国际商事
专家委员会工作规则（试行）

（2018 年 11 月 21 日 法办发〔2018〕14 号）

为规范最高人民法院国际商事专家委员会（以下简称国际商事专家委员会）的工作，根据《最高人民法院关于设立国际商事法庭若干问题的规定》，制定本规则。

第一条 最高人民法院设立国际商事专家委员会，为最高人民法院国际商事法庭（以下简称国际商事法庭）构建调解、仲裁、诉讼有机衔接的多元化纠纷解决机制提供支持与保障。

第二条 国际商事专家委员会由最高人民法院聘任的中外专家组成。

国际商事专家委员会成员（以下简称专家委员）应符合下列条件：

（一）在国际贸易、投资等国际商事法律领域具有精深造诣并在国际上具有较高影响力；

（二）品行高尚、公道正派；

（三）能够按照本规则认真履职尽责。

第三条 专家委员可以根据国际商事法庭的委托，承担下列职责：

（一）主持调解国际商事案件；

（二）就国际商事法庭以及各级人民法院审理案件所涉及的国际条约、国际商事规则、域外法律的查明和适用等专门性法律问题提供咨询意见；

（三）就国际商事法庭的发展规划提供意见和建议；

（四）就最高人民法院制定相关司法解释及司法政策提供意见和建议；

（五）国际商事法庭委托的其他事项。

第四条 专家委员应遵守下列规定：

（一）结合专业特长，以个人身份独立、客观、公正地提供咨询意见及建议；

（二）中立、公正调解国际商事案件，平等对待当事人；

（三）遵守专家委员行为守则规定的其他事项。

第五条 专家委员由最高人民法院根据工作需要择优聘任。

专家委员每届聘期四年，期满可以续聘。

聘期内因个人意愿、身体健康等原因无法继续担任专家委员，或因其他原因不适合继续担任专家委员的，最高人民法院可以决定终止聘任。

第六条 最高人民法院设立国际商事专家委员会办公室，作为国际商事专家委员会的日常办事机构，并承担下列职责：

（一）为专家委员与国际商事法庭之间的沟通协调和联络提供服务与保障；

（二）为专家委员从事调解、咨询、意见和建议工作提供服务与保障；

（三）登记、备案案件材料及裁判文书；

（四）筹备、组织国际商事专家委员会研讨会及咨询会，制作简报，汇编、存档会议资料；

（五）定期向专家委员发送国际商事法庭运行情况以及中国法治发展信息；

（六）其他日常管理事务。

第七条 国际商事专家委员会办公室可以根据工作需要在专家委员中指定一人担任国际商事专家委员会会议召集人，并受国际商事专家委员会办公室委托处理有关事宜。

第八条 最高人民法院可以根据工作需要决定召开国际商事专家委员会研讨会或组织部分专家委员召开咨询会，由召集人或者国际商事专家委员会办公室主任负责召集。

召集人至迟应于会议召开三个月前通过国际商事专家委员会办公室向专家委员发送会议通知，专家委员应在收到通知后七个工作日内答复是否参加。

确有紧急情况，需要召开临时会议的，在取得专家委员同意的情况下，可不限于第二款规定的期限。

会议可以采用在线视频方式或者现场会议方式进行。

第九条 国际商事法庭根据《最高人民法院国际商事法庭程序规则（试行）》第十七条委托专家委员调解的，应在受理案件后七个工作日内将《委托调解征询意见函》、选定或指定的专家委员名单报送国际商事专家委员会办公室，并附《审前分流程序征询意见表》及案件相关材料副本。

国际商事专家委员会办公室应在收到上述材料后七个工作日内联络专家委员，征询其意见。

专家委员应在收到《委托调解征询意见函》后七个工作日内予以回复。

国际商事专家委员会办公室应在收到专家委员回复后三个工作日内书面告知国际商事法庭。

第十条 专家委员同意主持调解的，应签署无利益冲突的书面声明，明确其不存在可能影响调解独立性、公正性的情形。

专家委员同意接受选定或者指定的，国际商事法庭应于三个工作日内出具《委托调解书》，并通知当事人。

第十一条 专家委员主持调解，应当依照相关法律法规，遵守本规则以及《最高人民法院国际商事法庭程序规则（试行）》对调解的有关规定，参照国际惯例、交易习惯，在各方自愿的基础上，根据公平、合理、保密的原则进行，促进当事人互谅互让，达成和解。

调解可以通过在线视频方式或者现场方式进行。

第十二条 根据《最高人民法院国际商事法庭程序规则（试行）》第二十二条终止调解时，专家委员应于终止调解后七个工作日内填妥《调解情况表》，连同案件相关材料，送交国际商事专家委员会办公室。国际商事专家委员会办公室应于收到后三个工作日内将《调解情况表》及案件相关材料，送交国际商事法庭，并保留副本。

第十三条 经专家委员主持达成调解协议，并由国际商事法庭依照法律规定制发调解书或判决书的，国际商事法庭应在作出调解书或者判决书后三个工作日内，将调解书或者判决书副本送交国际商事专家委员会办公室备存。

国际商事专家委员会办公室应于收到调解书或者判决书后三个工作日内，向专家委员发送副本。

第十四条 受理案件的国际商事法庭或者其他人民法院根据本规则第三条第二项的规定向专家委员进行咨询的，应以咨询函的形式向国际商事专家委员会办公室提出，并附相关材料。

咨询函应列明被咨询的专家委员姓名、所咨询的法律问题以及答复期限，答复期限一般不少于二十个工作日。

国际商事专家委员会办公室应于收到咨询函后三个工作日内联系专家委员，征询其意见。

专家委员同意接受咨询的，应按期制作书面答复意见，签字确认后送交国际商事专家委员会办公室。必要时，可以由若干名专家委员召开专家咨询会，形成书面答复意见并共同签字确认。

第十五条 对于专家委员受国际商事法庭委托出具的关于国际条约、国际商事规则以及域外法律等专门性法律问题的咨询意见，案件当事人申请专家委员出庭作辅助说明的，国际商事法庭应在收到申请后七个工作日内通过国际商事专家委员会办公室征询专家委员的意见。专家委员同意的，可以出庭作辅助说明。

第十六条 国际商事法庭根据本规则第三条第三项、第四项的规定委托专家委员提出意见和建议等事项的，应以委托函的方式向国际商事专家委员会办公室提出，并附相关材料。

委托函应当列明受委托的专家委员姓名、委托事项以及答复期限，答复期限一般不少于二十个工作日。

国际商事专家委员会办公室应于收到委托函后三个工作日内联系专家委员，征询其意见。

专家委员同意接受委托的，应按期制作书面答复意见，签字确认后送交国际商事专家委员会办公室。必要时，可以由若干名专家委员召开专家咨询会，形成书面答复意见并共同签字确认。

第十七条 最高人民法院为专家委员履行职责提供相应的保障。

第十八条 最高人民法院支持专家委员通过国际商事专家委员会办公室，对国际商事专家委员会及国际商事法庭的运行及发展提出意见和建议，并为专家委员和国际商事法庭之间、专家委员之间开展调研活动、信息交流以及各种形式的法律合作提供相应的便利条件。

第十九条 本规则自 2018 年 12 月 5 日起施行。

第二十条 本规则由最高人民法院负责解释。

最高人民法院关于人民法院处理与涉外仲裁及外国仲裁事项有关问题的通知

（1995 年 8 月 28 日 法发〔1995〕第 18 号）

各省、自治区、直辖市高级人民法院，解放军军事法院：

为严格执行《中华人民共和国民事诉讼法》以及我国参加的有关国际公约的规定，保障诉讼和仲裁活动依法进行，现决定对人民法院受理具有仲裁协议的涉外经济纠纷案、不予执行涉外仲裁裁决以及拒绝承认和执行外国仲裁裁决等问题建立报告制度。为此，特作如下通知：

一、凡起诉到人民法院的涉外、涉港澳和涉台经济、海事海商纠纷案件，如果当事人在合同中订有仲裁条款或者事后达成仲裁协议，人民法院认为该仲裁条款或者仲裁协议无效、失效或者内容不明确无法执行的，在决定受理一方当事人起诉之前，必须报请本辖区所属高级人民法院进行审查；如果高级人民法院同意受理，应将其审查意见报最高人民法院。在最高人民法院未作答复前，可暂不予受理。

二、凡一方当事人向人民法院申请执行我国涉外仲裁机构裁决，或者向人民法院申请承认和执行外国仲裁机构的裁决，如果人民法院认为我国涉外仲裁机构裁决具有民事诉讼法第二百五十八条情形之一的，或者申请承认和执行的外国仲裁裁决不符合我国参加的国际公约的规定或者不符合互惠原则的，在裁定不予执行或者拒绝承认和执行之前，必须报请本辖区所属高级人民法院进行审查；如果高级人民法院同意不予执行或者拒绝承认和执行，应将其审查意见报最高人民法院。待最高人民法院答复后，方可裁定不予执行或者拒绝承认和执行。①

最高人民法院关于人民法院
撤销涉外仲裁裁决有关事项的通知

（1998 年 4 月 23 日　法〔1998〕第 40 号）

各省、自治区、直辖市高级人民法院，解放军军事法院：

为严格执行《中华人民共和国仲裁法》（以下简称仲裁法）和《中华人民共和国民事诉讼法》（以下简称民事诉讼法），保障诉讼和仲裁活动依法进行，现决定对人民法院撤销我国涉外仲裁裁决建立报告制度，为此，特作如下通知：

一、凡一方当事人按照仲裁法的规定向人民法院申请撤销我国涉外仲裁裁决，如果人民法院经审查认为涉外仲裁裁决具有民事诉讼法第二百五十八条第一款规定的情形之一的，在裁定撤销裁决或通知仲裁庭重新仲裁之前，须报请本辖区所属高级人民法院进行审查。如果高级人民法院同意撤销裁决或通知仲裁庭重新仲裁，应将其审查意见报最高人民法院。待最高人民法院答复后，方可裁定撤销裁决或通知仲裁庭重新仲裁。②

二、受理申请撤销裁决的人民法院如认为应予撤销裁决或通知仲裁庭

---

① 本条根据《最高人民法院关于调整司法解释等文件中引用〈中华人民共和国民事诉讼法〉条文序号的决定》（法释〔2008〕18 号）第 40 条调整。

② 本条根据《最高人民法院关于调整司法解释等文件中引用〈中华人民共和国民事诉讼法〉条文序号的决定》（法释〔2008〕18 号）第 58 条调整。

重新仲裁的，应在受理申请后三十日内报其所属的高级人民法院，该高级人民法院如同意撤销裁决或通知仲裁庭重新仲裁的，应在十五日内报最高人民法院，以严格执行仲裁法第六十条的规定。

73

最高人民法院关于内地与澳门特别行政区相互认可和执行仲裁裁决的安排

（2007 年 9 月 17 日最高人民法院审判委员会第 1437 次会议通过　2007 年 12 月 12 日最高人民法院公告公布　自 2008 年 1 月 1 日起施行　法释（2007）17 号）

根据《中华人民共和国澳门特别行政区基本法》第九十三条的规定，经最高人民法院与澳门特别行政区协商，现就内地与澳门特别行政区相互认可和执行仲裁裁决的有关事宜达成如下安排：

第一条　内地人民法院认可和执行澳门特别行政区仲裁机构及仲裁员按照澳门特别行政区仲裁法规在澳门作出的民商事仲裁裁决，澳门特别行政区法院认可和执行内地仲裁机构依据《中华人民共和国仲裁法》在内地作出的民商事仲裁裁决，适用本安排。

本安排没有规定的，适用认可和执行地的程序法律规定。

第二条　在内地或者澳门特别行政区作出的仲裁裁决，一方当事人不履行的，另一方当事人可以向被申请人住所地、经常居住地或者财产所在地的有关法院申请认可和执行。

内地有权受理认可和执行仲裁裁决申请的法院为中级人民法院。两个或者两个以上中级人民法院均有管辖权的，当事人应当选择向其中一个中级人民法院提出申请。

澳门特别行政区有权受理认可仲裁裁决申请的法院为中级法院，有权执行的法院为初级法院。

第三条　被申请人的住所地、经常居住地或者财产所在地分别在内地和澳门特别行政区的，申请人可以向一地法院提出认可和执行申请，也可以分别向两地法院提出申请。

　　当事人分别向两地法院提出申请的，两地法院都应当依法进行审查。予以认可的，采取查封、扣押或者冻结被执行人财产等执行措施。仲裁地法院应当先进行执行清偿；另一地法院在收到仲裁地法院关于经执行债权未获清偿情况的证明后，可以对申请人未获清偿的部分进行执行清偿。两地法院执行财产的总额，不得超过依据裁决和法律规定所确定的数额。

　　第四条　申请人向有关法院申请认可和执行仲裁裁决的，应当提交以下文件或者经公证的副本：

　　（一）申请书；

　　（二）申请人身份证明；

　　（三）仲裁协议；

　　（四）仲裁裁决书或者仲裁调解书。

　　上述文件没有中文文本的，申请人应当提交经正式证明的中文译本。

　　第五条　申请书应当包括下列内容：

　　（一）申请人或者被申请人为自然人的，应当载明其姓名及住所；为法人或者其他组织的，应当载明其名称及住所，以及其法定代表人或者主要负责人的姓名、职务和住所；申请人是外国籍法人或者其他组织的，应当提交相应的公证和认证材料；

　　（二）请求认可和执行的仲裁裁决书或者仲裁调解书的案号或识别资料和生效日期；

　　（三）申请认可和执行仲裁裁决的理由及具体请求，以及被申请人财产所在地、财产状况及该仲裁裁决的执行情况。

　　第六条　申请人向有关法院申请认可和执行内地或者澳门特别行政区仲裁裁决的期限，依据认可和执行地的法律确定。

　　第七条　对申请认可和执行的仲裁裁决，被申请人提出证据证明有下列情形之一的，经审查核实，有关法院可以裁定不予认可：

　　（一）仲裁协议一方当事人依对其适用的法律在订立仲裁协议时属于无行为能力的；或者依当事人约定的准据法，或当事人没有约定适用的准据法而依仲裁地法律，该仲裁协议无效的；

　　（二）被申请人未接到选任仲裁员或者进行仲裁程序的适当通知，或者因他故未能陈述意见的；

　　（三）裁决所处理的争议不是提交仲裁的争议，或者不在仲裁协议范围之内；或者裁决载有超出当事人提交仲裁范围的事项的决定，但裁决中超出提交仲裁范围的事项的决定与提交仲裁事项的决定可以分开的，裁决中关于提交仲裁事项的决定部分可以予以认可；

（四）仲裁庭的组成或者仲裁程序违反了当事人的约定，或者在当事人没有约定时与仲裁地的法律不符的；

（五）裁决对当事人尚无约束力，或者业经仲裁地的法院撤销或者拒绝执行的。

有关法院认定，依执行地法律，争议事项不能以仲裁解决的，不予认可和执行该裁决。

内地法院认定在内地认可和执行该仲裁裁决违反内地法律的基本原则或者社会公共利益，澳门特别行政区法院认定在澳门特别行政区认可和执行该仲裁裁决违反澳门特别行政区法律的基本原则或者公共秩序，不予认可和执行该裁决。

第八条 申请人依据本安排申请认可和执行仲裁裁决的，应当根据执行地法律的规定，交纳诉讼费用。

第九条 一方当事人向一地法院申请执行仲裁裁决，另一方当事人向另一地法院申请撤销该仲裁裁决，被执行人申请中止执行且提供充分担保的，执行法院应当中止执行。

根据经认可的撤销仲裁裁决的判决、裁定，执行法院应当终结执行程序；撤销仲裁裁决申请被驳回的，执行法院应当恢复执行。

当事人申请中止执行的，应当向执行法院提供其他法院已经受理申请撤销仲裁裁决案件的法律文书。

第十条 受理申请的法院应当尽快审查认可和执行的请求，并作出裁定。

第十一条 法院在受理认可和执行仲裁裁决申请之前或者之后，可以依当事人的申请，按照法院地法律规定，对被申请人的财产采取保全措施。

第十二条 由一方有权限公共机构（包括公证员）作成的文书正本或者经公证的文书副本及译本，在适用本安排时，可以免除认证手续在对方使用。

第十三条 本安排实施前，当事人提出的认可和执行仲裁裁决的请求，不适用本安排。

自 1999 年 12 月 20 日至本安排实施前，澳门特别行政区仲裁机构及仲裁员作出的仲裁裁决，当事人向内地申请认可和执行的期限，自本安排实施之日起算。

第十四条 为执行本安排，最高人民法院和澳门特别行政区终审法院应当相互提供相关法律资料。

最高人民法院和澳门特别行政区终审法院每年相互通报执行本安排的情况。

第十五条 本安排在执行过程中遇有问题或者需要修改的，由最高人民法院和澳门特别行政区协商解决。

第十六条 本安排自 2008 年 1 月 1 日起实施。

最高人民法院关于香港仲裁裁决
在内地执行的有关问题的通知

（2009 年 12 月 30 日　法〔2009〕415 号）

各省、自治区、直辖市高级人民法院，新疆维吾尔自治区高级人民法院生产建设兵团分院：

近期，有关人民法院或者当事人向我院反映，在香港特别行政区做出的临时仲裁裁决、国际商会仲裁院在香港作出的仲裁裁决，当事人可否依据《关于内地与香港特别行政区相互执行仲裁裁决的安排》（以下简称《安排》）在内地申请执行。为了确保人民法院在办理该类案件中正确适用《安排》，统一执法尺度，现就有关问题通知如下：

当事人向人民法院申请执行在香港特别行政区做出的临时仲裁裁决、国际商会仲裁院等国外仲裁机构在香港特别行政区作出的仲裁裁决的，人民法院应当按照《安排》的规定进行审查。不存在《安排》第七条规定的情形的，该仲裁裁决可以在内地得到执行。

特此通知。

最高人民法院关于认可和
执行台湾地区仲裁裁决的规定

（2015 年 6 月 2 日最高人民法院审判委员会第 1653 次会议通过　2015 年 6 月 29 日最高人民法院公告公布　自 2015 年 7 月 1 日起施行　法释〔2015〕14 号）

为保障海峡两岸当事人的合法权益，更好地适应海峡两岸关系和平发展的新形势，根据民事诉讼法、仲裁法等有关法律，总结人民法院涉台审判工作经验，就认可和执行台湾地区仲裁裁决，制定本规定。

第一条　台湾地区仲裁裁决的当事人可以根据本规定，作为申请人向人民法院申请认可和执行台湾地区仲裁裁决。

第二条　本规定所称台湾地区仲裁裁决是指，有关常设仲裁机构及临时仲裁庭在台湾地区按照台湾地区仲裁规定就有关民商事争议作出的仲裁裁决，包括仲裁判断、仲裁和解和仲裁调解。

第三条　申请人同时提出认可和执行台湾地区仲裁裁决申请的，人民法院先按照认可程序进行审查，裁定认可后，由人民法院执行机构执行。

申请人直接申请执行的，人民法院应当告知其一并提交认可申请；坚持不申请认可的，裁定驳回其申请。

第四条　申请认可台湾地区仲裁裁决的案件，由申请人住所地、经常居住地或者被申请人住所地、经常居住地、财产所在地中级人民法院或者专门人民法院受理。

申请人向两个以上有管辖权的人民法院申请认可的，由最先立案的人民法院管辖。

申请人向被申请人财产所在地人民法院申请认可的，应当提供财产存在的相关证据。

第五条　对申请认可台湾地区仲裁裁决的案件，人民法院应当组成合议庭进行审查。

第六条　申请人委托他人代理申请认可台湾地区仲裁裁决的，应当向人民法院提交由委托人签名或者盖章的授权委托书。

台湾地区、香港特别行政区、澳门特别行政区或者外国当事人签名或者盖章的授权委托书应当履行相关的公证、认证或者其他证明手续，但授权委托书在人民法院法官的见证下签署或者经中国大陆公证机关公证证明是在中国大陆签署的除外。

第七条 申请人申请认可台湾地区仲裁裁决，应当提交以下文件或者经证明无误的副本：

（一）申请书；

（二）仲裁协议；

（三）仲裁判断书、仲裁和解书或者仲裁调解书。

申请书应当记明以下事项：

（一）申请人和被申请人姓名、性别、年龄、职业、身份证件号码、住址（申请人或者被申请人为法人或者其他组织的，应当记明法人或者其他组织的名称、地址、法定代表人或者主要负责人姓名、职务）和通讯方式；

（二）申请认可的仲裁判断书、仲裁和解书或者仲裁调解书的案号或者识别资料和生效日期；

（三）请求和理由；

（四）被申请人财产所在地、财产状况及申请认可的仲裁裁决的执行情况；

（五）其他需要说明的情况。

第八条 对于符合本规定第四条和第七条规定条件的申请，人民法院应当在收到申请后七日内立案，并通知申请人和被申请人，同时将申请书送达被申请人；不符合本规定第四条和第七条规定条件的，应当在七日内裁定不予受理，同时说明不予受理的理由；申请人对裁定不服的，可以提起上诉。

第九条 申请人申请认可台湾地区仲裁裁决，应当提供相关证明文件，以证明该仲裁裁决的真实性。

申请人可以申请人民法院通过海峡两岸调查取证司法互助途径查明台湾地区仲裁裁决的真实性；人民法院认为必要时，也可以就有关事项依职权通过海峡两岸司法互助途径向台湾地区请求调查取证。

第十条 人民法院受理认可台湾地区仲裁裁决的申请之前或者之后，可以按照民事诉讼法及相关司法解释的规定，根据申请人的申请，裁定采取保全措施。

第十一条 人民法院受理认可台湾地区仲裁裁决的申请后，当事人就同一争议起诉的，不予受理。

当事人未申请认可，而是就同一争议向人民法院起诉的，亦不予受理，但仲裁协议无效的除外。

第十二条 人民法院受理认可台湾地区仲裁裁决的申请后，作出裁定前，申请人请求撤回申请的，可以裁定准许。

第十三条 人民法院应当尽快审查认可台湾地区仲裁裁决的申请，决定予以认可的，应当在立案之日起两个月内作出裁定；决定不予认可或者驳回申请的，应当在作出决定前按有关规定自立案之日起两个月内上报最高人民法院。

通过海峡两岸司法互助途径送达文书和调查取证的期间，不计入审查期限。

第十四条 对申请认可和执行的仲裁裁决，被申请人提出证据证明有下列情形之一的，经审查核实，人民法院裁定不予认可：

（一）仲裁协议一方当事人依对其适用的法律在订立仲裁协议时属于无行为能力的；或者依当事人约定的准据法，或当事人没有约定适用的准据法而依台湾地区仲裁规定，该仲裁协议无效的；或者当事人之间没有达成书面仲裁协议的，但申请认可台湾地区仲裁调解的除外；

（二）被申请人未接到选任仲裁员或进行仲裁程序的适当通知，或者由于其他不可归责于被申请人的原因而未能陈述意见的；

（三）裁决所处理的争议不是提交仲裁的争议，或者不在仲裁协议范围之内；或者裁决载有超出当事人提交仲裁范围的事项的决定，但裁决中超出提交仲裁范围的事项的决定与提交仲裁事项的决定可以分开的，裁决中关于提交仲裁事项的决定部分可以予以认可；

（四）仲裁庭的组成或者仲裁程序违反当事人的约定，或者在当事人没有约定时与台湾地区仲裁规定不符的；

（五）裁决对当事人尚无约束力，或者业经台湾地区法院撤销或者驳回执行申请的。

依据国家法律，该争议事项不能以仲裁解决的，或者认可该仲裁裁决将违反一个中国原则等国家法律的基本原则或损害社会公共利益的，人民法院应当裁定不予认可。

第十五条 人民法院经审查能够确认台湾地区仲裁裁决真实，而且不具有本规定第十四条所列情形的，裁定认可其效力；不能确认该仲裁裁决真实性的，裁定驳回申请。

裁定驳回申请的案件，申请人再次申请并符合受理条件的，人民法院应予受理。

第十六条 人民法院依据本规定第十四条和第十五条作出的裁定，一经送达即发生法律效力。

第十七条 一方当事人向人民法院申请认可或者执行台湾地区仲裁裁决，另一方当事人向台湾地区法院起诉撤销该仲裁裁决，被申请人申请中止认可或者执行并且提供充分担保的，人民法院应当中止认可或者执行程序。

申请中止认可或者执行的，应当向人民法院提供台湾地区法院已经受理撤销仲裁裁决案件的法律文书。

台湾地区法院撤销该仲裁裁决的，人民法院应当裁定不予认可或者裁定终结执行；台湾地区法院驳回撤销仲裁裁决请求的，人民法院应当恢复认可或者执行程序。

第十八条 对人民法院裁定不予认可的台湾地区仲裁裁决，申请人再次提出申请的，人民法院不予受理。但当事人可以根据双方重新达成的仲裁协议申请仲裁，也可以就同一争议向人民法院起诉。

第十九条 申请人申请认可和执行台湾地区仲裁裁决的期间，适用民事诉讼法第二百三十九条的规定。

250

申请人仅申请认可而未同时申请执行的，申请执行的期间自人民法院对认可申请作出的裁定生效之日起重新计算。

第二十条 人民法院在办理申请认可和执行台湾地区仲裁裁决案件中所作出的法律文书，应当依法送达案件当事人。

第二十一条 申请认可和执行台湾地区仲裁裁决，应当参照《诉讼费用交纳办法》的规定，交纳相关费用。

第二十二条 本规定自 2015 年 7 月 1 日起施行。

本规定施行前，根据《最高人民法院关于人民法院认可台湾地区有关法院民事判决的规定》（法释〔1998〕11号），人民法院已经受理但尚未审结的申请认可和执行台湾地区仲裁裁决的案件，适用本规定。

最高人民法院关于内地与香港特别行政区法院就仲裁程序相互协助保全的安排

（2019年3月25日最高人民法院审判委员会第1763次会议通过 2019年9月26日最高人民法院公告公布 自2019年10月1日起生效 法释〔2019〕14号）

根据《中华人民共和国香港特别行政区基本法》第九十五条的规定，最高人民法院与香港特别行政区政府经协商，现就内地与香港特别行政区法院关于仲裁程序相互协助保全作出如下安排：

第一条 本安排所称"保全"，在内地包括财产保全、证据保全、行为保全；在香港特别行政区包括强制令以及其他临时措施，以在争议得以裁决之前维持现状或者恢复原状、采取行动防止目前或者即将对仲裁程序发生的危害或者损害，或者不采取可能造成这种危害或者损害的行动、保全资产或者保全对解决争议可能具有相关性和重要性的证据。

第二条 本安排所称"香港仲裁程序"，应当以香港特别行政区为仲裁地，并且由以下机构或者常设办事处管理：

（一）在香港特别行政区设立或者总部设于香港特别行政区，并以香港特别行政区为主要管理地的仲裁机构；

（二）中华人民共和国加入的政府间国际组织在香港特别行政区设立的争议解决机构或者常设办事处；

（三）其他仲裁机构在香港特别行政区设立的争议解决机构或者常设办事处，且该争议解决机构或者常设办事处满足香港特别行政区政府订立的有关仲裁案件宗数以及标的金额等标准。

以上机构或者常设办事处的名单由香港特别行政区政府向最高人民法院提供，并经双方确认。

第三条 香港仲裁程序的当事人，在仲裁裁决作出前，可以参照《中华人民共和国民事诉讼法》《中华人民共和国仲裁法》以及相关司法解释的规定，向被申请人住所地、财产所在地或者证据所在地的内地中级人民法院申请保全。被申请人住所地、财产所在地或者证据所在地在不同人民法院辖区的，应当选择向其中一个人民法院提出申请，不得分别向两个或者两个以上人民法院提出申请。

当事人在有关机构或者常设办事处受理仲裁申请后提出保全申请的，应当由该机构或者常设办事处转递其申请。

在有关机构或者常设办事处受理仲裁申请前提出保全申请，内地人民法院采取保全措施后三十日内未收到有关机构或者常设办事处提交的已受理仲裁案件的证明函件的，内地人民法院应当解除保全。

第四条 向内地人民法院申请保全的，应当提交下列材料：

（一）保全申请书；

（二）仲裁协议；

（三）身份证明材料：申请人为自然人的，应当提交身份证件复印件；申请人为法人或者非法人组织的，应当提交注册登记证书的复印件以及法定代表人或者负责人的身份证件复印件；

（四）在有关机构或者常设办事处受理仲裁案件后申请保全的，应当提交包含主要仲裁请求和所根据的事实与理由的仲裁申请文件以及相关证据材料、该机构或者常设办事处出具的已受理有关仲裁案件的证明函件；

（五）内地人民法院要求的其他材料。

身份证明材料系在内地以外形成的，应当依据内地相关法律规定办理证明手续。

向内地人民法院提交的文件没有中文文本的，应当提交准确的中文译本。

第五条 保全申请书应当载明下列事项：

（一）当事人的基本情况：当事人为自然人的，包括姓名、住所、身份证件信息、通讯方式等；当事人为法人或者非法人组织的，包括法人或者非法人组织的名称、住所以及法定代表人或者主要负责人的姓名、职务、住所、身份证件信息、通讯方式等；

（二）请求事项，包括申请保全财产的数额、申请行为保全的内容和期限等；

（三）请求所依据的事实、理由和相关证据，包括关于情况紧急，如不立即保全将会使申请人合法权益受到难以弥补的损害或者将使仲裁裁决难以执行的说明等；

（四）申请保全的财产、证据的明确信息或者具体线索；

（五）用于提供担保的内地财产信息或者资信证明；

（六）是否已在其他法院、有关机构或者常设办事处提出本安排所规定的申请和申请情况；

（七）其他需要载明的事项。

第六条 内地仲裁机构管理的仲裁程序的当事人，在仲裁裁决作出前，可以依据香港特别行政区《仲裁条例》《高等法院条例》，向香港特别行政区高等法院申请保全。

第七条 向香港特别行政区法院申请保全的，应当依据香港特别行政区相关法律规定，提交申请、支持申请的誓章、附同的证物、论点纲要以及法庭命令的草拟本，并应当载明下列事项：

（一）当事人的基本情况：当事人为自然人的，包括姓名、地址；当事人为法人或者非法人组织的，包括法人或者非法人组织的名称、地址以及法定代表人或者主要负责人的姓名、职务、通讯方式等；

（二）申请的事项和理由；

（三）申请标的所在地以及情况；

（四）被申请人就申请作出或者可能作出的回应以及说法；

（五）可能会导致法庭不批准所寻求的保全，或者不在单方面申请的情况下批准该保全的事实；

（六）申请人向香港特别行政区法院作出的承诺；

（七）其他需要载明的事项。

第八条 被请求方法院应当尽快审查当事人的保全申请。内地人民法院可以要求申请人提供担保等，香港特别行政区法院可以要求申请人作出承诺、就费用提供保证等。

经审查，当事人的保全申请符合被请求方法律规定的，被请求方法院应当作出保全裁定或者命令等。

第九条 当事人对被请求方法院的裁定或者命令等不服的，按被请求方相关法律规定处理。

第十条 当事人申请保全的，应当依据被请求方有关诉讼收费的法律和规定交纳费用。

第十一条 本安排不减损内地和香港特别行政区的仲裁机构、仲裁庭、当事人依据对方法律享有的权利。

最高人民法院关于贯彻执行《最高人民法院关于内地与香港特别行政区法院就仲裁程序相互协助保全的安排》的通知

（2019 年 9 月 26 日　法〔2019〕207 号）

各省、自治区、直辖市高级人民法院，解放军军事法院，新疆维吾尔自治区高级人民法院生产建设兵团分院：

《最高人民法院关于内地与香港特别行政区法院就仲裁程序相互协助保全的安排》（以下简称《安排》）将于 2019 年 10 月 1 日生效。为贯彻执行好《安排》，现就有关问题通知如下：

一、本《安排》所称"仲裁"依据被请求方法律确定。依据《中华人民共和国仲裁法》的规定，可以仲裁的纠纷限于"平等主体的公民、法人和其他组织之间发生的合同纠纷和其他财产权益纠纷"。据此，本《安排》所称"香港仲裁程序"不包括投资者与东道主国家或者地区之间的投资仲裁。

二、依据本《安排》第二条之规定，仲裁机构或者常设办事处的名单由香港特别行政区政府向最高人民法院提供，并经双方确认。截至目前，包括以下机构或者常设办事处：香港国际仲裁中心、中国国际经济贸易仲裁委员会香港仲裁中心、国际商会国际仲裁院亚洲事务办公室、香港海事仲裁协会、华南（香港）国际仲裁院、一邦国际网上仲调中心。

三、依据本《安排》第三条第二款和第四条第一款第（四）项之规定，有关机构或者常设办事处应当出具转递函或者证明函。实践中，该机

构或者常设办事处出具的转递函或者证明函，可以交由当事人向内地人民
法院提交。内地人民法院接收后，可以向该机构或者常设办事处的联络人
核实有关情况（联系方式附后）。

四、无论仲裁程序是否开始于本《安排》生效之前，在本《安排》生
效之日起提出的保全申请，均适用本《安排》。

各地在执行《安排》中，要注意总结经验。遇有新情况、新问题，应
当逐级上报。

特此通知。

最高人民法院关于内地与香港特别行政区
相互执行仲裁裁决的补充安排

（2020 年 11 月 9 日最高人民法院审判委员会第 1815 次会议通
过　2020 年 11 月 26 日最高人民法院公告公布　本司法解释第一
条、第四条自 2020 年 11 月 27 日起施行　第二条、第三条自 2021
年 5 月 19 日起施行　法释〔2020〕13 号）

依据《最高人民法院关于内地与香港特别行政区相互执行仲裁裁决的
安排》（以下简称《安排》）第十一条的规定，最高人民法院与香港特别
行政区政府经协商，作出如下补充安排：

一、《安排》所指执行内地或者香港特别行政区仲裁裁决的程序，应
解释为包括认可和执行内地或者香港特别行政区仲裁裁决的程序。

二、将《安排》序言及第一条修改为："根据《中华人民共和国香港
特别行政区基本法》第九十五条的规定，经最高人民法院与香港特别行政
区（以下简称香港特区）政府协商，现就仲裁裁决的相互执行问题作出如
下安排：

"一、内地人民法院执行按香港特区《仲裁条例》作出的仲裁裁决，
香港特区法院执行按《中华人民共和国仲裁法》作出的仲裁裁决，适用本
安排。"

三、将《安排》第二条第三款修改为："被申请人在内地和香港特区

均有住所地或者可供执行财产的，申请人可以分别向两地法院申请执行。应对方法院要求，两地法院应当相互提供本方执行仲裁裁决的情况。两地法院执行财产的总额，不得超过裁决确定的数额。"

四、在《安排》第六条中增加一款作为第二款："有关法院在受理执行仲裁裁决申请之前或者之后，可以依申请并按照执行地法律规定采取保全或者强制措施。"

五、本补充安排第一条、第四条自公布之日起施行，第二条、第三条在香港特别行政区完成有关程序后，由最高人民法院公布生效日期。

最高人民法院关于内地与澳门特别行政区就仲裁程序相互协助保全的安排

（2022 年 2 月 15 日最高人民法院审判委员会第 1864 次会议通过　2022 年 2 月 24 日最高人民法院公告公布　自 2022 年 3 月 25 日起施行　法释〔2022〕7 号）

根据《中华人民共和国澳门特别行政区基本法》第九十三条的规定，经最高人民法院与澳门特别行政区协商，现就内地与澳门特别行政区关于仲裁程序相互协助保全作出如下安排。

第一条　本安排所称"保全"，在内地包括财产保全、证据保全、行为保全；在澳门特别行政区包括为确保受威胁的权利得以实现而采取的保存或者预行措施。

第二条　按照澳门特别行政区仲裁法规向澳门特别行政区仲裁机构提起民商事仲裁程序的当事人，在仲裁裁决作出前，可以参照《中华人民共和国民事诉讼法》《中华人民共和国仲裁法》以及相关司法解释的规定，向被申请人住所地、财产所在地或者证据所在地的内地中级人民法院申请保全。被申请人住所地、财产所在地或者证据所在地在不同人民法院辖区的，应当选择向其中一个人民法院提出申请，不得分别向两个或者两个以上人民法院提出申请。

在仲裁机构受理仲裁案件前申请保全，内地人民法院采取保全措施后三十日内未收到仲裁机构已受理仲裁案件的证明函件的，内地人民法院应当解除保全。

第三条 向内地人民法院申请保全的，应当提交下列材料：

（一）保全申请书；

（二）仲裁协议；

（三）身份证明材料：申请人为自然人的，应当提交身份证件复印件；申请人为法人或者非法人组织的，应当提交注册登记证书的复印件以及法定代表人或者负责人的身份证件复印件；

（四）在仲裁机构受理仲裁案件后申请保全的，应当提交包含主要仲裁请求和所根据的事实与理由的仲裁申请文件以及相关证据材料、仲裁机构出具的已受理有关仲裁案件的证明函件；

（五）内地人民法院要求的其他材料。

身份证明材料系在内地以外形成的，应当依据内地相关法律规定办理证明手续。

向内地人民法院提交的文件没有中文文本的，应当提交中文译本。

第四条 向内地人民法院提交的保全申请书应当载明下列事项：

（一）当事人的基本情况：当事人为自然人的，包括姓名、住所、身份证件信息、通讯方式等；当事人为法人或者非法人组织的，包括法人或者非法人组织的名称、住所以及法定代表人或者主要负责人的姓名、职务、住所、身份证件信息、通讯方式等；

（二）请求事项，包括申请保全财产的数额、申请行为保全的内容和期限等；

（三）请求所依据的事实、理由和相关证据，包括关于情况紧急，如不立即保全将会使申请人合法权益受到难以弥补的损害或者将使仲裁裁决难以执行的说明等；

（四）申请保全的财产、证据的明确信息或者具体线索；

（五）用于提供担保的内地财产信息或者资信证明；

（六）是否已提出其他保全申请以及保全情况；

（七）其他需要载明的事项。

第五条 依据《中华人民共和国仲裁法》向内地仲裁机构提起民商事仲裁程序的当事人，在仲裁裁决作出前，可以根据澳门特别行政区法律规定，向澳门特别行政区初级法院申请保全。

在仲裁机构受理仲裁案件前申请保全的，申请人应当在澳门特别行政区法律规定的期间内，采取开展仲裁程序的必要措施，否则该保全措施失效。申请人应当将已作出必要措施及作出日期的证明送交澳门特别行政区法院。

第六条 向澳门特别行政区法院申请保全的，须附同下列资料：

（一）仲裁协议；

（二）申请人或者被申请人为自然人的，应当载明其姓名以及住所；为法人或者非法人组织的，应当载明其名称、住所以及法定代表人或者主要负责人的姓名、职务和住所；

（三）请求的详细资料，尤其包括请求所依据的事实和法律理由、申请标的的情况、财产的详细资料、须保全的金额、申请行为保全的详细内容和期限以及附同相关证据，证明权利受威胁以及解释恐防受侵害的理由；

（四）在仲裁机构受理仲裁案件后申请保全的，应当提交该仲裁机构出具的已受理有关仲裁案件的证明；

（五）是否已提出其他保全申请以及保全情况；

（六）法院要求的其他资料。

如向法院提交的文件并非使用澳门特别行政区的其中一种正式语文，则申请人应当提交其中一种正式语文的译本。

第七条 被请求方法院应当尽快审查当事人的保全申请，可以按照被请求方法律规定要求申请人提供担保。

经审查，当事人的保全申请符合被请求方法律规定的，被请求方法院应当作出保全裁定。

第八条 当事人对被请求方法院的裁定不服的，按被请求方相关法律规定处理。

第九条 当事人申请保全的，应当根据被请求方法律的规定交纳费用。

第十条 本安排不减损内地和澳门特别行政区的仲裁机构、仲裁庭、仲裁员、当事人依据对方法律享有的权利。

第十一条 本安排在执行过程中遇有问题或者需要修改的，由最高人民法院和澳门特别行政区协商解决。

第十二条 本安排自 2022 年 3 月 25 日起施行。

最高人民法院关于在粤港澳大湾区内地登记设立的香港、澳门投资企业协议选择港澳法律为合同适用法律或者协议约定港澳为仲裁地效力问题的批复

（2024 年 10 月 22 日最高人民法院审判委员会第 1927 次会议通过　2025 年 2 月 13 日最高人民法院公布　自 2025 年 2 月 14 日起施行　法释〔2025〕3 号）

广东省高级人民法院：

你院《关于一方或者双方当事人为在粤港澳大湾区内地注册成立的港澳独资、合资企业选择适用港澳法律或者港澳仲裁协议效力问题的请示》（粤高法〔2023〕53 号）收悉。经研究，批复如下：

一、当事人一方或者双方为在粤港澳大湾区深圳市、珠海市登记设立的香港、澳门投资企业，协议选择香港特别行政区法律、澳门特别行政区法律为合同适用的法律，并在诉讼中主张适用该法律，人民法院经审查认为不违反国家法律强制性规定且不损害社会公共利益的，应当予以支持。

二、当事人一方或者双方为在粤港澳大湾区内地九市登记设立的香港、澳门投资企业，协议约定以香港特别行政区、澳门特别行政区为仲裁地，当事人以所涉争议不具有涉港澳因素为由申请人民法院确认仲裁协议无效的，人民法院不予支持。

当事人将争议按照约定提交仲裁，在相关裁决作出后，一方当事人以所涉争议不具有涉港澳因素、仲裁协议无效，主张不应认可执行仲裁裁决的，人民法院不予支持。

三、本批复所称"香港投资企业""澳门投资企业"是指全部或者部分由香港特别行政区、澳门特别行政区的自然人、企业或者其他组织投资，依法在内地登记设立的企业。

二、体育仲裁

中华人民共和国体育法（节录）

（1995 年 8 月 29 日第八届全国人民代表大会常务委员会第十五次会议通过　根据 2009 年 8 月 27 日第十一届全国人民代表大会常务委员会第十次会议《关于修改部分法律的决定》第一次修正　根据 2016 年 11 月 7 日第十二届全国人民代表大会常务委员会第二十四次会议《关于修改〈中华人民共和国对外贸易法〉等十二部法律的决定》第二次修正　2022 年 6 月 24 日第十三届全国人民代表大会常务委员会第三十五次会议修订　2022 年 6 月 24 日中华人民共和国主席令第 114 号公布　自 2023 年 1 月 1 日起施行）

……

第九章　体 育 仲 裁

第九十一条　国家建立体育仲裁制度，及时、公正解决体育纠纷，保护当事人的合法权益。

体育仲裁依法独立进行，不受行政机关、社会组织和个人的干涉。

第九十二条　当事人可以根据仲裁协议、体育组织章程、体育赛事规则等，对下列纠纷申请体育仲裁：

（一）对体育社会组织、运动员管理单位、体育赛事活动组织者按照兴奋剂管理或者其他管理规定作出的取消参赛资格、取消比赛成绩、禁赛等处理决定不服发生的纠纷；

（二）因运动员注册、交流发生的纠纷；

（三）在竞技体育活动中发生的其他纠纷。

《中华人民共和国仲裁法》规定的可仲裁纠纷和《中华人民共和国劳动争议调解仲裁法》规定的劳动争议，不属于体育仲裁范围。

第九十三条　国务院体育行政部门依照本法组织设立体育仲裁委员会，制定体育仲裁规则。

体育仲裁委员会由体育行政部门代表、体育社会组织代表、运动员代表、教练员代表、裁判员代表以及体育、法律专家组成，其组成人数应当是单数。

体育仲裁委员会应当设仲裁员名册。仲裁员具体条件由体育仲裁规则规定。

第九十四条　体育仲裁委员会裁决体育纠纷实行仲裁庭制。仲裁庭组成人数应当是单数，具体组成办法由体育仲裁规则规定。

第九十五条　鼓励体育组织建立内部纠纷解决机制，公平、公正、高效地解决纠纷。

体育组织没有内部纠纷解决机制或者内部纠纷解决机制未及时处理纠纷的，当事人可以申请体育仲裁。

第九十六条　对体育社会组织、运动员管理单位、体育赛事活动组织者的处理决定或者内部纠纷解决机制处理结果不服的，当事人自收到处理决定或者纠纷处理结果之日起二十一日内申请体育仲裁。

第九十七条　体育仲裁裁决书自作出之日起发生法律效力。

裁决作出后，当事人就同一纠纷再申请体育仲裁或者向人民法院起诉的，体育仲裁委员会或者人民法院不予受理。

第九十八条　有下列情形之一的，当事人可以自收到仲裁裁决书之日起三十日内向体育仲裁委员会所在地的中级人民法院申请撤销裁决：

（一）适用法律、法规确有错误的；

（二）裁决的事项不属于体育仲裁受理范围的；

（三）仲裁庭的组成或者仲裁的程序违反有关规定，足以影响公正裁决的；

（四）裁决所根据的证据是伪造的；

（五）对方当事人隐瞒了足以影响公正裁决的证据的；

（六）仲裁员在仲裁该案时有索贿受贿、徇私舞弊、枉法裁决行为的。

人民法院经组成合议庭审查核实裁决有前款规定情形之一的，或者认定裁决违背社会公共利益的，应当裁定撤销。

人民法院受理撤销裁决的申请后，认为可以由仲裁庭重新仲裁的，通知仲裁庭在一定期限内重新仲裁，并裁定中止撤销程序。仲裁庭拒绝重新仲裁的，人民法院应当裁定恢复撤销程序。

第九十九条 当事人应当履行体育仲裁裁决。一方当事人不履行的，另一方当事人可以依照《中华人民共和国民事诉讼法》的有关规定向人民法院申请执行。

第一百条 需要即时处理的体育赛事活动纠纷，适用体育仲裁特别程序。

特别程序由体育仲裁规则规定。

……

中国体育仲裁委员会组织规则

（2023 年 1 月 1 日国家体育总局令第 29 号公布 自 2023 年 1 月 1 日起施行）

第一章 总 则

第一条 为了及时、公正解决体育纠纷，保护当事人的合法权益，根据《中华人民共和国体育法》等有关法律，制定本规则。

第二条 中国体育仲裁委员会（以下简称体育仲裁委员会）是由国家体育总局（以下简称体育总局）依法设立、专门处理体育纠纷案件的仲裁机构。

第三条 体育仲裁依法独立运行，不受行政机关、社会组织和个人的干涉。

第四条 体育仲裁委员会所在地为中华人民共和国北京市。

第二章 体育仲裁委员会

第五条 体育仲裁委员会由体育行政部门代表、体育社会组织代表、运动员代表、教练员代表、裁判员代表以及体育、法律专家组成。

体育仲裁委员会组成人员应当拥护中国共产党领导，弘扬社会主义核心价值观和中华体育精神。

第六条 体育仲裁委员会设主任一名，副主任和委员若干名，组成人员总人数不超过二十一人，且为单数。三分之二以上的组成人员应当具有八年以上体育或法律教学、科研或者实务经历。组成人员一般聘期为四年，由体育总局聘任并颁发聘书。

体育仲裁委员会组成人员有违反相关法律法规或任职管理规定的，由体育总局予以解聘。组成人员因辞职、岗位变动、解聘或其他原因无法履行职责时，应及时增补。

第七条 体育仲裁委员会应当按照决策权、执行权、监督权相互分离、有效制衡、权责对等的原则，制定《中国体育仲裁委员会章程》（以下简称章程），具体规定体育仲裁委员会组织机构的产生办法和职能。

章程不得违反法律、法规与本规则规定。

第八条 体育仲裁委员会依法履行下列职责：

（一）制定、修改章程；

（二）聘任、解聘仲裁员；

（三）根据《体育仲裁规则》仲裁体育纠纷；

（四）开展内部监督活动；

（五）制定体育仲裁委员会内部管理办法；

（六）履行法律、法规以及章程规定应当履行的其他职责。

第九条 体育仲裁委员会应当每年至少召开两次全体会议，研究体育仲裁委员会职责履行情况和重要工作事项。

体育仲裁委员会主任或者三分之一以上的体育仲裁委员会委员提议召开全体会议的，应当召开。

体育仲裁委员会的决定实行少数服从多数原则，作出决定的方式由章程规定。

第十条 体育仲裁委员会根据工作需要设置专门委员会，其负责人由体育仲裁委员会主任从体育仲裁委员会组成人员中提名，体育仲裁委员会决定聘用和解聘。

第十一条 体育仲裁委员会的经费依法由财政予以保障。

第十二条 体育仲裁委员会处理纠纷案件实行仲裁庭制度。

体育仲裁委员会可以根据重大体育赛事活动实际需要，适用体育仲裁特别程序，但仲裁地仍为体育仲裁委员会所在地。

第十三条 体育仲裁委员会设专门的仲裁场所。仲裁场所应当悬挂仲裁徽章，张贴仲裁庭纪律及注意事项等，并配备仲裁专业设备、档案储存设备、安全监控设备和安检设施等。

第三章　仲　裁　员

第十四条　仲裁员由体育仲裁委员会聘任，依法独立仲裁体育纠纷。

第十五条　体育仲裁委员会应当建立仲裁员名册，并予以公告。

第十六条　仲裁员依法享有以下权利：

（一）独立处理体育纠纷，不受行政机关、社会组织和个人的干涉；

（二）履行职责应具有的职权和工作条件；

（三）人身、财产安全不因履行职责受到威胁、侵犯；

（四）法律、法规以及中国体育仲裁委员会制定的仲裁员聘任和管理办法规定的其他权利。

第十七条　仲裁员应当履行以下义务：

（一）依法处理体育纠纷；

（二）维护国家利益和公共利益，保护当事人合法权益；

（三）严格执行廉政规定，恪守职业道德；

（四）自觉接受监督；

（五）参加聘前培训和履职培训；

（六）法律、法规以及中国体育仲裁委员会制定的仲裁员聘任和管理办法规定的其他义务。

第十八条　仲裁员聘期一般为四年。体育仲裁委员会负责仲裁员考核，考核结果作为解聘和续聘仲裁员的依据。

第十九条　仲裁员培训和考核标准由体育仲裁委员会规定。

第二十条　体育仲裁委员会统一免费发放仲裁员证和仲裁徽章。

第四章　监　督　管　理

第二十一条　体育仲裁委员会应当设立监事会，建立内部监督制度，对申请受理、办案程序、仲裁员及其他工作人员的行为等进行监督，但不得干涉具体案件。

第二十二条　仲裁员有下列情形之一的，体育仲裁委员会应当予以解聘：

（一）在聘期内因工作岗位变动或者其他原因不再履行仲裁员职责的；

（二）年度培训未达规定时间的；

（三）年度考核不合格的；

（四）受到所在单位记过以上处分的；

（五）因违规违纪违法不能继续履行仲裁员职责的；

（六）其他应当解聘的情形。

第二十三条 仲裁员不得有下列行为：

（一）徇私枉法，偏袒一方当事人；

（二）滥用职权，侵犯当事人合法权益；

（三）利用职权为自己或者他人谋取私利；

（四）隐瞒证据或者伪造证据；

（五）故意隐瞒应当回避的事实，导致严重后果；

（六）私自会见当事人及其代理人，接受当事人及其代理人的请客送礼；

（七）故意拖延办案、玩忽职守；

（八）泄露案件涉及的国家秘密、商业秘密和个人隐私或者擅自透露案件处理情况；

（九）在受聘期间担任体育仲裁委员会受理案件的代理人；

（十）其他违规违纪违法行为。

仲裁员有上述行为的，体育仲裁委员会视情节轻重，给予批评教育、解聘等处理；因上述行为被解聘的，不得再聘为仲裁员，并将相关情况通报仲裁员所在单位。构成犯罪的，依法追究刑事责任。

第二十四条 仲裁秘书等办案辅助人员应当认真履行职责，严守工作纪律，不得有玩忽职守、偏袒一方当事人、泄露案件涉及的国家秘密、商业秘密和个人隐私或者擅自透露案件处理情况等行为。违反上述规定的，按照有关法律、法规和本规则第二十三条的规定处理。

第二十五条 体育仲裁委员会对被解聘、辞职以及其他原因不再聘任的仲裁员，应当及时收回仲裁员证和仲裁徽章，并予以公告。

第五章 附 则

第二十六条 体育仲裁委员会应当加强与国外体育仲裁机构和国外体育组织的沟通交流，按照互惠原则处理相关事务。

第二十七条 本规则自 2023 年 1 月 1 日起施行。

体育仲裁规则

（2023 年 1 月 1 日国家体育总局令第 30 号公布　自 2023 年 1 月 1 日起施行）

第一章　总　　则

第一条　为了及时、公正解决体育纠纷，保护当事人的合法权益，根据《中华人民共和国体育法》等有关法律，制定本规则。

第二条　中国体育仲裁委员会（以下简称体育仲裁委员会）所在地为中华人民共和国北京市，由国家体育总局（以下简称体育总局）组织设立。

第三条　体育仲裁委员会受理下列案件：

（一）对体育社会组织、运动员管理单位、体育赛事活动组织者按照兴奋剂管理或者其他管理规定作出的取消参赛资格、取消比赛成绩、禁赛等处理决定不服发生的纠纷；

（二）因运动员注册、交流发生的纠纷；

（三）在竞技体育活动中发生的其他纠纷。

《中华人民共和国仲裁法》规定的可仲裁纠纷和《中华人民共和国劳动争议调解仲裁法》规定的劳动争议，不属于体育仲裁范围。

第四条　当事人共同将纠纷提交体育仲裁委员会仲裁的，视为同意按照本规则进行仲裁。

当事人约定按照本规则进行仲裁但未约定仲裁机构，或者当事人约定的仲裁机构名称虽不准确，但能够确定是体育仲裁委员会的，视为同意将纠纷提交体育仲裁委员会仲裁。

第五条　体育仲裁委员会应当建立《中国体育仲裁委员会仲裁员名册》（以下简称《仲裁员名册》），并予以公告。

体育仲裁委员会可在《仲裁员名册》中设立《反兴奋剂仲裁员名册》等专门的仲裁员名册。

第六条　体育仲裁委员会仲裁员应当公道正派并符合下列条件之一：

（一）律师执业满八年；

（二）曾任法官满八年；

（三）通过国家统一法律职业资格考试取得法律职业资格，从事仲裁工作满八年；

（四）从事法学、体育学研究或者教学工作并具有高级职称；

（五）具有法律知识且从事体育实务满八年。

第七条 体育仲裁委员会所在地为仲裁地，所有仲裁裁决均视为在仲裁地作出。

第八条 本规则规定的期限或者根据本规则确定的期限，应当自期限开始之次日起计算。期限开始之日，不计算在期限内。

如果期限开始之次日为送达地公共假日或者非工作日，则从其后的第一个工作日开始计算。期限届满日是公共假日或者非工作日的，以其后的第一个工作日为期限届满日。

期限不包括在途时间，仲裁文书、通知、材料在期限届满前交邮、交发的，不算逾期。

当事人因不可抗力或者其他正当理由耽误期限的，可以在障碍消除后五日内申请顺延，由体育仲裁委员会主任（以下简称主任）或仲裁庭对此作出决定。

第九条 仲裁文件可以通过当面送达、邮寄、传真、电子邮件等形式，或以当事人约定的形式送达当事人或其仲裁代理人。体育仲裁委员会或仲裁庭有权根据案件具体情况决定采取适当的送达方式。

向当事人或者其代理人发送仲裁文件，采用当面送达的，当面送交受送达人，即视为已经送达；采用邮寄送达的，送达至受送达人身份证载明地址、户籍地址、居住地址、营业地址、注册地址、当事人约定的送达地址或通讯地址之一的，即视为已经送达；采用传真、电子邮件等形式送达的，电子传输记录能够显示已完成发送的，即视为已经送达。

采用本条第二款规定的方式无法送达的，体育仲裁委员会以中国邮政特快专递、公证送达、委托送达和留置送达等能提供投递记录的方式投递给受送达人最后一个为人所知的身份证载明地址、户籍地址、居住地址、营业地址、注册地址、当事人约定的送达地址或通讯地址之一的，即视为有效送达。

第十条 当事人知道或应当知道体育仲裁委员会受理纠纷或体育仲裁

委员会、仲裁庭的决定，存在违反本规则、仲裁协议等情形的，仍参加或继续参加仲裁活动的，且未及时提出书面异议的，视为其放弃异议的权利。

第二章　受案依据和管辖权

第十一条　当事人可依据仲裁协议向体育仲裁委员会申请仲裁。仲裁协议包括合同中订立的仲裁条款和在纠纷发生前或发生后达成的具有仲裁意思表示的协议。

仲裁协议应当采取书面形式。书面形式包括合同书、信件、电传、传真、电子数据交换和电子邮件等可以有形地表现所载内容的形式。

在交换仲裁申请书和仲裁答辩书时，一方当事人声称有仲裁协议而另一方当事人不做否认表示的，视为存在书面仲裁协议。

合同中的仲裁条款、附属于合同的仲裁协议与合同其他条款相互分离、独立存在；合同的变更、解除、终止、转让、失效、无效、未生效、被撤销以及成立与否，均不影响仲裁条款或仲裁协议的效力。

第十二条　当事人可依据体育组织章程与体育赛事规则申请体育仲裁。

体育组织章程授权制定的管理规则中的体育仲裁条款，视为体育组织章程的体育仲裁条款。

体育赛事报名表、参赛协议或竞赛规程中的体育仲裁条款，视为体育赛事规则的体育仲裁条款。

第十三条　对体育社会组织、运动员管理单位、体育赛事活动组织者的处理决定或者内部纠纷解决机制处理结果不服的，当事人可以自收到处理决定或者纠纷处理结果之日起二十一日内申请体育仲裁。

第十四条　体育组织没有内部纠纷解决机制或者内部纠纷解决机制未及时处理的，当事人可以向体育仲裁委员会申请体育仲裁。

当事人以体育组织内部纠纷解决机制未及时处理纠纷为由申请体育仲裁，体育仲裁委员会审查后认为情况属实且符合申请仲裁条件的，可以受理。

第十五条　体育仲裁委员会有权对仲裁协议的存在、效力以及仲裁案件的管辖权作出决定，也可以授权仲裁庭作出管辖权决定。

体育仲裁委员会依表面证据认为存在有效仲裁协议的，可根据表面证据作出体育仲裁委员会有管辖权的决定，仲裁程序继续进行。体育仲裁委员会依表面证据作出的管辖权决定并不妨碍其根据仲裁庭在审理过程中发现的与表面证据不一致的事实或证据重新作出管辖权决定。

仲裁庭依据体育仲裁委员会的授权作出管辖权决定时，可以在仲裁程序进行中单独作出，也可以在裁决书中一并作出。

当事人对仲裁协议或仲裁案件管辖权存有异议，应当在答辩期限届满前以书面形式提出。对仲裁协议或仲裁案件管辖权提出异议不影响仲裁程序的进行。管辖权异议包括仲裁案件主体资格异议。

体育仲裁委员会或经体育仲裁委员会授权的仲裁庭作出无管辖权决定的，应当撤销案件。撤案决定在仲裁庭组成前由体育仲裁委员会作出，仲裁庭组成后由仲裁庭作出，并加盖体育仲裁委员会印章。

第三章　申请和受理

第十六条　申请人依据本规则申请仲裁时应当：

（一）由申请人或其委托的代理人向体育仲裁委员会提交仲裁申请书。仲裁申请书应载明：

1. 当事人的姓名、性别、年龄、职业、工作单位和住所，法人或者非法人组织的名称、住所和法定代表人或者主要负责人的姓名、职务和联系方式；

2. 仲裁请求和所依据的事实、理由；

3. 证据和证据来源、证人姓名和住所以及联系方式。

（二）提交仲裁申请所依据的仲裁协议、体育组织章程、体育赛事规则等文件的副本；

（三）申请人的身份证明文件；

（四）对体育组织处理决定不服的纠纷，申请人还应提交体育组织处理决定的副本。

第十七条　仲裁程序自体育仲裁委员会收到仲裁申请书之日开始。

体育仲裁委员会收到仲裁申请书之日起五日内，认为符合受理条件的，应当受理，并通知当事人；认为不符合受理条件的，应当书面通知申请人不予受理，并说明理由。

体育仲裁委员会收到仲裁申请书后，认为不符合本规则第十六条规定的，可以要求当事人限期补正；逾期不补正的，视为撤回申请，申请人的仲裁申请书及其附件，体育仲裁委员会不予留存。

第十八条 体育仲裁委员会受理仲裁申请后，应当在五日内将仲裁通知、仲裁规则、仲裁员名册各一份发送双方当事人；申请人的仲裁申请书及其附件也应同时发送给被申请人。

第十九条 被申请人应当自收到仲裁申请书副本之日起十五日内提交答辩书。被申请人确有正当理由请求延长的，由仲裁庭作出决定；仲裁庭尚未组成的，由主任作出决定。仲裁庭有权决定是否接受逾期提交的答辩书。

答辩书由被申请人或其委托的代理人提交，应当包括下列内容及附件：

（一）被申请人的姓名或名称和住所，包括邮政编码、电话、传真、电子邮箱或其他电子通讯方式；

（二）对仲裁申请书的答辩及所依据的事实和理由；

（三）答辩所依据的证据材料以及其他证明文件。

体育仲裁委员会收到答辩书后，应当在五日内将答辩书副本发送申请人。被申请人未提交答辩书的，不影响仲裁程序的进行。

第二十条 被申请人可以依据同一仲裁协议、体育组织章程、体育赛事规则提出反请求。反请求的被申请人限于仲裁程序的申请人。

被申请人提出反请求的，应当在收到仲裁通知之日起十五日内向体育仲裁委员会提交反请求申请书。逾期提交的，是否受理，仲裁庭组成前由体育仲裁委员会决定，仲裁庭组成后由仲裁庭决定。

体育仲裁委员会或者仲裁庭不同意受理的，当事人可以就反请求所涉事项向体育仲裁委员会另案提出申请。当事人另案提出申请的，不影响本案的审理。

反请求的提出和受理，参照本规则第十六条、第十七条的规定办理。同一案件中的请求和反请求应当合并审理。

体育仲裁委员会应在受理反请求申请后五日内将反请求申请书和有关材料发送反请求被申请人。反请求被申请人应当按照本规则第十九条的规定向体育仲裁委员会提交答辩书和有关材料；未提交的，不影响仲裁程序的进行。

对反请求的其他事项，参照本规则关于仲裁请求的相关规定办理。

第二十一条 当事人可以自收到仲裁通知之日起十五日内以书面形式

提出变更仲裁请求或者变更反请求。仲裁庭组成前由体育仲裁委员会受理，仲裁庭组成后由仲裁庭受理。逾期提出的，由体育仲裁委员会或仲裁庭决定是否受理。

变更仲裁请求的提出、受理、答辩等事项，参照本规则第十六条至第十九条的规定办理。

第二十二条 符合下列条件之一的，经一方当事人请求，体育仲裁委员会可以决定将两个或两个以上的仲裁案件合并为一个案件进行审理：

（一）各案仲裁请求依据同一个仲裁协议提出；

（二）各案仲裁请求依据同一体育组织章程或体育赛事规则提出，且涉及的决定为同一体育组织作出的关联决定；

（三）各案仲裁请求依据多份仲裁协议提出，案涉多份仲裁协议内容相同或相容，且各案当事人相同、所涉及的法律关系性质相同；

（四）各案仲裁请求依据多份仲裁协议提出，案涉多份仲裁协议内容相同或相容，且涉及的多份合同为主从合同关系；

（五）各案仲裁请求依据多份仲裁协议提出，案涉多份仲裁协议内容相同或相容，且涉及的体育组织处理决定为同一体育组织作出的同一决定；

（六）各案当事人均同意合并仲裁。

根据本条第一款合并仲裁时，体育仲裁委员会应考虑双方当事人的意见、不同案件的仲裁员的选定或指定情况、相关仲裁案件之间的关联性等因素。

除非双方当事人另有约定，各案应合并至最先开始仲裁程序的案件中。

仲裁案件合并后，在仲裁庭组成之前，由体育仲裁委员会就仲裁程序事项作出决定；仲裁庭组成后，由仲裁庭作出决定。

第二十三条 案件有两个或两个以上的申请人或被申请人的，任何当事人均可依据相同的仲裁协议、体育组织章程、体育赛事规则提出仲裁请求。仲裁庭组成前由体育仲裁委员会决定是否受理，仲裁庭组成后由仲裁庭决定。

上述仲裁请求的提出、受理、答辩、变更等事项参照本规则第十六条至第二十一条的规定办理。

第二十四条 当事人提交申请书、答辩书、反请求申请书、证据材料以及其他书面材料，应当一式五份。当事人不止两方的，应当增加相应份数；仲裁庭组成人数为一人的，可以减少两份。

第二十五条 当事人可以委托中国或外国的仲裁代理人办理有关仲裁事项。

当事人或其仲裁代理人应向体育仲裁委员会提交载明具体委托事项和权限的授权委托书。

当事人可以委托一至三名仲裁代理人，经申请且仲裁庭同意的，可以适当增加代理人数。

第二十六条 体育仲裁委员会受理案件后，发现不应受理的，应当撤销案件，并自决定撤销案件后五日内，以决定书的形式通知当事人。

第四章 仲 裁 庭

第二十七条 仲裁庭由一名或三名仲裁员组成。

除非当事人另有约定或本规则另有规定，仲裁庭由三名仲裁员组成。

第二十八条 仲裁庭由三名仲裁员组成的，申请人和被申请人应在收到仲裁通知后十五日内各自选定或委托主任从《仲裁员名册》中指定一名仲裁员。当事人未在上述期限内选定或委托主任指定的，由主任指定。

第三名仲裁员由双方当事人在被申请人收到仲裁通知后十五日内共同选定或共同委托主任从《仲裁员名册》中指定。第三名仲裁员为仲裁庭的首席仲裁员。

双方当事人可以各自推荐一至五名候选人作为首席仲裁员人选，并按照本条第二款规定的期限提交推荐名单。双方当事人的推荐名单中有一名人选相同的，该人选为双方当事人共同选定的首席仲裁员；有一名以上人选相同的，由主任根据案件的具体情况在相同人选中确定一名首席仲裁员，该名首席仲裁员仍为双方共同选定的首席仲裁员；推荐名单中没有相同人选时，首席仲裁员由主任从双方当事人推荐名单之外的《仲裁员名册》中另行指定产生，但已经取得未推荐该首席仲裁员的当事人同意的除外。

双方当事人未能按照上述规定共同选定首席仲裁员的，由主任指定首席仲裁员。

与反兴奋剂有关的体育仲裁中，应至少有一名具有法学背景或法律专业经验的仲裁员。双方当事人应按照本条第三款、第四款的规定，从《反兴奋剂仲裁员名册》中至少选择一名仲裁员。

第二十九条 仲裁庭由一名仲裁员组成的，参照本规则第二十八条第二款至第四款的规定选定或指定独任仲裁员。

与反兴奋剂有关的体育仲裁中，独任仲裁员应当有法学背景和法律专业经验。双方当事人应参照本规则第二十八条第三款、第四款的规定，从《反兴奋剂仲裁员名册》中选择一名仲裁员。

第三十条 仲裁案件的申请人、被申请人有两个或两个以上时，申请人、被申请人应各自协商，共同选定或共同委托主任指定一名仲裁员。

首席仲裁员或独任仲裁员应按照本规则第二十八条第二款至第四款的规定选定或指定。申请人、被申请人按照本规则第二十八条第三款的规定选定首席仲裁员或独任仲裁员时，应共同协商，提交共同选定的候选人名单。

如果申请人、被申请人未能在收到仲裁通知后十五日内共同选定或共同委托主任指定一名仲裁员，则由主任指定三名仲裁员组成仲裁庭，并从中确定一人担任首席仲裁员。

第三十一条 体育仲裁委员会应当在仲裁庭组成之日起五日内，将组庭情况书面通知当事人。

第三十二条 仲裁员收到组庭通知后应当签署声明书，承诺独立、公正仲裁，并主动书面披露其知悉的可能引起对其独立性、公正性产生合理怀疑的情形。

仲裁员认为应当披露的情形足以构成应当回避的事由，应当主动回避。

应当披露的情形在签署声明书后出现的，仲裁员应当及时主动书面披露。

体育仲裁委员会在收到存在披露事项的声明书后，应及时发送给当事人。

第三十三条 仲裁员有下列情形之一的，应当回避，当事人也有权提出回避申请：

（一）是本案当事人或者当事人、代理人的近亲属；

（二）仲裁员或其近亲属与本案有利害关系；

（三）与本案当事人、代理人有其他关系，可能影响公正仲裁；

（四）私自会见当事人、代理人，或者接受当事人、代理人请客送礼；

（五）其他影响公正仲裁的情形。

当事人对仲裁员提出回避申请，应当在知悉回避事由后十日内且不迟于首次庭审开始前提出；首次庭审开始后才知悉回避事由的，不迟于知悉该事由后十日内提出。

当事人以仲裁员按照本规则第三十二条规定所披露的事项为由提出回避申请的，应当在收到仲裁员信息披露声明书后十日内提出；逾期未提出的，不得再以仲裁员已经披露的事项为由提出回避申请。

当事人在获知仲裁庭组成后聘请的代理人与仲裁员形成应当回避的情形的，视为放弃就此申请回避的权利，但不影响其他当事人就此申请回避的权利。

回避申请应当以书面形式向体育仲裁委员会提出，说明理由并提供相关证据。体育仲裁委员会在收到当事人的回避申请书后，应当立即转交其他当事人和仲裁庭全体成员，并听取意见。

如果一方当事人请求仲裁员回避，另一方当事人同意回避请求，或被请求回避的仲裁员主动提出不再担任该仲裁案件的仲裁员，则该仲裁员不再担任仲裁员审理本案。上述情形并不表示当事人提出回避的理由成立。

除本条第六款规定的情形外，仲裁员是否回避，由主任作出终局决定。

仲裁秘书、翻译人员、鉴定人、勘验人的回避，参照适用本条规定。

第三十四条 仲裁员由于回避、主动退出或其他特定原因不能履行职责的，应当替换。

仲裁员在法律上或事实上不能履行其职责，或者没有按照本规则的要求履行职责的，主任有权决定将其替换，并给予双方当事人和仲裁庭全体成员提出书面意见的机会。

被替换的仲裁员原来由当事人指定的，当事人应当按原指定仲裁员的方式自收到通知之日起五日内重新指定，逾期未重新指定的，由主任指定；原来由主任指定的，由主任另行指定。

除非当事人另有约定，仲裁员替换后，由仲裁庭决定此前已进行的全部或部分审理程序是否需要重新进行。仲裁庭决定全部审理程序重新进行的，裁决作出期限从仲裁庭决定重新进行审理程序之日起计算。

第三十五条 最后一次开庭终结后，如果三人仲裁庭中的一名仲裁员因特殊原因不能参加合议并作出裁决，主任可以按照本规则第三十四条的规定替换该仲裁员；但在征得双方当事人及主任同意后，其他两名仲裁员也可以继续进行仲裁程序，作出决定或裁决。

第五章　审　理

第三十六条　除非当事人另有约定，仲裁庭有权决定采取适当的方式审理案件。在任何情形下，仲裁庭均应公平公正地对待双方当事人，给予双方当事人陈述与辩论的合理机会。

仲裁庭原则上应当开庭审理案件，开庭方式可由仲裁庭根据案件具体情况确定。

当事人约定不开庭，或者仲裁庭认为没有必要开庭审理并征得双方当事人同意的，可以根据当事人提交的文件进行书面审理。

第三十七条　现场开庭一般在体育仲裁委员会所在地进行。经体育仲裁委员会审查同意，仲裁庭有权自行选择或者根据当事人的约定，在体育仲裁委员会所在地以外的地点开庭。

当事人约定在体育仲裁委员会所在地以外的地点现场开庭的，承担由此发生的费用。当事人应当在体育仲裁委员会规定的期限内按照约定或者仲裁庭确定的比例预交上述费用；未预交的，仍在体育仲裁委员会所在地现场开庭。

第三十八条　仲裁不公开进行，但本规则另有规定的除外。

不公开审理的案件，双方当事人及其仲裁代理人、仲裁员、证人、翻译、仲裁庭咨询的专家和鉴定人以及其他有关人员，均不得向外界透露案件实体和程序的有关情况。

当事人及其委托代理人书面申请要求拍照、复制庭审笔录的，仲裁庭应当准许，但复制庭审笔录的当事人、代理人应当签订承诺书，保守庭审秘密，不得向外界透露。

第三十九条　当事人约定公开的，经主任审查认为不涉及国家秘密、案外人商业秘密和个人隐私的，体育仲裁可以公开进行。

与反兴奋剂有关的体育仲裁中，运动员或其他自然人当事人申请公开审理的，仲裁庭应当公开审理。涉及国家秘密、个人隐私或存在其他不宜公开审理情形的案件除外。

公开审理的案件，应当允许公众旁听，或通过网络视频直播等形式对外公开。

第四十条　仲裁庭应当在首次开庭十日前，将开庭日期、地点书面通知双方当事人。

当事人有正当理由的，应当在开庭审理五日前请求提前或延期开庭，并由仲裁庭对此作出决定。

第四十一条 申请人经书面通知，无正当理由不到庭或者未经仲裁庭许可中途退庭的，可以视为撤回仲裁申请。被申请人提出反请求的，不影响仲裁庭对被申请人的反请求进行缺席审理。

被申请人经书面通知，无正当理由不到庭或者未经仲裁庭许可中途退庭的，仲裁庭可以缺席审理。被申请人提出反请求的，视为撤回反请求。

第四十二条 仲裁秘书应当按照庭审情况制作庭审笔录。根据当事人或者仲裁庭的要求，调解情况可以不记入庭审笔录。

庭审笔录由仲裁员、仲裁秘书、当事人和其他仲裁参与人签名或者盖章。

当事人和其他仲裁参与人认为庭审笔录对自己陈述的记录有遗漏或者差错的，可以向仲裁庭申请补正。

当事人或者其他仲裁参与人拒绝在庭审笔录中签名或者盖章的，应当在庭审笔录中记入有关情况，并由仲裁员、仲裁秘书签名。

仲裁庭可以决定采用同步录音录像的方式对庭审进行记录，并在庭审前告知当事人。

第四十三条 当事人对自己的主张承担举证责任。

因不服体育社会组织、运动员管理单位、体育赛事活动组织者的处理决定而申请仲裁的案件，除当事人举证之外，体育社会组织、运动员管理单位、体育赛事活动组织者也应当对其处理决定的依据承担举证责任。

仲裁庭可以规定当事人提交证据的期限。当事人应在规定的期限内提交证据。逾期提交的，仲裁庭可以不予接受。当事人在举证期限内提交证据材料确有困难的，可以在期限届满前申请延长举证期限。是否延长，由仲裁庭决定。

当事人未能在规定的期限内提交证据，或者虽提交证据但不能证明其主张的，负有举证责任的当事人承担因此产生的后果。

第四十四条 开庭审理的案件，在庭审前已经交换的证据应当在庭审调查中出示，由当事人互相质证。

案件证据较多且仲裁庭认为有必要的，可以在庭审前由首席仲裁员、独任仲裁员或者委托仲裁秘书召集当事人进行庭前质证。经过庭前质证的证据,仲裁庭在庭审调查中说明后,可以不再出示和质证。

当事人当庭或者庭审结束后提交的证据材料,仲裁庭决定接受但不再开庭的,可以要求当事人在指定期限内提交书面质证意见。

书面审理的案件应当书面质证,当事人应在仲裁庭指定的期限内提交书面质证意见。

通过书面形式进行质证的,当事人有权要求查看、核对证据原件。

第四十五条 当事人申请证人出庭作证的,应当以书面形式提出,由仲裁庭对此作出决定。书面申请应当包括证人身份信息、联系方式、作证内容、作证内容与证明事项的关联性以及证人出庭的必要性等内容,并附证人身份证明文件。仲裁庭同意证人出庭作证的,可以根据当事人提供的联系方式通知证人出庭。

证人出庭作证时,仲裁庭、当事人可以就作证内容向证人提问,证人应当如实作出回答。

第四十六条 当事人可以就查明事实的专门性问题申请鉴定。当事人申请鉴定的,应提交书面申请及必要的证明材料。申请进行鉴定的事项与待证事实无关联或对证明待证事实无意义的,仲裁庭可以不予准许。当事人未提出申请,但仲裁庭认为有必要鉴定的,可以决定进行鉴定。

当事人申请进行鉴定,仲裁庭应当在合理期限内作出决定。仲裁庭决定进行鉴定的,应当通知当事人在规定期限内选定鉴定机构并告知鉴定事项。当事人选定鉴定机构并确定需要鉴定的事项后,由仲裁庭统一委托鉴定机构。

当事人应当在仲裁庭规定的期限内共同选定具备相应资格的鉴定机构或者共同确定选择鉴定机构的规则。当事人未达成一致意见的,由仲裁庭指定。

当事人应当按照仲裁庭确定的比例和期限预交鉴定费用。除仲裁庭认为有必要而决定进行鉴定之外,当事人在指定期限内未预交鉴定费用的,不进行鉴定。鉴定费用的最终承担主体和比例,由仲裁庭在裁决中确定。

第四十七条 当事人申请听取有关专业技术人员专业技术意见的,应当在提交的书面申请中明确有关专业技术人员的身份信息、联系方式以及拟证明的专业技术性问题等内容,并附有关专业技术人员的身份证明文件及其具有相关专业技术水平的证明文件。是否接受当事人申请，由仲裁庭决定。

仲裁庭听取专业技术意见应当在庭审调查程序中进行，组织当事人对出庭的专业技术人员进行询问；当事人各自申请的专业技术人员可以就鉴定意见或者专业技术性问题对质。经当事人一致同意，也可以书面质证。

有关专业技术人员不得参与鉴定意见或者专业技术性问题之外的审理活动。

有关专业技术人员出庭的费用，由提出申请的当事人自行承担。

第四十八条 有下列情形之一的，可以中止仲裁程序：

（一）双方当事人共同申请或者一方当事人申请、其他当事人未表示反对的；

（二）当事人因不可抗力不能参加仲裁的；

（三）本案的审理需以其他未决事项为依据的；

（四）存在其他特殊情况需要中止仲裁程序的。

第四十九条 中止情形消失后，任何一方当事人申请恢复仲裁程序或者体育仲裁委员会、仲裁庭认为有必要恢复的，可以恢复仲裁程序。

仲裁程序的中止及恢复，由仲裁庭决定；仲裁庭尚未组成的，由主任决定。

第五十条 当事人可以撤回全部仲裁请求或全部仲裁反请求。申请人撤回全部仲裁请求的，不影响仲裁庭就被申请人的仲裁反请求进行审理和裁决。被申请人撤回全部仲裁反请求的，不影响仲裁庭就申请人的仲裁请求进行审理和裁决。

因当事人自身原因致使仲裁程序不能进行的，可以视为其撤回仲裁请求或反请求。

当事人撤回仲裁申请的，仲裁庭组成前由体育仲裁委员会决定，仲裁庭组成后由仲裁庭决定。

仲裁请求和反请求全部撤回的，案件可以撤销。仲裁庭组成前撤销案件的，由主任作出撤案决定；仲裁庭组成后撤销案件的，由仲裁庭作出撤案决定。作出的撤案决定，均应加盖体育仲裁委员会印章。

第五十一条 仲裁庭可以在仲裁程序中对案件进行调解，双方当事人也可以自行和解。

与反兴奋剂有关的体育仲裁中，仲裁庭进行调解或当事人自行和解，还需要征得中国反兴奋剂中心的同意。

仲裁庭在征得双方当事人同意后可以按照其认为适当的方式进行调解。

调解过程中，任何一方当事人提出终止调解或仲裁庭认为已无调解成功的可能时，仲裁庭应终止调解。

双方当事人经仲裁庭调解达成和解或自行和解的，应签订和解协议。

当事人经调解达成或自行达成和解协议的，可以撤回仲裁请求或反请求，也可以请求仲裁庭根据当事人和解协议的内容作出裁决书或制作调解书。

当事人请求制作调解书的，调解书应当写明仲裁请求和当事人书面和解协议的内容，由仲裁员署名，并加盖体育仲裁委员会印章，送达双方当事人后发生法律效力。

调解不成功的，仲裁庭应当继续进行仲裁程序并作出裁决，任何一方当事人均不得在其后的仲裁程序、司法程序及其他任何程序中援引对方当事人或仲裁庭在调解过程中曾发表的意见、提出的观点、作出的陈述、表示认同或否定的建议或主张，作为其请求、答辩或反请求的依据。

第六章　决定和裁决

第五十二条　体育仲裁委员会与仲裁庭可以在案件审理过程中，就涉及的程序事项作出决定。

经当事人一致同意或其他仲裁员授权，首席仲裁员可以就程序事项作出决定。

决定自作出之日起发生法律效力。

第五十三条　仲裁庭应当根据案件事实，依照法律以及有关体育组织的规定、体育赛事规则，公平合理、独立公正地作出裁决。

仲裁庭由三名仲裁员组成的，作出决定、裁决前应当进行合议，并按照多数仲裁员意见作出；不能形成多数意见的，应当按照首席仲裁员的意见作出。

仲裁庭由一名仲裁员组成的，决定、裁决由独任仲裁员作出。

第五十四条　仲裁庭作出裁决应当制作裁决书。裁决书应当写明仲裁请求、案件事实、裁决理由、裁决结果、仲裁费用的承担、裁决日期和逾期履行的法律后果。根据当事人达成的和解协议作出的裁决或当事人另有约定的，可以不写明有关案件事实、裁决理由。

仲裁庭作出的决定书、裁决书、调解书由仲裁员签名，加盖体育仲裁委员会印章。持不同意见的仲裁员，可以签名，也可以不签名。不签名的仲裁员应当出具书面意见交体育仲裁委员会存档，该书面意见不构成决定书、裁决书的组成部分，由体育仲裁委员会决定是否将该书面意见附于决定书、裁决书后。

第五十五条 仲裁庭应在组庭后的三个月内作出裁决。

特殊情况需要延长的，由首席仲裁员或者独任仲裁员在期满前提出书面申请，经主任批准可以适当延长。

鉴定期间、中止期间、公告期间、提请专家咨询期间、双方当事人共同申请延期开庭审理或者调解、和解的时间不计算在内。

第五十六条 仲裁庭认为必要或者当事人申请经仲裁庭同意时，仲裁庭可以在最终裁决作出前，就某些请求事项作出部分裁决。

仲裁庭认为必要或者当事人申请经仲裁庭同意时，仲裁庭可以就案件程序问题或者实体问题作出中间裁决。

当事人应当履行部分裁决或中间裁决。当事人不履行的，不影响仲裁程序的进行和最终裁决的作出。

第五十七条 裁决书自作出之日起发生法律效力。

裁决书作出后，当事人应当按照裁决书确定的履行期限履行裁决；没有规定履行期限的，应当立即履行。任何一方不履行的，当事人可以依照《中华人民共和国民事诉讼法》的有关规定向有管辖权的人民法院申请强制执行。

第五十八条 仲裁庭有权在裁决书中确定双方当事人应当承担的仲裁费用和实际发生的其他费用，包括但不限于鉴定费用、评估费用、审计费用、差旅费、公证费和律师费用等。

除非当事人另有约定，仲裁费用原则上由败诉的当事人承担；当事人部分胜诉，部分败诉的，由仲裁庭根据具体情况确定各自承担的比例。自行和解或者经仲裁庭调解结案的，当事人可以协商确定各自承担的比例。

当事人违反本规则规定导致案件审理程序拖延的，其仲裁费用承担不受前款规定的限制。因程序拖延导致其他费用发生或者增加的，当事人还应承担其他相应的费用。

第五十九条 仲裁庭应在裁决书作出前将裁决书草案提交体育仲裁委员会核阅。在不影响仲裁庭独立性的前提下，体育仲裁委员会可以对裁决书进行形式审查并做相应修订，也可以提示仲裁庭注意实体问题。

第六十条 对裁决书中的文字、符号、图表、计算、打印错误或者类似错误，仲裁庭应当更正。

对当事人申请仲裁的事项遗漏裁决的，仲裁庭应当作出补充裁决。仲裁庭认为有必要开庭审理的，可以就遗漏裁决的事项进行开庭审理。

当事人自收到裁决书之日起三十日内可以请求仲裁庭补正或者作出补充裁决。

仲裁庭作出的补正或者补充裁决为原裁决书的组成部分。

决定书、调解书的补正参照适用本条规定。

第六十一条 人民法院通知重新仲裁的，仲裁庭应当重新审理，并作出裁决。

第七章 特别程序

第六十二条 发生在重大体育赛事活动期间或开幕式前十日内，需要即时处理的体育赛事活动纠纷，适用体育仲裁特别程序规则。

第六十三条 应重大体育赛事活动组委会邀请，体育仲裁委员会可在赛事活动期间设立《特别程序仲裁员名册》，仲裁需要即时处理的纠纷。

《特别程序仲裁员名册》从《仲裁员名册》中选定九至十二名组成，其中应包含三名《反兴奋剂仲裁员名册》中的仲裁员。

体育仲裁委员会可以根据情况，在重大体育赛事活动期间对《特别程序仲裁员名册》进行调整。

第六十四条 特别程序中，仲裁文件一般通过电子邮件、电话等形式送达当事人或其仲裁代理人，通过电话形式送达的，体育仲裁委员会应当随后补充发送书面仲裁文件。

第六十五条 申请人依据特别程序申请仲裁时，仲裁申请书除应写明本规则第十六条规定的内容以外，还应写明申请人和被申请人在重大体育赛事活动期间的地址。

第六十六条 受理申请后，主任应当从《特别程序仲裁员名册》中指定三名仲裁员组成仲裁庭，并同时指定首席仲裁员。与反兴奋剂有关的体育仲裁中，应至少有一名反兴奋剂仲裁员，且有一名具有法学背景或法律专业经验的仲裁员。

如果情况合适，主任可以指定独任仲裁员。与反兴奋剂有关的体育仲裁中，独任仲裁员应当是具有法学背景或法律专业经验的反兴奋剂仲裁员。

第六十七条 仲裁员收到组庭通知后，应当立即书面披露其知悉的可能引起对其独立性、公正性产生合理怀疑的任何情形，并在存在该情形时立即回避。

当事人在知道或应当知道仲裁员存在回避情形时应立即提出回避。

主任应当立即对当事人提出的回避请求作出决定。情况允许时，主任应当在作出决定前听取有关当事人和仲裁员的意见。

第六十八条 依据同一赛事规则申请的仲裁，如果与适用特别程序的其他在先未决案件关联，主任可以决定将在后申请指派给在先申请的仲裁庭合并裁决。

主任在决定本条第一款的指派时，应当尽可能地考虑包括两案之间的关系、在先案件的进展在内的所有情形。

第六十九条 仲裁庭应采取其认为适当的方式组织仲裁程序。

仲裁庭应当在受理申请后立即向双方当事人发送开庭通知。向被申请人发送的开庭通知应附申请书副本。

仲裁庭应在庭审时听取双方当事人的意见。若事实清楚，证据充分，仲裁庭可以决定不举行庭审，并立即作出裁决。

仲裁庭可以采取适当的措施推进取证、举证、质证等与证据有关的仲裁程序。

当事人没有参加庭审的，仲裁庭可以缺席审理。

第七十条 仲裁庭应在仲裁申请提出后二十四小时内作出裁决。确有特殊情况的，主任可适当延长裁决作出的时限。

第七十一条 仲裁庭作出的裁决是终局裁决，自裁决作出之日起发生法律效力。

裁决作出后应当立即通知当事人。仲裁庭可以仅通知当事人裁决结果，但应在裁决作出十五日内补充说明理由。

第七十二条 在综合考虑申请人的仲裁请求、纠纷的性质、复杂性和紧急性、当事人参与庭审的权利等案件的所有情况后，仲裁庭既可以作出终局裁决，也可以将纠纷移交体育仲裁委员会按照普通程序进行仲裁，还可以对纠纷的部分作出裁决，将纠纷的未解决部分移交体育仲裁委员会按照普通程序仲裁。

移交普通程序后，仍由原仲裁庭仲裁，仲裁期限自体育赛事仲裁特别程序受案之日起计算。

第七十三条 本章未规定的事项，适用本规则其他规定。

第八章 附 则

第七十四条 当事人可以向体育仲裁委员会申请临时措施，具体程序由体育仲裁委员会制定。

第七十五条 体育仲裁委员会的仲裁语言为中文。

当事人可以约定以英文为仲裁语言。

当事人约定仲裁语言为其他语言的，由体育仲裁委员会或仲裁庭根据案件具体情况决定。

当事人提交的各种文书、书证，体育仲裁委员会或者仲裁庭认为有必要的，可以要求当事人提供相应的中文译本或者其他语言的译本。

庭审时当事人或者其代理人、证人需要翻译的，可以由体育仲裁委员会提供翻译，也可以由当事人自行提供翻译。翻译费用由当事人自行承担。

第七十六条 当事人应当按照规定交纳体育仲裁费用。

第七十七条 本规则规定的"一日""二日""三日""五日""十日""十五日"指工作日，"二十一日""三十日"指自然日。

第七十八条 本规则自 2023 年 1 月 1 日起施行。

自本规则施行之日起，体育仲裁委员会受理的案件适用本规则。

三、劳动仲裁

中华人民共和国劳动争议调解仲裁法

（2007 年 12 月 29 日第十届全国人民代表大会常务委员会第三十一次会议通过 2007 年 12 月 29 日中华人民共和国主席令第 80 号公布 自 2008 年 5 月 1 日起施行）

第一章 总 则

第一条 【立法目的】为了公正及时解决劳动争议，保护当事人合法权益，促进劳动关系和谐稳定，制定本法。

第二条 【适用范围】中华人民共和国境内的用人单位与劳动者发生的下列劳动争议，适用本法：

（一）因确认劳动关系发生的争议；

（二）因订立、履行、变更、解除和终止劳动合同发生的争议；

（三）因除名、辞退和辞职、离职发生的争议；

（四）因工作时间、休息休假、社会保险、福利、培训以及劳动保护发生的争议；

（五）因劳动报酬、工伤医疗费、经济补偿或者赔偿金等发生的争议；

（六）法律、法规规定的其他劳动争议。

第三条 【基本原则】解决劳动争议，应当根据事实，遵循合法、公正、及时、着重调解的原则，依法保护当事人的合法权益。

第四条 【协商】发生劳动争议，劳动者可以与用人单位协商，也可以请工会或者第三方共同与用人单位协商，达成和解协议。

第五条 【调解、仲裁、诉讼】发生劳动争议，当事人不愿协商、协商不成或者达成和解协议后不履行的，可以向调解组织申请调解；不愿调解、调解不成或者达成调解协议后不履行的，可以向劳动争议仲裁委员会申请仲裁；对仲裁裁决不服的，除本法另有规定的外，可以向人民法院提起诉讼。

第六条 【举证责任】发生劳动争议，当事人对自己提出的主张，有责任提供证据。与争议事项有关的证据属于用人单位掌握管理的，用人单位应当提供；用人单位不提供的，应当承担不利后果。

第七条 【推举代表参加调解、仲裁或诉讼】发生劳动争议的劳动者一方在十人以上，并有共同请求的，可以推举代表参加调解、仲裁或者诉讼活动。

第八条 【三方机制】县级以上人民政府劳动行政部门会同工会和企业方面代表建立协调劳动关系三方机制，共同研究解决劳动争议的重大问题。

第九条 【拖欠劳动报酬等争议的行政救济】用人单位违反国家规定，拖欠或者未足额支付劳动报酬，或者拖欠工伤医疗费、经济补偿或者赔偿金的，劳动者可以向劳动行政部门投诉，劳动行政部门应当依法处理。

第二章 调 解

第十条 【调解组织】发生劳动争议，当事人可以到下列调解组织申请调解：

（一）企业劳动争议调解委员会；

（二）依法设立的基层人民调解组织；

（三）在乡镇、街道设立的具有劳动争议调解职能的组织。

企业劳动争议调解委员会由职工代表和企业代表组成。职工代表由工会成员担任或者由全体职工推举产生，企业代表由企业负责人指定。企业劳动争议调解委员会主任由工会成员或者双方推举的人员担任。

第十一条 【调解员】劳动争议调解组织的调解员应当由公道正派、联系群众、热心调解工作，并具有一定法律知识、政策水平和文化水平的成年公民担任。

第十二条 【申请调解的形式】当事人申请劳动争议调解可以书面申请，也可以口头申请。口头申请的，调解组织应当当场记录申请人基本情况、申请调解的争议事项、理由和时间。

第十三条 【调解的基本原则】调解劳动争议，应当充分听取双方当事人对事实和理由的陈述，耐心疏导，帮助其达成协议。

第十四条 【调解协议书】经调解达成协议的，应当制作调解协议书。

调解协议书由双方当事人签名或者盖章，经调解员签名并加盖调解组织印章后生效，对双方当事人具有约束力，当事人应当履行。

自劳动争议调解组织收到调解申请之日起十五日内未达成调解协议的，当事人可以依法申请仲裁。

第十五条 【不履行调解协议可申请仲裁】达成调解协议后，一方当事人在协议约定期限内不履行调解协议的，另一方当事人可以依法申请仲裁。

第十六条 【劳动者可以调解协议书申请支付令的情形】因支付拖欠劳动报酬、工伤医疗费、经济补偿或者赔偿金事项达成调解协议，用人单位在协议约定期限内不履行的，劳动者可以持调解协议书依法向人民法院申请支付令。人民法院应当依法发出支付令。

第三章 仲　　裁

第一节　一般规定

第十七条 【劳动争议仲裁委员会的设立】劳动争议仲裁委员会按照统筹规划、合理布局和适应实际需要的原则设立。省、自治区人民政府可以决定在市、县设立；直辖市人民政府可以决定在区、县设立。直辖市、设区的市也可以设立一个或者若干个劳动争议仲裁委员会。劳动争议仲裁委员会不按行政区划层层设立。

第十八条 【政府的职责】国务院劳动行政部门依照本法有关规定制定仲裁规则。省、自治区、直辖市人民政府劳动行政部门对本行政区域的劳动争议仲裁工作进行指导。

第十九条 【劳动争议仲裁委员会的组成与职责】劳动争议仲裁委员会由劳动行政部门代表、工会代表和企业方面代表组成。劳动争议仲裁委员会组成人员应当是单数。

劳动争议仲裁委员会依法履行下列职责：

（一）聘任、解聘专职或者兼职仲裁员；

（二）受理劳动争议案件；

（三）讨论重大或者疑难的劳动争议案件；

（四）对仲裁活动进行监督。

劳动争议仲裁委员会下设办事机构，负责办理劳动争议仲裁委员会的日常工作。

第二十条　【仲裁员】劳动争议仲裁委员会应当设仲裁员名册。

仲裁员应当公道正派并符合下列条件之一：

（一）曾任审判员的；

（二）从事法律研究、教学工作并具有中级以上职称的；

（三）具有法律知识、从事人力资源管理或者工会等专业工作满五年的；

（四）律师执业满三年的。

第二十一条　【劳动争议仲裁案件的管辖】劳动争议仲裁委员会负责管辖本区域内发生的劳动争议。

劳动争议由劳动合同履行地或者用人单位所在地的劳动争议仲裁委员会管辖。双方当事人分别向劳动合同履行地和用人单位所在地的劳动争议仲裁委员会申请仲裁的，由劳动合同履行地的劳动争议仲裁委员会管辖。

第二十二条　【劳动争议仲裁案件的当事人】发生劳动争议的劳动者和用人单位为劳动争议仲裁案件的双方当事人。

劳务派遣单位或者用工单位与劳动者发生劳动争议的，劳务派遣单位和用工单位为共同当事人。

第二十三条　【有利害关系的第三人】与劳动争议案件的处理结果有利害关系的第三人，可以申请参加仲裁活动或者由劳动争议仲裁委员会通知其参加仲裁活动。

第二十四条　【委托代理人参加仲裁活动】当事人可以委托代理人参加仲裁活动。委托他人参加仲裁活动，应当向劳动争议仲裁委员会提交有委托人签名或者盖章的委托书，委托书应当载明委托事项和权限。

第二十五条　【法定代理人、指定代理人或近亲属参加仲裁的情形】丧失或者部分丧失民事行为能力的劳动者，由其法定代理人代为参加仲裁活动；无法定代理人的，由劳动争议仲裁委员会为其指定代理人。劳动者死亡的，由其近亲属或者代理人参加仲裁活动。

第二十六条　【仲裁公开原则及例外】劳动争议仲裁公开进行，但当事人协议不公开进行或者涉及国家秘密、商业秘密和个人隐私的除外。

第二节　申请和受理

第二十七条　【仲裁时效】劳动争议申请仲裁的时效期间为一年。仲裁时效期间从当事人知道或者应当知道其权利被侵害之日起计算。

前款规定的仲裁时效，因当事人一方向对方当事人主张权利，或者向有关部门请求权利救济，或者对方当事人同意履行义务而中断。从中断时起，仲裁时效期间重新计算。

因不可抗力或者有其他正当理由，当事人不能在本条第一款规定的仲裁时效期间申请仲裁的，仲裁时效中止。从中止时效的原因消除之日起，仲裁时效期间继续计算。

劳动关系存续期间因拖欠劳动报酬发生争议的，劳动者申请仲裁不受本条第一款规定的仲裁时效期间的限制；但是，劳动关系终止的，应当自劳动关系终止之日起一年内提出。

第二十八条　【申请仲裁的形式】申请人申请仲裁应当提交书面仲裁申请，并按照被申请人人数提交副本。

仲裁申请书应当载明下列事项：

（一）劳动者的姓名、性别、年龄、职业、工作单位和住所，用人单位的名称、住所和法定代表人或者主要负责人的姓名、职务；

（二）仲裁请求和所根据的事实、理由；

（三）证据和证据来源、证人姓名和住所。

书写仲裁申请确有困难的，可以口头申请，由劳动争议仲裁委员会记入笔录，并告知对方当事人。

第二十九条　【仲裁的受理】劳动争议仲裁委员会收到仲裁申请之日起五日内，认为符合受理条件的，应当受理，并通知申请人；认为不符合受理条件的，应当书面通知申请人不予受理，并说明理由。对劳动争议仲裁委员会不予受理或者逾期未作出决定的，申请人可以就该劳动争议事项向人民法院提起诉讼。

第三十条　【被申请人答辩书】劳动争议仲裁委员会受理仲裁申请后，应当在五日内将仲裁申请书副本送达被申请人。

被申请人收到仲裁申请书副本后，应当在十日内向劳动争议仲裁委员会提交答辩书。劳动争议仲裁委员会收到答辩书后，应当在五日内将答辩书副本送达申请人。被申请人未提交答辩书的，不影响仲裁程序的进行。

第三节 开庭和裁决

第三十一条 【仲裁庭】劳动争议仲裁委员会裁决劳动争议案件实行仲裁庭制。仲裁庭由三名仲裁员组成，设首席仲裁员。简单劳动争议案件可以由一名仲裁员独任仲裁。

第三十二条 【通知仲裁庭的组成情况】劳动争议仲裁委员会应当在受理仲裁申请之日起五日内将仲裁庭的组成情况书面通知当事人。

第三十三条 【回避】仲裁员有下列情形之一，应当回避，当事人也有权以口头或者书面方式提出回避申请：

（一）是本案当事人或者当事人、代理人的近亲属的；

（二）与本案有利害关系的；

（三）与本案当事人、代理人有其他关系，可能影响公正裁决的；

（四）私自会见当事人、代理人，或者接受当事人、代理人的请客送礼的。

劳动争议仲裁委员会对回避申请应当及时作出决定，并以口头或者书面方式通知当事人。

第三十四条 【仲裁员承担责任的情形】仲裁员有本法第三十三条第四项规定情形，或者有索贿受贿、徇私舞弊、枉法裁决行为的，应当依法承担法律责任。劳动争议仲裁委员会应当将其解聘。

第三十五条 【开庭通知及延期】仲裁庭应当在开庭五日前，将开庭日期、地点书面通知双方当事人。当事人有正当理由的，可以在开庭三日前请求延期开庭。是否延期，由劳动争议仲裁委员会决定。

第三十六条 【申请人、被申请人无故不到庭或中途退庭】申请人收到书面通知，无正当理由拒不到庭或者未经仲裁庭同意中途退庭的，可以视为撤回仲裁申请。

被申请人收到书面通知，无正当理由拒不到庭或者未经仲裁庭同意中途退庭的，可以缺席裁决。

第三十七条 【鉴定】仲裁庭对专门性问题认为需要鉴定的，可以交由当事人约定的鉴定机构鉴定；当事人没有约定或者无法达成约定的，由仲裁庭指定的鉴定机构鉴定。

根据当事人的请求或者仲裁庭的要求，鉴定机构应当派鉴定人参加开庭。当事人经仲裁庭许可，可以向鉴定人提问。

第三十八条 【质证和辩论】当事人在仲裁过程中有权进行质证和辩论。质证和辩论终结时，首席仲裁员或者独任仲裁员应当征询当事人的最后意见。

第三十九条 【举证】当事人提供的证据经查证属实的，仲裁庭应当将其作为认定事实的根据。

劳动者无法提供由用人单位掌握管理的与仲裁请求有关的证据，仲裁庭可以要求用人单位在指定期限内提供。用人单位在指定期限内不提供的，应当承担不利后果。

第四十条 【开庭笔录】仲裁庭应当将开庭情况记入笔录。当事人和其他仲裁参加人认为对自己陈述的记录有遗漏或者差错的，有权申请补正。如果不予补正，应当记录该申请。

笔录由仲裁员、记录人员、当事人和其他仲裁参加人签名或者盖章。

第四十一条 【申请仲裁后自行和解】当事人申请劳动争议仲裁后，可以自行和解。达成和解协议的，可以撤回仲裁申请。

第四十二条 【先行调解】仲裁庭在作出裁决前，应当先行调解。

调解达成协议的，仲裁庭应当制作调解书。

调解书应当写明仲裁请求和当事人协议的结果。调解书由仲裁员签名，加盖劳动争议仲裁委员会印章，送达双方当事人。调解书经双方当事人签收后，发生法律效力。

调解不成或者调解书送达前，一方当事人反悔的，仲裁庭应当及时作出裁决。

第四十三条 【仲裁案件审理期限】仲裁庭裁决劳动争议案件，应当自劳动争议仲裁委员会受理仲裁申请之日起四十五日内结束。案情复杂需要延期的，经劳动争议仲裁委员会主任批准，可以延期并书面通知当事人，但是延长期限不得超过十五日。逾期未作出仲裁裁决的，当事人可以就该劳动争议事项向人民法院提起诉讼。

仲裁庭裁决劳动争议案件时，其中一部分事实已经清楚，可以就该部分先行裁决。

第四十四条 【可以裁决先予执行的案件】仲裁庭对追索劳动报酬、工伤医疗费、经济补偿或者赔偿金的案件，根据当事人的申请，可以裁决先予执行，移送人民法院执行。

仲裁庭裁决先予执行的，应当符合下列条件：

（一）当事人之间权利义务关系明确；

（二）不先予执行将严重影响申请人的生活。

劳动者申请先予执行的，可以不提供担保。

第四十五条 【作出裁决意见】裁决应当按照多数仲裁员的意见作出，少数仲裁员的不同意见应当记入笔录。仲裁庭不能形成多数意见时，裁决应当按照首席仲裁员的意见作出。

第四十六条 【裁决书】裁决书应当载明仲裁请求、争议事实、裁决理由、裁决结果和裁决日期。裁决书由仲裁员签名，加盖劳动争议仲裁委员会印章。对裁决持不同意见的仲裁员，可以签名，也可以不签名。

第四十七条 【一裁终局的案件】下列劳动争议，除本法另有规定的外，仲裁裁决为终局裁决，裁决书自作出之日起发生法律效力：

（一）追索劳动报酬、工伤医疗费、经济补偿或者赔偿金，不超过当地月最低工资标准十二个月金额的争议；

（二）因执行国家的劳动标准在工作时间、休息休假、社会保险等方面发生的争议。

第四十八条 【劳动者不服一裁终局案件的裁决提起诉讼的期限】劳动者对本法第四十七条规定的仲裁裁决不服的，可以自收到仲裁裁决书之日起十五日内向人民法院提起诉讼。

第四十九条 【用人单位不服一裁终局案件的裁决可诉请撤销的案件】用人单位有证据证明本法第四十七条规定的仲裁裁决有下列情形之一，可以自收到仲裁裁决书之日起三十日内向劳动争议仲裁委员会所在地的中级人民法院申请撤销裁决：

（一）适用法律、法规确有错误的；

（二）劳动争议仲裁委员会无管辖权的；

（三）违反法定程序的；

（四）裁决所根据的证据是伪造的；

（五）对方当事人隐瞒了足以影响公正裁决的证据的；

（六）仲裁员在仲裁该案时有索贿受贿、徇私舞弊、枉法裁决行为的。

人民法院经组成合议庭审查核实裁决有前款规定情形之一的，应当裁定撤销。

仲裁裁决被人民法院裁定撤销的，当事人可以自收到裁定书之日起十五日内就该劳动争议事项向人民法院提起诉讼。

第五十条　【其他不服仲裁裁决提起诉讼的期限】当事人对本法第四十七条规定以外的其他劳动争议案件的仲裁裁决不服的，可以自收到仲裁裁决书之日起十五日内向人民法院提起诉讼；期满不起诉的，裁决书发生法律效力。

第五十一条　【生效调解书、裁决书的执行】当事人对发生法律效力的调解书、裁决书，应当依照规定的期限履行。一方当事人逾期不履行的，另一方当事人可以依照民事诉讼法的有关规定向人民法院申请执行。受理申请的人民法院应当依法执行。

第四章　附　　则

第五十二条　【人事争议处理的法律适用】事业单位实行聘用制的工作人员与本单位发生劳动争议的，依照本法执行；法律、行政法规或者国务院另有规定的，依照其规定。

第五十三条　【劳动争议仲裁不收费】劳动争议仲裁不收费。劳动争议仲裁委员会的经费由财政予以保障。

第五十四条　【实施日期】本法自 2008 年 5 月 1 日起施行。

中华人民共和国劳动法（节录）

（1994 年 7 月 5 日第八届全国人民代表大会常务委员会第八次会议通过　根据 2009 年 8 月 27 日第十一届全国人民代表大会常务委员会第十次会议《关于修改部分法律的决定》第一次修正　根据 2018 年 12 月 29 日第十三届全国人民代表大会常务委员会第七次会议《关于修改〈中华人民共和国劳动法〉等七部法律的决定》第二次修正）

……

第十章　劳动争议

第七十七条　【劳动争议的解决途径】 用人单位与劳动者发生劳动争议，当事人可以依法申请调解、仲裁、提起诉讼，也可以协商解决。

调解原则适用于仲裁和诉讼程序。

第七十八条　【劳动争议的处理原则】 解决劳动争议，应当根据合法、公正、及时处理的原则，依法维护劳动争议当事人的合法权益。

第七十九条　【劳动争议的调解、仲裁和诉讼的相互关系】 劳动争议发生后，当事人可以向本单位劳动争议调解委员会申请调解；调解不成，当事人一方要求仲裁的，可以向劳动争议仲裁委员会申请仲裁。当事人一方也可以直接向劳动争议仲裁委员会申请仲裁。对仲裁裁决不服的，可以向人民法院提起诉讼。

第八十条　【劳动争议的调解】 在用人单位内，可以设立劳动争议调解委员会。劳动争议调解委员会由职工代表、用人单位代表和工会代表组成。劳动争议调解委员会主任由工会代表担任。

劳动争议经调解达成协议的，当事人应当履行。

第八十一条　【劳动争议仲裁委员会的组成】 劳动争议仲裁委员会由劳动行政部门代表、同级工会代表、用人单位方面的代表组成。劳动争议仲裁委员会主任由劳动行政部门代表担任。

第八十二条　【劳动争议仲裁的程序】 提出仲裁要求的一方应当自劳动争议发生之日起六十日内向劳动争议仲裁委员会提出书面申请。仲裁裁决一般应在收到仲裁申请的六十日内作出。对仲裁裁决无异议的，当事人必须履行。

第八十三条　【仲裁裁决的效力】 劳动争议当事人对仲裁裁决不服的，可以自收到仲裁裁决书之日起十五日内向人民法院提起诉讼。一方当事人在法定期限内不起诉又不履行仲裁裁决的，另一方当事人可以申请人民法院强制执行。

第八十四条　【集体合同争议的处理】 因签订集体合同发生争议，当事人协商解决不成的，当地人民政府劳动行政部门可以组织有关各方协调处理。

因履行集体合同发生争议，当事人协商解决不成的，可以向劳动争议仲裁委员会申请仲裁；对仲裁裁决不服的，可以自收到仲裁裁决书之日起十五日内向人民法院提起诉讼。

……

关于贯彻执行《中华人民共和国劳动法》若干问题的意见

（1995 年 8 月 4 日　劳部发〔1995〕309 号）

《中华人民共和国劳动法》（以下简称劳动法）已于 1995 年 1 月 1 日起施行，现就劳动法在贯彻执行中遇到的若干问题提出以下意见。

一、适 用 范 围

1. 劳动法第二条中的"个体经济组织"是指一般雇工在七人以下的个体工商户。

2. 中国境内的企业、个体经济组织与劳动者之间，只要形成劳动关系，即劳动者事实上已成为企业、个体经济组织的成员，并为其提供有偿劳动，适用劳动法。

3. 国家机关、事业组织、社会团体实行劳动合同制度的以及按规定应实行劳动合同制度的工勤人员；实行企业化管理的事业组织的人员；其他通过劳动合同与国家机关、事业组织、社会团体建立劳动关系的劳动者，适用劳动法。

4. 公务员和比照实行公务员制度的事业组织和社会团体的工作人员，以及农村劳动者（乡镇企业职工和进城务工、经商的农民除外）、现役军人和家庭保姆等不适用劳动法。

5. 中国境内的企业、个体经济组织在劳动法中被称为用人单位。国家机关、事业组织、社会团体和与之建立劳动合同关系的劳动者依照劳动法执行。根据劳动法的这一规定，国家机关、事业组织、社会团体应当视为用人单位。

二、劳动合同和集体合同①

（一）劳动合同的订立

6. 用人单位应与其富余人员、放长假的职工，签订劳动合同，但其劳动合同与在岗职工的劳动合同在内容上可以有所区别。用人单位与劳动者经协商一致可以在劳动合同中就不在岗期间的有关事项作出规定。

7. 用人单位应与其长期被外单位借用的人员、带薪上学人员、以及其他非在岗但仍保持劳动关系的人员签订劳动合同，但在外借和上学期间，劳动合同中的某些相关条款经双方协商可以变更。

8. 请长病假的职工，在病假期间与原单位保持着劳动关系，用人单位应与其签订劳动合同。

9. 原固定工中经批准的停薪留职人员，愿意回原单位继续工作的，原单位应与其签订劳动合同；不愿回原单位继续工作的，原单位可以与其解除劳动关系。

10. 根据劳动部《实施〈劳动法〉中有关劳动合同问题的解答》（劳部发〔1995〕202 号）的规定，党委书记、工会主席等党群专职人员也是职工的一员，依照劳动法的规定，与用人单位签订劳动合同。对于有特殊规定的，可以按有关规定办理。

11. 根据劳动部《实施〈劳动法〉中有关劳动合同问题的解答》（劳部发〔1995〕202 号）的规定，经理由其上级部门聘任（委任）的，应与聘任（委任）部门签订劳动合同。实行公司制的经理和有关经营管理人员，应依据《中华人民共和国公司法》的规定与董事会签订劳动合同。

12. 在校生利用业余时间勤工助学，不视为就业，未建立劳动关系，可以不签订劳动合同。

13. 用人单位发生分立或合并后，分立或合并后的用人单位可依据其实际情况与原用人单位的劳动者遵循平等自愿、协商一致的原则变更原劳动合同。

14. 派出到合资、参股单位的职工如果与原单位仍保持着劳动关系，应当与原单位签订劳动合同，原单位可就劳动合同的有关内容在与合资、参股

---

① 本部分内容与《劳动合同法》、《劳动合同法实施条例》冲突的，以《劳动合同法》及其实施条例为准。

单位订立的劳务合同时，明确职工的工资、保险、福利、休假等有关待遇。

15. 租赁经营（生产）、承包经营（生产）的企业，所有权并没有发生改变，法人名称未变，在与职工订立劳动合同时，该企业仍为用人单位一方。依据租赁合同或承包合同，租赁人、承包人如果作为该企业的法定代表人或者该法定代表人的授权委托人时，可代表该企业（用人单位）与劳动者订立劳动合同。

16. 用人单位与劳动者签订劳动合同时，劳动合同可以由用人单位拟定，也可以由双方当事人共同拟定，但劳动合同必须经双方当事人协商一致后才能签订，职工被迫签订的劳动合同或未经协商一致签订的劳动合同为无效劳动合同。

17. 用人单位与劳动者之间形成了事实劳动关系，而用人单位故意拖延不订立劳动合同，劳动行政部门应予以纠正。用人单位因此给劳动者造成损害的，应按劳动部《违反〈劳动法〉有关劳动合同规定的赔偿办法》（劳部发〔1995〕223号）的规定进行赔偿。

（二）劳动合同的内容

18. 劳动者被用人单位录用后，双方可以在劳动合同中约定试用期，试用期应包括在劳动合同期限内。

19. 试用期是用人单位和劳动者为相互了解、选择而约定的不超过六个月的考察期。一般对初次就业或再次就业的职工可以约定。在原固定工进行劳动合同制度的转制过程中，用人单位与原固定工签订劳动合同时，可以不再约定试用期。

20. 无固定期限的劳动合同是指不约定终止日期的劳动合同。按照平等自愿、协商一致的原则，用人单位和劳动者只要达成一致，无论初次就业的，还是由固定工转制的，都可以签订无固定期限的劳动合同。

无固定期限的劳动合同不得将法定解除条件约定为终止条件，以规避解除劳动合同时用人单位应承担支付给劳动者经济补偿的义务。

21. 用人单位经批准招用农民工，其劳动合同期限可以由用人单位和劳动者协商确定。

从事矿山井下以及在其他有害身体健康的工种、岗位工作的农民工，实行定期轮换制度，合同期限最长不超过八年。

22. 劳动法第二十条中的"在同一用人单位连续工作满十年以上"是指劳动者与同一用人单位签订的劳动合同的期限不间断达到十年，劳动合同期满双方同意续订劳动合同时，只要劳动者提出签订无固定期限劳动合同的，用人单位应当与其签订无固定期限的劳动合同。在固定工转制中各地如有特殊规定的，从其规定。

23. 用人单位用于劳动者职业技能培训费用的支付和劳动者违约时培训费的赔偿可以在劳动合同中约定，但约定劳动者违约时负担的培训费和赔偿金的标准不得违反劳动部《违反〈劳动法〉有关劳动合同规定的赔偿办法》（劳部发〔1995〕223号）等有关规定。

24. 用人单位在与劳动者订立劳动合同时，不得以任何形式向劳动者收取定金、保证金（物）或抵押金（物）。对违反以上规定的，应按照劳动部、公安部、全国总工会《关于加强外商投资企业和私营企业劳动管理切实保障职工合法权益的通知》（劳部发〔1994〕118号）和劳动部办公厅《对"关于国有企业和集体所有制企业能否参照执行劳部发〔1994〕118号文件中的有关规定的请示"的复函》（劳办发〔1994〕256号）的规定，由公安部门和劳动行政部门责令用人单位立即退还给劳动者本人。

（三）经济性裁员

25. 依据劳动法第二十七条和劳动部《企业经济性裁减人员规定》①（劳部发〔1994〕447号）第四条的规定，用人单位确需裁减人员，应按下列程序进行：

（1）提前30日向工会或全体职工说明情况，并提供有关生产经营状况的资料；

（2）提出裁减人员方案，内容包括：被裁减人员名单、裁减时间及实施步骤，符合法律、法规规定和集体合同约定的被裁减人员的经济补偿办法；

（3）将裁减人员方案征求工会或者全体职工的意见，并对方案进行修改和完善；

（4）向当地劳动行政部门报告裁减人员方案以及工会或者全体职工的意见，并听取劳动行政部门的意见；

（5）由用人单位正式公布裁减人员方案，与被裁减人员办理解除劳动合同手续，按照有关规定向被裁减人员本人支付经济补偿金，并出具裁减

① 因与《劳动合同法》不一致，《企业经济性裁减人员规定》已被列入拟修订的劳动和社会保障规章目录。

人员证明书。

(四) 劳动合同的解除和无效劳动合同

26. 劳动合同的解除是指劳动合同订立后，尚未全部履行以前，由于某种原因导致劳动合同一方或双方当事人提前消灭劳动关系的法律行为。劳动合同的解除分为法定解除和约定解除两种。根据劳动法的规定，劳动合同既可以由单方依法解除，也可以由双方协商解除。劳动合同的解除，只对未履行的部分发生效力，不涉及已履行的部分。

27. 无效劳动合同是指所订立的劳动合同不符合法定条件，不能发生当事人预期的法律后果的劳动合同。劳动合同的无效由人民法院或劳动争议仲裁委员会确认，不能由合同双方当事人决定。

28. 劳动者涉嫌违法犯罪被有关机关收容审查、拘留或逮捕的，用人单位在劳动者被限制人身自由期间，可与其暂时停止劳动合同的履行。

暂时停止履行劳动合同期间，用人单位不承担劳动合同规定的相应义务。劳动者经证明被错误限制人身自由的，暂时停止履行劳动合同期间劳动者的损失，可由其依据《国家赔偿法》要求有关部门赔偿。

29. 劳动者被依法追究刑事责任的，用人单位可依据劳动法第二十五条解除劳动合同。

"被依法追究刑事责任"是指：被人民检察院免予起诉的、被人民法院判处刑罚的、被人民法院依据刑法第三十二条免予刑事处分的。

劳动者被人民法院判处拘役、3年以下有期徒刑缓刑的，用人单位可以解除劳动合同。

30. 劳动法第二十五条为用人单位可以解除劳动合同的条款，即使存在第二十九条规定的情况，只要劳动者同时存在第二十五条规定的四种情形之一，用人单位也可以根据第二十五条的规定解除劳动合同。

31. 劳动者被劳动教养的，用人单位可以依据被劳教的事实解除与该劳动者的劳动合同。①

---

① 2013年12月28日第十二届全国人民代表大会常务委员会第六次会议通过《全国人民代表大会常务委员会关于废止有关劳动教养法律规定的决定》，自2013年12月28日起施行。在劳动教养制度废止前，依法作出的劳动教养决定有效；劳动教养制度废止后，对正在被依法执行劳动教养的人员，解除劳动教养，剩余期限不再执行。

32. 按照劳动法第三十一条的规定，劳动者解除劳动合同，应当提前30日以书面形式通知用人单位。超过30日，劳动者可以向用人单位提出办理解除劳动合同手续，用人单位予以办理。如果劳动者违法解除劳动合同给原用人单位造成经济损失，应当承担赔偿责任。

33. 劳动者违反劳动法规定或劳动合同的约定解除劳动合同（如擅自离职），给用人单位造成经济损失的，应当根据劳动法第一百零二条和劳动部《违反〈劳动法〉有关劳动合同规定的赔偿办法》（劳部发〔1995〕223号）的规定，承担赔偿责任。

34. 除劳动法第二十五条规定的情形外，劳动者在医疗期、孕期、产期和哺乳期内，劳动合同期限届满时，用人单位不得终止劳动合同。劳动合同的期限应自动延续至医疗期、孕期、产期和哺乳期期满为止。

35. 请长病假的职工在医疗期满后，能从事原工作的，可以继续履行劳动合同；医疗期满后仍不能从事原工作也不能从事由单位另行安排的工作的，由劳动鉴定委员会参照工伤与职业病致残程度鉴定标准进行劳动能力鉴定。被鉴定为一至四级的，应当退出劳动岗位，解除劳动关系，办理因病或非因工负伤退休退职手续，享受相应的退休退职待遇；被鉴定为五至十级的，用人单位可以解除劳动合同，并按规定支付经济补偿金和医疗补助费。

（五）解除劳动合同的经济补偿

36. 用人单位依据劳动法第二十四条、第二十六条、第二十七条的规定解除劳动合同，应当按照劳动法和劳动部《违反和解除劳动合同的经济补偿办法》（劳部发〔1994〕481号）支付劳动者经济补偿金。

37. 根据《民法通则》第四十四条第二款①"企业法人分立、合并，它的权利和义务由变更后的法人享有和承担"的规定，用人单位发生分立或合并后，分立或合并后用人单位可依据其实际情况与原用人单位的劳动者遵循平等自愿、协商一致的原则变更、解除或重新签订劳动合同。在此种情况下的重新签订劳动合同视为原劳动合同的变更，用人单位变更劳动合同，劳动者不能依据劳动法第二十八条要求经济补偿。

38. 劳动合同期满或者当事人约定的劳动合同终止条件出现，劳动合

___

① 相关内容被《中华人民共和国民法典》第67条取代。

同即行终止，用人单位可以不支付劳动者经济补偿金。国家另有规定的，可以从其规定。

39. 用人单位依据劳动法第二十五条解除劳动合同，可以不支付劳动者经济补偿金。

40. 劳动者依据劳动法第三十二条第（一）项解除劳动合同，用人单位可以不支付经济补偿金，但应按照劳动者的实际工作天数支付工资。

41. 在原固定工实行劳动合同制度的过程中，企业富余职工辞职，经企业同意可以不与企业签订劳动合同的，企业应根据《国有企业富余职工安置规定》（国务院令第 111 号，1993 年公布）发给劳动者一次性生活补助费。

42. 职工在接近退休年龄（按有关规定一般为五年以内）时因劳动合同到期终止劳动合同的，如果符合退休、退职条件，可以办理退休、退职手续；不符合退休、退职条件的，在终止劳动合同后按规定领取失业救济金。享受失业救济金的期限届满后仍未就业，符合社会救济条件的，可以按规定领取社会救济金，达到退休年龄时办理退休手续，领取养老保险金。

43. 劳动合同解除后，用人单位对符合规定的劳动者应支付经济补偿金。不能因劳动者领取了失业救济金而拒付或克扣经济补偿金，失业保险机构也不得以劳动者领取了经济补偿金为由，停发或减发失业救济金。

（六）体制改革过程中实行劳动合同制度的有关政策

44. 困难企业签订劳动合同，应区分不同情况，有些亏损企业属政策性亏损，生产仍在进行，还能发出工资，应该按照劳动法的规定签订劳动合同。已经停产半停产的企业，要根据具体情况签订劳动合同，保证这些企业职工的基本生活。

45. 在国有企业固定工转制过程中，劳动者无正当理由不得单方面与用人单位解除劳动关系；用人单位也不得以实行劳动合同制度为由，借机辞退部分职工。

46. 关于在企业内录干、聘干问题，劳动法规定用人单位内的全体职工统称为劳动者，在同一用人单位内，各种不同的身份界限随之打破。应该按照劳动法的规定，通过签订劳动合同来明确劳动者的工作内容、岗位等。用人单位根据工作需要，调整劳动者的工作岗位时，可以与劳动者协商一致，变更劳动合同的相关内容。

47. 由于各用人单位千差万别，对工作内容、劳动报酬的规定也就差异很大，因此，国家不宜制定统一的劳动合同标准文本。目前，各地、各行业制定并向企业推荐的劳动合同文本，对于用人单位和劳动者双方有一定的指导意义，但这些劳动合同文本只能供用人单位和劳动者参考。

48. 按照劳动部办公厅《对全面实行劳动合同制若干问题的请示的复函》（劳办发〔1995〕19号）的规定，各地企业在与原固定工签订劳动合同时，应注意保护老弱病残职工的合法权益。对工作时间较长，年龄较大的职工，各地可以根据劳动法第一百零六条制定一次性的过渡政策，具体办法由各省、自治区、直辖市确定。

49. 在企业全面建立劳动合同制度以后，原合同制工人与本企业内的原固定工应享受同等待遇。是否发给15%的工资性补贴，可以由各省、自治区、直辖市人民政府根据劳动法第一百零六条在制定劳动合同制度的实施步骤时加以规定。

50. 在目前工伤保险和残疾人康复就业制度尚未建立和完善的情况下，对因工部分丧失劳动能力的职工，劳动合同期满也不能终止劳动合同，仍由原单位按照国家有关规定提供医疗等待遇。

（七）集体合同

51. 当前签订集体合同的重点应在非国有企业和现代企业制度试点的企业进行，积累经验，逐步扩大范围。

52. 关于国有企业在承包制条件下签订的"共保合同"，凡内容符合劳动法和有关法律、法规和规章关于集体合同规定的，应按照有关规定办理集体合同送审、备案手续；凡不符合劳动法和有关法律、法规和规章规定的，应积极创造条件逐步向规范的集体合同过渡。

三、工　资

（一）最低工资

53. 劳动法中的"工资"是指用人单位依据国家有关规定或劳动合同的约定，以货币形式直接支付给本单位劳动者的劳动报酬，一般包括计时工资、计件工资、奖金、津贴和补贴、延长工作时间的工资报酬以及特殊情况下支付的工资等。"工资"是劳动者劳动收入的主要组成部分。劳动者的以下劳动收入不属于工资范围：（1）单位支付给劳动者个人的社会保险福利费用，如丧葬抚恤救济费、生活困难补助费、计划生育补贴等；（2）劳动保护方面的费用，如用人单位支付给劳动者的工作服、解毒剂、清凉饮料费用等；（3）按规定未列入工资总额的各种劳动报酬及其他劳动收入，如根据国家规定发放的创造发明奖、国家星火奖、自然科学奖、科学技术进步奖、合理化建议和技术改进奖、中华技能大奖等，以及稿费、讲课费、翻译费等。

54. 劳动法第四十八条中的"最低工资"是指劳动者在法定工作时间内履行了正常劳动义务的前提下，由其所在单位支付的最低劳动报酬。最低工资不包括延长工作时间的工资报酬，以货币形式支付的住房和用人单位支付的伙食补贴，中班、夜班、高温、低温、井下、有毒、有害等特殊工作环境和劳动条件下的津贴，国家法律、法规、规章规定的社会保险福利待遇。

55. 劳动法第四十四条中的"劳动者正常工作时间工资"是指劳动合同规定的劳动者本人所在工作岗位（职位）相对应的工资。鉴于当前劳动合同制度尚处于推进过程中，按上述规定执行确有困难的用人单位，地方或行业劳动部门可在不违反劳动部《关于工资〈支付暂行规定〉有关问题的补充规定》（劳部发〔1995〕226号）文件所确定的总的原则的基础上，制定过渡办法。

56. 在劳动合同中，双方当事人约定的劳动者在未完成劳动定额或承包任务的情况下，用人单位可低于最低工资标准支付劳动者工资的条款不具有法律效力。

57. 劳动者与用人单位形成或建立劳动关系后，试用、熟练、见习期间，在法定工作时间内提供了正常劳动，其所在的用人单位应当支付其不低于最低工资标准的工资。

58. 企业下岗待工人员，由企业依据当地政府的有关规定支付其生活费，生活费可以低于最低工资标准，下岗待工人员中重新就业的，企业应停发其生活费。女职工因生育、哺乳请长假而下岗的，在其享受法定产假期间，依法领取生育津贴；没有参加生育保险的企业，由企业照发原工资。

59. 职工患病或非因工负伤治疗期间，在规定的医疗期间内由企业按有关规定支付其病假工资或疾病救济费，病假工资或疾病救济费可以低于当地最低工资标准支付，但不能低于最低工资标准的80%。

（二）延长工作时间的工资报酬

60. 实行每天不超过 8 小时，每周不超过 44 小时或 40 小时标准工作时间制度的企业，以及经批准实行综合计算工时工作制的企业，应当按照劳动法的规定支付劳动者延长工作时间的工资报酬。全体职工已实行劳动合同制度的企业，一般管理人员（实行不定时工作制人员除外）经批准延长工作时间的，可以支付延长工作时间的工资报酬。

61. 实行计时工资制的劳动者的日工资，按其本人月工资标准除以平均每月法定工作天数（实行每周 40 小时工作制的为 21.16 天，实行每周 44 小时工作制的为 23.33 天）进行计算。

62. 实行综合计算工时工作制的企业职工，工作日正好是周休息日的，属于正常工作；工作日正好是法定节假日时，要依照劳动法第四十四条第（三）项的规定支付职工的工资报酬。

（三）有关企业工资支付的政策

63. 企业克扣或无故拖欠劳动者工资的，劳动监察部门应根据劳动法第九十一条、劳动部《违反和解除劳动合同的经济补偿办法》第三条、《违反〈中华人民共和国劳动法〉行政处罚办法》第六条予以处理。

64. 经济困难的企业执行劳动部《工资支付暂行规定》（劳部发〔1994〕489 号）确有困难，应根据以下规定执行：

（1）《关于做好国有企业职工和离退休人员基本生活保障工作的通知》（国发〔1993〕76 号）的规定，"企业发放工资确有困难时，应发给职工基本生活费，具体标准由各地区、各部门根据实际情况确定"；

（2）《关于国有企业流动资金贷款的紧急通知》（银传〔1994〕34 号）的规定，"地方政府通过财政补贴，企业主管部门有可能也要拿出一部分资金，银行要拿出一部分贷款，共同保证职工基本生活和社会的稳定"；

（3）《国有企业富余职工安置规定》（国务院令第 111 号，1993 年发布）的规定："企业可以对职工实行有限期的放假。职工放假期间，由企业发给生活费"。

四、工作时间和休假

（一）综合计算工作时间

65. 经批准实行综合计算工作时间的用人单位，分别以周、月、季、年等为周期综合计算工作时间，但其平均日工作时间和平均周工作时间应与法定标准工作时间基本相同。

66. 对于那些在市场竞争中，由于外界因素的影响，生产任务不均衡的企业的部分职工，经劳动行政部门严格审批后，可以参照综合计算工时工作制的办法实施，但用人单位应采取适当方式确保职工的休息休假权利和生产、工作任务的完成。

67. 经批准实行不定时工作制的职工，不受劳动法第四十一条规定的日延长工作时间标准和月延长工作时间标准的限制，但用人单位应采用弹性工作时间等适当的工作和休息方式，确保职工的休息休假权利和生产、工作任务的完成。

68. 实行标准工时制度的企业，延长工作时间应严格按劳动法第四十一条的规定执行，不能按季、年综合计算延长工作时间。

69. 中央直属企业、企业化管理的事业单位实行不定时工作制和综合计算工时工作制等其他工作和休息办法的，须经国务院行业主管部门审核，报国务院劳动行政部门批准。地方企业实行不定时工作制和综合计算工时工作制等其他工作和休息办法的审批办法，由省、自治区、直辖市人民政府劳动行政部门制定，报国务院劳动行政部门备案。

（二）延长工作时间

70. 休息日安排劳动者工作的，应先按同等时间安排其补休，不能安排补休的应按劳动法第四十四条第（二）项的规定支付劳动者延长工作时间的工资报酬。法定节假日（元旦、春节、劳动节、国庆节）安排劳动者工作的，应按劳动法第四十四条第（三）项支付劳动者延长工作时间的工资报酬。

71. 协商是企业决定延长工作时间的程序（劳动法第四十二条和《劳动部贯彻〈国务院关于职工工作时间的规定〉的实施办法》第七条规定除外），企业确因生产经营需要，必须延长工作时间时，应与工会和劳动者协商。协商后，企业可以在劳动法限定的延长工作时数内决定延长工作时间，对企业违反法律、法规强迫劳动者延长工作时间的，劳动者有权拒绝。若由此发生劳动争议，可以提请劳动争议处理机构予以处理。

（三）休假

72. 实行新工时制度后，企业职工原有的年休假制度仍然实行。在国

108080808

务院尚未作出新的规定之前，企业可以按照 1991 年 6 月 5 日《中共中央 国务院关于职工休假问题的通知》，安排职工休假。

五、社会保险

73. 企业实施破产时，按照国家有关企业破产的规定，从其财产清产和土地转让所得中按实际需要划拨出社会保险费用和职工再就业的安置费。其划拨的养老保险费和失业保险费由当地社会保险基金经办机构和劳动部门就业服务机构接收，并负责支付离退休人员的养老保险费用和支付失业人员应享受的失业保险待遇。

74. 企业富余职工、请长假人员、请长病假人员、外借人员和带薪上学人员，其社会保险费仍按规定由原单位和个人继续缴纳，缴纳保险费期间计算为缴费年限。

75. 用人单位全部职工实行劳动合同制度后，职工在用人单位内由转制前的原工人岗位转为原干部（技术）岗位或由原干部（技术）岗位转为原工人岗位，其退休年龄和条件，按现岗位国家规定执行。

76. 依据劳动部《企业职工患病或非因工负伤医疗期的规定》（劳部发〔1994〕479 号）和劳动部《关于贯彻〈企业职工患病或非因工负伤医疗期的规定〉的通知》（劳部发〔1995〕236 号），职工患病或非因工负伤，根据本人实际参加工作的年限和本企业工作年限长短，享受 3-24 个月的医疗期。对于某些患特殊疾病（如癌症、精神病、瘫痪等）的职工，在 24 个月内尚不能痊愈的，经企业和当地劳动部门批准，可以适当延长医疗期。

77. 劳动者的工伤待遇在国家尚未颁布新的工伤保险法律、行政法规之前，各类企业仍要执行《劳动保险条例》及相关的政策规定，如果当地政府已实行工伤保险制度改革的，应执行当地的新规定；个体经济组织的劳动者的工伤保险参照企业职工的规定执行；国家机关、事业组织、社会团体的劳动者的工伤保险，如果包括在地方人民政府的工伤改革规定范围内的，按地方政府的规定执行。

78. 劳动者患职业病按照 1987 年由卫生部等部门发布的《职业病范围和职业病患者处理办法的规定》和所附的"职业病名单"（〔87〕卫防第60 号）处理，经职业病诊断机构确诊并发给《职业病诊断证明书》，劳动行政部门据此确认工伤，并通知用人单位或者社会保险基金经办机构发给有关工伤保险待遇；劳动者因工负伤的，劳动行政部门根据企业的工伤事故报告和工伤者本人的申请，作出工伤认定，由社会保险基金经办机构或用人单位，发给有关工伤保险待遇。患职业病或工伤致残的，由当地劳动鉴定委员会按照劳动部《职工工伤和职业病致残程度鉴定标准》（劳险字〔1992〕6号)① 评定伤残等级和护理依赖程度。劳动鉴定委员会的伤残等级和护理依赖程度的结论，以医学检查、诊断结果为技术依据。

79. 劳动者因工负伤或患职业病，用人单位应按国家和地方政府的规定进行工伤事故报告，或者经职业病诊断机构确诊进行职业病报告。用人单位和劳动者有权按规定向当地劳动行政部门报告。如果用人单位瞒报、漏报工作或职业病，工会、劳动者可以向劳动行政部门报告。经劳动行政部门确认后，用人单位或社会保险基金经办机构应补发工伤保险待遇。

80. 劳动者对劳动行政部门作出的工伤或职业病的确认意见不服，可依法提起行政复议或行政诉讼。

81. 劳动者被认定患职业病或因工负伤后，对劳动鉴定委员会作出的伤残等级和护理依赖程度鉴定结论不服，可依法提起行政复议或行政诉讼。对劳动能力鉴定结论所依据的医学检查、诊断结果有异议的，可以要求复查诊断，复查诊断按各省、自治区和直辖市劳动鉴定委员会规定的程序进行。

六、劳动争议

82. 用人单位与劳动者发生劳动争议不论是否订立劳动合同，只要存在事实劳动关系，并符合劳动法的适用范围和《中华人民共和国企业劳动争议处理条例》② 的受案范围，劳动争议仲裁委员会均应受理。

83. 劳动合同鉴证是劳动行政部门审查、证明劳动合同的真实性、合法性的一项行政监督措施，尤其在劳动合同制度全面实施的初期有其必要性。劳动行政部门鼓励并提倡用人单位和劳动者进行劳动合同鉴证。劳动

---

① 自 2015 年 1 月 1 日起，劳动能力鉴定适用新标准《劳动能力鉴定 职工工伤与职业病致残等级》。

② 自 2008 年 5 月 1 日起，劳动争议的调解、仲裁程序应按《中华人民共和国劳动争议调解仲裁法》的规定执行。

争议仲裁委员会不能以劳动合同未经鉴证为由不受理相关的劳动争议案件。

84. 国家机关、事业组织、社会团体与本单位工人以及其他与之建立劳动合同关系的劳动者之间，个体工商户与帮工、学徒之间，以及军队、武警部队的事业组织和企业与其无军籍的职工之间发生的劳动争议，只要符合劳动争议的受案范围，劳动争议仲裁委员会应予受理。

85. "劳动争议发生之日"是指当事人知道或者应当知道其权利被侵害之日。

86. 根据《中华人民共和国商业银行法》的规定，商业银行为企业法人。商业银行与其职工适用《劳动法》、《中华人民共和国企业劳动争议处理条例》等劳动法律、法规和规章。商业银行与其职工发生的争议属于劳动争议的受案范围的，劳动争议仲裁委员会应予受理。

87. 劳动法第二十五条第（三）项中的"重大损害"，应由企业内部规章来规定，不便于在全国对其作统一解释。若用人单位以此为由解除劳动合同，与劳动者发生劳动争议，当事人向劳动争议仲裁委员会申请仲裁的，由劳动争议仲裁委员会根据企业类型、规模和损害程度等情况，对企业规章中规定的"重大损害"进行认定。

88. 劳动监察是劳动法授予劳动行政部门的职责，劳动争议仲裁是劳动法授予各级劳动争议仲裁委员会的职能。用人单位或行业部门不能设立劳动监察机构和劳动争议仲裁委员会，也不能设立劳动行政部门劳动监察机构的派出机构和劳动争议仲裁委员会的派出机构。

89. 劳动争议当事人向企业劳动争议调解委员会申请调解，从当事人提出申请之日起，仲裁申诉时效中止，企业劳动争议调解委员会应当在30日内结束调解，即中止期间最长不得超过30日。结束调解之日起，当事人的申诉时效继续计算。调解超过30日的，申诉时效从30日之后的第一天继续计算。

90. 劳动争议仲裁委员会的办事机构对未予受理的仲裁申请，应逐件向仲裁委员会报告并说明情况，仲裁委员会认为应当受理的，应及时通知当事人。当事人从申请至受理的期间应视为时效中止。

七、法 律 责 任

91. 劳动法第九十一条的含义是，如果用人单位实施了本条规定的前三项侵权行为之一的，劳动行政部门应责令用人单位支付劳动者的工资报酬和经济补偿，并可以责令支付赔偿金。如果用人单位实施了本条规定的第四项侵权行为，即解除劳动合同后未依法给予劳动者经济补偿的，因不存在支付工资报酬的问题，故劳动行政部门只责令用人单位支付劳动者经济补偿，还可以支付赔偿金。

92. 用人单位实施下列行为之一的，应认定为劳动法第一百零一条中的"无理阻挠"行为：

（1）阻止劳动监督检查人员进入用人单位内（包括进入劳动现场）进行监督检查的；

（2）隐瞒事实真相，出具伪证，或者隐匿、毁灭证据的；

（3）拒绝提供有关资料的；

（4）拒绝在规定的时间和地点就劳动行政部门所提问题作出解释和说明的；

（5）法律、法规和规章规定的其他情况。

八、适 用 法 律

93. 劳动部、外经贸部《外商投资企业劳动管理规定》（劳部发〔1994〕246 号）与劳动部《违反和解除劳动合同的经济补偿办法》（劳部发〔1994〕481 号）中关于解除劳动合同的经济补偿规定是一致的，246 号文中的"生活补助费"是劳动法第二十八条所指经济补偿的具体化，与 481 号文中的"经济补偿金"可视为同一概念。

94. 劳动部、外经贸部《外商投资企业劳动管理规定》（劳部发〔1994〕246 号）与劳动部《违反〈中华人民共和国劳动法〉行政处罚办法》（劳部发〔1994〕532 号）在企业低于当地最低工资标准支付职工工资应付赔偿金的标准，延长工作时间的罚款标准，阻止劳动监察人员行使监督检查权的罚款标准等方面规定不一致，按照同等效力的法律规范新法优于旧法执行的原则，应执行劳动部劳部发〔1994〕532 号规章。

95. 劳动部《企业最低工资规定》（劳部发〔1993〕333 号）[①] 与劳动部《违反〈中华人民共和国劳动法〉行政处罚办法》（劳部发〔1994〕532

[①] 自 2004 年 3 月 1 日起开始执行《最低工资规定》，《企业最低工资规定》同时废止。

号）在拖欠或低于国家最低工资标准支付工资的赔偿金标准方面规定不一致，应按劳动部劳部发〔1994〕532号规章执行。

96. 劳动部《违反〈中华人民共和国劳动法〉行政处罚办法》（劳部发〔1994〕532号）对行政处罚行为、处罚标准未作规定，而其他劳动行政规章和地方政府规章作了规定的，按有关规定执行。

97. 对违反劳动法的用人单位，劳动行政部门有权依据劳动法律、法规和规章的规定予以处理，用人单位对劳动行政部门作出的行政处罚决定不服，在法定期限内不提起诉讼或不申请复议又不执行行政处罚决定的，劳动行政部门可以根据行政诉讼法第六十六条申请人民法院强制执行。劳动行政部门依法申请人民法院强制执行时，应当提交申请执行书，据以执行的法律文书和其他必须提交的材料。

98. 适用法律、法规、规章及其他规范性文件遵循下列原则：

（1）法律的效力高于行政法规与地方性法规；行政法规与地方性法规效力高于部门规章和地方政府规章；部门规章和地方政府规章效力高于其他规范性文件。

（2）在适用同一效力层次的文件时，新法律优于旧法律；新法规优于旧法规；新规章优于旧规章；新规范性文件优于旧规范性文件。

99. 依据《法规规章备案规定》①（国务院令第48号，1990年发布）"地方人民政府规章同国务院部门规章之间或者国务院部门规章相互之间有矛盾的，由国务院法制局进行协调；经协调不能取得一致意见的，由国务院法制局提出意见，报国务院决定。"地方劳动行政部门在发现劳动部规章与国务院其他部门规章或地方政府规章相矛盾时，可将情况报劳动部，由劳动部报国务院法制局进行协调或决定。

100. 地方或行业劳动部门发现劳动部的规章之间、其他规范性文件之间或规章与其他规范性文件之间相矛盾，一般适用"新文件优于旧文件"的原则，同时可向劳动部请示。

---

① 《法规规章备案条例》自1990年2月18日起施行，《法规规章备案规定》同时废止。

最高人民法院关于劳动争议仲裁委员会的
复议仲裁决定书可否作为执行依据问题的批复

(1996 年 7 月 21 日 法复〔1996〕10 号)

河南省高级人民法院:

你院 (1995) 豫法执请字第 1 号《关于郑劳仲复裁字〔1991〕第 1 号复议仲裁决定书能否作为执行依据的请示》收悉。经研究,答复如下:

仲裁一裁终局制度,是指仲裁决定一经作出即发生法律效力,当事人没有提请再次裁决的权利,但这并不排除原仲裁机构发现自己作出的裁决有错误进行重新裁决的情况。劳动争议仲裁委员会发现自己作出的仲裁决定书有错误而进行重新仲裁,符合实事求是的原则,不违背一裁终局制度,不应视为违反法定程序。因此对当事人申请执行劳动争议仲裁委员会复议仲裁决定的,应予立案执行。如被执行人提出申辩称该复议仲裁决定书有其他应不予执行的情形,应按照民事诉讼法第二百一十七条的规定,认真审查,慎重处理。

最高人民法院关于人民法院对经劳动
争议仲裁裁决的纠纷准予撤诉或驳回起诉后
劳动争议仲裁裁决从何时起生效的解释

(2000 年 4 月 4 日最高人民法院审判委员会第 1108 次会议通过 2000 年 7 月 10 日最高人民法院公告公布 自 2000 年 7 月 19 日起施行 法释〔2000〕18 号)

为正确适用法律审理劳动争议案件,对人民法院裁定准予撤诉或驳回起诉后,劳动争议仲裁裁决从何时起生效的问题解释如下:

第一条 当事人不服劳动争议仲裁裁决向人民法院起诉后又申请撤诉,

经人民法院审查准予撤诉的，原仲裁裁决自人民法院裁定送达当事人之日起发生法律效力。

第二条 当事人因超过起诉期间而被人民法院裁定驳回起诉的，原仲裁裁决自起诉期间届满之次日起恢复法律效力。

第三条 因仲裁裁决确定的主体资格错误或仲裁裁决事项不属于劳动争议，被人民法院驳回起诉的，原仲裁裁决不发生法律效力。

最高人民法院关于人事争议申请
仲裁的时效期间如何计算的批复

（2013 年 9 月 9 日最高人民法院审判委员会第 1590 次会议通过　2013 年 9 月 12 日最高人民法院公告公布　自 2013 年 9 月 22 日起施行　法释〔2013〕23 号）

四川省高级人民法院：

你院《关于事业单位人事争议仲裁时效如何计算的请示》（川高法〔2012〕430 号）收悉。经研究，批复如下：

依据《中华人民共和国劳动争议调解仲裁法》第二十七条第一款、第五十二条的规定，当事人自知道或者应当知道其权利被侵害之日起一年内申请仲裁，仲裁机构予以受理的，人民法院应予认可。

人力资源社会保障部、最高人民法院关于
加强劳动人事争议仲裁与诉讼衔接机制建设的意见

（2017 年 11 月 8 日　人社部发〔2017〕70 号）

各省、自治区、直辖市人力资源社会保障厅（局）、高级人民法院，解放军军事法院，新疆生产建设兵团人力资源社会保障局、新疆维吾尔自治区高级人民法院生产建设兵团分院：

加强劳动人事争议仲裁与诉讼衔接（以下简称裁审衔接）机制建设，是健全劳动人事争议处理制度、完善矛盾纠纷多元化解机制的重要举措。近年来，一些地区积极探索加强裁审衔接工作，促进了劳动人事争议合法公正及时解决，收到了良好的法律效果和社会效果。但是，从全国来看，劳动人事争议裁审衔接机制还没有在各地区普遍建立，已建立的也还不够完善，裁审工作中仍然存在争议受理范围不够一致、法律适用标准不够统一、程序衔接不够规范等问题，影响了争议处理质量和效率，降低了仲裁和司法的公信力。为进一步加强劳动人事争议裁审衔接机制建设，现提出如下意见。

一、明确加强裁审衔接机制建设的总体要求

做好裁审衔接工作，要全面贯彻党的十九大和十九届一中全会精神，以习近平新时代中国特色社会主义思想为指导，坚持以人民为中心的发展思想，切实落实深化依法治国实践以及提高保障和改善民生水平、加强和创新社会治理的决策部署，按照《中共中央 国务院关于构建和谐劳动关系的意见》（中发〔2015〕10号）、《中共中央办公厅 国务院办公厅关于完善矛盾纠纷多元化解机制的意见》（中办发〔2015〕60号）有关要求，积极探究和把握裁审衔接工作规律，逐步建立健全裁审受理范围一致、裁审标准统一、裁审程序有效衔接的新规则新制度，实现裁审衔接工作机制完善、运转顺畅，充分发挥劳动人事争议处理中仲裁的独特优势和司法的引领、推动、保障作用，合力化解矛盾纠纷，切实维护当事人合法权益，促进劳动人事关系和谐与社会稳定。

二、统一裁审受理范围和法律适用标准

（一）逐步统一裁审受理范围。各地劳动人事争议仲裁委员会（以下简称仲裁委员会）和人民法院要按照《中华人民共和国劳动争议调解仲裁法》等法律规定，逐步统一社会保险争议、人事争议等争议的受理范围。仲裁委员会要改进完善劳动人事争议受理立案制度，依法做到有案必立，有条件的可探索实行立案登记制，切实发挥仲裁前置的功能作用。

（二）逐步统一裁审法律适用标准。各地仲裁委员会和人民法院要严格按照法律规定处理劳动人事争议。对于法律规定不明确等原因造成裁审法律适用标准不一致的突出问题，由人力资源社会保障部与最高人民法院按照《中华人民共和国立法法》有关规定，通过制定司法解释或指导意见等形式明确统一的法律适用标准。省、自治区、直辖市人力资源社会保障部门与高级人民法院要结合裁审工作实际，加强对法律适用问题的调查研究，及时提出意见建议。

三、规范裁审程序衔接

（一）规范受理程序衔接。对未经仲裁程序直接起诉到人民法院的劳动人事争议案件，人民法院应裁定不予受理；对已受理的，应驳回起诉，并告知当事人向有管辖权的仲裁委员会申请仲裁。当事人因仲裁委员会逾期未作出仲裁裁决而向人民法院提起诉讼且人民法院立案受理的，人民法院应及时将该案的受理情况告知仲裁委员会，仲裁委员会应及时决定该案件终止审理。

（二）规范保全程序衔接。仲裁委员会对在仲裁阶段可能因用人单位转移、藏匿财产等行为致使裁决难以执行的，应告知劳动者通过仲裁机构向人民法院申请保全。劳动者申请保全的，仲裁委员会应及时向人民法院转交申请书及仲裁案件受理通知书等相关材料。人民法院裁定采取保全措施或者裁定驳回申请的，应将裁定书送达申请人，并通知仲裁委员会。

（三）规范执行程序衔接。仲裁委员会依法裁决先予执行的，应向有执行权的人民法院移送先予执行裁决书、裁决书的送达回证或其他送达证明材料；接受移送的人民法院应按照《中华人民共和国民事诉讼法》和《中华人民共和国劳动争议调解仲裁法》相关规定执行。人民法院要加强对仲裁委员会裁决书、调解书的执行工作，加大对涉及劳动报酬、工伤保险待遇争议特别是集体劳动人事争议等案件的执行力度。

四、完善裁审衔接工作机制

（一）建立联席会议制度。各地人力资源社会保障部门和人民法院要定期或不定期召开联席会议，共同研究分析劳动人事争议处理形势，互相通报工作情况，沟通协调争议仲裁与诉讼中的受理范围、程序衔接、法律适用标准等问题，推进裁审工作有效衔接。

（二）建立信息共享制度。各地人力资源社会保障部门和人民法院要加强劳动人事争议处理工作信息和统计数据的交流，实现信息互通和数据共享。人力资源社会保障部门要加强争议案件处理情况追踪，做好裁审对比情况统计分析，不断改进争议仲裁工作，人民法院要积极支持和配合。要建立健全案卷借阅制度，做好案卷借阅管理工作。有条件的地区，可以实行电子案卷借阅或通过信息平台共享电子案卷，并做好信息安全和保密工作。

（三）建立疑难复杂案件办案指导制度。各地仲裁委员会和人民法院要加强对疑难复杂、重大劳动人事争议案件的研讨和交流，开展类案分析，联合筛选并发布典型案例，充分发挥典型案例在统一裁审法律适用标准、规范裁审自由裁量尺度、服务争议当事人等方面的指导作用。

（四）建立联合培训制度。各地人力资源社会保障部门和人民法院要通过举办师资培训、远程在线培训、庭审观摩等方式，联合开展业务培训，增强办案人员的素质和能力，促进提高裁审衔接水平。

五、加强组织领导

各地人力资源社会保障部门和人民法院要高度重视加强劳动人事争议裁审衔接机制建设工作，将其作为推进建立中国特色劳动人事争议处理制度的重要措施，纳入劳动人事关系领域矛盾纠纷多元处理工作布局，加强领导，统筹谋划，结合当地实际联合制定实施意见，切实抓好贯彻落实。人力资源社会保障部门要积极主动加强与人民法院的沟通协调。人民法院要明确由一个庭室统一负责裁审衔接工作，各有关庭室要积极参与配合。省、自治区、直辖市人力资源社会保障部门、高级人民法院要加强对市、县裁审衔接工作的指导和督促检查，推动裁审衔接工作顺利开展。要加大政策引导和宣传力度，增进劳动人事争议当事人和社会公众对裁审衔接工作的了解，引导当事人依法理性维权，为合法公正及时处理争议营造良好氛围。

人力资源社会保障部、最高人民法院
关于劳动人事争议仲裁与诉讼衔接
有关问题的意见（一）

（2022 年 2 月 21 日　人社部发〔2022〕9 号）

各省、自治区、直辖市人力资源社会保障厅（局）、高级人民法院，解放军军事法院，新疆生产建设兵团人力资源社会保障局、新疆维吾尔自治区高级人民法院生产建设兵团分院：

　　为贯彻党中央关于健全社会矛盾纠纷多元预防调处化解综合机制的要求，落实《人力资源社会保障部最高人民法院关于加强劳动人事争议仲裁与诉讼衔接机制建设的意见》（人社部发〔2017〕70号），根据相关法律规定，结合工作实践，现就完善劳动人事争议仲裁与诉讼衔接有关问题，提出如下意见。

　　一、劳动人事争议仲裁委员会对调解协议仲裁审查申请不予受理或者经仲裁审查决定不予制作调解书的，当事人可依法就协议内容中属于劳动人事争议仲裁受理范围的事项申请仲裁。当事人直接向人民法院提起诉讼的，人民法院不予受理，但下列情形除外：

　　（一）依据《中华人民共和国劳动争议调解仲裁法》第十六条规定申请支付令被人民法院裁定终结督促程序后，劳动者依据调解协议直接提起诉讼的；

　　（二）当事人在《中华人民共和国劳动争议调解仲裁法》第十条规定的调解组织主持下仅就劳动报酬争议达成调解协议，用人单位不履行调解协议约定的给付义务，劳动者直接提起诉讼的；

　　（三）当事人在经依法设立的调解组织主持下就支付拖欠劳动报酬、工伤医疗费、经济补偿或者赔偿金事项达成调解协议，双方当事人依据《中华人民共和国民事诉讼法》第二百零一条的规定共同向人民法院申请司法确认，人民法院不予确认，劳动者依据调解协议直接提起诉讼的。

205

　　二、经依法设立的调解组织调解达成的调解协议生效后，当事人可以共同向有管辖权的人民法院申请确认调解协议效力。

　　三、用人单位根依据《中华人民共和国劳动合同法》第九十条规定，要求劳动者承担赔偿责任的，劳动人事争议仲裁委员会应当依法受理。

　　四、申请人撤回仲裁申请后向人民法院起诉的，人民法院应当裁定不予受理；已经受理的，应当裁定驳回起诉。

　　申请人再次申请仲裁的，劳动人事争议仲裁委员会应当受理。

　　五、劳动者请求用人单位支付违法解除或者终止劳动合同赔偿金，劳动人事争议仲裁委员会、人民法院经审查认为用人单位系合法解除劳动合同应当支付经济补偿的，可以依法裁决或者判决用人单位支付经济补偿。

　　劳动者基于同一事实在仲裁辩论终结前或者人民法院一审辩论终结前将仲裁请求、诉讼请求由要求用人单位支付经济补偿变更为支付赔偿金的，劳动人事争议仲裁委员会、人民法院应予准许。

六、当事人在仲裁程序中认可的证据，经审判人员在庭审中说明后，视为质证过的证据。

七、依法负有举证责任的当事人，在诉讼期间提交仲裁中未提交的证据的，人民法院应当要求其说明理由。

八、在仲裁或者诉讼程序中，一方当事人陈述的于己不利的事实，或者对于己不利的事实明确表示承认的，另一方当事人无需举证证明，但下列情形不适用有关自认的规定：

（一）涉及可能损害国家利益、社会公共利益的；

（二）涉及身份关系的；

（三）当事人有恶意串通损害他人合法权益可能的；

（四）涉及依职权追加当事人、中止仲裁或者诉讼、终结仲裁或者诉讼、回避等程序性事项的。

当事人自认的事实与已经查明的事实不符的，劳动人事争议仲裁委员会、人民法院不予确认。

九、当事人在诉讼程序中否认在仲裁程序中自认事实的，人民法院不予支持，但下列情形除外：

（一）经对方当事人同意的；

（二）自认是在受胁迫或者重大误解情况下作出的。

十、仲裁裁决涉及下列事项，对单项裁决金额不超过当地月最低工资标准十二个月金额的，劳动人事争议仲裁委员会应当适用终局裁决：

（一）劳动者在法定标准工作时间内提供正常劳动的工资；

（二）停工留薪期工资或者病假工资；

（三）用人单位未提前通知劳动者解除劳动合同的一个月工资；

（四）工伤医疗费；

（五）竞业限制的经济补偿；

（六）解除或者终止劳动合同的经济补偿；

（七）《中华人民共和国劳动合同法》第八十二条规定的第二倍工资；

（八）违法约定试用期的赔偿金；

（九）违法解除或者终止劳动合同的赔偿金；

（十）其他劳动报酬、经济补偿或者赔偿金。

十一、裁决事项涉及确认劳动关系的，劳动人事争议仲裁委员会就同一案件应当作出非终局裁决。

十二、劳动人事争议仲裁委员会按照《劳动人事争议仲裁办案规则》第五十条第四款规定对不涉及确认劳动关系的案件分别作出终局裁决和非终局裁决，劳动者对终局裁决向基层人民法院提起诉讼、用人单位向中级人民法院申请撤销终局裁决、劳动者或者用人单位对非终局裁决向基层人民法院提起诉讼的，有管辖权的人民法院应当依法受理。

审理申请撤销终局裁决案件的中级人民法院认为该案件必须以非终局裁决案件的审理结果为依据，另案尚未审结的，可以中止诉讼。

十三、劳动者不服终局裁决向基层人民法院提起诉讼，中级人民法院对用人单位撤销终局裁决的申请不予受理或者裁定驳回申请，用人单位主张终局裁决存在《中华人民共和国劳动争议调解仲裁法》第四十九条第一款规定情形的，基层人民法院应当一并审理。

十四、用人单位申请撤销终局裁决，当事人对部分终局裁决事项达成调解协议的，中级人民法院可以对达成调解协议的事项出具调解书；对未达成调解协议的事项进行审理，作出驳回申请或者撤销仲裁裁决的裁定。

十五、当事人就部分裁决事项向人民法院提起诉讼的，仲裁裁决不发生法律效力。当事人提起诉讼的裁决事项属于人民法院受理的案件范围的，人民法院应当进行审理。当事人未提起诉讼的裁决事项属于人民法院受理的案件范围的，人民法院应当在判决主文中予以确认。

十六、人民法院根据案件事实对劳动关系是否存在及相关合同效力的认定与当事人主张、劳动人事争议仲裁委员会裁决不一致的，人民法院应当将法律关系性质或者民事行为效力作为焦点问题进行审理，但法律关系性质对裁判理由及结果没有影响，或者有关问题已经当事人充分辩论的除外。

当事人根据法庭审理情况变更诉讼请求的，人民法院应当准许并可以根据案件的具体情况重新指定举证期限。

不存在劳动关系且当事人未变更诉讼请求的，人民法院应当判决驳回诉讼请求。

十七、对符合简易处理情形的案件，劳动人事争议仲裁委员会按照《劳动人事争议仲裁办案规则》第六十条规定，已经保障当事人陈述意见的权利，根据案件情况确定举证期限、开庭日期、审理程序、文书制作等事项，作出终局裁决，用人单位以违反法定程序为由申请撤销终局裁决的，人民法院不予支持。

十八、劳动人事争议仲裁委员会认为已经生效的仲裁处理结果确有错误，可以依法启动仲裁监督程序，但当事人提起诉讼，人民法院已经受理的除外。

劳动人事争议仲裁委员会重新作出处理结果后，当事人依法提起诉讼的，人民法院应当受理。

十九、用人单位因劳动者违反诚信原则，提供虚假学历证书、个人履历等与订立劳动合同直接相关的基本情况构成欺诈解除劳动合同，劳动者主张解除劳动合同经济补偿或者赔偿金的，劳动人事争议仲裁委员会、人民法院不予支持。

二十、用人单位自用工之日起满一年未与劳动者订立书面劳动合同，视为自用工之日起满一年的当日已经与劳动者订立无固定期限劳动合同。

存在前款情形，劳动者以用人单位未订立书面劳动合同为由要求用人单位支付自用工之日起满一年之后的第二倍工资的，劳动人事争议仲裁委员会、人民法院不予支持。

二十一、当事人在劳动合同或者保密协议中约定了竞业限制和经济补偿，劳动合同解除或者终止后，因用人单位的原因导致三个月未支付经济补偿，劳动者请求解除竞业限制约定的，劳动人事争议仲裁委员会、人民法院应予支持。

劳动人事争议仲裁组织规则

（2017 年 5 月 8 日人力资源和社会保障部令第 34 号公布　自 2017 年 7 月 1 日起施行）

第一章　总　　则

第一条　为公正及时处理劳动人事争议（以下简称争议），根据《中华人民共和国劳动争议调解仲裁法》（以下简称调解仲裁法）和《中华人民共和国公务员法》、《事业单位人事管理条例》、《中国人民解放军文职人员条例》等有关法律、法规，制定本规则。

第二条　劳动人事争议仲裁委员会（以下简称仲裁委员会）由人民政府依法设立，专门处理争议案件。

第三条　人力资源社会保障行政部门负责指导本行政区域的争议调解仲裁工作，组织协调处理跨地区、有影响的重大争议，负责仲裁员的管理、培训等工作。

第二章　仲裁委员会及其办事机构

第四条　仲裁委员会按照统筹规划、合理布局和适应实际需要的原则设立，由省、自治区、直辖市人民政府依法决定。

第五条　仲裁委员会由干部主管部门代表、人力资源社会保障等相关行政部门代表、军队文职人员工作管理部门代表、工会代表和用人单位方面代表等组成。

仲裁委员会组成人员应当是单数。

第六条　仲裁委员会设主任一名，副主任和委员若干名。

仲裁委员会主任由政府负责人或者人力资源社会保障行政部门主要负责人担任。

第七条　仲裁委员会依法履行下列职责：

（一）聘任、解聘专职或者兼职仲裁员；

（二）受理争议案件；

（三）讨论重大或者疑难的争议案件；

（四）监督本仲裁委员会的仲裁活动；

（五）制定本仲裁委员会的工作规则；

（六）其他依法应当履行的职责。

第八条　仲裁委员会应当每年至少召开两次全体会议，研究本仲裁委员会职责履行情况和重要工作事项。

仲裁委员会主任或者三分之一以上的仲裁委员会组成人员提议召开仲裁委员会会议的，应当召开。

仲裁委员会的决定实行少数服从多数原则。

第九条　仲裁委员会下设实体化的办事机构，具体承担争议调解仲裁等日常工作。办事机构称为劳动人事争议仲裁院（以下简称仲裁院），设在人力资源社会保障行政部门。

仲裁院对仲裁委员会负责并报告工作。

第十条 仲裁委员会的经费依法由财政予以保障。仲裁经费包括人员经费、公用经费、仲裁专项经费等。

仲裁院可以通过政府购买服务等方式聘用记录人员、安保人员等办案辅助人员。

第十一条 仲裁委员会组成单位可以派兼职仲裁员常驻仲裁院，参与争议调解仲裁活动。

第三章 仲 裁 庭

第十二条 仲裁委员会处理争议案件实行仲裁庭制度，实行一案一庭制。

仲裁委员会可以根据案件处理实际需要设立派驻仲裁庭、巡回仲裁庭、流动仲裁庭，就近就地处理争议案件。

第十三条 处理下列争议案件应当由三名仲裁员组成仲裁庭，设首席仲裁员：

（一）十人以上并有共同请求的争议案件；

（二）履行集体合同发生的争议案件；

（三）有重大影响或者疑难复杂的争议案件；

（四）仲裁委员会认为应当由三名仲裁员组庭处理的其他争议案件。

简单争议案件可以由一名仲裁员独任仲裁。

第十四条 记录人员负责案件庭审记录等相关工作。

记录人员不得由本庭仲裁员兼任。

第十五条 仲裁庭组成不符合规定的，仲裁委员会应当予以撤销并重新组庭。

第十六条 仲裁委员会应当有专门的仲裁场所。仲裁场所应当悬挂仲裁徽章，张贴仲裁庭纪律及注意事项等，并配备仲裁庭专业设备、档案储存设备、安全监控设备和安检设施等。

第十七条 仲裁工作人员在仲裁活动中应当统一着装，佩戴仲裁徽章。

第四章 仲 裁 员

第十八条 仲裁员是由仲裁委员会聘任、依法调解和仲裁争议案件的专业工作人员。

仲裁员分为专职仲裁员和兼职仲裁员。专职仲裁员和兼职仲裁员在调解仲裁活动中享有同等权利，履行同等义务。

兼职仲裁员进行仲裁活动，所在单位应当予以支持。

第十九条 仲裁委员会应当依法聘任一定数量的专职仲裁员，也可以根据办案工作需要，依法从干部主管部门、人力资源社会保障行政部门、军队文职人员工作管理部门、工会、企业组织等相关机构的人员以及专家学者、律师中聘任兼职仲裁员。

第二十条 仲裁员享有以下权利：

（一）履行职责应当具有的职权和工作条件；

（二）处理争议案件不受干涉；

（三）人身、财产安全受到保护；

（四）参加聘前培训和在职培训；

（五）法律、法规规定的其他权利。

第二十一条 仲裁员应当履行以下义务：

（一）依法处理争议案件；

（二）维护国家利益和公共利益，保护当事人合法权益；

（三）严格执行廉政规定，恪守职业道德；

（四）自觉接受监督；

（五）法律、法规规定的其他义务。

第二十二条 仲裁委员会聘任仲裁员时，应当从符合调解仲裁法第二十条规定的仲裁员条件的人员中选聘。

仲裁委员会应当根据工作需要，合理配备专职仲裁员和办案辅助人员。专职仲裁员数量不得少于三名，办案辅助人员不得少于一名。

第二十三条 仲裁委员会应当设仲裁员名册，并予以公告。

省、自治区、直辖市人力资源社会保障行政部门应当将本行政区域内仲裁委员会聘任的仲裁员名单报送人力资源社会保障部备案。

第二十四条 仲裁员聘期一般为五年。仲裁委员会负责仲裁员考核，考核结果作为解聘和续聘仲裁员的依据。

第二十五条 仲裁委员会应当制定仲裁员工作绩效考核标准，重点考核办案质量和效率、工作作风、遵纪守法情况等。考核结果分为优秀、合格、不合格。

第二十六条 仲裁员有下列情形之一的，仲裁委员会应当予以解聘：

（一）聘期届满不再续聘的；

（二）在聘期内因工作岗位变动或者其他原因不再履行仲裁员职责的；

（三）年度考核不合格的；

（四）因违纪、违法犯罪不能继续履行仲裁员职责的；

（五）其他应当解聘的情形。

第二十七条 人力资源社会保障行政部门负责对拟聘任的仲裁员进行聘前培训。

拟聘为省、自治区、直辖市仲裁委员会仲裁员及副省级市仲裁委员会仲裁员的，参加人力资源社会保障部组织的聘前培训；拟聘为地（市）、县（区）仲裁委员会仲裁员的，参加省、自治区、直辖市人力资源社会保障行政部门组织的仲裁员聘前培训。

第二十八条 人力资源社会保障行政部门负责每年对本行政区域内的仲裁员进行政治思想、职业道德、业务能力和作风建设培训。

仲裁员每年脱产培训的时间累计不少于四十学时。

第二十九条 仲裁委员会应当加强仲裁员作风建设，培育和弘扬具有行业特色的仲裁文化。

第三十条 人力资源社会保障部负责组织制定仲裁员培训大纲，开发培训教材，建立师资库和考试题库。

第三十一条 建立仲裁员职业保障机制，拓展仲裁员职业发展空间。

第五章 仲裁监督

第三十二条 仲裁委员会应当建立仲裁监督制度，对申请受理、办案程序、处理结果、仲裁工作人员行为等进行监督。

第三十三条 仲裁员不得有下列行为：

（一）徇私枉法，偏袒一方当事人；

（二）滥用职权，侵犯当事人合法权益；

（三）利用职权为自己或者他人谋取私利；

（四）隐瞒证据或者伪造证据；

（五）私自会见当事人及其代理人，接受当事人及其代理人的请客送礼；

（六）故意拖延办案、玩忽职守；

（七）泄露案件涉及的国家秘密、商业秘密和个人隐私或者擅自透露案件处理情况；

（八）在受聘期间担任所在仲裁委员会受理案件的代理人；

（九）其他违法违纪的行为。

第三十四条 仲裁员有本规则第三十三条规定情形的，仲裁委员会视情节轻重，给予批评教育、解聘等处理；被解聘的，五年内不得再次被聘为仲裁员。仲裁员所在单位根据国家有关规定对其给予处分；构成犯罪的，依法追究刑事责任。

第三十五条 记录人员等办案辅助人员应当认真履行职责，严守工作纪律，不得有玩忽职守、偏袒一方当事人、泄露案件涉及的国家秘密、商业秘密和个人隐私或者擅自透露案件处理情况等行为。

办案辅助人员违反前款规定的，应当按照有关法律法规和本规则第三十四条的规定处理。

第六章 附 则

第三十六条 被聘任为仲裁员的，由人力资源社会保障部统一免费发放仲裁员证和仲裁徽章。

第三十七条 仲裁委员会对被解聘、辞职以及其他原因不再聘任的仲裁员，应当及时收回仲裁员证和仲裁徽章，并予以公告。

第三十八条 本规则自 2017 年 7 月 1 日起施行。2010 年 1 月 20 日人力资源社会保障部公布的《劳动人事争议仲裁组织规则》（人力资源和社会保障部令第 5 号）同时废止。

劳动人事争议仲裁办案规则

（2017 年 5 月 8 日人力资源和社会保障部令第 33 号公布　自 2017 年 7 月 1 日起施行）

第一章　总　　则

第一条　为公正及时处理劳动人事争议（以下简称争议），规范仲裁办案程序，根据《中华人民共和国劳动争议调解仲裁法》（以下简称调解仲裁法）以及《中华人民共和国公务员法》（以下简称公务员法）、《事业单位人事管理条例》、《中国人民解放军文职人员条例》和有关法律、法规、国务院有关规定，制定本规则。

第二条　本规则适用下列争议的仲裁：

（一）企业、个体经济组织、民办非企业单位等组织与劳动者之间，以及机关、事业单位、社会团体与其建立劳动关系的劳动者之间，因确认劳动关系，订立、履行、变更、解除和终止劳动合同，工作时间、休息休假、社会保险、福利、培训以及劳动保护，劳动报酬、工伤医疗费、经济补偿或者赔偿金等发生的争议；

（二）实施公务员法的机关与聘任制公务员之间、参照公务员法管理的机关（单位）与聘任工作人员之间因履行聘任合同发生的争议；

（三）事业单位与其建立人事关系的工作人员之间因终止人事关系以及履行聘用合同发生的争议；

（四）社会团体与其建立人事关系的工作人员之间因终止人事关系以及履行聘用合同发生的争议；

（五）军队文职人员用人单位与聘用制文职人员之间因履行聘用合同发生的争议；

（六）法律、法规规定由劳动人事争议仲裁委员会（以下简称仲裁委员会）处理的其他争议。

第三条　仲裁委员会处理争议案件，应当遵循合法、公正的原则，先行调解，及时裁决。

第四条 仲裁委员会下设实体化的办事机构，称为劳动人事争议仲裁院（以下简称仲裁院）。

第五条 劳动者一方在十人以上并有共同请求的争议，或者因履行集体合同发生的劳动争议，仲裁委员会应当优先立案，优先审理。

第二章 一般规定

第六条 发生争议的用人单位未办理营业执照、被吊销营业执照、营业执照到期继续经营、被责令关闭、被撤销以及用人单位解散、歇业，不能承担相关责任的，应当将用人单位和其出资人、开办单位或者主管部门作为共同当事人。

第七条 劳动者与个人承包经营者发生争议，依法向仲裁委员会申请仲裁的，应当将发包的组织和个人承包经营者作为共同当事人。

第八条 劳动合同履行地为劳动者实际工作场所地，用人单位所在地为用人单位注册、登记地或者主要办事机构所在地。用人单位未经注册、登记的，其出资人、开办单位或者主管部门所在地为用人单位所在地。

双方当事人分别向劳动合同履行地和用人单位所在地的仲裁委员会申请仲裁的，由劳动合同履行地的仲裁委员会管辖。有多个劳动合同履行地的，由最先受理的仲裁委员会管辖。劳动合同履行地不明确的，由用人单位所在地的仲裁委员会管辖。

案件受理后，劳动合同履行地或者用人单位所在地发生变化的，不改变争议仲裁的管辖。

第九条 仲裁委员会发现已受理案件不属于其管辖范围的，应当移送至有管辖权的仲裁委员会，并书面通知当事人。

对上述移送案件，受移送的仲裁委员会应当依法受理。受移送的仲裁委员会认为移送的案件按照规定不属于其管辖，或者仲裁委员会之间因管辖争议协商不成的，应当报请共同的上一级仲裁委员会主管部门指定管辖。

第十条 当事人提出管辖异议的，应当在答辩期满前书面提出。仲裁委员会应当审查当事人提出的管辖异议，异议成立的，将案件移送至有管辖权的仲裁委员会并书面通知当事人；异议不成立的，应当书面决定驳回。

当事人逾期提出的，不影响仲裁程序的进行。

第十一条 当事人申请回避，应当在案件开庭审理前提出，并说明理由。回避事由在案件开庭审理后知晓的，也可以在庭审辩论终结前提出。

当事人在庭审辩论终结后提出回避申请的，不影响仲裁程序的进行。

仲裁委员会应当在回避申请提出的三日内，以口头或者书面形式作出决定。以口头形式作出的，应当记入笔录。

第十二条 仲裁员、记录人员是否回避，由仲裁委员会主任或者其委托的仲裁院负责人决定。仲裁委员会主任担任案件仲裁员是否回避，由仲裁委员会决定。

在回避决定作出前，被申请回避的人员应当暂停参与该案处理，但因案件需要采取紧急措施的除外。

第十三条 当事人对自己提出的主张有责任提供证据。与争议事项有关的证据属于用人单位掌握管理的，用人单位应当提供；用人单位不提供的，应当承担不利后果。

第十四条 法律没有具体规定、按照本规则第十三条规定无法确定举证责任承担的，仲裁庭可以根据公平原则和诚实信用原则，综合当事人举证能力等因素确定举证责任的承担。

第十五条 承担举证责任的当事人应当在仲裁委员会指定的期限内提供有关证据。当事人在该期限内提供证据确有困难的，可以向仲裁委员会申请延长期限，仲裁委员会根据当事人的申请适当延长。当事人逾期提供证据的，仲裁委员会应当责令其说明理由；拒不说明理由或者理由不成立的，仲裁委员会可以根据不同情形不予采纳该证据，或者采纳该证据但予以训诫。

第十六条 当事人因客观原因不能自行收集的证据，仲裁委员会可以根据当事人的申请，参照民事诉讼有关规定予以收集；仲裁委员会认为有必要的，也可以决定参照民事诉讼有关规定予以收集。

第十七条 仲裁委员会依法调查取证时，有关单位和个人应当协助配合。

仲裁委员会调查取证时，不得少于两人，并应当向被调查对象出示工作证件和仲裁委员会出具的介绍信。

第十八条 争议处理中涉及证据形式、证据提交、证据交换、证据质证、证据认定等事项，本规则未规定的，可以参照民事诉讼证据规则的有关规定执行。

第十九条 仲裁期间包括法定期间和仲裁委员会指定期间。

仲裁期间的计算，本规则未规定的，仲裁委员会可以参照民事诉讼关于期间计算的有关规定执行。

第二十条 仲裁委员会送达仲裁文书必须有送达回证，由受送达人在送达回证上记明收到日期，并签名或者盖章。受送达人在送达回证上的签收日期为送达日期。

因企业停业等原因导致无法送达且劳动者一方在十人以上的，或者受送达人拒绝签收仲裁文书的，通过在受送达人住所留置、张贴仲裁文书，并采用拍照、录像等方式记录的，自留置、张贴之日起经过三日即视为送达，不受本条第一款的限制。

仲裁文书的送达方式，本规则未规定的，仲裁委员会可以参照民事诉讼关于送达方式的有关规定执行。

第二十一条 案件处理终结后，仲裁委员会应当将处理过程中形成的全部材料立卷归档。

第二十二条 仲裁案卷分正卷和副卷装订。

正卷包括：仲裁申请书、受理（不予受理）通知书、答辩书、当事人及其他仲裁参加人的身份证明材料、授权委托书、调查证据、勘验笔录、当事人提供的证据材料、委托鉴定材料、开庭通知、庭审笔录、延期通知书、撤回仲裁申请书、调解书、裁决书、决定书、案件移送函、送达回证等。

副卷包括：立案审批表、延期审理审批表、中止审理审批表、调查提纲、阅卷笔录、会议笔录、评议记录、结案审批表等。

第二十三条 仲裁委员会应当建立案卷查阅制度。对案卷正卷材料，应当允许当事人及其代理人依法查阅、复制。

第二十四条 仲裁裁决结案的案卷，保存期不少于十年；仲裁调解和其他方式结案的案卷，保存期不少于五年；国家另有规定的，从其规定。

保存期满后的案卷，应当按照国家有关档案管理的规定处理。

第二十五条 在仲裁活动中涉及国家秘密或者军事秘密的，按照国家或者军队有关保密规定执行。

当事人协议不公开或者涉及商业秘密和个人隐私的，经相关当事人书面申请，仲裁委员会应当不公开审理。

第三章　仲裁程序

第一节　申请和受理

第二十六条　本规则第二条第（一）、（三）、（四）、（五）项规定的争议，申请仲裁的时效期间为一年。仲裁时效期间从当事人知道或者应当知道其权利被侵害之日起计算。

本规则第二条第（二）项规定的争议，申请仲裁的时效期间适用公务员法有关规定。

劳动人事关系存续期间因拖欠劳动报酬发生争议的，劳动者申请仲裁不受本条第一款规定的仲裁时效期间的限制；但是，劳动人事关系终止的，应当自劳动人事关系终止之日起一年内提出。

第二十七条　在申请仲裁的时效期间内，有下列情形之一的，仲裁时效中断：

（一）一方当事人通过协商、申请调解等方式向对方当事人主张权利的；

（二）一方当事人通过向有关部门投诉，向仲裁委员会申请仲裁，向人民法院起诉或者申请支付令等方式请求权利救济的；

（三）对方当事人同意履行义务的。

从中断时起，仲裁时效期间重新计算。

第二十八条　因不可抗力，或者有无民事行为能力或者限制民事行为能力劳动者的法定代理人未确定等其他正当理由，当事人不能在规定的仲裁时效期间申请仲裁的，仲裁时效中止。从中止时效的原因消除之日起，仲裁时效期间继续计算。

第二十九条　申请人申请仲裁应当提交书面仲裁申请，并按照被申请人人数提交副本。

仲裁申请书应当载明下列事项：

（一）劳动者的姓名、性别、出生日期、身份证件号码、住所、通讯地址和联系电话，用人单位的名称、住所、通讯地址、联系电话和法定代表人或者主要负责人的姓名、职务；

（二）仲裁请求和所根据的事实、理由；

（三）证据和证据来源，证人姓名和住所。

书写仲裁申请确有困难的，可以口头申请，由仲裁委员会记入笔录，经申请人签名、盖章或者捺印确认。

对于仲裁申请书不规范或者材料不齐备的，仲裁委员会应当当场或者在五日内一次性告知申请人需要补正的全部材料。

仲裁委员会收取当事人提交的材料应当出具收件回执。

第三十条　仲裁委员会对符合下列条件的仲裁申请应当予以受理，并在收到仲裁申请之日起五日内向申请人出具受理通知书：

（一）属于本规则第二条规定的争议范围；

（二）有明确的仲裁请求和事实理由；

（三）申请人是与本案有直接利害关系的自然人、法人或者其他组织，有明确的被申请人；

（四）属于本仲裁委员会管辖范围。

第三十一条　对不符合本规则第三十条第（一）、（二）、（三）项规定之一的仲裁申请，仲裁委员会不予受理，并在收到仲裁申请之日起五日内向申请人出具不予受理通知书；对不符合本规则第三十条第（四）项规定的仲裁申请，仲裁委员会应当在收到仲裁申请之日起五日内，向申请人作出书面说明并告知申请人向有管辖权的仲裁委员会申请仲裁。

对仲裁委员会逾期未作出决定或者决定不予受理的，申请人可以就该争议事项向人民法院提起诉讼。

第三十二条　仲裁委员会受理案件后，发现不应当受理的，除本规则第九条规定外，应当撤销案件，并自决定撤销案件后五日内，以决定书的形式通知当事人。

第三十三条　仲裁委员会受理仲裁申请后，应当在五日内将仲裁申请书副本送达被申请人。

被申请人收到仲裁申请书副本后，应当在十日内向仲裁委员会提交答辩书。仲裁委员会收到答辩书后，应当在五日内将答辩书副本送达申请人。被申请人逾期未提交答辩书的，不影响仲裁程序的进行。

第三十四条　符合下列情形之一，申请人基于同一事实、理由和仲裁请求又申请仲裁的，仲裁委员会不予受理：

（一）仲裁委员会已经依法出具不予受理通知书的；

（二）案件已在仲裁、诉讼过程中或者调解书、裁决书、判决书已经发生法律效力的。

第三十五条 仲裁处理结果作出前，申请人可以自行撤回仲裁申请。申请人再次申请仲裁的，仲裁委员会应当受理。

第三十六条 被申请人可以在答辩期间提出反申请，仲裁委员会应当自收到被申请人反申请之日起五日内决定是否受理并通知被申请人。

决定受理的，仲裁委员会可以将反申请和申请合并处理。

反申请应当另行申请仲裁的，仲裁委员会应当书面告知被申请人另行申请仲裁；反申请不属于本规则规定应当受理的，仲裁委员会应当向被申请人出具不予受理通知书。

被申请人答辩期满后对申请人提出反申请的，应当另行申请仲裁。

第二节　开庭和裁决

第三十七条 仲裁委员会应当在受理仲裁申请之日起五日内组成仲裁庭并将仲裁庭的组成情况书面通知当事人。

第三十八条 仲裁庭应当在开庭五日前，将开庭日期、地点书面通知双方当事人。当事人有正当理由的，可以在开庭三日前请求延期开庭。是否延期，由仲裁委员会根据实际情况决定。

第三十九条 申请人收到书面开庭通知，无正当理由拒不到庭或者未经仲裁庭同意中途退庭的，可以按撤回仲裁申请处理；申请人重新申请仲裁的，仲裁委员会不予受理。被申请人收到书面开庭通知，无正当理由拒不到庭或者未经仲裁庭同意中途退庭的，仲裁庭可以继续开庭审理，并缺席裁决。

第四十条 当事人申请鉴定的，鉴定费由申请鉴定方先行垫付，案件处理终结后，由鉴定结果对其不利方负担。鉴定结果不明确的，由申请鉴定方负担。

第四十一条 开庭审理前，记录人员应当查明当事人和其他仲裁参与人是否到庭，宣布仲裁庭纪律。

开庭审理时，由仲裁员宣布开庭、案由和仲裁员、记录人员名单，核对当事人，告知当事人有关的权利义务，询问当事人是否提出回避申请。

开庭审理中，仲裁员应当听取申请人的陈述和被申请人的答辩，主持庭审调查、质证和辩论、征询当事人最后意见，并进行调解。

第四十二条 仲裁庭应当将开庭情况记入笔录。当事人或者其他仲裁参与人认为对自己陈述的记录有遗漏或者差错的，有权当庭申请补正。仲裁庭认为申请无理由或者无必要的，可以不予补正，但是应当记录该申请。

仲裁员、记录人员、当事人和其他仲裁参与人应当在庭审笔录上签名或者盖章。当事人或者其他仲裁参与人拒绝在庭审笔录上签名或者盖章的，仲裁庭应当记明情况附卷。

第四十三条 仲裁参与人和其他人应当遵守仲裁庭纪律，不得有下列行为：

（一）未经准许进行录音、录像、摄影；

（二）未经准许以移动通信等方式现场传播庭审活动；

（三）其他扰乱仲裁庭秩序、妨害审理活动进行的行为。

仲裁参与人或者其他人有前款规定的情形之一的，仲裁庭可以训诫、责令退出仲裁庭，也可以暂扣进行录音、录像、摄影、传播庭审活动的器材，并责令其删除有关内容。拒不删除的，可以采取必要手段强制删除，并将上述事实记入庭审笔录。

第四十四条 申请人在举证期限届满前可以提出增加或者变更仲裁请求；仲裁庭对申请人增加或者变更的仲裁请求审查后认为应当受理的，应当通知被申请人并给予答辩期，被申请人明确表示放弃答辩期的除外。

申请人在举证期限届满后提出增加或者变更仲裁请求的，应当另行申请仲裁。

第四十五条 仲裁庭裁决案件，应当自仲裁委员会受理仲裁申请之日起四十五日内结束。案情复杂需要延期的，经仲裁委员会主任或者其委托的仲裁院负责人书面批准，可以延期并书面通知当事人，但延长期限不得超过十五日。

第四十六条 有下列情形的，仲裁期限按照下列规定计算：

（一）仲裁庭追加当事人或者第三人的，仲裁期限从决定追加之日起重新计算；

（二）申请人需要补正材料的，仲裁委员会收到仲裁申请的时间从材料补正之日起重新计算；

（三）增加、变更仲裁请求的，仲裁期限从受理增加、变更仲裁请求之日起重新计算；

（四）仲裁申请和反申请合并处理的，仲裁期限从受理反申请之日起重新计算；

（五）案件移送管辖的，仲裁期限从接受移送之日起重新计算；

（六）中止审理期间、公告送达期间不计入仲裁期限内；

（七）法律、法规规定应当另行计算的其他情形。

第四十七条 有下列情形之一的，经仲裁委员会主任或者其委托的仲裁院负责人批准，可以中止案件审理，并书面通知当事人：

（一）劳动者一方当事人死亡，需要等待继承人表明是否参加仲裁的；

（二）劳动者一方当事人丧失民事行为能力，尚未确定法定代理人参加仲裁的；

（三）用人单位终止，尚未确定权利义务承继者的；

（四）一方当事人因不可抗拒的事由，不能参加仲裁的；

（五）案件审理需要以其他案件的审理结果为依据，且其他案件尚未审结的；

（六）案件处理需要等待工伤认定、伤残等级鉴定以及其他鉴定结论的；

（七）其他应当中止仲裁审理的情形。

中止审理的情形消除后，仲裁庭应当恢复审理。

第四十八条 当事人因仲裁庭逾期未作出仲裁裁决而向人民法院提起诉讼并立案受理的，仲裁委员会应当决定该案件终止审理；当事人未就该争议事项向人民法院提起诉讼的，仲裁委员会应当继续处理。

第四十九条 仲裁庭裁决案件时，其中一部分事实已经清楚的，可以就该部分先行裁决。当事人对先行裁决不服的，可以按照调解仲裁法有关规定处理。

第五十条 仲裁庭裁决案件时，申请人根据调解仲裁法第四十七条第（一）项规定，追索劳动报酬、工伤医疗费、经济补偿或者赔偿金，如果仲裁裁决涉及数项，对单项裁决数额不超过当地月最低工资标准十二个月金额的事项，应当适用终局裁决。

前款经济补偿包括《中华人民共和国劳动合同法》（以下简称劳动合同法）规定的竞业限制期限内给予的经济补偿、解除或者终止劳动合同的经济补偿等；赔偿金包括劳动合同法规定的未签订书面劳动合同第二倍工资、违法约定试用期的赔偿金、违法解除或者终止劳动合同的赔偿金等。

根据调解仲裁法第四十七条第（二）项的规定，因执行国家的劳动标准在工作时间、休息休假、社会保险等方面发生的争议，应当适用终局裁决。

仲裁庭裁决案件时，裁决内容同时涉及终局裁决和非终局裁决的，应当分别制作裁决书，并告知当事人相应的救济权利。

第五十一条 仲裁庭对追索劳动报酬、工伤医疗费、经济补偿或者赔偿金的案件，根据当事人的申请，可以裁决先予执行，移送人民法院执行。

仲裁庭裁决先予执行的，应当符合下列条件：

（一）当事人之间权利义务关系明确；

（二）不先予执行将严重影响申请人的生活。

劳动者申请先予执行的，可以不提供担保。

第五十二条 裁决应当按照多数仲裁员的意见作出，少数仲裁员的不同意见应当记入笔录。仲裁庭不能形成多数意见时，裁决应当按照首席仲裁员的意见作出。

第五十三条 裁决书应当载明仲裁请求、争议事实、裁决理由、裁决结果、当事人权利和裁决日期。裁决书由仲裁员签名，加盖仲裁委员会印章。对裁决持不同意见的仲裁员，可以签名，也可以不签名。

第五十四条 对裁决书中的文字、计算错误或者仲裁庭已经裁决但在裁决书中遗漏的事项，仲裁庭应当及时制作决定书予以补正并送达当事人。

第五十五条 当事人对裁决不服向人民法院提起诉讼的，按照调解仲裁法有关规定处理。

第三节 简 易 处 理

第五十六条 争议案件符合下列情形之一的，可以简易处理：

（一）事实清楚、权利义务关系明确、争议不大的；

（二）标的额不超过本省、自治区、直辖市上年度职工年平均工资的；

（三）双方当事人同意简易处理的。

仲裁委员会决定简易处理的，可以指定一名仲裁员独任仲裁，并应当告知当事人。

第五十七条 争议案件有下列情形之一的，不得简易处理：

（一）涉及国家利益、社会公共利益的；

（二）有重大社会影响的；

（三）被申请人下落不明的；

（四）仲裁委员会认为不宜简易处理的。

第五十八条 简易处理的案件，经与被申请人协商同意，仲裁庭可以缩短或者取消答辩期。

第五十九条 简易处理的案件，仲裁庭可以用电话、短信、传真、电子邮件等简便方式送达仲裁文书，但送达调解书、裁决书除外。

以简便方式送达的开庭通知，未经当事人确认或者没有其他证据证明当事人已经收到的，仲裁庭不得按撤回仲裁申请处理或者缺席裁决。

第六十条 简易处理的案件，仲裁庭可以根据案件情况确定举证期限、开庭日期、审理程序、文书制作等事项，但应当保障当事人陈述意见的权利。

第六十一条 仲裁庭在审理过程中，发现案件不宜简易处理的，应当在仲裁期限届满前决定转为按照一般程序处理，并告知当事人。

案件转为按照一般程序处理的，仲裁期限自仲裁委员会受理仲裁申请之日起计算，双方当事人已经确认的事实，可以不再进行举证、质证。

第四节　集体劳动人事争议处理

第六十二条 处理劳动者一方在十人以上并有共同请求的争议案件，或者因履行集体合同发生的劳动争议案件，适用本节规定。

符合本规则第五十六条第一款规定情形之一的集体劳动人事争议案件，可以简易处理，不受本节规定的限制。

第六十三条 发生劳动者一方在十人以上并有共同请求的争议的，劳动者可以推举三至五名代表参加仲裁活动。代表人参加仲裁的行为对其所代表的当事人发生效力，但代表人变更、放弃仲裁请求或者承认对方当事人的仲裁请求，进行和解，必须经被代表的当事人同意。

因履行集体合同发生的劳动争议，经协商解决不成的，工会可以依法申请仲裁；尚未建立工会的，由上级工会指导劳动者推举产生的代表依法申请仲裁。

第六十四条　仲裁委员会应当自收到当事人集体劳动人事争议仲裁申请之日起五日内作出受理或者不予受理的决定。决定受理的，应当自受理之日起五日内将仲裁庭组成人员、答辩期限、举证期限、开庭日期和地点等事项一次性通知当事人。

第六十五条　仲裁委员会处理集体劳动人事争议案件，应当由三名仲裁员组成仲裁庭，设首席仲裁员。

仲裁委员会处理因履行集体合同发生的劳动争议，应当按照三方原则组成仲裁庭处理。

第六十六条　仲裁庭处理集体劳动人事争议，开庭前应当引导当事人自行协商，或者先行调解。

仲裁庭处理集体劳动人事争议案件，可以邀请法律工作者、律师、专家学者等第三方共同参与调解。

协商或者调解未能达成协议的，仲裁庭应当及时裁决。

第六十七条　仲裁庭开庭场所可以设在发生争议的用人单位或者其他便于及时处理争议的地点。

第四章　调解程序

第一节　仲裁调解

第六十八条　仲裁委员会处理争议案件，应当坚持调解优先，引导当事人通过协商、调解方式解决争议，给予必要的法律释明以及风险提示。

第六十九条　对未经调解、当事人直接申请仲裁的争议，仲裁委员会可以向当事人发出调解建议书，引导其到调解组织进行调解。当事人同意先行调解的，应当暂缓受理；当事人不同意先行调解的，应当依法受理。

第七十条　开庭之前，经双方当事人同意，仲裁庭可以委托调解组织或者其他具有调解能力的组织、个人进行调解。

自当事人同意之日起十日内未达成调解协议的，应当开庭审理。

第七十一条　仲裁庭审理争议案件时，应当进行调解。必要时可以邀请有关单位、组织或者个人参与调解。

第七十二条　仲裁调解达成协议的，仲裁庭应当制作调解书。

调解书应当写明仲裁请求和当事人协议的结果。调解书由仲裁员签名，加盖仲裁委员会印章，送达双方当事人。调解书经双方当事人签收后，发生法律效力。

调解不成或者调解书送达前，一方当事人反悔的，仲裁庭应当及时作出裁决。

第七十三条　当事人就部分仲裁请求达成调解协议的，仲裁庭可以就该部分先行出具调解书。

第二节　调解协议的仲裁审查

第七十四条　经调解组织调解达成调解协议的，双方当事人可以自调解协议生效之日起十五日内，共同向有管辖权的仲裁委员会提出仲裁审查申请。

当事人申请审查调解协议，应当向仲裁委员会提交仲裁审查申请书、调解协议和身份证明、资格证明以及其他与调解协议相关的证明材料，并提供双方当事人的送达地址、电话号码等联系方式。

第七十五条　仲裁委员会收到当事人仲裁审查申请，应当及时决定是否受理。决定受理的，应当出具受理通知书。

有下列情形之一的，仲裁委员会不予受理：

（一）不属于仲裁委员会受理争议范围的；

（二）不属于本仲裁委员会管辖的；

（三）超出规定的仲裁审查申请期间的；

（四）确认劳动关系的；

（五）调解协议已经人民法院司法确认的。

第七十六条　仲裁委员会审查调解协议，应当自受理仲裁审查申请之日起五日内结束。因特殊情况需要延期的，经仲裁委员会主任或者其委托的仲裁院负责人批准，可以延长五日。

调解书送达前，一方或者双方当事人撤回仲裁审查申请的，仲裁委员会应当准许。

第七十七条　仲裁委员会受理仲裁审查申请后，应当指定仲裁员对调解协议进行审查。

仲裁委员会经审查认为调解协议的形式和内容合法有效的，应当制作调解书。调解书的内容应当与调解协议的内容相一致。调解书经双方当事人签收后，发生法律效力。

第七十八条 调解协议具有下列情形之一的，仲裁委员会不予制作调解书：

（一）违反法律、行政法规强制性规定的；

（二）损害国家利益、社会公共利益或者公民、法人、其他组织合法权益的；

（三）当事人提供证据材料有弄虚作假嫌疑的；

（四）违反自愿原则的；

（五）内容不明确的；

（六）其他不能制作调解书的情形。

仲裁委员会决定不予制作调解书的，应当书面通知当事人。

第七十九条 当事人撤回仲裁审查申请或者仲裁委员会决定不予制作调解书的，应当终止仲裁审查。

第五章　附　　则

第八十条 本规则规定的"三日"、"五日"、"十日"指工作日，"十五日"、"四十五日"指自然日。

第八十一条 本规则自 2017 年 7 月 1 日起施行。2009 年 1 月 1 日人力资源社会保障部公布的《劳动人事争议仲裁办案规则》（人力资源和社会保障部令第 2 号）同时废止。

四、农村土地承包经营纠纷仲裁

中华人民共和国农村土地
承包经营纠纷调解仲裁法

(2009 年 6 月 27 日第十一届全国人民代表大会常务委员会第九次会议通过　2009 年 6 月 27 日中华人民共和国主席令第 14 号公布　自 2010 年 1 月 1 日起施行)

第一章　总　　则

第一条　为了公正、及时解决农村土地承包经营纠纷,维护当事人的合法权益,促进农村经济发展和社会稳定,制定本法。

第二条　农村土地承包经营纠纷调解和仲裁,适用本法。

农村土地承包经营纠纷包括:

(一)因订立、履行、变更、解除和终止农村土地承包合同发生的纠纷;

(二)因农村土地承包经营权转包、出租、互换、转让、入股等流转发生的纠纷;

(三)因收回、调整承包地发生的纠纷;

(四)因确认农村土地承包经营权发生的纠纷;

(五)因侵害农村土地承包经营权发生的纠纷;

(六)法律、法规规定的其他农村土地承包经营纠纷。

因征收集体所有的土地及其补偿发生的纠纷,不属于农村土地承包仲裁委员会的受理范围,可以通过行政复议或者诉讼等方式解决。

第三条　发生农村土地承包经营纠纷的,当事人可以自行和解,也可以请求村民委员会、乡(镇)人民政府等调解。

第四条　当事人和解、调解不成或者不愿和解、调解的,可以向农村土地承包仲裁委员会申请仲裁,也可以直接向人民法院起诉。

第五条　农村土地承包经营纠纷调解和仲裁,应当公开、公平、公正,便民高效，根据事实，符合法律，尊重社会公德。

第六条 县级以上人民政府应当加强对农村土地承包经营纠纷调解和仲裁工作的指导。

县级以上人民政府农村土地承包管理部门及其他有关部门应当依照职责分工，支持有关调解组织和农村土地承包仲裁委员会依法开展工作。

第二章 调　解

第七条 村民委员会、乡（镇）人民政府应当加强农村土地承包经营纠纷的调解工作，帮助当事人达成协议解决纠纷。

第八条 当事人申请农村土地承包经营纠纷调解可以书面申请，也可以口头申请。口头申请的，由村民委员会或者乡（镇）人民政府当场记录申请人的基本情况、申请调解的纠纷事项、理由和时间。

第九条 调解农村土地承包经营纠纷，村民委员会或者乡（镇）人民政府应当充分听取当事人对事实和理由的陈述，讲解有关法律以及国家政策，耐心疏导，帮助当事人达成协议。

第十条 经调解达成协议的，村民委员会或者乡（镇）人民政府应当制作调解协议书。

调解协议书由双方当事人签名、盖章或者按指印，经调解人员签名并加盖调解组织印章后生效。

第十一条 仲裁庭对农村土地承包经营纠纷应当进行调解。调解达成协议的，仲裁庭应当制作调解书；调解不成的，应当及时作出裁决。

调解书应当写明仲裁请求和当事人协议的结果。调解书由仲裁员签名，加盖农村土地承包仲裁委员会印章，送达双方当事人。

调解书经双方当事人签收后，即发生法律效力。在调解书签收前当事人反悔的，仲裁庭应当及时作出裁决。

第三章 仲　裁

第一节 仲裁委员会和仲裁员

第十二条 农村土地承包仲裁委员会，根据解决农村土地承包经营纠纷的实际需要设立。农村土地承包仲裁委员会可以在县和不设区的市设立，也可以在设区的市或者其市辖区设立。

农村土地承包仲裁委员会在当地人民政府指导下设立。设立农村土地承包仲裁委员会的，其日常工作由当地农村土地承包管理部门承担。

第十三条 农村土地承包仲裁委员会由当地人民政府及其有关部门代表、有关人民团体代表、农村集体经济组织代表、农民代表和法律、经济等相关专业人员兼任组成，其中农民代表和法律、经济等相关专业人员不得少于组成人员的二分之一。

农村土地承包仲裁委员会设主任一人、副主任一至二人和委员若干人。主任、副主任由全体组成人员选举产生。

第十四条 农村土地承包仲裁委员会依法履行下列职责：

（一）聘任、解聘仲裁员；

（二）受理仲裁申请；

（三）监督仲裁活动。

农村土地承包仲裁委员会应当依照本法制定章程，对其组成人员的产生方式及任期、议事规则等作出规定。

第十五条 农村土地承包仲裁委员会应当从公道正派的人员中聘任仲裁员。

仲裁员应当符合下列条件之一：

（一）从事农村土地承包管理工作满五年；

（二）从事法律工作或者人民调解工作满五年；

（三）在当地威信较高，并熟悉农村土地承包法律以及国家政策的居民。

第十六条 农村土地承包仲裁委员会应当对仲裁员进行农村土地承包法律以及国家政策的培训。

省、自治区、直辖市人民政府农村土地承包管理部门应当制定仲裁员培训计划，加强对仲裁员培训工作的组织和指导。

第十七条 农村土地承包仲裁委员会组成人员、仲裁员应当依法履行职责，遵守农村土地承包仲裁委员会章程和仲裁规则，不得索贿受贿、徇私舞弊，不得侵害当事人的合法权益。

仲裁员有索贿受贿、徇私舞弊、枉法裁决以及接受当事人请客送礼等违法违纪行为的，农村土地承包仲裁委员会应当将其除名；构成犯罪的，依法追究刑事责任。

县级以上地方人民政府及有关部门应当受理对农村土地承包仲裁委员会组成人员、仲裁员违法违纪行为的投诉和举报，并依法组织查处。

第二节　申请和受理

第十八条　农村土地承包经营纠纷申请仲裁的时效期间为二年，自当事人知道或者应当知道其权利被侵害之日起计算。

第十九条　农村土地承包经营纠纷仲裁的申请人、被申请人为当事人。家庭承包的，可以由农户代表人参加仲裁。当事人一方人数众多的，可以推选代表人参加仲裁。

与案件处理结果有利害关系的，可以申请作为第三人参加仲裁，或者由农村土地承包仲裁委员会通知其参加仲裁。

当事人、第三人可以委托代理人参加仲裁。

第二十条　申请农村土地承包经营纠纷仲裁应当符合下列条件：

（一）申请人与纠纷有直接的利害关系；

（二）有明确的被申请人；

（三）有具体的仲裁请求和事实、理由；

（四）属于农村土地承包仲裁委员会的受理范围。

第二十一条　当事人申请仲裁，应当向纠纷涉及的土地所在地的农村土地承包仲裁委员会递交仲裁申请书。仲裁申请书可以邮寄或者委托他人代交。仲裁申请书应当载明申请人和被申请人的基本情况，仲裁请求和所根据的事实、理由，并提供相应的证据和证据来源。

书面申请确有困难的，可以口头申请，由农村土地承包仲裁委员会记入笔录，经申请人核实后由其签名、盖章或者按指印。

第二十二条　农村土地承包仲裁委员会应当对仲裁申请予以审查，认为符合本法第二十条规定的，应当受理。有下列情形之一的，不予受理；已受理的，终止仲裁程序：

（一）不符合申请条件；

（二）人民法院已受理该纠纷；

（三）法律规定该纠纷应当由其他机构处理；

（四）对该纠纷已有生效的判决、裁定、仲裁裁决、行政处理决定等。

第二十三条 农村土地承包仲裁委员会决定受理的，应当自收到仲裁申请之日起五个工作日内，将受理通知书、仲裁规则和仲裁员名册送达申请人；决定不予受理或者终止仲裁程序的，应当自收到仲裁申请或者发现终止仲裁程序情形之日起五个工作日内书面通知申请人，并说明理由。

第二十四条 农村土地承包仲裁委员会应当自受理仲裁申请之日起五个工作日内，将受理通知书、仲裁申请书副本、仲裁规则和仲裁员名册送达被申请人。

第二十五条 被申请人应当自收到仲裁申请书副本之日起十日内向农村土地承包仲裁委员会提交答辩书；书面答辩确有困难的，可以口头答辩，由农村土地承包仲裁委员会记入笔录，经被申请人核实后由其签名、盖章或者按指印。农村土地承包仲裁委员会应当自收到答辩书之日起五个工作日内将答辩书副本送达申请人。被申请人未答辩的，不影响仲裁程序的进行。

第二十六条 一方当事人因另一方当事人的行为或者其他原因，可能使裁决不能执行或者难以执行的，可以申请财产保全。

当事人申请财产保全的，农村土地承包仲裁委员会应当将当事人的申请提交被申请人住所地或者财产所在地的基层人民法院。

申请有错误的，申请人应当赔偿被申请人因财产保全所遭受的损失。

第三节　仲裁庭的组成

第二十七条 仲裁庭由三名仲裁员组成，首席仲裁员由当事人共同选定，其他二名仲裁员由当事人各自选定；当事人不能选定的，由农村土地承包仲裁委员会主任指定。

事实清楚、权利义务关系明确、争议不大的农村土地承包经营纠纷，经双方当事人同意，可以由一名仲裁员仲裁。仲裁员由当事人共同选定或者由农村土地承包仲裁委员会主任指定。

农村土地承包仲裁委员会应当自仲裁庭组成之日起二个工作日内将仲裁庭组成情况通知当事人。

第二十八条 仲裁员有下列情形之一的，必须回避，当事人也有权以口头或者书面方式申请其回避：

（一）是本案当事人或者当事人、代理人的近亲属；

（二）与本案有利害关系；

（三）与本案当事人、代理人有其他关系，可能影响公正仲裁；

（四）私自会见当事人、代理人，或者接受当事人、代理人的请客送礼。

当事人提出回避申请，应当说明理由，在首次开庭前提出。回避事由在首次开庭后知道的，可以在最后一次开庭终结前提出。

第二十九条　农村土地承包仲裁委员会对回避申请应当及时作出决定，以口头或者书面方式通知当事人，并说明理由。

仲裁员是否回避，由农村土地承包仲裁委员会主任决定；农村土地承包仲裁委员会主任担任仲裁员时，由农村土地承包仲裁委员会集体决定。

仲裁员因回避或者其他原因不能履行职责的，应当依照本法规定重新选定或者指定仲裁员。

第四节　开庭和裁决

第三十条　农村土地承包经营纠纷仲裁应当开庭进行。

开庭可以在纠纷涉及的土地所在地的乡（镇）或者村进行，也可以在农村土地承包仲裁委员会所在地进行。当事人双方要求在乡（镇）或者村开庭的，应当在该乡（镇）或者村开庭。

开庭应当公开，但涉及国家秘密、商业秘密和个人隐私以及当事人约定不公开的除外。

第三十一条　仲裁庭应当在开庭五个工作日前将开庭的时间、地点通知当事人和其他仲裁参与人。

当事人有正当理由的，可以向仲裁庭请求变更开庭的时间、地点。是否变更，由仲裁庭决定。

第三十二条　当事人申请仲裁后，可以自行和解。达成和解协议的，可以请求仲裁庭根据和解协议作出裁决书，也可以撤回仲裁申请。

第三十三条　申请人可以放弃或者变更仲裁请求。被申请人可以承认或者反驳仲裁请求，有权提出反请求。

第三十四条　仲裁庭作出裁决前，申请人撤回仲裁申请的，除被申请人提出反请求的外，仲裁庭应当终止仲裁。

第三十五条　申请人经书面通知，无正当理由不到庭或者未经仲裁庭许可中途退庭的，可以视为撤回仲裁申请。

被申请人经书面通知，无正当理由不到庭或者未经仲裁庭许可中途退庭的，可以缺席裁决。

第三十六条 当事人在开庭过程中有权发表意见、陈述事实和理由、提供证据、进行质证和辩论。对不通晓当地通用语言文字的当事人，农村土地承包仲裁委员会应当为其提供翻译。

第三十七条 当事人应当对自己的主张提供证据。与纠纷有关的证据由作为当事人一方的发包方等掌握管理的，该当事人应当在仲裁庭指定的期限内提供，逾期不提供的，应当承担不利后果。

第三十八条 仲裁庭认为有必要收集的证据，可以自行收集。

第三十九条 仲裁庭对专门性问题认为需要鉴定的，可以交由当事人约定的鉴定机构鉴定；当事人没有约定的，由仲裁庭指定的鉴定机构鉴定。

根据当事人的请求或者仲裁庭的要求，鉴定机构应当派鉴定人参加开庭。当事人经仲裁庭许可，可以向鉴定人提问。

第四十条 证据应当在开庭时出示，但涉及国家秘密、商业秘密和个人隐私的证据不得在公开开庭时出示。

仲裁庭应当依照仲裁规则的规定开庭，给予双方当事人平等陈述、辩论的机会，并组织当事人进行质证。

经仲裁庭查证属实的证据，应当作为认定事实的根据。

第四十一条 在证据可能灭失或者以后难以取得的情况下，当事人可以申请证据保全。当事人申请证据保全的，农村土地承包仲裁委员会应当将当事人的申请提交证据所在地的基层人民法院。

第四十二条 对权利义务关系明确的纠纷，经当事人申请，仲裁庭可以先行裁定维持现状、恢复农业生产以及停止取土、占地等行为。

一方当事人不履行先行裁定的，另一方当事人可以向人民法院申请执行，但应当提供相应的担保。

第四十三条 仲裁庭应当将开庭情况记入笔录，由仲裁员、记录人员、当事人和其他仲裁参与人签名、盖章或者按指印。

当事人和其他仲裁参与人认为对自己陈述的记录有遗漏或者差错的，有权申请补正。如果不予补正，应当记录该申请。

第四十四条 仲裁庭应当根据认定的事实和法律以及国家政策作出裁决并制作裁决书。

裁决应当按照多数仲裁员的意见作出，少数仲裁员的不同意见可以记入笔录。仲裁庭不能形成多数意见时,裁决应当按照首席仲裁员的意见作出。

第四十五条 裁决书应当写明仲裁请求、争议事实、裁决理由、裁决结果、裁决日期以及当事人不服仲裁裁决的起诉权利、期限,由仲裁员签名,加盖农村土地承包仲裁委员会印章。

农村土地承包仲裁委员会应当在裁决作出之日起三个工作日内将裁决书送达当事人,并告知当事人不服仲裁裁决的起诉权利、期限。

第四十六条 仲裁庭依法独立履行职责,不受行政机关、社会团体和个人的干涉。

第四十七条 仲裁农村土地承包经营纠纷,应当自受理仲裁申请之日起六十日内结束;案情复杂需要延长的,经农村土地承包仲裁委员会主任批准可以延长,并书面通知当事人,但延长期限不得超过三十日。

第四十八条 当事人不服仲裁裁决的,可以自收到裁决书之日起三十日内向人民法院起诉。逾期不起诉的,裁决书即发生法律效力。

第四十九条 当事人对发生法律效力的调解书、裁决书,应当依照规定的期限履行。一方当事人逾期不履行的,另一方当事人可以向被申请人住所地或者财产所在地的基层人民法院申请执行。受理申请的人民法院应当依法执行。

第四章 附 则

第五十条 本法所称农村土地,是指农民集体所有和国家所有依法由农民集体使用的耕地、林地、草地,以及其他依法用于农业的土地。

第五十一条 农村土地承包经营纠纷仲裁规则和农村土地承包仲裁委员会示范章程,由国务院农业、林业行政主管部门依照本法规定共同制定。

第五十二条 农村土地承包经营纠纷仲裁不得向当事人收取费用,仲裁工作经费纳入财政预算予以保障。

第五十三条 本法自 2010 年 1 月 1 日起施行。

最高人民法院关于审理涉及农村土地承包经营纠纷调解仲裁案件适用法律若干问题的解释

（2013 年 12 月 27 日最高人民法院审判委员会第 1601 次会议通过　根据 2020 年 12 月 23 日最高人民法院审判委员会第 1823 次会议通过的《最高人民法院关于修改〈最高人民法院关于在民事审判工作中适用《中华人民共和国工会法》若干问题的解释〉等二十七件民事类司法解释的决定》修正　2020 年 12 月 29 日最高人民法院公告公布　该修正自 2021 年 1 月 1 日起施行　法释〔2020〕17 号）

为正确审理涉及农村土地承包经营纠纷调解仲裁案件，根据《中华人民共和国农村土地承包法》《中华人民共和国农村土地承包经营纠纷调解仲裁法》《中华人民共和国民事诉讼法》等法律的规定，结合民事审判实践，就审理涉及农村土地承包经营纠纷调解仲裁案件适用法律的若干问题，制定本解释。

第一条　农村土地承包仲裁委员会根据农村土地承包经营纠纷调解仲裁法第十八条规定，以超过申请仲裁的时效期间为由驳回申请后，当事人就同一纠纷提起诉讼的，人民法院应予受理。

第二条　当事人在收到农村土地承包仲裁委员会作出的裁决书之日起三十日后或者签收农村土地承包仲裁委员会作出的调解书后，就同一纠纷向人民法院提起诉讼的，裁定不予受理；已经受理的，裁定驳回起诉。

第三条　当事人在收到农村土地承包仲裁委员会作出的裁决书之日起三十日内，向人民法院提起诉讼，请求撤销仲裁裁决的，人民法院应当告知当事人就原纠纷提起诉讼。

第四条　农村土地承包仲裁委员会依法向人民法院提交当事人财产保全申请的，申请财产保全的当事人为申请人。

农村土地承包仲裁委员会应当提交下列材料：

（一）财产保全申请书；

（二）农村土地承包仲裁委员会发出的受理案件通知书；

（三）申请人的身份证明；

（四）申请保全财产的具体情况。

人民法院采取保全措施，可以责令申请人提供担保，申请人不提供担保的，裁定驳回申请。

第五条 人民法院对农村土地承包仲裁委员会提交的财产保全申请材料，应当进行审查。符合前条规定的，应予受理；申请材料不齐全或不符合规定的，人民法院应当告知农村土地承包仲裁委员会需要补齐的内容。

人民法院决定受理的，应当于三日内向当事人送达受理通知书并告知农村土地承包仲裁委员会。

第六条 人民法院受理财产保全申请后，应当在十日内作出裁定。因特殊情况需要延长的，经本院院长批准，可以延长五日。

人民法院接受申请后，对情况紧急的，必须在四十八小时内作出裁定；裁定采取保全措施的，应当立即开始执行。

第七条 农村土地承包经营纠纷仲裁中采取的财产保全措施，在申请保全的当事人依法提起诉讼后，自动转为诉讼中的财产保全措施，并适用《最高人民法院关于适用〈中华人民共和国民事诉讼法〉的解释》第四百八十七条关于查封、扣押、冻结期限的规定。

485

第八条 农村土地承包仲裁委员会依法向人民法院提交当事人证据保全申请的，应当提供下列材料：

（一）证据保全申请书；

（二）农村土地承包仲裁委员会发出的受理案件通知书；

（三）申请人的身份证明；

（四）申请保全证据的具体情况。

对证据保全的具体程序事项，适用本解释第五、六、七条关于财产保全的规定。

第九条 农村土地承包仲裁委员会作出先行裁定后，一方当事人依法向被执行人住所地或者被执行的财产所在地基层人民法院申请执行的，人民法院应予受理和执行。

申请执行先行裁定的，应当提供以下材料：

（一）申请执行书；

（二）农村土地承包仲裁委员会作出的先行裁定书；

（三）申请执行人的身份证明；

（四）申请执行人提供的担保情况；

（五）其他应当提交的文件或证件。

第十条 当事人根据农村土地承包经营纠纷调解仲裁法第四十九条规定，向人民法院申请执行调解书、裁决书，符合《最高人民法院关于人民法院执行工作若干问题的规定（试行）》第十六条规定条件的，人民法院应予受理和执行。

第十一条 当事人因不服农村土地承包仲裁委员会作出的仲裁裁决向人民法院提起诉讼的，起诉期从其收到裁决书的次日起计算。

第十二条 本解释施行后，人民法院尚未审结的一审、二审案件适用本解释规定。本解释施行前已经作出生效裁判的案件，本解释施行后依法再审的，不适用本解释规定。

农村土地承包经营纠纷仲裁规则

（2009 年 12 月 29 日农业部、国家林业局令 2010 年第 1 号公布　自 2010 年 1 月 1 日起施行）

第一章　总　　则

第一条 为规范农村土地承包经营纠纷仲裁活动，根据《中华人民共和国农村土地承包经营纠纷调解仲裁法》，制定本规则。

第二条 农村土地承包经营纠纷仲裁适用本规则。

第三条 下列农村土地承包经营纠纷，当事人可以向农村土地承包仲裁委员会（以下简称仲裁委员会）申请仲裁：

（一）因订立、履行、变更、解除和终止农村土地承包合同发生的纠纷；

（二）因农村土地承包经营权转包、出租、互换、转让、入股等流转发生的纠纷；

（三）因收回、调整承包地发生的纠纷；

（四）因确认农村土地承包经营权发生的纠纷；

（五）因侵害农村土地承包经营权发生的纠纷；

（六）法律、法规规定的其他农村土地承包经营纠纷。

因征收集体所有的土地及其补偿发生的纠纷，不属于仲裁委员会的受理范围，可以通过行政复议或者诉讼等方式解决。

第四条 仲裁委员会依法设立，其日常工作由当地农村土地承包管理部门承担。

第五条 农村土地承包经营纠纷仲裁，应当公开、公平、公正，便民高效，注重调解，尊重事实，符合法律，遵守社会公德。

第二章 申请和受理

第六条 农村土地承包经营纠纷仲裁的申请人、被申请人为仲裁当事人。

第七条 家庭承包的，可以由农户代表人参加仲裁。农户代表人由农户成员共同推选；不能共同推选的，按下列方式确定：

（一）土地承包经营权证或者林权证等证书上记载的人；

（二）未取得土地承包经营权证或者林权证等证书的，为在承包合同上签字的人。

第八条 当事人一方为五户（人）以上的，可以推选三至五名代表人参加仲裁。

第九条 与案件处理结果有利害关系的，可以申请作为第三人参加仲裁，或者由仲裁委员会通知其参加仲裁。

第十条 当事人、第三人可以委托代理人参加仲裁。

当事人或者第三人为无民事行为能力人或者限制民事行为能力人的，由其法定代理人参加仲裁。

第十一条 当事人申请农村土地承包经营纠纷仲裁的时效期间为二年，自当事人知道或者应当知道其权利被侵害之日起计算。

仲裁时效因申请调解、申请仲裁、当事人一方提出要求或者同意履行义务而中断。从中断时起，仲裁时效重新计算。

在仲裁时效期间的最后六个月内，因不可抗力或者其他事由，当事人不能申请仲裁的，仲裁时效中止。从中止时效的原因消除之日起，仲裁时效期间继续计算。

侵害农村土地承包经营权行为持续发生的，仲裁时效从侵权行为终了时计算。

第十二条 申请农村土地承包经营纠纷仲裁，应当符合下列条件：

（一）申请人与纠纷有直接的利害关系；

（二）有明确的被申请人；

（三）有具体的仲裁请求和事实、理由；

（四）属于仲裁委员会的受理范围。

第十三条 当事人申请仲裁，应当向纠纷涉及土地所在地的仲裁委员会递交仲裁申请书。申请书可以邮寄或者委托他人代交。

书面申请有困难的，可以口头申请，由仲裁委员会记入笔录，经申请人核实后由其签名、盖章或者按指印。

仲裁委员会收到仲裁申请材料，应当出具回执。回执应当载明接收材料的名称和份数、接收日期等，并加盖仲裁委员会印章。

第十四条 仲裁申请书应当载明下列内容：

（一）申请人和被申请人的姓名、年龄、住所、邮政编码、电话或者其他通讯方式；法人或者其他组织应当写明名称、地址和法定代表人或者主要负责人的姓名、职务、通讯方式；

（二）申请人的仲裁请求；

（三）仲裁请求所依据的事实和理由；

（四）证据和证据来源、证人姓名和联系方式。

第十五条 仲裁委员会应当对仲裁申请进行审查，符合申请条件的，应当受理。

有下列情形之一的，不予受理；已受理的，终止仲裁程序：

（一）不符合申请条件；

（二）人民法院已受理该纠纷；

（三）法律规定该纠纷应当由其他机构受理；

（四）对该纠纷已有生效的判决、裁定、仲裁裁决、行政处理决定等。

第十六条 仲裁委员会决定受理仲裁申请的，应当自收到仲裁申请之日起五个工作日内，将受理通知书、仲裁规则、仲裁员名册送达申请人，将受理通知书、仲裁申请书副本、仲裁规则、仲裁员名册送达被申请人。

决定不予受理或者终止仲裁程序的，应当自收到仲裁申请或者发现终止仲裁程序情形之日起五个工作日内书面通知申请人，并说明理由。

需要通知第三人参加仲裁的，仲裁委员会应当通知第三人，并告知其权利义务。

第十七条　被申请人应当自收到仲裁申请书副本之日起十日内向仲裁委员会提交答辩书。

仲裁委员会应当自收到答辩书之日起五个工作日内将答辩书副本送达申请人。

被申请人未答辩的，不影响仲裁程序的进行。

第十八条　答辩书应当载明下列内容：

（一）答辩人姓名、年龄、住所、邮政编码、电话或者其他通讯方式；法人或者其他组织应当写明名称、地址和法定代表人或者主要负责人的姓名、职务、通讯方式；

（二）对申请人仲裁申请的答辩及所依据的事实和理由；

（三）证据和证据来源，证人姓名和联系方式。

书面答辩确有困难的，可以口头答辩，由仲裁委员会记入笔录，经被申请人核实后由其签名、盖章或者按指印。

第十九条　当事人提交仲裁申请书、答辩书、有关证据材料及其他书面文件，应当一式三份。

第二十条　因一方当事人的行为或者其他原因可能使裁决不能执行或者难以执行，另一方当事人申请财产保全的，仲裁委员会应当将当事人的申请提交被申请人住所地或者财产所在地的基层人民法院，并告知申请人因申请错误造成被申请人财产损失的，应当承担相应的赔偿责任。

第三章　仲　裁　庭

第二十一条　仲裁庭由三名仲裁员组成。

事实清楚、权利义务关系明确、争议不大的农村土地承包经营纠纷，经双方当事人同意，可以由一名仲裁员仲裁。

第二十二条　双方当事人自收到受理通知书之日起五个工作日内，从仲裁员名册中选定仲裁员。首席仲裁员由双方当事人共同选定，其他二名仲裁员由双方当事人各自选定；当事人不能选定的，由仲裁委员会主任指定。

独任仲裁员由双方当事人共同选定；当事人不能选定的，由仲裁委员会主任指定。

仲裁委员会应当自仲裁庭组成之日起二个工作日内将仲裁庭组成情况通知当事人。

第二十三条 仲裁庭组成后，首席仲裁员应当召集其他仲裁员审阅案件材料，了解纠纷的事实和情节，研究双方当事人的请求和理由，查核证据，整理争议焦点。

仲裁庭认为确有必要的，可以要求当事人在一定期限内补充证据，也可以自行调查取证。自行调查取证的，调查人员不得少于二人。

第二十四条 仲裁员有下列情形之一的，应当回避：

（一）是本案当事人或者当事人、代理人的近亲属；

（二）与本案有利害关系；

（三）与本案当事人、代理人有其他关系，可能影响公正仲裁；

（四）私自会见当事人、代理人，或者接受当事人、代理人请客送礼。

第二十五条 仲裁员有回避情形的，应当以口头或者书面方式及时向仲裁委员会提出。

当事人认为仲裁员有回避情形的，有权以口头或者书面方式向仲裁委员会申请其回避。

当事人提出回避申请，应当在首次开庭前提出，并说明理由；在首次开庭后知道回避事由的，可以在最后一次开庭终结前提出。

第二十六条 仲裁委员会应当自收到回避申请或者发现仲裁员有回避情形之日起二个工作日内作出决定，以口头或者书面方式通知当事人，并说明理由。

仲裁员是否回避，由仲裁委员会主任决定；仲裁委员会主任担任仲裁员时，由仲裁委员会集体决定主任的回避。

第二十七条 仲裁员有下列情形之一的，应当按照本规则第二十二条规定重新选定或者指定仲裁员：

（一）被决定回避的；

（二）在法律上或者事实上不能履行职责的；

（三）因被除名或者解聘丧失仲裁员资格的；

（四）因个人原因退出或者不能从事仲裁工作的；

（五）因徇私舞弊、失职渎职被仲裁委员会决定更换的。

重新选定或者指定仲裁员后，仲裁程序继续进行。当事人请求仲裁程序重新进行的，由仲裁庭决定。

第二十八条　仲裁庭应当向当事人提供必要的法律政策解释，帮助当事人自行和解。

达成和解协议的，当事人可以请求仲裁庭根据和解协议制作裁决书；当事人要求撤回仲裁申请的，仲裁庭应当终止仲裁程序。

第二十九条　仲裁庭应当在双方当事人自愿的基础上进行调解。调解达成协议的，仲裁庭应当制作调解书。

调解书应当载明双方当事人基本情况、纠纷事由、仲裁请求和协议结果，由仲裁员签名，并加盖仲裁委员会印章，送达双方当事人。

调解书经双方当事人签收即发生法律效力。

第三十条　调解不成或者当事人在调解书签收前反悔的，仲裁庭应当及时作出裁决。

当事人在调解过程中的陈述、意见、观点或者建议，仲裁庭不得作为裁决的证据或依据。

第三十一条　仲裁庭作出裁决前，申请人放弃仲裁请求并撤回仲裁申请，且被申请人没有就申请人的仲裁请求提出反请求的，仲裁庭应当终止仲裁程序。

申请人经书面通知，无正当理由不到庭或者未经仲裁庭许可中途退庭的，可以视为撤回仲裁申请。

第三十二条　被申请人就申请人的仲裁请求提出反请求的，应当说明反请求事项及其所依据的事实和理由，并附具有关证明材料。

被申请人在仲裁庭组成前提出反请求的，由仲裁委员会决定是否受理；在仲裁庭组成后提出反请求的，由仲裁庭决定是否受理。

仲裁委员会或者仲裁庭决定受理反请求的，应当自收到反请求之日起五个工作日内将反请求申请书副本送达申请人。申请人应当在收到反请求申请书副本后十个工作日内提交反请求答辩书，不答辩的不影响仲裁程序的进行。仲裁庭应当将被申请人的反请求与申请人的请求合并审理。

仲裁委员会或者仲裁庭决定不予受理反请求的，应当书面通知被申请人，并说明理由。

第三十三条 仲裁庭组成前申请人变更仲裁请求或者被申请人变更反请求的，由仲裁委员会作出是否准许的决定；仲裁庭组成后变更请求或者反请求的，由仲裁庭作出是否准许的决定。

第四章 开　庭

第三十四条 农村土地承包经营纠纷仲裁应当开庭进行。开庭应当公开，但涉及国家秘密、商业秘密和个人隐私以及当事人约定不公开的除外。

开庭可以在纠纷涉及的土地所在地的乡（镇）或者村进行，也可以在仲裁委员会所在地进行。当事人双方要求在乡（镇）或者村开庭的，应当在该乡（镇）或者村开庭。

第三十五条 仲裁庭应当在开庭五个工作日前将开庭时间、地点通知当事人、第三人和其他仲裁参与人。

当事人请求变更开庭时间和地点的，应当在开庭三个工作日前向仲裁庭提出，并说明理由。仲裁庭决定变更的，通知双方当事人、第三人和其他仲裁参与人；决定不变更的，通知提出变更请求的当事人。

第三十六条 公开开庭的，应当将开庭时间、地点等信息予以公告。

申请旁听的公民，经仲裁庭审查后可以旁听。

第三十七条 被申请人经书面通知，无正当理由不到庭或者未经仲裁庭许可中途退庭的，仲裁庭可以缺席裁决。

被申请人提出反请求，申请人经书面通知，无正当理由不到庭或者未经仲裁庭许可中途退庭的，仲裁庭可以就反请求缺席裁决。

第三十八条 开庭前，仲裁庭应当查明当事人、第三人、代理人和其他仲裁参与人是否到庭，并逐一核对身份。

开庭由首席仲裁员或者独任仲裁员宣布。首席仲裁员或者独任仲裁员应当宣布案由，宣读仲裁庭组成人员名单、仲裁庭纪律、当事人权利和义务，询问当事人是否申请仲裁员回避。

第三十九条 仲裁庭应当保障双方当事人平等陈述的机会，组织当事人、第三人、代理人陈述事实、意见、理由。

第四十条 当事人、第三人应当提供证据，对其主张加以证明。

与纠纷有关的证据由作为当事人一方的发包方等掌握管理的，该当事人应当在仲裁庭指定的期限内提供，逾期不提供的，应当承担不利后果。

第四十一条 仲裁庭自行调查收集的证据，应当在开庭时向双方当事人出示。

第四十二条 仲裁庭对专门性问题认为需要鉴定的，可以交由当事人约定的鉴定机构鉴定；当事人没有约定的，由仲裁庭指定的鉴定机构鉴定。

第四十三条 当事人申请证据保全，应当向仲裁委员会书面提出。仲裁委员会应当自收到申请之日起二个工作日内，将申请提交证据所在地的基层人民法院。

第四十四条 当事人、第三人申请证人出庭作证的，仲裁庭应当准许，并告知证人的权利义务。

证人不得旁听案件审理。

第四十五条 证据应当在开庭时出示，但涉及国家秘密、商业秘密和个人隐私的证据不得在公开开庭时出示。

仲裁庭应当组织当事人、第三人交换证据，相互质证。

经仲裁庭许可，当事人、第三人可以向证人询问，证人应当据实回答。

根据当事人的请求或者仲裁庭的要求，鉴定机构应当派鉴定人参加开庭。经仲裁庭许可，当事人可以向鉴定人提问。

第四十六条 仲裁庭应当保障双方当事人平等行使辩论权，并对争议焦点组织辩论。

辩论终结时，首席仲裁员或者独任仲裁员应当征询双方当事人、第三人的最后意见。

第四十七条 对权利义务关系明确的纠纷，当事人可以向仲裁庭书面提出先行裁定申请，请求维持现状、恢复农业生产以及停止取土、占地等破坏性行为。仲裁庭应当自收到先行裁定申请之日起二个工作日内作出决定。

仲裁庭作出先行裁定的，应当制作先行裁定书，并告知先行裁定申请人可以向人民法院申请执行，但应当提供相应的担保。

先行裁定书应当载明先行裁定申请的内容、依据事实和理由、裁定结果和日期，由仲裁员签名，加盖仲裁委员会印章。

第四十八条 仲裁庭应当将开庭情况记入笔录。笔录由仲裁员、记录人员、当事人、第三人和其他仲裁参与人签名、盖章或者按指印。

当事人、第三人和其他仲裁参与人认为对自己的陈述记录有遗漏或者差错的，有权申请补正。仲裁庭不予补正的，应当向申请人说明情况，并记录该申请。

第四十九条 发生下列情形之一的，仲裁程序中止：

（一）一方当事人死亡，需要等待继承人表明是否参加仲裁的；

（二）一方当事人丧失行为能力，尚未确定法定代理人的；

（三）作为一方当事人的法人或者其他组织终止，尚未确定权利义务承受人的；

（四）一方当事人因不可抗拒的事由，不能参加仲裁的；

（五）本案必须以另一案的审理结果为依据，而另一案尚未审结的；

（六）其他应当中止仲裁程序的情形。

在仲裁庭组成前发生仲裁中止事由的，由仲裁委员会决定是否中止仲裁；仲裁庭组成后发生仲裁中止事由的，由仲裁庭决定是否中止仲裁。决定仲裁程序中止的，应当书面通知当事人。

仲裁程序中止的原因消除后，仲裁委员会或者仲裁庭应当在三个工作日内作出恢复仲裁程序的决定，并通知当事人和第三人。

第五十条 发生下列情形之一的，仲裁程序终结：

（一）申请人死亡或者终止，没有继承人及权利义务承受人，或者继承人、权利义务承受人放弃权利的；

（二）被申请人死亡或者终止，没有可供执行的财产，也没有应当承担义务的人的；

（三）其他应当终结仲裁程序的。

终结仲裁程序的，仲裁委员会应当自发现终结仲裁程序情形之日起五个工作日内书面通知当事人、第三人，并说明理由。

第五章　裁决和送达

第五十一条 仲裁庭应当根据认定的事实和法律以及国家政策作出裁决，并制作裁决书。

首席仲裁员组织仲裁庭对案件进行评议，裁决依多数仲裁员意见作出。少数仲裁员的不同意见可以记入笔录。

仲裁庭不能形成多数意见时，应当按照首席仲裁员的意见作出裁决。

第五十二条 裁决书应当写明仲裁请求、争议事实、裁决理由和依据、裁决结果、裁决日期，以及当事人不服仲裁裁决的起诉权利和期限。

裁决书由仲裁员签名，加盖仲裁委员会印章。

第五十三条 对裁决书中的文字、计算错误，或者裁决书中有遗漏的事项，仲裁庭应当及时补正。补正构成裁决书的一部分。

第五十四条 仲裁庭应当自受理仲裁申请之日起六十日内作出仲裁裁决。受理日期以受理通知书上记载的日期为准。

案情复杂需要延长的，经仲裁委员会主任批准可以延长，但延长期限不得超过三十日。

延长期限的，应当自作出延期决定之日起三个工作日内书面通知当事人、第三人。

期限不包括仲裁程序中止、鉴定、当事人在庭外自行和解、补充申请材料和补正裁决的时间。

第五十五条 仲裁委员会应当在裁决作出之日起三个工作日内将裁决书送达当事人、第三人。

直接送达的，应当告知当事人、第三人下列事项：

（一）不服仲裁裁决的，可以在收到裁决书之日起三十日内向人民法院起诉，逾期不起诉的，裁决书即发生法律效力；

（二）一方当事人不履行生效的裁决书所确定义务的，另一方当事人可以向被申请人住所地或者财产所在地的基层人民法院申请执行。

第五十六条 仲裁文书应当直接送达当事人或者其代理人。受送达人是自然人，但本人不在场的，由其同住成年家属签收；受送达人是法人或者其他组织的，应当由法人的法定代表人、其他组织的主要负责人或者该法人、组织负责收件的人签收。

仲裁文书送达后，由受送达人在送达回证上签名、盖章或者按指印，受送达人在送达回证上的签收日期为送达日期。

受送达人或者其同住成年家属拒绝接收仲裁文书的，可以留置送达。送达人应当邀请有关基层组织或者受送达人所在单位的代表到场，说明情况，在送达回证上记明拒收理由和日期，由送达人、见证人签名、盖章或者按指印，将仲裁文书留在受送达人的住所，即视为已经送达。

直接送达有困难的，可以邮寄送达。邮寄送达的，以当事人签收日期为送达日期。

当事人下落不明，或者以前款规定的送达方式无法送达的，可以公告送达，自发出公告之日起，经过六十日，即视为已经送达。

第六章 附 则

第五十七条 独任仲裁可以适用简易程序。简易程序的仲裁规则由仲裁委员会依照本规则制定。

第五十八条 期间包括法定期间和仲裁庭指定的期间。

期间以日、月、年计算，期间开始日不计算在期间内。

期间最后一日是法定节假日的，以法定节假日后的第一个工作日为期间的最后一日。

第五十九条 对不通晓当地通用语言文字的当事人、第三人，仲裁委员会应当为其提供翻译。

第六十条 仲裁文书格式由农业部、国家林业局共同制定。

第六十一条 农村土地承包经营纠纷仲裁不得向当事人收取费用，仲裁工作经费依法纳入财政预算予以保障。

当事人委托代理人、申请鉴定等发生的费用由当事人负担。

第六十二条 本规则自 2010 年 1 月 1 日起施行。

法答网精选答问（第十四批）
——仲裁司法审查专题①

开栏的话

法答网是最高人民法院为全国四级法院干警提供法律政策运用、审判业务咨询答疑和学习交流服务的信息共享平台。通过法答网，法院干警可以就审判工作、学习和研究中涉及的法律适用、办案程序和司法政策等问题在线咨询。答疑专家须严格依据法律、司法解释等规定，在规定时限内提出答疑意见，并经相关业务部门负责人审核同意，以最大限度保障答疑意见准确、权威。咨询仅针对法律适用问题，不得涉及具体案件，答疑意见仅供学习、研究和参考使用。

法答网上线运行以来，咨询答疑质量和平台功能得到进一步优化，上下级法院业务交流顺畅高效，困扰审判一线痛点难点问题得到及时解决，"有问题，找法答"的理念已深入基层一线，深入干警内心。为进一步满足人民群众的多元司法需求，抓实"公正与效率"，最高人民法院充分挖掘法答网资源"富矿"，积极开展优秀咨询答疑评选工作，将具有典型性、前沿性或疑难复杂的法律适用咨询答疑通过人民法院报等媒体平台陆续发布，在更广范围更深层次发挥法答网释疑解惑交流、促进统一法律适用的功能效用，向社会传递崇法风尚，弘扬法治正能量。为此，人民法院报特开设"法答网精选答问"栏目，发布法答网精选咨询答疑。敬请关注。

问题1：人民法院受理民事诉讼案件后，被告以当事人之间有书面仲裁协议为由提出异议申请，人民法院审查认为异议理由不能成立，应以何种形式处理当事人的异议申请？是否需要书面通知当事人？

答疑意见：有效仲裁协议排除人民法院管辖是我国民事诉讼法和仲

---

① 来源于最高人民法院网站：https://www.court.gov.cn/zixun/xiangqing/451061.html，最后访问时间：2025年9月12日。

裁法确立的一项基本原则。依据民事诉讼法和仲裁法规定，当事人有权以双方存在仲裁协议为由向受诉人民法院提出异议。需要注意的是，此异议是关于纠纷由仲裁处理还是由法院受理而产生的争议，不同于民事诉讼法规定的管辖权异议。对此异议的处理，有两种结果：一是异议成立，即仲裁机构或者仲裁庭有管辖权，法院应当裁定驳回起诉。对此，仲裁法第二十六条和《最高人民法院关于适用〈中华人民共和国民事诉讼法〉的解释》（以下简称《民事诉讼法解释》）第二百一十六条第二款均有明确规定。二是异议不成立，即仲裁机构或者仲裁庭无管辖权，该民事案件属于人民法院受理民事案件的范围。对此，人民法院应当以何种形式处理当事人的异议申请，是裁定驳回异议申请还是通知当事人，法律并未明确规定，实践中也存在争议。考虑到异议的处理是确定民事案件是否属于人民法院主管的先决问题，为充分保障当事人的诉权，在异议不成立的情形下，应当参照适用管辖权异议不成立的规定处理，即裁定驳回当事人的异议，而不能以通知方式进行处理。另需注意的是，就仲裁协议效力提出异议的期限为人民法院首次开庭前，而不是民事诉讼法第一百三十条规定的提交答辩状期间。

问题2：人民法院以当事人超过申请撤销仲裁裁决的期限为由作出驳回申请的裁定，该类裁定能否上诉、能否申请再审？如允许上诉、申请再审，该类裁定同时包括撤裁事由审查内容的，应如何处理？

答疑意见：根据仲裁法第五十九条的规定，当事人申请撤销裁决的，应当自收到裁决书之日起六个月内提出。当事人超过六个月期限提出撤销仲裁裁决申请的，由于不符合人民法院受理申请撤销仲裁裁决案件的条件，应当裁定不予受理，已经受理的，应当裁定驳回申请。此类裁定属于程序性驳回的裁定，不同于进入仲裁司法审查程序后人民法院根据仲裁法规定的应予撤销仲裁裁决的法定事由进行审查作出的裁定。根据《最高人民法院关于审理仲裁司法审查案件若干问题的规定》第七条、第八条、第二十条的规定，对于不予受理的裁定、因不符合受理条件而驳回申请的裁定，申请人可以上诉，也可以申请再审。据此，对于因当事人超出申请撤裁期限而不予受理或者被驳回申请的裁定，当事人均可以上诉，也可以申请再审。

申请人申请撤销仲裁裁决，人民法院受理后认为已经超过六个月期限的，应当直接裁定驳回申请，无需对当事人提出的撤裁事由进行审查。如果人民法院同时进行了审查并裁定驳回申请的，人民法院在上诉、再审审查程序中仅限于审查原裁定对超出撤裁申请期限的认定是否正确，对申请撤销仲裁裁决理由是否成立等问题不需予以审查。

问题 3：申请承认和执行外国仲裁裁决的期间，是诉讼时效还是除斥期间？人民法院是否应当主动依职权审查？当事人仅申请承认而未同时申请执行，申请执行期间是否重新起算？

答疑意见：首先，申请承认和执行外国仲裁裁决的期间，适用诉讼时效的规定。根据《民事诉讼法解释》第五百四十五条第一款的规定，当事人申请承认和执行外国仲裁裁决的期间，适用民事诉讼法第二百五十条的规定，即申请执行的期间为二年。申请执行时效的中止、中断，适用法律有关诉讼时效中止、中断的规定。

其次，人民法院不应依职权主动审查当事人是否超过申请承认和执行的期间。民法典第一百九十三条规定，人民法院不得主动适用诉讼时效的规定。《最高人民法院关于审理民事案件适用诉讼时效制度若干问题的规定》第二条规定，当事人未提出诉讼时效抗辩，人民法院不应对诉讼时效问题进行释明。因此，被申请人未以超期为由提出抗辩的，人民法院不应主动审查申请承认和执行期间是否届满。

最后，关于申请人仅申请承认而未同时申请执行，申请执行期间是否重新起算的问题。根据《民事诉讼法解释》第五百四十五条第二款的规定，申请执行的期间自人民法院对承认申请作出的裁定生效之日起重新计算。因为承认和执行外国仲裁裁决，是一个既有联系又有区别的问题，承认是执行的前提，但是承认并不一定必然伴随执行，当事人可以仅申请承认而不申请执行。如当事人先申请承认，其后又申请执行的，就会产生两个期间：一是申请承认外国仲裁裁决的期间；二是裁定承认后申请执行的期间。这两个期间应该按照诉讼时效的规定分别计算。

问题 4：当事人约定争议提交"某方所在地仲裁委员会"或者"当地仲裁委员会"，其中"所在地"或"当地"的范围应如何理解？如果"所在地"或"当地"所在区（县）没有仲裁委员会，或者"所在地"或"当地"既有本地设立的仲裁委员会又有其他仲裁委员会设立的分会等分支机构，该仲裁协议是否有效？

答疑意见：关于"所在地""当地"的理解问题。依据仲裁法第十六条、

27

29 第十八条的规定，仲裁协议应当约定明确的仲裁机构，没有约定仲裁机构或约定不明确，且达不成补充协议的，仲裁协议无效。实践中，经常遇到当事人在约定仲裁协议时对仲裁机构表述不准确、约定过于简单的瑕疵仲裁协议。对此，《全国法院涉外商事海事审判工作座谈会会议纪要》第93条规定："根据仲裁法司法解释第三条的规定，在人民法院在审查仲裁协议是否约定了明确的仲裁机构时，应当按照有利于仲裁协议有效的原则予以认定。"因此，在判断双方约定的"所在地""当地"仲裁委员会时，不应拘泥于所使用的文字，而应当按照有利于仲裁协议有效的原则进行解释。如结合当事人陈述以及合同的签订和履行情况等，足以明确"所在地""当地"所指向地点的，则可以据此认定当事人约定的仲裁机构为指向地点的仲裁委员会。例如，所涉合同纠纷为建设工程承包合同纠纷，一般可以认定约定的"当地"仲裁委员会为工程所在地仲裁委员会。又如，纠纷双方住所地在同一地的，一般可以认定约定的"所在地"仲裁委员会为双方共同住所地的仲裁委员会。

关于第二个问题。根据仲裁法的规定，仲裁机构不按行政区划层层设立。因此，实践中经常出现合同约定的"所在地"或"当地"没有设立仲裁委员会。在这种情况下，一方面，应当根据尽量有利于认定仲裁协议有效的原则予以解释，如果合同约定的区、县、未设区的市的上一级市设有仲裁委员会，则可以认定双方约定的仲裁机构为该上一级市设立的仲裁委员会；如果上一级市也未设立仲裁委员会，但所在省有且仅有一个仲裁委员会的，亦可以认定双方约定的仲裁机构为该省仲裁委员会，此有利于尊重并实现当事人的仲裁意愿。另一方面，如果当事人约定的"所在地"或"当地"指向的市有两家仲裁委员会，或者当事人"所在地"或"当地"所在区、县、市的上一级市没有设立仲裁委员会，而所在省设有多家仲裁委员会，且当事人不能就选择其中一家仲裁委员会补充达成一致意见，则应当根据仲裁法第十八条的规定认定案涉仲裁协议无效。

实践中，还存在"当地"登记设立有一家仲裁委员会，但另有其他仲裁委员会在该地设立分会等分支机构的情形。当事人以该"当地"存在两家仲裁机构为由主张案涉仲裁协议无效的，考虑到仲裁委员会分会等分支机构受理案件、开展仲裁程序以及出具裁决书系以其所归属的仲裁机构的名义进行，故仲裁委员会分支机构一般不应认定为"当地"的仲裁机构。在没有其他证据足以证明当事人合意约定将争议提交某仲裁委员会分会仲裁的情况下，应当认定当事人的真实意思表示是将争议提交当地的仲裁委员会仲裁，案涉仲裁协议有效。

最高人民法院发布仲裁司法审查典型案例①

（2024 年 1 月 16 日）

案例 1

严格执行《承认及执行外国仲裁裁决公约》承认外国仲裁裁决

——乌兹别克斯坦艺术马赛克有限责任公司申请承认和执行乌兹别克斯坦工商会国际商事仲裁院仲裁裁决案

【基本案情】

2017 年 9 月，艺术马赛克公司与宏冠公司通过互联网订立国际货物买卖合同，约定因宏冠公司未按合同约定交付货物，艺术马赛克公司可根据仲裁协议向该公司所在地仲裁机构乌兹别克斯坦工商会国际商事仲裁院提起仲裁申请。艺术马赛克公司申请仲裁后，乌兹别克斯坦工商会国际商事仲裁院依法作出仲裁裁决，裁令由宏冠公司向艺术马赛克公司返还相应货款、承担赔偿金及仲裁费。艺术马赛克公司向广东省佛山市中级人民法院提出承认案涉仲裁裁决的申请。宏冠公司抗辩称签署合同的人员刘某并非其公司员工，无权代表其对外订立买卖合同，故其与艺术马赛克公司不存在仲裁协议，案涉仲裁裁决不应被承认。

【裁判结果】

广东省佛山市中级人民法院认为，中国和乌兹别克斯坦共和国均为《承认及执行外国仲裁裁决公约》缔约国，本案应适用《承认及执行外国仲裁裁决公约》相关规定进行审查。根据《承认及执行外国仲裁裁决公

---

① 来源于最高人民法院网站：https：//www.court.gov.cn/zixun/xiangqing/423292.html，最后访问时间：2025 年 9 月 12 日。

约》第二条、第四条之规定，判断案涉仲裁裁决是否符合《承认及执行外国仲裁裁决公约》第五条不予承认和执行条件的前提是当事人之间是否存在合法有效的仲裁协议。结合案涉买卖合同的磋商情况、合同加盖宏冠公司业务章已经具备一定的外观形式、合同约定了宏冠公司联系地址、宏冠公司银行账户收取付款等事实，该院认定艺术马赛克公司有理由相信刘某有权代表宏冠公司与其订立案涉合同，合同中约定的仲裁协议成立，且效力及于宏冠公司，宏冠公司关于双方不存在仲裁协议以及不应承认本案仲裁裁决的主张不能成立。该院据此裁定承认案涉外国仲裁裁决。

【典型意义】

本案仲裁裁决由乌兹别克斯坦仲裁机构作出，涉及中乌两国公司之间的国际货物买卖合同纠纷。在中方当事人加盖的印章为非经登记备案公章的情况下，办案法院结合合同的磋商、签订以及履行情况，认定外方当事人已尽到合理的注意义务，由此确认中外双方当事人之间存在有效的仲裁协议。本案审结后，办案法院收到乌兹别克斯坦共和国驻上海总领事馆的致谢信。本案体现了人民法院严格依照国际公约的规定承认"一带一路"共建国家仲裁机构所作裁决、切实履行国际条约义务的司法立场，有力服务保障高质量共建"一带一路"。

【案号】 广东省佛山市中级人民法院（2021）粤 06 协外认 1 号

案例 2

准确适用《最高人民法院关于内地与香港特别行政区相互执行仲裁裁决的安排》认可和执行香港仲裁裁决

——亿海国际有限公司申请认可和执行香港国际仲裁中心仲裁裁决案

【基本案情】

2020 年 2 月，卖方亿海公司与买方联顺公司洽谈交易，通过电邮及微信等电子通讯途径磋商国际货物买卖合同，在双方就货物买卖要素初步达成一致后，亿海公司通过电邮向联顺公司发送了包含买卖交易基本要素的表格以及四份合同草案。联顺公司接收合同草案文本后对合同细节向亿海公司进行了回应，针对其中的三份合同草案分别提出卸货港、数量、滞期费的异议，但未对其中所载的仲裁条款提出异议。亿海公司进行相应修改并向联顺公司再次发送了合同草案。联顺公司收到后，回复"等公司审批流程走完后回签"，但其后并未回签。后联顺公司以双方未签署合同为由，认为合同未成立并拒绝接货。前述四份合同草案均约定因合同产生的争议提交香港国际仲裁中心仲裁。2020年6月，亿海公司向香港国际仲裁中心申请仲裁，要求联顺公司赔偿违约损失并承担仲裁费用。香港国际仲裁中心于2021年5月作出仲裁裁决。亿海公司于2021年10月向浙江省杭州市中级人民法院申请认可和执行该仲裁裁决。联顺公司则主张双方之间不存在仲裁协议且认可和执行该仲裁裁决违背内地社会公共利益，应当不予认可和执行该仲裁裁决。

【裁判结果】

浙江省杭州市中级人民法院认为，该案应当适用仲裁裁决地法律即香港特别行政区法律对诉争仲裁协议是否有效成立进行审查。根据查明的香港特别行政区《仲裁条例》的规定和相关判例的观点，结合双方的过往交易背景，双方在意图缔结合同的磋商过程中交换了记载有仲裁条款的合同文本，虽然联顺公司并未主动向亿海公司发送合同文本，但就相应合同文本进行了回应，且未对仲裁条款提出异议。因此，即使双方最终并未一致签署该合同文本，基于仲裁协议效力的独立性原则，应当认定双方就四份合同草案所载的仲裁条款达成合意。该仲裁条款符合香港特别行政区《仲裁条例》第十九条关于"合意提交仲裁"及"书面形式"要求，其合法成立并具有法律效力。不论双方是否形成合法有效的交易合同，均不影响该仲裁条款的效力。案涉纠纷系特定合同当事人间的争议，处理结果仅影响合同当事人，不涉及社会公共利益。该院依据《最高人民法院关于内地与香港特别行政区相互执行仲裁裁决的安排》《最高人民法院关于内地与香港特别行政区相互执行仲裁裁决的补充安排》的规定，裁定认可和执行案涉仲裁裁决。

【典型意义】

该案根据《最高人民法院关于内地与香港特别行政区相互执行仲裁裁决的安排》第七条第一款第一项的规定，在当事人未约定仲裁协议准据法的情况下，适用仲裁裁决地的法律判断仲裁协议成立问题，同时根据仲裁协议独立性原则，明确仲裁条款的成立可以独立于合同的成立之裁判规则，对同类案件的审查具有参考意义。

【案号】 浙江省杭州市中级人民法院（2021）浙01认港1号

案例 3

明确当事人约定境外仲裁机构在我国内地仲裁的仲裁条款有效 促进自由贸易试验区涉外商事纠纷的多元化解决

——大成产业气体株式会社、大成（广州）气体有限公司与普莱克斯（中国）投资有限公司申请确认仲裁协议效力案

【基本案情】

2012 年 8 月，韩国大成株式会社与在上海自贸试验区内设立的企业普莱克斯公司签署《承购协议》，第 14.2 条约定对因本协议产生的或与之有关的任何争议，协商不成的，双方均同意将该等争议最终交由新加坡国际仲裁中心根据其仲裁规则在上海仲裁。2013 年 2 月，大成株式会社、普莱克斯公司以及大成广州公司签署《补充协议（一）》，将大成株式会社在《承购协议》项下的权利与义务转让给大成广州公司，大成株式会社对大成广州公司在《承购协议》合同期间内的义务履行承担连带保证责任。2016 年 3 月，大成株式会社、大成广州公司共同向新加坡国际仲裁中心提出仲裁申请，请求仲裁庭认定普莱克斯公司违约并裁决其履行支付义务等。在新加坡国际仲裁中心的仲裁程序中，普莱克斯公司向仲裁庭提出管辖权异议。仲裁庭于 2017 年 7 月作出管辖权决定，多数意见认为案涉仲裁条款约定的开庭地点为中国上海，仲裁地为新加坡，仲裁协议准据法为新加坡法，案涉仲裁条款在新加坡法下有效，并认定仲裁庭对案涉争议有管辖权。2017 年 8 月，普莱克斯公司向新加坡高等法院起诉要求确认仲裁庭对争议无管辖权。同月，新加坡高等法院判决认为仲裁条款约定争议提交新加坡国际仲裁中心在上海仲裁应理解为仲裁地为新加坡。普莱克斯公司上诉至新加坡最高法院上诉庭。2019 年 10 月，新加坡最高法院上诉庭作出二审判决，认定第 14.2 条约定"在上海仲裁"表明仲裁地在上海，而不是新加坡，但就仲裁庭对争议是否有管辖权等其他争议问题不作认定。为此，仲裁庭出具《中止仲裁决定》，等待中国法院确认案涉仲裁条款的效力。2020 年 1 月，大成株式会社、大成广州公司向上海市第一中级人民法院申请确认案涉仲裁条款效力。

【裁判结果】

上海市第一中级人民法院认为，《承购协议》第 14.2 条争议解决条款是当事人真实意思表示，对当事人具有合同约束力，根据仲裁条款上下文

及各方当事人的解读分析，仲裁地点在中国上海，各方当事人亦确认仲裁协议准据法为中国法律，案涉仲裁条款有请求仲裁的意思表示，约定了仲裁事项，并选定了明确具体的仲裁机构新加坡国际仲裁中心，符合我国仲裁法第十六条的规定，应认定有效。

【典型意义】

本案解决了当事人自愿约定将涉外争议提交境外仲裁机构仲裁但将仲裁地确定在我国内地的情形下仲裁条款效力的争议问题。我国仲裁法对于该问题没有作出规定，但司法实践不能以法无明文规定而拒绝回应。从国际商事仲裁实践看，仲裁地作为法律意义上的地点，与仲裁庭的开庭地点、合议地点、调查取证地点等均没有必然的联系，其功能主要在于确定仲裁裁决籍属、确定有权行使司法监督权的管辖法院以及用于确定仲裁程序准据法、仲裁协议准据法等。本案中，当事人约定的仲裁地在上海，故新加坡最高法院上诉庭判决案涉仲裁条款效力宜由仲裁地法院即中国法院作为享有监督管辖权的法院予以认定，而不宜由新加坡法院作出认定。上海一中院结合我国法律对相关问题未作禁止性规定的实际情况，通过将仲裁法第十六条规定的"选定的仲裁委员会"宽松解释为"仲裁机构"的方法填补法律漏洞，裁定当事人约定争议提交境外仲裁机构在我国内地仲裁的条款有效，展示了人民法院充分尊重当事人仲裁意愿、顺应国际仲裁发展趋势、求真务实解决问题的司法立场。另一方面，上海一中院作为仲裁地法院积极行使管辖权、准确适用法律、明确仲裁协议效力规则，为自由贸易试验区多元化解决纠纷营造了可预期的法治环境，对于上海加快建设亚太仲裁中心、打造国际上受欢迎的仲裁地具有十分重要的意义。

【案号】上海市第一中级人民法院（2020）沪01民特83号

案例4

准确界定多层次体育纠纷解决机制间主管边界 推进体育纠纷多元化解机制建设

——上海申鑫足球俱乐部有限公司与上海申花足球俱乐部有限公司、上海绿地体育文化发展有限公司其他合同纠纷案

【基本案情】

2019年2月20日，申鑫公司与申花公司及其四名球员分别签署内容相

同的《球员租借协议》，协议主要约定申鑫公司租借申花公司球员并支付租借费，并约定双方如有违约，呈报中国足协仲裁，直至追究法律责任。同年2月25日，申花公司与申鑫公司签署《培训合作协议》，约定了球员出场率及申花公司向申鑫公司支付奖励款的计算方法。因中国足球协会以申鑫公司自2020年起未在足协注册系统中注册为由，出具不予受理申鑫公司仲裁申请的决定，申鑫公司诉至上海市崇明区人民法院，请求判令：申花公司支付奖励款、违约金、律师费等。申花公司在一审答辩期间提出管辖权异议，认为《球员租借协议》与《培训合作协议》为有机整体，支付奖励款是因球员租借而产生的纠纷，而《球员租借协议》约定违约交中国足协仲裁，故应驳回申鑫公司的起诉。一审法院以本案争议属于足协仲裁委受理范围为由裁定驳回申鑫公司的起诉。申鑫公司向上海市第二中级人民法院提出上诉。

【裁判结果】

上海市第二中级人民法院认为，第一，《球员租借协议》中关于足协仲裁的合意范围不及于《培训合作协议》。《球员租借协议》中的仲裁条款明确约定足协仲裁委受理因履行该协议而产生的纠纷。本案诉讼请求指向的是申鑫公司保证球员出场率后申花公司支付奖励款的义务和申鑫公司收取奖励款的权利，该权利义务仅受《培训合作协议》约束，不属于《球员租借协议》约定的内容，故足协仲裁的合意范围不包括本案纠纷。第二，足协仲裁委作为足协专门处理内部纠纷的下设分支机构，属于内部自治机构，其裁决权源于成员集体授权，作出的裁决在性质上属于内部决定，依据内部规则产生约束力和强制力即内部效力。申鑫公司并未在足协注册，足协仲裁裁决的强制力存在欠缺。第三，体育仲裁委无法受理本案纠纷。体育仲裁委是依据2022年修订的《中华人民共和国体育法》新增第九章，由国务院体育行政部门设立的专门处理体育纠纷的仲裁机构，其作出的仲裁裁决具有法律效力。本案中，纠纷各方之间并未达成体育仲裁委仲裁合意，故体育仲裁委无权受理本案纠纷。该院裁定撤销一审裁定，指令上海市崇明区人民法院审理。

【典型意义】

本案系《中华人民共和国体育法》修订及中国体育仲裁委员会设立后首例明确界定多层次体育纠纷解决机制间主管边界的案件。在"依法治体"的新格局下，人民法院准确界定体育协会内设仲裁委、中国体育仲裁委员会的受案范围，促进体育纠纷多元化解决机制发展，体现了鼓励体育自治，发挥专门机构处理纠纷专业度、及时性等优势，充分保障了当事人的救济权利和体育纠纷的实质性化解。本案为类案的审理提供了可资借鉴的思路，更为推进体育治理体系和治理能力现代化、加快建设体育强国提供了司法保障。

【一审案号】 上海市崇明区人民法院（2023）沪 0151 民初 1673 号

【二审案号】 上海市第二中级人民法院（2023）沪 02 民终 6825 号

案例 5

尊重当事人意思自治 明确主合同的仲裁条款不能适用于从合同
——中国泛海控股集团有限公司与郭某申请确认仲裁协议效力案

【基本案情】

2019 年 12 月，郭某与基金管理人民生财富公司、基金托管人招商证券公司签订了《基金合同》《基金补充确认函》《"民生财富尊逸 9 号投资基金"份额认购（申购）确认书》。《基金合同》签订当日，郭某如约将 430 万元支付至民生财富公司指定募集账户。《基金合同》约定因本合同而产生的或与本合同有关的一切争议，经友好协商未能解决的，应提交某仲裁委员会申请仲裁。2014 年 10 月，泛海公司向民生财富公司作出《承诺函》，承诺对民生财富公司发起设立并承担主动管理职责的资产管理产品的流动性及资产安全性提供增信担保支持。2021 年 9 月，郭某向约定的仲裁委员会提出仲裁申请，将民生财富公司、招商证券公司、泛海公司列为被申请人。2021 年 11 月，泛海公司向该仲裁委员会提出《仲裁管辖权异议申请书》，认为该仲裁委员会对郭某与其之间的争议无管辖权。2022 年 1 月，北京金融法院立案受理泛海公司申请确认仲裁协议效力一案。

【裁判结果】

北京金融法院认为，泛海公司并未直接与郭某签订《基金合同》，《承诺函》并非泛海公司向郭某出具。泛海公司与郭某之间并未有明确的仲裁解决争议的意思表示，不存在仲裁协议。泛海公司在仲裁庭首次开庭前提出了异议，符合相关程序性规定，经询问某仲裁委员会，该委并未对仲裁效力异议作出决定。该院裁定确认泛海公司与郭某之间不存在仲裁协议。

【典型意义】

本案系主从合同中仲裁条款扩张效力认定的典型案例。当事人意思自治是仲裁协议的基石。人民法院充分尊重当事人的仲裁意愿，根据主从合同的关系、仲裁的特殊性、仲裁条款的要式性等，在从合同没有仲裁条款的情况下，认定主合同的仲裁条款对从合同不具有约束力。本案为规范仲裁条款效力的扩张提供了有益的类案指引。

【案号】北京金融法院（2022）京74民特13号

案例6

依法审查仲裁条款效力 明确合同相对人未签字确认亦未明确表示同意的仲裁条款无效

——孙某、南京孙飞科技咨询有限公司与鹰潭余江区升恪贸易有限公司申请撤销仲裁裁决案

【基本案情】

2018年4月，借款人孙飞科技公司因资金周转需要，通过网络借贷平台与出借人曾某某签订《借款合同》。孙某以其所有的不动产为案涉借款提供抵押担保，并签订《抵押合同（三方）》。两份合同均约定发生争议由担保物所在地人民法院管辖。此后该合同债权经三次转让，最终由升恪公司受让。升恪公司向某仲裁委员会申请仲裁，某仲裁委员会于2019年11月作出裁决书。孙飞科技公司、孙某以其与升恪公司之间并未约定仲裁条款为由，向南宁铁路运输中级法院申请撤销上述仲裁裁决。

【裁判结果】

南宁铁路运输中级法院认为，案涉《借款合同》中的仲裁条款系以印章方式加盖在合同条款中间的空白处，而《抵押合同（三方）》中的仲裁条款则是以手写方式添加于第十一条其他约定事项中，印章内容与手写内容均系对争议解决条款的变更，在孙某、孙飞科技公司否认该仲裁条款的情形下，该变更未经孙飞科技公司和孙某以签字或其他方式予以确认，升恪公司亦无证据证明该印章及手写内容经过孙飞科技公司和孙某的确认，故不能认定曾某某与孙飞科技公司、孙某就《借款合同》《抵押合同（三方）》的争议解决方式变更为仲裁管辖达成了合意，本案不存在合法有效的仲裁协议。该院裁定撤销案涉仲裁裁决。

【典型意义】

随着网络经济的发展，网络贷款纠纷频发，仲裁以其便捷、高效、保密的优势成为网贷平台公司青睐的争议解决方式。本案明确了未经合同相对人签字确认或明确表示同意的，"印章"及"手写"等形式仲裁条款无效。本案的审理有效提醒仲裁机构把好"入口关"，对于网络贷款纠纷仲裁案件，在合同约定的争议解决方式发生变更的情况下，仲裁机构有义务审慎识别合同相对方是否具有将纠纷提交仲裁解决的合意，以保障仲裁裁决的可执行性。

【案号】 南宁铁路运输中级法院（2022）桂 71 民特 21 号

案例 7

根据仲裁规则准确界定仲裁员披露义务 确保仲裁程序公正

——中交第一公路工程局有限公司与天贝投资集团有限公司申请撤销仲裁裁决案

【基本案情】

2017 年 3 月，天贝公司因与中交一公司建设工程施工合同纠纷一案，向某仲裁委员会提出仲裁申请，中交一公司提出仲裁反请求。仲裁庭经审理后，认为案情复杂，争议额大，遂就双方争议问题于 2018 年 4 月向该仲裁委员会专家咨询委员会进行了咨询。2018 年 7 月，仲裁庭作出裁决。中交一公司以仲裁庭的组成违反程序等为由向浙江省温州市中级人民法院申请撤销上述仲裁裁决。

【裁判结果】

浙江省温州市中级人民法院认为，天贝公司在仲裁案件中的代理人杨某与仲裁员陈某曾在同一律师事务所工作。杨某担任某仲裁委员会专家咨询委员会主任期间，陈某及仲裁案件首席仲裁员均系该委专家咨询委员会专家成员。但某仲裁委员会官网页面上对杨某的仲裁员概况介绍中，并未显示其为专家咨询委员会主任，仲裁过程中亦未对其系专家咨询委员会主任情况进行过相应披露。根据该仲裁委员会仲裁规则第五十六条第一款第三项的规定，与本案当事人或其代理人有其他关系，可能影响公正裁决的，仲裁员应当自行向仲裁委员会披露并请求回避，当事人也有权提出回避申请。案涉仲裁案件的仲裁过程中，陈某等人未按照仲裁规则披露其与天贝公司代理人之间的关系，一定程度上影响了当事人回避权利的行使，属于可能影响公正裁决的情形。虽然某仲裁委员会专家咨询委员会称 2018 年 4 月召开的专家咨询委员会成员由该委摇号确定，但因其拒绝向人民法院提供此次会议的会议记录，且目前在仲裁案件卷宗材料中并无有关摇号的相关记录，故不能排除担任专家咨询委员会主任的杨某对此次讨论施加不当影响的合理怀疑。据此，该院裁定撤销某仲裁委员会作出的上述裁决。

【典型意义】

仲裁员公正、独立行使仲裁权是商事纠纷通过仲裁程序得到有效解决的保障。本案仲裁员未按照仲裁规则充分履行披露义务，一定程度上影响了当事人回避权利的行使，属于可能影响公正裁决的情形，故人民法院以"仲裁庭的组成或者仲裁的程序违反法定程序"为由撤销仲裁裁决。该案的处理充分体现了人民法院通过仲裁司法审查案件有效监督仲裁，促使仲裁机构重视对仲裁员披露事项的规定，确保仲裁程序公正。

【案号】 浙江省温州市中级人民法院（2018）浙 03 民特 63 号

案例 8

明确案外人不具有申请撤销仲裁裁决的主体资格 维护仲裁裁决终局效力

——重庆医药集团颐合健康产业有限公司与中恒建设集团有限公司、重庆市大足区第二人民医院申请撤销仲裁裁决案

【基本案情】

2021 年 12 月，某仲裁委员会作出裁决：大足第二医院向中恒公司支付停工损失等。该仲裁案件中，申请人为中恒公司，被申请人为大足第二医院。2022 年 3 月，颐合公司作为案外人，向重庆市第一中级人民法院申请撤销上述仲裁裁决，理由如下：一是裁决事项超出仲裁协议范围；二是中恒公司与大足第二医院恶意串通，导致仲裁裁决错误，侵害颐合公司的合法权益。

【裁判结果】

重庆市第一中级人民法院认为，本案是申请撤销国内仲裁裁决案件，应依据《中华人民共和国仲裁法》第五十八条的规定对本案申请人主体是否适格进行审查。根据《中华人民共和国仲裁法》第五十八条之规定，只

有仲裁案件的当事人才能申请撤销仲裁裁决，这里的"当事人"是指仲裁案件的申请人或被申请人。本案申请人颐合公司并非案涉仲裁案件的申请人或被申请人，其作为案外人不具备申请撤销仲裁裁决的主体资格，其申请撤销仲裁裁决应予驳回。颐合公司如认为案涉仲裁裁决存在错误，损害其合法权益，可以依据《最高人民法院关于人民法院办理仲裁裁决执行案件若干问题的规定》，向人民法院申请不予执行案涉仲裁裁决。据此，该院裁定驳回了颐合公司的申请。

【典型意义】

对仲裁案件的案外人如何给予救济是当前理论及实务界共同关注的问题。商事仲裁作为一种争端解决机制，建立在当事人仲裁合意的基础上，根据当事人意思自治原则，由约定的仲裁机构行使管辖权，就当事人约定提交仲裁的商事纠纷作出仲裁裁决。因此，《中华人民共和国仲裁法》第五十八条规定，可以向仲裁委员会所在地的中级人民法院申请撤销仲裁裁决的主体仅限于"当事人"。本案严格按照仲裁法的上述规定，明确案外人不具有申请撤销仲裁裁决的主体资格，同时提示案外人在裁决执行程序中的救济渠道。

【案号】 重庆市第一中级人民法院（2022）渝01民特104号

案例9

合理平衡仲裁瑕疵与仲裁裁决终局性之间的关系 保护当事人正当程序权利

——张某与南昌环星互娱文化传媒有限公司申请撤销仲裁裁决案

【基本案情】

某仲裁委员会受理环星公司与张某因《主播独家合作经纪协议书》引起的合同纠纷一案，于2022年4月作出仲裁裁决。张某主张其在收到法院执行通知书后才得知该仲裁裁决，但其与环星公司之间没有任何关系，仲裁委员会所作裁决依据的主要证据《主播独家合作经纪协议书》并非张某所签，且案涉协议中银行收款账户户名虽与张某的名字一致，但该银行账户户主身份证号码与张某的身份证号码不符，环星公司向仲裁庭所提供的联系电话也并非张某的手机号码，致使张某没有收到开庭通知及仲裁文书，未能参加仲裁庭庭审，丧失了辩论的机会，张某以案涉仲裁裁决所根据的证据是伪造的，请求撤销该仲裁裁决。

【裁判结果】

福建省厦门市中级人民法院认为，因张某提供证据证明，其本人身份信息可能被人冒用并用于和环星公司签订案涉合同，而确认案涉合同上签名及手印是否为张某本人所为，需通过鉴定才能确定。从纠正仲裁程序瑕疵、尽快解决双方争议角度考虑，法院通知仲裁庭在一定期限内重新仲裁，同时裁定中止撤销程序。后该仲裁委员会重新仲裁，法院遂裁定终结撤销程序。仲裁庭在重新仲裁过程中，申请人环星公司撤回了仲裁申请。

【典型意义】

人民法院在仲裁当事人身份可能存在错误、仲裁程序存在瑕疵的情况下以通知仲裁机构重新仲裁的方式，给予仲裁庭弥补仲裁程序瑕疵的机会，较好地平衡了仲裁程序瑕疵与仲裁裁决终局性之间的关系，对于类案的处理提供了可资借鉴的思路。

【案号】福建省厦门市中级人民法院（2022）闽02民特273号

案例10

明确为赌博提供资金而产生的债务属于非法债务 依法维护公序良俗
——王某与李某申请撤销仲裁裁决案

【基本案情】

2022年1月，李某以其与王某签订的《借款合同》为依据向某仲裁委员会申请仲裁，要求王某还款100万元。2022年8月，某仲裁委员会作出裁决：王某向李某偿还借款本金及利息。王某主张仲裁庭忽视案涉借款系为赌博提供资金的事实，其将本案定性为单纯的民间借贷，违背了公序良俗原则，请求贵州省贵阳市中级人民法院撤销上述仲裁裁决。

【裁判结果】

贵州省贵阳市中级人民法院认为，从案涉借款资金流向来看，李某妹妹李某某先将款项转给李某，李某再将款项转给王某，王某又将款项转给李某某用于购买赌币，从本案证据看，李某对其妹李某某在澳门所从事的放贷赌博抽成职业应该知晓，故应当认定案涉100万元实际是李某某向王某提供的用于赌博的赌资。李某主张王某向其借款100万元的事实不符合常理，亦不符合双方经济往来的交易习惯，其所主张的正当借款基础事实不存在。鉴于各方均明知借款用途为赌博，而赌博行为系违反内地公序良俗的行为，案涉款项依法不应受法律保护。据此，该院裁定撤销某仲裁委员会作出的上述仲裁裁决。

【典型意义】

司法实践中，出借人为借款人从事违法犯罪活动提供民间借贷的情形时有发生，且出借人和借款人均明知或应知借款用作赌资、毒资等，此类借贷行为属于违背公序良俗的民事法律行为。《中华人民共和国仲裁法》第五十八条第三款规定："人民法院认定该裁决违背社会公共利益的，应当裁定撤销。"人民法院依据该条规定，明确了公序良俗原则在申请撤销仲裁裁决案件中的适用规则，依法撤销案涉仲裁裁决。本案系人民法院依法维护公序良俗、弘扬和践行社会主义核心价值观的典型案例。

【案号】贵州省贵阳市中级人民法院（2023）黔01民特54号

71

《中华人民共和国仲裁法》修改前后对照表

（左栏阴影部分为删去、加曲线部分为移动，
左栏黑体部分为增加或修改）

修订前	修订后
目　录 第一章　总　则 第二章　仲裁委员会和仲裁协会 第三章　仲裁协议 第四章　仲裁程序 　第一节　申请和受理 　第二节　仲裁庭的组成 　第三节　开庭和裁决 第五章　申请撤销裁决 第六章　执　行 第七章　涉外仲裁的特别规定 第八章　附　则	目　录 第一章　总　则 第二章　仲裁机构、仲裁员和仲裁协会 第三章　仲裁协议 第四章　仲裁程序 　第一节　申请和受理 　第二节　仲裁庭的组成 　第三节　开庭和裁决 第五章　申请撤销裁决 第六章　执　行 第七章　涉外仲裁的特别规定 第八章　附　则
第一章　总　则	第一章　总　则
第一条　为保证公正、及时地仲裁经济纠纷，保护当事人的合法权益，保障社会主义市场经济健康发展，制定本法。	**第一条**　为了保证公正、及时仲裁经济纠纷，保护当事人的合法权益，保障社会主义市场经济健康发展，制定本法。
未作规定	**第二条**　仲裁事业的发展贯彻落实中国共产党和国家的路线方针政策、决策部署，服务国家高质量发展和高水平对外开放，营造市场化、法治化、国际化营商环境，发挥化解经济纠纷的作用。

续表

修订前	修订后
第二条 平等主体的公民、法人和其他组织之间发生的合同纠纷和其他财产权益纠纷，可以仲裁。 **第三条** 下列纠纷不能仲裁： （一）婚姻、收养、监护、扶养、继承纠纷； （二）依法应当由行政机关处理的行政争议。	**第三条** 平等主体的自然人、法人、非法人组织之间发生的合同纠纷和其他财产权益纠纷，可以仲裁。 下列纠纷不能仲裁： （一）婚姻、收养、监护、扶养、继承纠纷； （二）依法应当由行政机关处理的行政争议。
第四条 当事人采用仲裁方式解决纠纷，应当双方自愿，达成仲裁协议。没有仲裁协议，一方申请仲裁的，仲裁委员会不予受理。	**第四条** 当事人选择仲裁方式解决纠纷，应当遵循自愿原则，达成仲裁协议。没有仲裁协议，一方申请仲裁的，仲裁机构不予受理。
第五条 当事人达成仲裁协议，一方向人民法院起诉的，人民法院不予受理，但仲裁协议无效的除外。	**第五条** 当事人达成仲裁协议，一方向人民法院提起诉讼的，人民法院不予受理，但仲裁协议无效或者法律另有规定的除外。
第六条 仲裁委员会应当由当事人协议选定。 仲裁不实行级别管辖和地域管辖。	**第六条** 仲裁机构应当由当事人协议选定。 仲裁不实行级别管辖和地域管辖。
第七条 仲裁应当根据事实，符合法律规定，公平合理地解决纠纷。	**第七条** 仲裁应当根据事实，符合法律规定，公平合理地解决纠纷。
未作规定	**第八条** 仲裁应当遵循诚信原则。
第八条 仲裁依法独立进行，不受行政机关、社会团体和个人的干涉。	**第九条** 仲裁依法独立进行，不受行政机关、社会团体和个人的干涉。
第九条 仲裁实行一裁终局的制度。裁决作出后，当事人就同一纠纷再申请仲裁或者向人民法院起诉的，仲裁委员会或者人民法院不予受理。 裁决被人民法院依法裁定撤销或者不予执行的，当事人就该纠纷可以根据	**第十条** 仲裁实行一裁终局的制度。裁决作出后，当事人就同一纠纷再申请仲裁或者向人民法院提起诉讼的，仲裁机构或者人民法院不予受理。 裁决被人民法院依法裁定撤销或者不予执行的，当事人就该纠纷可以根据

续表

修订前	修订后
双方重新达成的仲裁协议申请仲裁，也可以向人民法院起诉。	双方重新达成的仲裁协议申请仲裁，也可以向人民法院**提起诉讼**。
未作规定	**第十一条** 仲裁活动可以通过信息网络在线进行，但当事人明确表示不同意的除外。 仲裁活动通过信息网络在线进行的，与线下仲裁活动具有同等法律效力。
未作规定	**第十二条** 国家支持仲裁机构加强与境外仲裁机构和有关国际组织的交流合作，积极参与国际仲裁规则的制定。
第二章 仲裁**委员会**和仲裁协会	第二章 仲裁**机构**、仲裁员和仲裁协会
第十条第一款、第二款 仲裁**委员会**可以在直辖市和省、自治区人民政府所在地的市设立，也可以根据需要在其他设区的市设立，不按行政区划层层设立。 仲裁**委员会**由前款规定的市的人民政府组织有关部门和商会统一组建。	**第十三条** 仲裁**机构**可以在直辖市和省、自治区人民政府所在地的市设立，也可以根据需要在其他设区的市设立，不按行政区划层层设立。 仲裁**机构**由前款规定的市的人民政府组织有关部门和商会统一组建，**属于公益性非营利法人**。
第十条第三款 设立仲裁**委员会**，应当经省、自治区、直辖市的司法行政部门登记。	**第十四条** 依据本法第十三条设立的仲裁机构，应当经省、自治区、直辖市人民政府司法行政部门登记。 经国务院批准由中国国际商会组织设立的仲裁机构向国务院司法行政部门备案。 仲裁机构登记管理的具体办法由国务院制定。
第十一条 仲裁**委员会**应当具备下列条件： （一）有自己的名称、住所和章程； （二）有必要的财产；	**第十五条** 仲裁**机构**应当具备下列条件： （一）有自己的名称、住所和章程； （二）有必要的财产；

修订前	修订后
（三）有该委员会的组成人员； （四）有聘任的仲裁员。 仲裁委员会的章程应当依照本法制定。	（三）有符合本法规定的组成人员； （四）有聘任的仲裁员。 仲裁机构的章程应当依照本法制定。
未作规定	第十六条　仲裁机构变更名称、住所、章程、法定代表人、组成人员的，应当提出申请，依法办理变更登记。
未作规定	第十七条　仲裁机构终止的，依法办理注销登记。
第十二条　仲裁委员会由主任一人、副主任二至四人和委员七至十一人组成。 仲裁委员会的主任、副主任和委员由法律、经济贸易专家和有实际工作经验的人员担任。仲裁委员会的组成人员中，法律、经济贸易专家不得少于三分之二。	第十八条　仲裁机构的组成人员包括主任一人、副主任二至四人和委员七至十一人。 仲裁机构的组成人员由法律、经济贸易、科学技术专家和有实际工作经验的人员担任。仲裁机构的组成人员中，法律、经济贸易、科学技术专家不得少于三分之二。 仲裁机构的组成人员每届任期五年，任期届满的应当依法换届，更换不少于三分之一的组成人员。
未作规定	第十九条　仲裁机构应当依照法律法规和章程规定，建立健全内部治理结构，明确决策、执行、监督等方面的职责权限和程序。 仲裁机构应当建立健全民主议事、人员管理、收费与财务管理、文件管理、投诉处理等制度。 仲裁机构应当加强对组成人员、工作人员及仲裁员的监督，对其在仲裁活动中的违法违纪行为及时依法调查处理；需要追究法律责任的，及时移送有关机关予以处理。

续表

修订前	修订后
未作规定	**第二十条** 仲裁机构应当建立信息公开制度，及时向社会公开章程、登记备案、仲裁规则、仲裁员名册、服务流程、收费标准、年度业务报告和财务报告等信息，主动接受社会监督。
第十三条第一款 仲裁委员会应当从公道正派的人员中聘任仲裁员。	**第二十一条** 仲裁机构聘任的仲裁员应当公道正派，具备良好的专业素质，勤勉尽责，清正廉明，恪守职业道德。
第十三条第二款 仲裁员应当符合下列条件之一： 通过国家统一法律职业资格考试取得法律职业资格，从事仲裁工作满八年的； （一）从事律师工作满八年的； （二）曾任法官满八年的； （三）从事法律研究、教学工作并具有高级职称的； （四）具有法律知识、从事经济贸易等专业工作并具有高级职称或者具有同等专业水平的。 **第六十七条** 涉外仲裁委员会可以从具有法律、经济贸易、科学技术等专门知识的外籍人士中聘任仲裁员。	**第二十二条** 仲裁员应当符合下列条件之一： （一）通过国家统一法律职业资格考试取得法律职业资格，从事仲裁工作满八年的； （二）律师执业满八年的； （三）曾任法官、**检察官**满八年的； （四）从事法律研究、教学工作并具有高级职称的； （五）具有法律知识，从事**法律、**经济贸易、**海事海商、科学技术**等专业工作，并具有高级职称或者具有同等专业水平的。 《中华人民共和国监察官法》、《中华人民共和国法官法》、《中华人民共和国检察官法》等法律规定有关公职人员不得兼任仲裁员的，依照其规定；其他公职人员兼任仲裁员的，应当遵守有关规定。 仲裁**机构**可以从具有法律、经济贸易、**海事海商**、科学技术等专门知识的**境外**人士中聘任仲裁员。
第十三条第三款 仲裁委员会按照不同专业设仲裁员名册。	**第二十三条** 仲裁机构按照不同专业设仲裁员名册。

修订前	修订后
	仲裁员有被开除公职、吊销律师执业证书或者被撤销高级职称等不再具备担任仲裁员条件情形的，仲裁机构应当将其除名。
第十四条 仲裁**委员会**独立于行政机关，与行政机关没有隶属关系。仲裁**委员会**之间**也**没有隶属关系。	**第二十四条** 仲裁**机构**独立于行政机关，与行政机关没有隶属关系。 仲裁**机构**之间没有隶属关系。
第十五条 中国仲裁协会是社会团体法人。仲裁**委员会**是中国仲裁协会的会员。中国仲裁协会的章程由全国会员大会制定。 中国仲裁协会是仲裁**委员会**的自律性组织，根据章程对仲裁**委员会**及其组成人员、仲裁员的**违纪**行为进行监督。 中国仲裁协会依照本法和民事诉讼法的有关规定制定仲裁规则。	**第二十五条** 中国仲裁协会是社会团体法人。仲裁**机构**是中国仲裁协会的会员。中国仲裁协会的章程由全国会员大会制定。 中国仲裁协会是仲裁**机构**的自律性组织，根据章程对仲裁**机构**及其组成人员、**工作人员，以及**仲裁员**在仲裁活动中**的行为进行监督。 中国仲裁协会依照本法和《**中华人民共和国民事诉讼法**》的有关规定制定**示范**仲裁规则。
未作规定	**第二十六条** 国务院司法行政部门依法指导、监督全国仲裁工作，完善相关工作制度，统筹规划仲裁事业发展。 省、自治区、直辖市人民政府司法行政部门依法指导、监督本行政区域内仲裁工作。
第三章　仲裁协议	**第三章　仲裁协议**
第十六条 仲裁协议包括合同中订立的仲裁条款和以其他书面方式在纠纷发生前或者纠纷发生后达成的请求仲裁的协议。 仲裁协议应当具有下列内容： （一）请求仲裁的意思表示；	**第二十七条** 仲裁协议包括合同中订立的仲裁条款和以其他书面方式在纠纷发生前或者纠纷发生后达成的请求仲裁的协议。 仲裁协议应当具有下列内容： （一）请求仲裁的意思表示；

修订前	修订后
（二）仲裁事项； （三）选定的仲裁委员会。	（二）仲裁事项； （三）选定的仲裁机构。 　一方当事人在申请仲裁时主张有仲裁协议，另一方当事人在首次开庭前不予否认的，经仲裁庭提示并记录，视为当事人之间存在仲裁协议。
第十七条　有下列情形之一的，仲裁协议无效： 　（一）约定的仲裁事项超出法律规定的仲裁范围的； 　（二）无民事行为能力人或者限制民事行为能力人订立的仲裁协议； 　（三）一方采取胁迫手段，迫使对方订立仲裁协议的。	**第二十八条**　有下列情形之一的，仲裁协议无效： 　（一）约定的仲裁事项超出法律规定的仲裁范围； 　（二）无民事行为能力人或者限制民事行为能力人订立的仲裁协议； 　（三）一方采取胁迫手段，迫使对方订立仲裁协议。
第十八条　仲裁协议对仲裁事项或者仲裁委员会没有约定或者约定不明确的，当事人可以补充协议；达不成补充协议的，仲裁协议无效。	**第二十九条**　仲裁协议对仲裁事项或者仲裁机构没有约定或者约定不明确的，当事人可以补充协议；达不成补充协议的，仲裁协议无效。
第十九条　仲裁协议独立存在，合同的变更、解除、终止或者无效，不影响仲裁协议的效力。 　仲裁庭有权确认合同的效力。	**第三十条**　仲裁协议独立存在。合同是否成立及其变更、不生效、终止、被撤销或者无效，不影响已经达成的仲裁协议的效力。 　仲裁庭有权确认合同的效力。
第二十条　当事人对仲裁协议的效力有异议的，可以请求仲裁委员会作出决定或者请求人民法院作出裁定。一方请求仲裁委员会作出决定，另一方请求人民法院作出裁定的，由人民法院裁定。 　当事人对仲裁协议的效力有异议，应当在仲裁庭首次开庭前提出。	**第三十一条**　当事人对仲裁协议的效力有异议的，可以请求仲裁机构或者仲裁庭作出决定，也可以请求人民法院作出裁定。一方请求仲裁机构或者仲裁庭作出决定，另一方请求人民法院作出裁定的，由人民法院裁定。 　当事人对仲裁协议的效力有异议，应当在仲裁庭首次开庭前提出。

修订前	修订后
第四章 仲裁程序	**第四章 仲裁程序**
第一节 申请和受理	第一节 申请和受理
第二十一条 当事人申请仲裁应当符合下列条件： （一）有仲裁协议； （二）有具体的仲裁请求和事实、理由； （三）属于仲裁委员会的受理范围。	**第三十二条** 当事人申请仲裁应当符合下列条件： （一）有仲裁协议； （二）有具体的仲裁请求和事实、理由； （三）属于仲裁机构的受理范围。
第二十二条 当事人申请仲裁，应当向仲裁委员会递交仲裁协议、仲裁申请书及副本。	**第三十三条** 当事人申请仲裁，应当向仲裁机构递交仲裁协议、仲裁申请书及副本。
第二十三条 仲裁申请书应当载明下列事项： （一）当事人的姓名、性别、年龄、职业、工作单位和住所，法人或者其他组织的名称、住所和法定代表人或者主要负责人的姓名、职务； （二）仲裁请求和所根据的事实、理由； （三）证据和证据来源、证人姓名和住所。	**第三十四条** 仲裁申请书应当载明下列事项： （一）当事人的姓名、性别、年龄、职业、工作单位、住所、**联系方式**，法人或者**非法人**组织的名称、住所和法定代表人或者主要负责人的姓名、职务、**联系方式**； （二）仲裁请求和所根据的事实与理由； （三）证据和证据来源，证人姓名和住所。
第二十四条 仲裁委员会收到仲裁申请书之日起五日内，认为符合受理条件的，应当受理，并通知当事人；认为不符合受理条件的，应当书面通知当事人不予受理，并说明理由。	**第三十五条** 仲裁机构收到仲裁申请书之日起五日内，认为符合受理条件的，应当受理，并通知申请人；认为不符合受理条件的，应当书面通知申请人不予受理，并说明理由。
第二十五条 仲裁委员会受理仲裁申请后，应当在仲裁规则规定的期限内将仲裁规则和仲裁员名册送达申请人，	**第三十六条** 仲裁机构受理仲裁申请后，应当在仲裁规则规定的期限内将仲裁规则和仲裁员名册送达申请人，并

修订前	修订后
并将仲裁申请书副本和仲裁规则、仲裁员名册送达被申请人。 　　被申请人收到仲裁申请书副本后，应当在仲裁规则规定的期限内向仲裁委员会提交答辩书。仲裁委员会收到答辩书后，应当在仲裁规则规定的期限内将答辩书副本送达申请人。被申请人未提交答辩书的，不影响仲裁程序的进行。	将仲裁申请书副本和仲裁规则、仲裁员名册送达被申请人。 　　被申请人收到仲裁申请书副本后，应当在仲裁规则规定的期限内向仲裁机构提交答辩书。仲裁机构收到答辩书后，应当在仲裁规则规定的期限内将答辩书副本送达申请人。被申请人未提交答辩书的，不影响仲裁程序的进行。
第二十六条　当事人达成仲裁协议，一方向人民法院起诉未声明有仲裁协议，人民法院受理后，另一方在首次开庭前提交仲裁协议的，人民法院应当驳回起诉，但仲裁协议无效的除外；另一方在首次开庭前未对人民法院受理该案提出异议的，视为放弃仲裁协议，人民法院应当继续审理。	第三十七条　当事人达成仲裁协议，一方向人民法院提起诉讼未声明有仲裁协议，人民法院受理后，另一方在首次开庭前提交仲裁协议的，人民法院应当驳回起诉，但仲裁协议无效或者法律另有规定的除外；另一方在首次开庭前未对人民法院受理该案提出异议的，视为放弃仲裁协议，人民法院应当继续审理。
第二十七条　申请人可以放弃或者变更仲裁请求。被申请人可以承认或者反驳仲裁请求，有权提出反请求。	第三十八条　申请人可以放弃或者变更仲裁请求。被申请人可以承认或者反驳仲裁请求，有权提出反请求。
第二十八条　一方当事人因另一方当事人的行为或者其他原因，可能使裁决不能执行或者难以执行的，可以申请财产保全。 　　当事人申请财产保全的，仲裁委员会应当将当事人的申请依照民事诉讼法的有关规定提交人民法院。 　　申请有错误的，申请人应当赔偿被申请人因财产保全所遭受的损失。	第三十九条　一方当事人因另一方当事人的行为或者其他原因，可能使裁决难以执行或者造成当事人其他损害的，可以申请财产保全、请求责令另一方当事人作出一定行为或者禁止其作出一定行为。当事人申请保全的，仲裁机构应当将当事人的申请依照《中华人民共和国民事诉讼法》的有关规定提交人民法院，人民法院应当依法及时处理。 　　因情况紧急，仲裁协议的当事人可以在申请仲裁前依照《中华人民共和国

修订前	修订后
	民事诉讼法》的有关规定向人民法院申请财产保全、请求责令另一方当事人作出一定行为或者禁止其作出一定行为。当事人申请保全的，人民法院应当依法及时处理。 　　申请有错误的，申请人应当赔偿被申请人因保全所遭受的损失。
第二十九条　当事人、法定代理人可以委托律师和其他代理人进行仲裁活动。委托律师和其他代理人进行仲裁活动的，应当向仲裁委员会提交授权委托书。	**第四十条**　当事人、法定代理人可以委托律师和其他代理人进行仲裁活动。委托律师和其他代理人进行仲裁活动的，应当向仲裁**机构**提交授权委托书。
未作规定	**第四十一条**　仲裁文件应当以当事人约定的合理方式送达；当事人没有约定或者约定不明确的，按照仲裁规则规定的方式送达。
第二节　仲裁庭的组成	第二节　仲裁庭的组成
第三十条　仲裁庭可以由三名仲裁员或者一名仲裁员组成。由三名仲裁员组成的，设首席仲裁员。	**第四十二条**　仲裁庭可以由三名仲裁员或者一名仲裁员组成。由三名仲裁员组成的，设首席仲裁员。
第三十一条　当事人约定由三名仲裁员组成仲裁庭的，应当各自选定或者各自委托仲裁委员会主任指定一名仲裁员，第三名仲裁员由当事人共同选定或者共同委托仲裁委员会主任指定。第三名仲裁员是首席仲裁员。 　　当事人约定由一名仲裁员成立仲裁庭的，应当由当事人共同选定或者共同委托仲裁委员会主任指定仲裁员。	**第四十三条**　当事人约定由三名仲裁员组成仲裁庭的，应当各自选定或者各自委托仲裁**机构**主任**按照仲裁规则确定的程序**指定一名仲裁员；第三名仲裁员由当事人共同选定，**也可以由当事人共同委托仲裁机构主任按照仲裁规则确定的程序指定。当事人约定第三名仲裁员由其各自选定的仲裁员共同选定的，从其约定。**第三名仲裁员是首席仲裁员。 　　当事人约定由一名仲裁员成立仲裁

修订前	修订后
	庭的，**仲裁员**由当事人共同选定，**也可以由当事人共同委托仲裁机构主任按照仲裁规则确定的程序指定。**
第三十二条 当事人没有在仲裁规则规定的期限内约定仲裁庭的组成方式或者选定仲裁员的，由仲裁委员会主任指定。	**第四十四条** 当事人没有在仲裁规则规定的期限内约定仲裁庭的组成方式或者选定仲裁员的，由仲裁**机构**主任**按照仲裁规则确定的程序确定或者**指定。
第三十三条 仲裁庭组成后，仲裁委员会应当将仲裁庭的组成情况书面通知当事人。	**第四十五条 仲裁员存在可能导致当事人对其独立性、公正性产生合理怀疑情形的，该仲裁员应当及时向仲裁机构书面披露。** 仲裁机构应当将**仲裁员书面披露情况**、仲裁庭的组成情况书面通知当事人。
第三十四条 仲裁员有下列情形之一的，必须回避，当事人也有权提出回避申请： （一）是本案当事人或者当事人、代理人的近亲属； （二）与本案有利害关系； （三）与本案当事人、代理人有其他关系，可能影响公正仲裁的； （四）私自会见当事人、代理人，或者接受当事人、代理人的请客送礼的。	**第四十六条** 仲裁员有下列情形之一的，必须回避，当事人也有权提出回避申请： （一）是本案当事人、**代理人，**或者当事人、代理人的近亲属； （二）与本案有利害关系； （三）与本案当事人、代理人有其他关系，可能影响公正仲裁； （四）私自会见当事人、代理人，或者接受当事人、代理人的请客送礼。
第三十五条 当事人提出回避申请，应当说明理由，在首次开庭前提出。回避事由在首次开庭后知道的，可以在最后一次开庭终结前提出。	**第四十七条** 当事人提出回避申请，应当说明理由，在首次开庭前提出。回避事由在首次开庭后知道的，可以在最后一次开庭终结前提出。
第三十六条 仲裁员是否回避，由仲裁委员会主任决定；仲裁委员会主任担任仲裁员时，由仲裁委员会集体决定。	**第四十八条** 仲裁员是否回避，由仲裁**机构**主任决定；仲裁**机构**主任担任仲裁员时，**其是否回避由仲裁机构的其他组成人员**集体决定。

修订前	修订后
第三十七条　仲裁员因回避或者其他原因不能履行职责的，应当依照本法规定重新选定或者指定仲裁员。 　　因回避而重新选定或者指定仲裁员后，当事人可以请求已进行的仲裁程序重新进行，是否准许，由仲裁庭决定；仲裁庭也可以自行决定已进行的仲裁程序是否重新进行。	**第四十九条**　仲裁员因回避或者其他原因不能履行职责的，应当依照本法规定重新选定或者指定仲裁员。 　　因回避而重新选定或者指定仲裁员后，当事人可以请求已进行的仲裁程序重新进行，是否准许，由仲裁庭决定；仲裁庭也可以自行决定已进行的仲裁程序是否重新进行。
第三十八条　仲裁员有本法**第三十四条**第四项规定的情形，情节严重的，或者有本法**第五十八条**第六项规定的情形，应当依法承担法律责任，**仲裁委员会**应当将其除名。	**第五十条**　仲裁员有本法**第四十六条**第四项规定的情形，情节严重的，或者有本法**第七十一条第一款**第六项规定的情形，应当依法承担法律责任，**仲裁机构**应当将其除名。
第三节　开庭和裁决	第三节　开庭和裁决
第三十九条　仲裁应当开庭进行。当事人协议不开庭的，仲裁庭可以根据仲裁申请书、答辩书以及其他材料作出裁决。	**第五十一条**　仲裁应当开庭进行。当事人协议不开庭的，仲裁庭可以根据仲裁申请书、答辩书以及其他材料作出裁决。
第四十条　仲裁不公开进行。当事人协议公开的，可以公开进行，但涉及国家秘密的除外。	**第五十二条**　仲裁不公开进行。当事人协议公开的，可以公开进行，但涉及国家秘密、**他人的商业秘密或者个人隐私**的除外。
第四十一条　仲裁**委员会**应当在仲裁规则规定的期限内将开庭日期通知双方当事人。当事人有正当理由的，可以在仲裁规则规定的期限内请求延期开庭。是否延期，由仲裁庭决定。	**第五十三条**　仲裁**机构**应当在仲裁规则规定的期限内将开庭日期通知双方当事人。当事人有正当理由的，可以在仲裁规则规定的期限内请求延期开庭。是否延期，由仲裁庭决定。
第四十二条　申请人经书面通知，无正当理由不到庭或者未经仲裁庭许可中途退庭的，可以视为撤回仲裁申请。	**第五十四条**　申请人经书面通知，无正当理由不到庭或者未经仲裁庭许可中途退庭的，可以视为撤回仲裁申请。

续表

修订前	修订后
被申请人经书面通知，无正当理由不到庭或者未经仲裁庭许可中途退庭的，可以缺席裁决。	被申请人经书面通知，无正当理由不到庭或者未经仲裁庭许可中途退庭的，可以缺席裁决。
第四十三条　当事人应当对自己的主张提供证据。 　　仲裁庭认为有必要收集的证据，可以自行收集。	**第五十五条**　当事人应当对自己的主张提供证据。 　　仲裁庭认为有必要收集的证据，可以自行收集；**必要时，可以请求有关方面依法予以协助**。
第四十四条　仲裁庭对专门性问题认为需要鉴定的，可以交由当事人约定的鉴定部门鉴定，也可以由仲裁庭指定的鉴定部门鉴定。 　　根据当事人的请求或者仲裁庭的要求，鉴定部门应当派鉴定人参加开庭。当事人经仲裁庭许可，可以向鉴定人提问。	**第五十六条**　**当事人可以就查明事实的专门性问题向仲裁庭申请鉴定。仲裁庭根据当事人的申请或者自行判断认**为对专门性问题需要鉴定的，可以交由当事人约定的鉴定**人**鉴定，也可以由仲裁庭指定的鉴定**人**鉴定。 　　根据当事人的请求或者仲裁庭的要求，**经仲裁庭通知，**鉴定人应当参加开庭。当事人经仲裁庭许可，可以向鉴定人提问。
第四十五条　证据应当在开庭时出示，当事人可以质证。	**第五十七条**　证据应当在开庭时出示，当事人可以质证。
第四十六条　在证据可能灭失或者以后难以取得的情况下，当事人可以申请证据保全。当事人申请证据保全的，仲裁**委员会**应当将当事人的申请提交证据所在地的基层人民法院。	**第五十八条**　在证据可能灭失或者以后难以取得的情况下，当事人可以申请证据保全。当事人申请证据保全的，仲裁**机构**应当将当事人的申请提交证据所在地的基层人民法院，**人民法院应当依法及时处理**。 　　**因情况紧急，仲裁协议的当事人可以在申请仲裁前依照《中华人民共和国民事诉讼法》的有关规定向人民法院申请证据保全。当事人申请证据保全的，人民法院应当依法及时处理**。

修订前	修订后
第四十七条　当事人在仲裁过程中有权进行辩论。辩论终结时，首席仲裁员或者独任仲裁员应当征询当事人的最后意见。	**第五十九条**　当事人在仲裁过程中有权进行辩论。辩论终结时，首席仲裁员或者独任仲裁员应当征询当事人的最后意见。
第四十八条　仲裁庭应当将开庭情况记入笔录。当事人和其他仲裁参与人认为对自己陈述的记录有遗漏或者差错的，有权申请补正。如果不予补正，应当记录该申请。 　　笔录由仲裁员、记录人员、当事人和其他仲裁参与人签名或者盖章。	**第六十条**　仲裁庭应当将开庭情况记入笔录。当事人和其他仲裁参与人认为对自己陈述的记录有遗漏或者差错的，有权申请补正。如果不予补正，应当记录该申请。 　　笔录由仲裁员、记录人员、当事人和其他仲裁参与人签名或者盖章。
未作规定	**第六十一条**　仲裁庭发现当事人单方捏造基本事实申请仲裁或者当事人之间恶意串通，企图通过仲裁方式侵害国家利益、社会公共利益或者他人合法权益的，应当驳回其仲裁请求。
第四十九条　当事人申请仲裁后，可以自行和解。达成和解协议的，可以请求仲裁庭根据和解协议作出裁决书，也可以撤回仲裁申请。	**第六十二条**　当事人申请仲裁后，可以自行和解。达成和解协议的，可以请求仲裁庭根据和解协议作出裁决书，也可以撤回仲裁申请。
第五十条　当事人达成和解协议，撤回仲裁申请后反悔的，可以根据仲裁协议申请仲裁。	**第六十三条**　当事人达成和解协议，撤回仲裁申请后反悔的，可以根据仲裁协议申请仲裁。
第五十一条　仲裁庭在作出裁决前，可以先行调解。当事人自愿调解的，仲裁庭应当调解。调解不成的，应当及时作出裁决。 　　调解达成协议的，仲裁庭应当制作调解书或者根据协议的结果制作裁决书。调解书与裁决书具有同等法律效力。	**第六十四条**　仲裁庭在作出裁决前，可以先行调解。当事人自愿调解的，仲裁庭应当调解。调解不成的，应当及时作出裁决。 　　调解达成协议的，仲裁庭应当制作调解书或者根据协议的结果制作裁决书。调解书与裁决书具有同等法律效力。

修订前	修订后
第五十二条 调解书应当写明仲裁请求和当事人协议的结果。调解书由仲裁员签名，加盖仲裁委员会印章，送达双方当事人。 调解书经双方当事人签收后，即发生法律效力。 在调解书签收前当事人反悔的，仲裁庭应当及时作出裁决。	**第六十五条** 调解书应当写明仲裁请求和当事人协议的结果。调解书由仲裁员签名，加盖仲裁机构印章，送达双方当事人。 调解书经双方当事人签收后，即发生法律效力。 在调解书签收前当事人反悔的，仲裁庭应当及时作出裁决。
第五十三条 裁决应当按照多数仲裁员的意见作出，少数仲裁员的不同意见可以记入笔录。仲裁庭不能形成多数意见时，裁决应当按照首席仲裁员的意见作出。	**第六十六条** 裁决应当按照多数仲裁员的意见作出，少数仲裁员的不同意见可以记入笔录。仲裁庭不能形成多数意见时，裁决应当按照首席仲裁员的意见作出。
第五十四条 裁决书应当写明仲裁请求、争议事实、裁决理由、裁决结果、仲裁费用的负担和裁决日期。当事人协议不愿写明争议事实和裁决理由的，可以不写。裁决书由仲裁员签名，加盖仲裁委员会印章。对裁决持不同意见的仲裁员，可以签名，也可以不签名。	**第六十七条** 裁决书应当写明仲裁请求、争议事实、裁决理由、裁决结果、仲裁费用的负担和裁决日期。当事人协议不愿写明争议事实和裁决理由的，可以不写。裁决书由仲裁员签名，加盖仲裁机构印章。对裁决持不同意见的仲裁员，可以签名，也可以不签名。
第五十五条 仲裁庭仲裁纠纷时，其中一部分事实已经清楚，可以就该部分先行裁决。	**第六十八条** 仲裁庭仲裁纠纷时，其中一部分事实已经清楚，可以就该部分先行裁决。
第五十六条 对裁决书中的文字、计算错误或者仲裁庭已经裁决但在裁决书中遗漏的事项，仲裁庭应当补正；当事人自收到裁决书之日起三十日内，可以请求仲裁庭补正。	**第六十九条** 对裁决书中的文字、计算错误或者仲裁庭已经裁决但在裁决书中遗漏的事项，仲裁庭应当补正；当事人自收到裁决书之日起三十日内，可以请求仲裁庭补正。
第五十七条 裁决书自作出之日起发生法律效力。	**第七十条** 裁决书自作出之日起发生法律效力。

修订前	修订后
第五章　申请撤销裁决	**第五章　申请撤销裁决**
第五十八条　当事人提出证据证明裁决有下列情形之一的，可以向仲裁**委员会**所在地的中级人民法院申请撤销裁决： 　　（一）没有仲裁协议**的**； 　　（二）裁决的事项不属于仲裁协议的范围或者仲裁**委员会**无权仲裁**的**； 　　（三）仲裁庭的组成或者仲裁的程序违反法定程序**的**； 　　（四）裁决所根据的证据是伪造的； 　　（五）对方当事人隐瞒了足以影响公正裁决的证据**的**； 　　（六）仲裁员在仲裁该案时有索贿受贿**，**徇私舞弊**，**枉法裁决行为**的**。 　　人民法院经组成合议庭审查核实裁决有前款规定情形之一的，应当裁定撤销。 　　人民法院认定该裁决违背**社会**公共利益的，应当裁定撤销。	**第七十一条**　当事人提出证据证明裁决有下列情形之一的，可以向仲裁**机构**所在地的中级人民法院申请撤销裁决： 　　（一）没有仲裁协议； 　　（二）裁决的事项不属于仲裁协议的范围或者仲裁**机构**无权仲裁； 　　（三）仲裁庭的组成或者仲裁的程序违反法定程序； 　　（四）裁决所根据的证据是伪造的； 　　（五）对方当事人隐瞒了足以影响公正裁决的证据； 　　（六）仲裁员在仲裁该案时有索贿受贿、徇私舞弊、枉法裁决行为。 　　人民法院经组成合议庭审查核实裁决有前款规定情形之一的，应当裁定撤销。 　　人民法院认定该裁决违背公共利益的，应当裁定撤销。
第五十九条　当事人申请撤销裁决的，应当自收到裁决书之日起**六个月**内提出。	**第七十二条**　当事人申请撤销裁决的，应当自收到裁决书之日起**三个月**内提出。
第六十条　人民法院应当在受理撤销裁决申请之日起两个月内作出撤销裁决或者驳回申请的裁定。	**第七十三条**　人民法院应当在受理撤销裁决申请之日起两个月内作出撤销裁决或者驳回申请的裁定。
第六十一条　人民法院受理撤销裁决的申请后，认为可以由仲裁庭重新仲裁的，通知仲裁庭在一定期限内重新仲裁，并裁定中止撤销程序。仲裁庭拒绝重新仲裁的，人民法院应当裁定恢复撤销程序。	**第七十四条**　人民法院受理撤销裁决的申请后，认为可以由仲裁庭重新仲裁的，通知仲裁庭在一定期限内重新仲裁，并裁定中止撤销程序。**仲裁庭开始重新仲裁的，人民法院应当裁定终结撤销程序。**仲裁庭拒绝重新仲裁的，人民法院应当裁定恢复撤销程序。

修订前	修订后
第六章　执　　行	第六章　执　　行
第六十二条　当事人应当履行裁决。一方当事人不履行的，另一方当事人可以依照民事诉讼法的有关规定向人民法院申请执行。受申请的人民法院应当执行。	第七十五条　当事人应当履行裁决。一方当事人不履行的，另一方当事人可以依照《中华人民共和国民事诉讼法》的有关规定向人民法院申请执行。受申请的人民法院应当执行。
第六十三条　被申请人提出证据证明裁决有民事诉讼法第二百一十三条第二款规定的情形之一的，经人民法院组成合议庭审查核实，裁定不予执行。	第七十六条　被申请人提出证据证明裁决有本法第七十一条第一款规定的情形之一的，经人民法院组成合议庭审查核实，裁定不予执行。 　　人民法院认定执行该裁决违背公共利益的，应当裁定不予执行。
第六十四条　一方当事人申请执行裁决，另一方当事人申请撤销裁决的，人民法院应当裁定中止执行。 　　人民法院裁定撤销裁决的，应当裁定终结执行。撤销裁决的申请被裁定驳回的，人民法院应当裁定恢复执行。	第七十七条　一方当事人申请执行裁决，另一方当事人申请撤销裁决的，人民法院应当裁定中止执行。 　　人民法院裁定撤销裁决的，应当裁定终结执行。撤销裁决的申请被裁定驳回的，人民法院应当裁定恢复执行。
第七章　涉外仲裁的特别规定	第七章　涉外仲裁的特别规定
第六十五条　涉外经济贸易、运输和海事中发生的纠纷的仲裁，适用本章规定。本章没有规定的，适用本法其他有关规定。	第七十八条　涉外经济贸易、运输、海事纠纷以及其他涉外纠纷的仲裁，适用本章规定；本章没有规定的，适用本法其他有关规定。
第六十六条　涉外仲裁委员会可以由中国国际商会组织设立。 　　涉外仲裁委员会由主任一人、副主任若干人和委员若干人组成。 　　涉外仲裁委员会的主任、副主任和委员可以由中国国际商会聘任。	删去

修订前	修订后
第六十八条 涉外仲裁的当事人申请证据保全的，涉外仲裁委员会应当将当事人的申请提交证据所在地的中级人民法院。	**第七十九条** 涉外仲裁的当事人申请证据保全的，仲裁机构应当将当事人的申请提交证据所在地的中级人民法院，人民法院应当依法及时处理。
第六十九条 涉外仲裁的仲裁庭可以将开庭情况记入笔录，或者作出笔录要点，笔录要点可以由当事人和其他仲裁参与人签字或者盖章。	**第八十条** 涉外仲裁的仲裁庭可以将开庭情况记入笔录，或者作出笔录要点，笔录要点可以由当事人和其他仲裁参与人签名或者盖章。
未作规定	**第八十一条** 当事人可以书面约定仲裁地。除当事人对仲裁程序的适用法另有约定外，以仲裁地作为仲裁程序的适用法及司法管辖法院的确定依据。仲裁裁决视为在仲裁地作出。 当事人对仲裁地没有约定或者约定不明确的，根据当事人约定的仲裁规则确定仲裁地；仲裁规则没有规定的，由仲裁庭根据案件情况，按照便利争议解决的原则确定仲裁地。
未作规定	**第八十二条** 涉外海事纠纷或者在经国务院批准设立的自由贸易试验区、海南自由贸易港以及国家规定的其他区域内设立登记的企业之间发生的涉外纠纷，当事人书面约定仲裁的，可以选择由仲裁机构进行；也可以选择以中华人民共和国为仲裁地，由符合本法规定条件的人员组成仲裁庭按照约定的仲裁规则进行，该仲裁庭应当在组庭后三个工作日内将当事人名称、仲裁地、仲裁庭的组成情况、仲裁规则向仲裁协会备案。 当事人申请财产保全、证据保全、请求责令另一方当事人作出一定行为或

续表

修订前	修订后
	者禁止其作出一定行为的，仲裁庭应当依法将当事人的申请提交人民法院，人民法院应当依法及时处理。
第七十条 当事人提出证据证明涉外仲裁裁决有民事诉讼法第二百五十八条第一款规定的情形之一的，经人民法院组成合议庭审查核实，裁定撤销。	**第八十三条** 当事人提出证据证明涉外仲裁裁决有下列情形之一的，经人民法院组成合议庭审查核实，裁定撤销： （一）没有仲裁协议； （二）被申请人没有得到指定仲裁员或者进行仲裁程序的通知，或者由于其他不属于被申请人负责的原因未能陈述意见； （三）仲裁庭的组成或者仲裁的程序与仲裁规则不符； （四）裁决的事项不属于仲裁协议的范围或者仲裁机构无权仲裁。 人民法院认定该裁决违背公共利益的，应当裁定撤销。
第七十一条 被申请人提出证据证明涉外仲裁裁决有民事诉讼法第二百五十八条第一款规定的情形之一的，经人民法院组成合议庭审查核实，裁定不予执行。	**第八十四条** 被申请人提出证据证明涉外仲裁裁决有本法第八十三条第一款规定的情形之一的，经人民法院组成合议庭审查核实，裁定不予执行。 人民法院认定执行该裁决违背公共利益的，应当裁定不予执行。
第七十二条 涉外仲裁委员会作出的发生法律效力的仲裁裁决，当事人请求执行的，如果被执行人或者其财产不在中华人民共和国领域内，应当由当事人直接向有管辖权的外国法院申请承认和执行。	**第八十五条** 在中华人民共和国领域内作出的发生法律效力的仲裁裁决，当事人请求执行的，如果被执行人或者其财产不在中华人民共和国领域内，当事人可以直接向有管辖权的外国法院申请承认和执行。
第七十三条 涉外仲裁规则可以由中国国际商会依照本法和民事诉讼法的有关规定制定。	删去

修订前	修订后
未作规定	第八十六条　支持仲裁机构到中华人民共和国境外设立业务机构，开展仲裁活动。 根据经济社会发展和改革开放需要，可以允许境外仲裁机构在国务院批准设立的自由贸易试验区、海南自由贸易港等区域内依照国家有关规定设立业务机构，开展涉外仲裁活动。
未作规定	第八十七条　鼓励涉外仲裁当事人选择中华人民共和国（包括特别行政区）的仲裁机构、约定中华人民共和国（包括特别行政区）作为仲裁地进行仲裁。
未作规定	第八十八条　在中华人民共和国领域外作出的发生法律效力的仲裁裁决，需要人民法院承认和执行的，当事人可以直接向被执行人住所地或者其财产所在地的中级人民法院申请。被执行人住所地或者其财产不在中华人民共和国领域内的，当事人可以向申请人住所地或者与裁决的纠纷有适当联系的地点的中级人民法院申请。人民法院应当依照中华人民共和国缔结或者参加的国际条约，或者按照互惠原则办理。 外国仲裁机构对中华人民共和国的公民、法人和其他组织的合法权益加以限制、歧视的，中华人民共和国有关机构有权对该国公民、企业和其他组织实行对等原则。
第八章　附　　则	第八章　附　　则
未作规定	第八十九条　本法所称的仲裁机构包括依法设立的仲裁委员会、仲裁院等机构。

续表

修订前	修订后
第七十四条 法律对仲裁时效有规定的，适用该规定。法律对仲裁时效没有规定的，适用诉讼时效的规定。	**第九十条** 法律对仲裁时效有规定的，依照其规定；没有规定的，适用诉讼时效的规定。
第七十五条 中国仲裁协会制定仲裁规则前，仲裁委员会依照本法和民事诉讼法的有关规定可以制定仲裁暂行规则。	**第九十一条** 仲裁机构依照本法和《中华人民共和国民事诉讼法》的有关规定，可以参照中国仲裁协会制定的示范仲裁规则制定仲裁规则。
第七十六条 当事人应当按照规定交纳仲裁费用。 收取仲裁费用的办法，应当报物价管理部门核准。	**第九十二条** 当事人应当按照规定交纳仲裁费用。 仲裁机构根据国家有关规定，制定收取仲裁费用的办法。
第七十七条 劳动争议和农业集体经济组织内部的农业承包合同纠纷的仲裁，另行规定。	**第九十三条** 劳动争议仲裁、农村土地承包经营纠纷仲裁和体育仲裁等，适用《中华人民共和国劳动争议调解仲裁法》、《中华人民共和国农村土地承包经营纠纷调解仲裁法》、《中华人民共和国体育法》等有关法律的规定。
第七十八条 本法施行前制定的有关仲裁的规定与本法的规定相抵触的，以本法为准。	删去
第七十九条 本法施行前在直辖市、省、自治区人民政府所在地的市和其他设区的市设立的仲裁机构，应当依照本法的有关规定重新组建；未重新组建的，自本法施行之日起届满一年时终止。 本法施行前设立的不符合本法规定的其他仲裁机构，自本法施行之日起终止。	删去

修订前	修订后
未作规定	第九十四条　仲裁机构、仲裁庭可以依照有关国际投资条约、协定关于将投资争端提交仲裁的规定，按照争议双方约定的仲裁规则办理国际投资仲裁案件。
未作规定	第九十五条　违反仲裁机构登记管理规定的，依照有关法律、行政法规的规定处理。
第八十条　本法自 1995 年 9 月 1 日起施行。	第九十六条　本法自 2026 年 3 月 1 日起施行。

图书在版编目（CIP）数据

最新仲裁法律法规全编：含劳动仲裁：2025 年版 /
中国法治出版社编. -- 北京：中国法治出版社，2025.
9. --（条文速查小红书系列）. -- ISBN 978-7-5216
-5641-1

Ⅰ. D925.709

中国国家版本馆 CIP 数据核字第 2025BK3031 号

责任编辑：张　僚　　　　　　　　　　　　封面设计：杨泽江

最新仲裁法律法规全编：含劳动仲裁：2025 年版
ZUIXIN ZHONGCAI FALÜ FAGUI QUANBIAN：HAN LAODONG ZHONGCAI：2025 NIAN BAN

经销/新华书店
印刷/三河市紫恒印装有限公司
开本/880 毫米×1230 毫米　32 开　　　　　　印张/ 12.5　字数/ 325 千
版次/2025 年 9 月第 1 版　　　　　　　　　2025 年 9 月第 1 次印刷

中国法治出版社出版
书号 ISBN 978-7-5216-5641-1　　　　　　　　　　　　　定价：36.00 元

北京市西城区西便门西里甲 16 号西便门办公区
邮政编码：100053　　　　　　　　　　　　传真：010-63141600
网址：http://www.zgfzs.com　　　　　　编辑部电话：010-63141664
市场营销部电话：010-63141612　　　　　印务部电话：010-63141606

（如有印装质量问题，请与本社印务部联系。）